目次

女性史の開拓者、
かつ詩人であった
その全貌！

別冊 環 ㉖
KAN: History, Environment, Civilization

高群逸枝 1894–1964
女性史の開拓者のコスモロジー

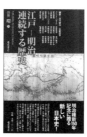

KAN: History, Environment, Civilization

別冊 環 ㉖

編集委員＝芹沢俊介・服藤早苗・山下悦子

石牟礼道子
上村千賀子
江種満子
岡田孝子
尾形明子
蔭木達也
高良留美子
後藤みち子
芹沢俊介
棚沢直子

丹野さきら
長島淳子
南部 昇
西川祐子
西野悠紀子
服藤早苗
山下悦子
義江明子
米田佐代子

アンドレア・ゲルマー
佐藤泰子
スーザン・テナント
ジン・ニウ
李煒
ロナルド・ロフタス

高群逸枝 1894-1964

【女性史の開拓者のコスモロジー】

藤原書店

序　今、なぜ高群逸枝か？

はじめに――「スペイン風邪《インフルエンザ》」にかかった高群逸枝

一九一八年一一月一二日、半年かけた巡礼の旅も終盤を迎え、二四歳の若き高群逸枝は大分県大野郡に滞在していた。故郷の熊本まであともう少しというところで「流行感冒」に倒れ、巡礼の旅で偶然出会い、同行した「お爺さん」の家で過ごすことになった。

「久しく流行感冒《はやりかぜ》に悩まされて困ったが、この頃やっと快くなりかけた。(略) 或人の好意で、いま毎日九日紙(『九州日日新聞』)に接する事が出来ているが、やっぱり感冒が大変だそうで驚いている。当地も一時は烈しかったが今ではやや沈静に向かって来たらしい。最初私は、余りに、身体の倦怠と各関節の疼痛を感じたので、きっと四国を歩きまわった結果に違いないと思っていたが、医師の診察を受けて始めてこの頃流行のインフルエンザに冒された事が判った。(略) 注意しないと肺炎を併発しそうですよと何度か医師に言われながら夕方と夜との二度ずつは決まって戸外に出たりしてみる。(略) 早く帰ろう。もう全快を待っていたくない。」(『娘巡礼記』)

当時情報が乏しく、高群も大分ではじめてインフルエンザの流行を知ったのだった。高群のデビュー作品

『娘巡礼記』に溢れた死への恐怖、死と隣り合わせの感覚、常に死を意識した記述も、当時の状況を無意識に感じとっていたからかもしれない。

ちょうど同じ頃、歌人与謝野晶子も小学生の子供が学校で感染し、家族全員が罹患したことを記述している（一九一八年一一月一〇日「感冒の床から」）。与謝野晶子は感染防止のための政府の対策の遅さを批判した。罹患した女優松井須磨子を看病した島村抱月も感染し、一一月二日に亡くなっている。松井須磨子は愛人島村を亡くし、翌一九年一月五日自殺した。高群逸枝が罹患したのと同時期に、このようなことが起きていたことは興味深い。

速水融『日本を襲ったスペイン・インフルエンザ』（藤原書店、二〇〇六）によれば、「前流行」と「後流行」があり、一九一八年の流行は「前流行」にあたるが、「後流行」の方が重篤化し、致死率が高かったという。高群は「前流行」の時に罹患したということになる。「後流行」について与謝野晶子は一九二〇年一月二五日「死の恐怖」という記事を書き、子供のために予防につとめ、生への欲を高揚させることの必要性を語った（『横浜貿易新報』）。

パンデミック、関東大震災、世界恐慌、戦争等々を経験しながら常に女性の視点から語り、偉大な業績を残した高群逸枝の作品や生き様に触れ、それらを検証することは、今、パンデミック下を生きる私たちにとって、必ずや未来への道しるべになるのではないかと思われる。

高群史学における可能性、検証の必要性

私は、「高群逸枝の批判的継承とアナール派との対応」をめざし、「関係史であること」が強調された『女と男の時空――日本女性史再考』（監修代表・鶴見和子、編集代表・河野信子、全六巻・別巻一、一九九六年〜九八年、藤原書店）の現代編の編者として参加した。この気宇壮大なプロジェクトが日本で開かれている最中に、高

群逸枝生誕百年（一九九四年）を迎えることになり、私はなにか霊的なものを感じざるをえなかった。

原始・古代の巻に私が寄稿した『父系母族』と双方社会論――可能性としての高群逸枝の可能性について言及した。高群史学における可能性の第一は、比較女性史の視点をもっていたこと、第二は、古代に遡れば遡るほど日本女性の社会的地位は高く、西欧に比べかなり遅い室町期に家父長制が成立した、という日本固有の時代区分を婚姻史を通して実証的に明らかにし、太古から女性は抑圧され続けてきたという歴史観をもたなかったこと、第三は、女性史とは総合的な学問であると定義し、仏アナール派の歴史学と同様、文学や詩や日記なども歴史資料として使用し、婚姻語や性にまつわるカテゴリー、婚姻形態、夫婦関係、家族関係、住居のあり方等々に着目、時代の全容と変遷を把握しようとしたことにあるとした。

こういった高群史学は、実は男性の思想家や歴史家に影ながら影響を与えており、網野善彦氏の『無縁・公界・楽』の「無縁」概念や、南北朝から室町期にかけての日本社会、日本文化に地滑り的変容があったとする問題意識は、高群の『招婿婚の研究』の成果と符合する。

この壮大なプロジェクトから、実に二五年以上の歳月が過ぎた。この間、女性の社会進出は一段と進み、学問においても女性学やジェンダー論が様々な分野で導入されたように思う。だが、歴史学においては横ばいであり、女性史に関しては一九九〇年代がピークといった印象をぬぐえない。

高群が七年の歳月をかけた『母系制の研究』、さらに一三年九カ月の歳月をかけた『招婿婚の研究』は、高群史学の真髄だが、四千冊もの古代・中世・近世のあらゆる史料を読破して書かれた高群史学を検証する作業は、並大抵のことではない。批判があったとしても、ほんの一部分の時期についての研究がなされているにすぎない。高群史学に関しての実証的検証は、まだこれからなのである。

一方で、高群逸枝に関する史料の扱われ方のひどさといった問題や、一部の男性の研究者から高群逸枝の研究姿勢を根底的に揺るがすような不名誉な批判があり、それらにも立ち向かわなければならない。つまり

「資料の改ざん、ねつ造」があったという批判であり、それは一部の研究者の間に未だに共有されたまま流布されている。

現代における高群研究の意味

今、競争主義、格差の容認、自己責任政策という新自由主義の流れのなかで、男女格差が温存されたまま女・女格差も広がり、貧富の差も拡大している。若い世代での生涯未婚率が男女ともに高くなり、超少子高齢社会に歯止めがかかる気配すらない。結婚は男女だけのものではなく、女女、男男の婚姻も法律的に認める国家もでてきたし、生物学的に男でも自覚的には女であり、逆もある、というようなトランスジェンダーが社会的に容認される社会になりつつある。

コンピューター社会の発達はめざましく、スマートフォンや人工知能の発達も含めて、私たちの生活スタイルも大きく変化しつつある。家族は個別化し、さらにアトム化していくようにみえる。このような中で、改めて男女平等とは何か、家族とは何か、フェミニズムとは何かの問い直しが必要となってきているように思う。高群逸枝だったら、今の時代をどう捉えるだろうかと私は常に考えるようになった。

二〇一四年一一月から、私は原点に戻って、もう一度高群逸枝を読み直そうと思った。幸いにも文芸評論家、家族論の第一人者、芹沢俊介氏が勉強会の誘いに快諾して下さり、高群逸枝の全作品を丁寧に読み込む作業が始まり、今現在も続いている。

メアリ・ビーアドと高群逸枝

藤原社長から電話があったのは、二〇一六年九月だったと思う。「メアリ・ビーアドを知っていますか」と聞かれ、恥ずかしながら「知りません」と答えた。メアリ・ビーアドは、アメリカの歴史家、女性史家で、夫君は、二〇世紀前半、アメリカを代表する歴史家チャールズ・ビーアドである。関東大震災後の首都東京の復興に多大なる貢献をした人でもある。夫妻での著書も多数あり、親日派であった。日本では、一九五三年に加藤シヅエの訳で『日本女性史』(河出書房、一九五三年)が出版された（その後、英語でも出版）。マッカーサー率いるGHQの占領下で、日本の女性政策にも大きな影響を与えた女性でもある。

ほどなく藤原書店から『日本女性史』のコピーが送られ、二〇一六年一〇月、「メアリ・ビーアド研究会」に初めて顔を出すことになった。アメリカの女性がどのように日本の女性の歴史を書いたのか、日本の資料は誰が英訳し渡されたのか、資料の選択は誰がしたのか等々、成立過程そのものの研究だけで本が書けるのではと思うほど興味深い本だった。日本を代表する女性史家高群逸枝とまさに同時代を生き、女性史を手がけた二人の接点はあるのか、あるとしたらどこにあるのかという興味がわいてきた。そして二年半ほど研究会に出席することになった。

その結果、高群逸枝の存在が大きなものであることがわかってきたのだ。高群逸枝著『大日本女性人名辞書』（一九三六年）は、日本で初めての女性人名辞書とされていたが、日本初どころか、世界初の女性人名辞書であることがわかったのである。メアリ・ビーアド『日本女性史』は、人物列伝の形式をとっており、『大日本女性人名辞書』に登場する女性たちの記述と重なる部分が多々あり、参考資料として使われたのは明らかである。高群のこの辞書刊行を機に市川房枝、平塚らいてう等を中心に著作後援会が結成されるが、そのメンバーの一人新妻伊都子《にいづまいとこ》は、国際的な女性史百科辞典の編纂委員会（立ち上げたのは加藤シヅエ）のメンバーでもあった。この編纂委員会で集められた様々な資料が英訳され、メアリに送られたのだった。

メアリは『日本女性史』を書くにあたって、原勝郎『日本史概論』（原が外国人のために英語で書いた通史）やG・B・サンソム『日本小文化史』を参照し、多くを引用している。高群は『女性の歴史』を書くにあたってサンソムを引用しているが、これも驚きに値する。歴史観が共通しているのである。たとえば先住民族アイヌの歴史についてふれる、古代の神道を明治以降の国家神道と区別し、古神道を日本の心のふるさととしている、グローバルな視点から日本の歴史をとらえようとする等々。

また女性はずっと抑圧されてきたといった女性隷属論をメアリは批判し、女性がいかに歴史を作る力、原動力になってきたかを見ようとした（『歴史における力としての女性――伝説と現実の研究』*Woman as Force in History – A Study in Traditions and Realities*, New York: Macmillan, 1946）。社会学者・鶴見和子氏はいちはやくメアリの著書について『婦人論』批判――ビーアド『歴史における婦人の役割』」（『世界評論』一九四九年六月号）という論文を書いている。鶴見氏は「婦人はこれまで、ただ生存し、子供を生み、育ててきただけではない。それより遥かに多くのことをして来た。かの女たちは人間の思想や行動から織りなされる歴史上の出来事を方向づけるために、偉大な役を果たしてきたのである。かの女は歴史をつくる力であった」というメアリの文章を紹介、「婦人論と婦人運動に新しい方向を与えようとした」と評価した。鶴見氏は女性解放の過渡期においては、「女性隷属論」と「歴史における女性の力」の二つの命題がともすれば同時に成り立つ可能性もあることを指摘しつつも、メアリの既成の男女同権論への批判を真摯に受け止め、女性の力と可能性と任務をいかに伸ばすべきかという彼女の理論は、日本の男女平等論にも示唆的である、と結んだ。

今、私たちは、メアリ・ビーアドの『日本女性史』とアナール派の「女性の歴史」と高群逸枝史学を比較検証する環境がようやく整った時点にいるのであり、比較女性史研究を推し進めることができることを幸福とみなさなければならない。

その意味でも、まずは高群逸枝史学の検証が急務であり、資料の収集や保存も含め、次世代に高群逸枝の偉業を正確に新しい視点で伝えることが重要だと思われる。この一冊は、そのためのまずは第一歩である。

山下悦子

二〇二二年一月

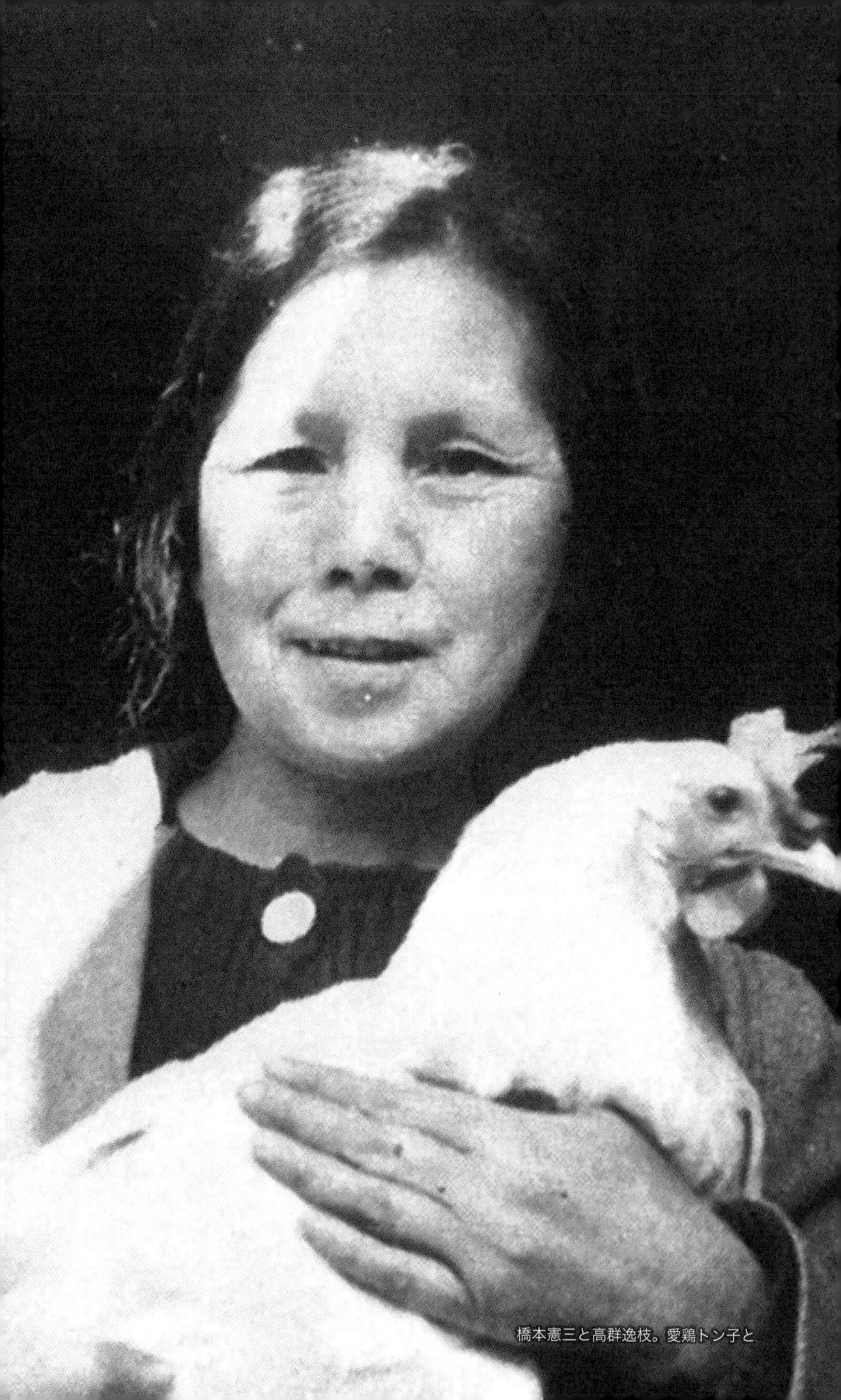

橋本憲三と高群逸枝。愛鶏トン子と

I

高群逸枝の生涯

——小伝　高群逸枝

小伝　高群逸枝

山下悦子

●やました・えつこ　東京生まれ。女性史研究家、評論家。日本女子大学卒、東京都立大学で日本古代史、歴史学を学ぶ。国際日本文化研究センター共同研究員、日本女子大講師等を歴任。著書に『高群逸枝論──「母」のアルケオロジー』（河出書房新社）他多数。

序

高群逸枝の七〇年間の人生を辿ることは、大変な作業である。彼女は詩人、歌人であり、小説家であり、批評家であり、哲学者であり、歴史家であり、あまりにも膨大な作品、書物を残した偉大な女性だったからである。漢文古文の能力が突出して優れていて、婚姻史を研究するにあたり、あらゆる時代の日本の歴史的な文献を四〇〇〇冊ほど読んだといわれている。私生活においても四国巡礼の旅で深められた観音信仰に依拠し、霊の恋＝一体化の関係を夫橋本憲三に求め、高群特有の母的な受苦の精神で、孤独癖のあるエゴイスト橋本のありようを改善させようと努めた。彼女の受苦の精神とは自己の欲求をおさえ、他者のためにとことん尽くすというあり方である。

高群は面会謝絶、門外不出という状態で『母系制の研究』『招婿婚の研究』等の大著を書き、最晩年は最後の大著になるはずだった『続 招婿婚の研究』に取り組んでいた。それ故に活発で交友関係の多かった彼女の本来の姿が失われた。また大自然を走り回って過ごした娘時代とは打って変わって、書斎に籠る運動不足の日々を長期間にわたって送ったこともあり、身体の衰弱ぶりがひどかった。高群と思想的に姉妹的関係といわれた平塚らいてうは、「あれほどにも独自の創造の才能の翼をもって、天翔《あまがけ》るように生きていた魂の持ち主を、長い年月、書斎に閉鎖して、研究生活だけに没頭させたことが、わたくしには惜しまれるのです」（「元始女性は太陽であった」）と述べたが、高群の特質をよくつかむと同時に夫、橋本憲三への暗黙の批判が込められているように思える。

　高群はがん性腹膜炎で亡くなったのだが、栄養失調も影響していたといわれる（本稿第三章でふれる）。高群逸枝を研究する時、ある壁を感じることがある。それは、今述べた高群の生きざまと関連性があるのだが、高群に直接接触したことのある人が実に少ないのである。母は高群が二六歳の時に五七歳（数え）で亡くなり、父は彼女が三三歳の時に六五歳（数え）で亡くなった。研究者とも交流せず、夫橋本憲三と彼の方の親族との接触以外は人間関係がほとんどなかった。戦後、自分の弟妹とも手紙のやり取りだけで一度も会っていない。

　高群個人に関する情報は彼女の死後、一二年間生きた夫を通しての「高群逸枝像」でしかなく、編集者でもあった橋本が、全集刊行の際に高群の作品を取捨選択したり、焼却してしまったり、手を入れてしまったり、挙句の果てに自分が書いたと言ってしまったりと、高群に対するリスペクトがなさすぎる扱いをしたからである。その結果、橋本の葬儀の後に高群に関する資料はあちこちに散逸し、それ以後、私的に流用されたりもしている。

　この小伝ではできるだけ高群が書いたとされる文献を中心に高群の人生を赤裸々に把握し、まとめることを目的とした。高群の引用は、特に明記しないものは『火の国の女の日記』による。この小伝を書いている最中に高良留美子、高良真木、吉良森子編『浜田糸衛――生と著作』（ドメス出版、二〇一九年一一月二七日）が刊行され、高群逸枝から浜田糸衛、高良真木への手紙一六通と、一九五〇〜六四年までの心あたたまる交流や、高群が亡くなった時のことなどを高良留美子の解説で知ることができたことは、幸いであった。

＊高良留美子氏とお電話で何度かお話しする機会にめぐまれたが、校正をしている最中にお亡くなりになられた。八八歳、二〇二一年一二月一二日没。御冥福をお祈り致します。

第一章　しらたま乙女

純粋無垢な少女・娘時代（一八九四〜一九一七）　二三歳まで

「私はこの世に歓迎せられて生まれてきた」とは、『火の国の女の日記』の冒頭の一文である。高群が本格的な自叙伝に着手したのは死を目前にした時期で体調は相当に悪く、口述筆記も

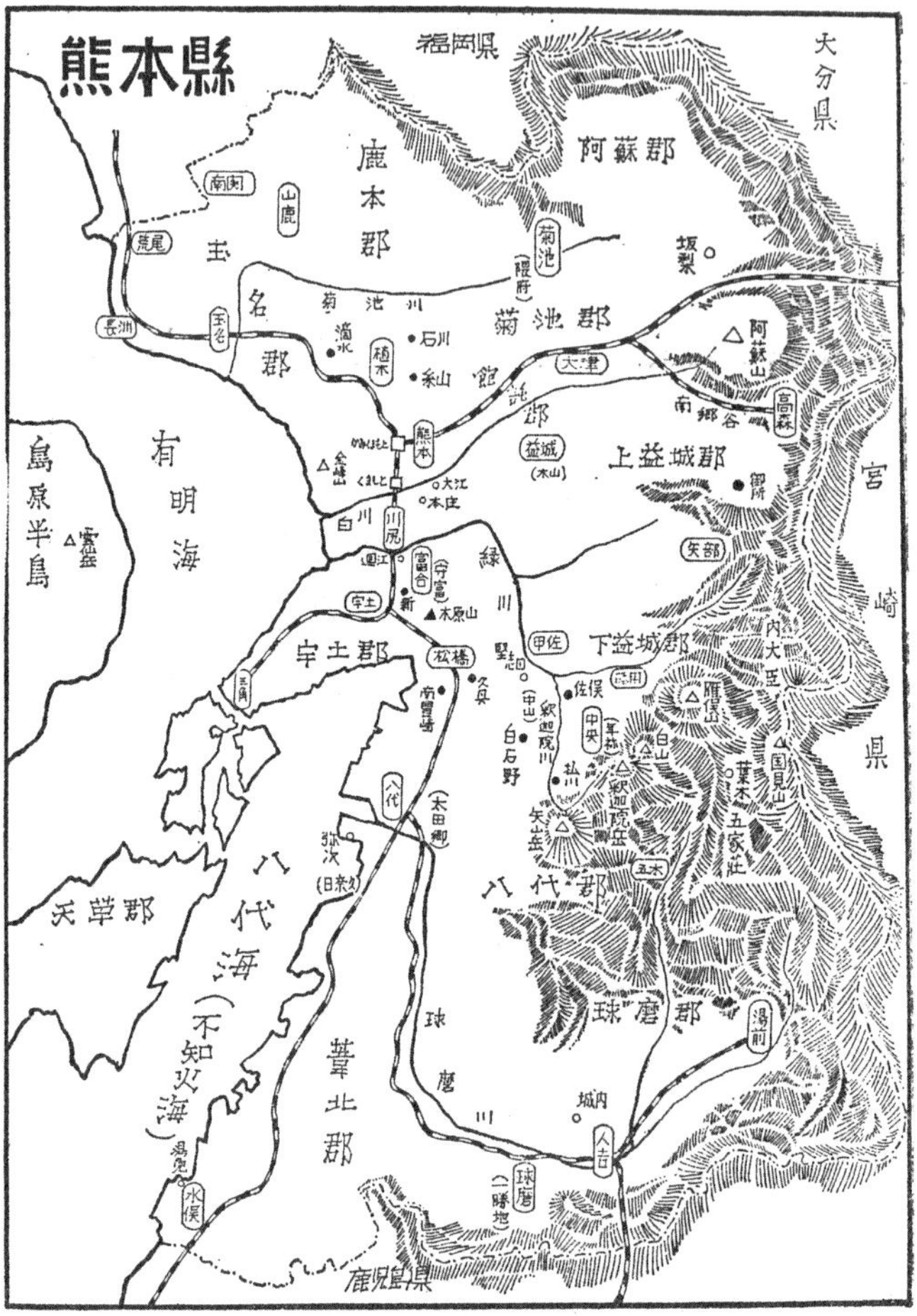

含めて第三部の一九四一年四七歳までしか書けなかった。第四部～第六部は、遺言により夫橋本憲三の手によりまとめられた。婚姻史に関する大著を刊行し、詩集や歌集や評論等の数々の本を出版し、『続 招婿婚の研究』が未完成だったとはいえ、自分の人生を肯定的に捉えられる心境にあったのだろう。両親に対する叙述も「勝太郎（父）は理想主義者で信念の人であり、登代子（母）は愛の人だった」と敬愛に満ちている。

　高群は一八九四（明治二七）年一月一八日（初観音の縁日）、熊本県下益城郡豊川村で生まれた。果てしなく続く九州山脈の山々。その山奥の僻地の小学校を転々とした教師で、後に校長となった父、高群勝太郎は、青雲の志を持っていて出京（上京だが、故郷を離れることに重きを置いた言葉、高群は意図的に使っている）を夢見たがかなわず、教師となり、教育事業への意義と喜びを知った。熊本延寿寺の学僧の娘だった母、大津登代子は、熊本の河原町と郊外川上村糸山で生まれ育った。兄たちに交じり、勉強を見習い、夜は習字に励んだ。二三歳で結婚、結婚後も勝太郎の指導で『外史』『十八史略』『四書』『通鑑』を学んだ。

また父は教養としての漢詩、和歌、俳諧の作法も母に教えた。両親連名の漢詩集や和歌集を作ったという。そのほか洋算、四則雑題を学んだ。後に登代子は勝太郎にかわって漢学や算術を塾生に教えるまでになったという。

　高群は、母親から七歳の時に『源氏物語』の手ほどきを受けた。勝太郎は『嵓泉《がんせん》日記』（嵓泉は雅号）を毎日書き、六五歳で永眠するまでに四一巻もあったという。漢文の書下し文である。

高群逸枝の漢文、古文の才能は、こういった両親の教養の高さと家庭環境の中で培われたものと考えられる。

　高群は長女で、二人の弟と一人の妹がいた。清人、元男、栞《しおり》、である。上に三人兄がいたが、最初の子は死産、二人目はすぐに亡くなり、三人目は一歳と二カ月ほどで亡くなった。母の嘆きはひどく、一姫二太郎の考えから女児出生を観音に願がけすることにし、評判の高い筑後山門郡清水観音が選ばれた。母はすぐに身ごもり、阿蘇南郷谷の清水観音に四日がかりの祈願の旅をした。高群が生まれた時、両親は歓喜の涙を流した。「毎月の誕生日には幼い私を正座にすえて、母の心づくしのご供物でお祭りがなされた。私は物心づいてから小学校入学の頃までは自分を観音の子と信じていた」。

　高群は、母の真摯な生き方は人間形成にもプラスになった面が多いと認めている。母はお地蔵さん、観音さん、お月さんの話が得意で、高群を「かぐや姫」と呼んだ。娘になった頃母娘で冴えわたる満月をみていたとき、母は「この世はきたないので、いつか忍びきれなくなり、みんなを捨てて、月の世界へいってしまうのではないか」などと言うのだった。五歳の時、家族全員で筑後清水観音への感謝と願解《がんげ》の旅——巡礼旅行、つまりお礼参りをしているのを読むと、信仰心の深い家族だったことがわかる。妹の栞が出家したのもうなずける。弟妹が生まれると高群は自然の成り行きで父の子となり、夜も父のふところでねるようになった。父が出張や夜学で遅くなっても、父の帰りを待ったのだった。こうして高群は健やかに育っていった。

　高群が少女時代の大半を過ごした守富荘は平安の頃、女性の大富人皇嘉門院領だったことが古文書にのこっている、と彼女は記している。女性史と関連する地域だったのだろう。お祭りの夜の若い男女の奔放な性習俗も彼女は目にしていたが、妻問

寄田時代の高群一家。左から妹栞を抱く母登代、逸枝 9 歳、そのうしろ従姉千代野、弟清人、父勝太郎。1903 年 3 月 16 日

守富時代の高群一家。左から弟元男、母登代、妹栞、逸枝15-17歳、弟清人、父勝太郎。

婚や通い婚の昔からあった光景として、彼女の婚姻史の研究と結びついたのではないか。この村は夕陽の美しいところだった。子守りたちが夕陽の光を満面にあびて、いっせいに五木の子守唄を合唱し、また笛を吹く姿は、近代にまだ侵食されていない「故郷の原初的風景」として高群の脳裏に深く刻まれたのだった。

高等小学校に行くようになると高群は、首席を通すような成績優秀者だった。「私たち兄弟は、学校で四人そろって首席だった。ことに元男という子は神童的存在だった」（元男、清人は熊本の名門中学に進学した）。辻先生という恩師がいて、非常に可愛がられた。「私が昭和一一年に、はじめて女性史研究の一所産として、『大日本女性人名辞書』を出版したときは、先生は病床ながらまだ生きていられて、心からよろこんでくださった」。

守富校に購入された有賀長雄の『大日本歴史』を借りて読んだが、それは歴史の本当の意味を高群に知らせた記念すべき書物だった。彼女は熊本の学校時代に図書館に入り浸り、国史や国文学を学び、原始婚の確証をえたが、そのことが数十年後『招婿婚の研究』や『日本婚姻史』となったと述べている。守富時代は彼女にとって重要な時期だったといえるだろう。

高群は師範学校を好まず、大学に学びたいと思っていたが、「家の貧困は私にはわかりすぎるほどわかっていた」ので、父への愛が師範学校進学を決めることになった。入学年齢に達しなかったため、数カ月を予備校の壺東女学校（漢学塾の女子部）に在籍し、母方の大叔父、大叔母の武家屋敷に寄宿した。大叔父隈部《くまべ》官兵衛のもとの家禄は二五〇石、大叔母津田家は三〇〇石で熊本藩としては中士格と考えられた。「やはり相当な武家屋敷」でその立派さを詳細に記述している。高群は大叔父に歴史の話をいろいろと聞き、大叔父の無口を解放し、大変に気に入られ、女小公子のような扱いを受けた。「私の生涯のうちでも、暖かい、楽しい一時期だった」。士族付き合いが続いており、大叔父は細川家とも付き合っていた。大柄で羽織袴を着て、なかなか威厳のある人だったらしい。高群の母方の親戚には陸軍中佐、医師、弁護士などが出ていて、高群はいささかもひけらかさなかったが、そういう血筋があったということだ。

熊本女学校の友と。前列左端が逸枝。18歳のころ。
「かしこあそやま　かすみにうかび……わかくさの　花のいろいろ」と写真裏に逸枝の書きこみがある。

古文や漢文の教養の高さは父母の教えのほか、漢学塾で学んだことも大きかったのではないか。四〇〇〇冊もの古代、中世の古文書を読破し、婚姻史の研究を行なうことができたのは、こういった基礎学力を確実に身に着けていたことが大きい。

高群は一九〇九年、一五歳になり、師範学校に合格、両親は大変に喜んだ。寄宿制なので故郷の家を離れた。この年六月、高群は脚気症となり、歩けなくなった。病状はかなり深刻で医師から危険状態といわれるほどだった。翌一九一〇年四月二〇日に復帰し、通学するが七月には通学も見合わせ、静養するようになった。九月に寄宿舎へ戻ったが一〇月は欠席を続け、一一月に登校、それ以降快方へ向かった。体操と作法は全休、裁縫は欠席か傍観かという感じで、一二月末に退学通知がきたのだった。

翌年四月、高群は熊本女学校の四年への編入学試験を受験、合格した。「この学校の四年編入を考えだしたのは私だったが、それは四年を出れば小学校の代用教員になる可能性があり、師範を退学して父母に失望させた私の若干の埋め合わせができるというのにあった」。中学に通う弟清人と専念寺に寄宿し、女学校へ通った。高群を危険人物視した師範学校と違い、熊本女学校は、自由だった。読書好きの彼女は弟の清人と図書館や書店の立ち読みにいったとある。また音楽好きでオルガンの賃がりをしていたという。漢文の試験では満点を取るなど群を抜いていたとあるから、古典の才能はやはり天性のものがあり、後の婚姻史研究の原動力となったと思われる。教員から「あなたは天才ではない。天才と思ってはならない」と戒告を受け、心重い惑いが生じ、『日月の上に』の根本精神となった「出発哲学」――自己の内部からの衝動のみを一元として出発し、行動する――が生まれた。この出発哲学は平塚らいてうの「元始女性は太陽であった」という女性の内的自我の解放に通じるものがある。

熊本女学校は目標達成したので一年で退学し、教員検定を受けるまでの四カ月間を二人の弟の学費を賄うため、高群は、熊本駅の近くにあった鐘淵紡績工場に勤務したのだった。牢獄めいた空気が漂う工場やそこで働く女工の様子は、後に詩や『女性の歴史』に書かれることになる。一九一四年四月、高群は月給八円の佐俣小学校の代用教員となった。「もっぱら子どもと山の自然に親しんだ時代だった」。高群はかなりいい先生だったようだ。面倒見がよいのである。弟妹の世話もよくしていたので、最低学年を担当した時は教授以外に「保母的な仕事」をこなし、その適性をかわれ、一年生ばかり担当させられたとある。「子供たちをつれて山登りや野あそびをした」。高群の母性的な一面が見え隠れする。その後、父が払川校に転勤、高群も一九一六年九月払川校に移ったのだった。この学校には進歩的な青年教師が多く、図書館が充実、そこで平塚らいてうの発禁となった『円窓より』を手にした。

高群が好んで使う「しらたま乙女」とは、「いちばん無垢だった」その頃の高群を、佐俣校で同僚だった教員が「あなたはしらたま乙女だから」と表現したことに由来する。この頃、彼女は一生を僻地教育にささげたいと思っていた。「恋愛」という人生の伏兵のあることもしらないで、と『日記』は締めくくっている。

第二章　恋愛と結婚の苦悩　二三〜三七歳

「思慕」と「曲従」の関係（一九一七〜三一）

一　「曲従」とは

この章は次のような衝撃的な一文から開始される。高群と橋本憲三（Kと高群は記している）との関係を赤裸々に綴っているのである。

「私は従来の私を白紙にかえてしまった。そしてこの『恋愛と結婚の苦悩』の時期を、私は思慕と曲従（曹大家『女誡』）とにうちのめされ、私の相手であるKは悪魔主義と毒舌に終始したのだった。それはまことに不思議な経験だった。男性の露骨なエゴイズムと、男性の臆面もなく叩きつけてくる卑俗さに、これほど新鮮な魅力を感じたことはかつて私にはなく、またこの段階ほど彼の嗜虐的な行動や若干の先輩ぶった放言によって、女としての私の古い貞操観や、低能、鈍感、分裂症状等の欠点が、川床のごろた石のように、谷間の死骸のように露出されたことはなかった。この醜態と自信喪失とから、私が立ち直ることは、容易なわざではなかった。それは苦悩と自己嫌悪とに充ちたものだった」。

『日記』にはこの「曲従」という言葉がたくさんでてくる。「曲従」とは中国後漢の儒家書で女性に対する戒めの『女誡』七編のうちのひとつ。舅姑のいうことが非であっても自分を曲げてでも従うことを意味し、それを婦徳とした。この『女誡』は貝原益軒『女大学』等に影響を与えた。高群は生涯にわたって橋本と曲従の関係にあり、彼の暴言暴力を高群自身の欠点ゆえだと思い、悩み、苦悩するが、橋本への思慕はうすれることはなかった。単なるマゾヒストというわけでもなく、高群の深層に潜む「火の国の女」の部分が爆発すると別居、家出という形で大胆な行動にでるのが常だった。だが橋本の高群を取り戻そうとする情念に押し戻され、再出発の誓いを互いにするといった場面が幾度もあった。まさに「思慕」と「曲従」の関係である。『日記』を読み進めていくと、実際に橋本が高群に暴力をふるうことが多々あったことが見えてくる。

「城内校での彼の私への虐待ぶりは、ちょっと想像にあまるものがあった」

「Kはかんしゃく玉を破裂させて、ついに暴力にうったえたりした。Kの暴力は、私にとって生まれてはじめてといってよいほどのおどろきだった。(略)彼はこんな場合、みていられないほど青ざめ、おそろしい目つきとなり、手をぶるぶるとふるわせるのだ」

女性の人権が語られ、ドメスティックバイオレンスやモラルハラスメント、セクシャルハラスメントが問題視される今の時代であれば、高群の『日記』に描かれた記述や、橋本が高群に対して行なった数々の行為や言動はかなり問題があるように思う。少なくとも女性の研究者を有形無形にささえ続けた男性という美談ではおさまらないであろう。「恋愛と結婚の苦悩」と高群自身が綴ったのもうなずける話である。「Kと高群とのくいちがい」、価値観の違いは、二人の人生において何度か別居、家出という形で修正を余儀なくされたのだった。

二 『戀するもの〻道』
――手紙から読み取れる橋本憲三への思慕、「霊の恋」

一九一六年（大正五）末、高群逸枝は一通の思いがけないはがきを受け取った（『火の国の女の日記』では一九一七年はじめごろといっているが、高群の勘違い）。山の女教師の愉しい生活に没頭していた高群は、父のすすめで教育雑誌に短い感想文を書いた。それを見て、「球磨《くま》の一青年K」（橋本憲三のこと）が回覧雑誌を出すとかで、それへの参加をはがきで勧めてきたのだった。「回覧雑誌は『少数派』と題するもので、文芸や社会思想めいた論文をのせてあるものだった。当時の私にはまったく無縁のものといってよかった」。

高群は八カ月の間、自分と同じ貧しい末派《まっぱ》教師で師範入学準備期間中に山に鳥わなをかけに行って、左眼を傷つけた上にいささか胸部疾患の疑いもあり、山の学校にあってゆううつと孤独の生活を、社会科学や文学の勉強に浸ることで埋めていた青年Kと文通したのだった。彼女はKに「強く味方を感じ、僻地教育に一生をささげる相手として夢想していた」。しかしこの夢想は「彼を知るにおよんで消滅したけれど、それだからとて彼の人格や彼の『男性』に対する私の思慕にはいささかの動揺もなかった。私はこのときから彼に指導され、彼に順応して生きて行こうとする自分、それを生き甲斐として一念決定した自分を発見したのだった」。高群は自身の「しらたま乙女」的な性格が思慕と曲従の関係を必然的にもたらしたと自己分析している。

高群は、松橋で開催された夏期講習会に出るために払川の家を出て、松橋町の隣の久具六地蔵の広田兼八家に宿泊した。そこからKに連絡して一九一七年（大正六）八月二三日の午後、二人は八代《やつしろ》駅ではじめて会った。その日は七夕祭りの前夜にあたっていた。二人の文通期間と、出会い、巡礼の旅、婚約、結婚による同居から別居生活といったプロセスが具体的に描かれている本に『戀するもの〻道』（耕文堂、一九二三年（大正一二）四月十五日）がある。この本は橋本憲三の著作と表示されているが、高群がKに出した手紙がそのまま掲載されていて、橋本が執筆したのは序「七夕前夜」だけである。それにもかかわらず著者は橋本憲三となっている。橋本曰く、同様の本に『山の上の郁子と公作』（金尾文淵堂、一九二二年（大正一一）七月）があるが、そちらは高群逸枝と橋本憲三の共著になっている。「はめ込まれている手紙は実際のものもあり、創作もあります」と橋本は堀場清子、橋本憲三著『わが高群逸枝』（上）で述べている。つまり交際中に高群が出した手紙を使用しているが、橋本が手をいれていると語っているので、創作が入っていると思われる。その点『戀するもの〻道』は高群が橋本に出した手紙のみで構成されているので高群のありのままの感情を捉えることができる。この本は「金取り仕事なのです」と橋本は堀場に語ったが、二人の関係を物語る手紙、しかも高群が橋本に書いた手紙をそのまま小説に使用した橋本に対して、高群は次のような手厳しい批判をした。

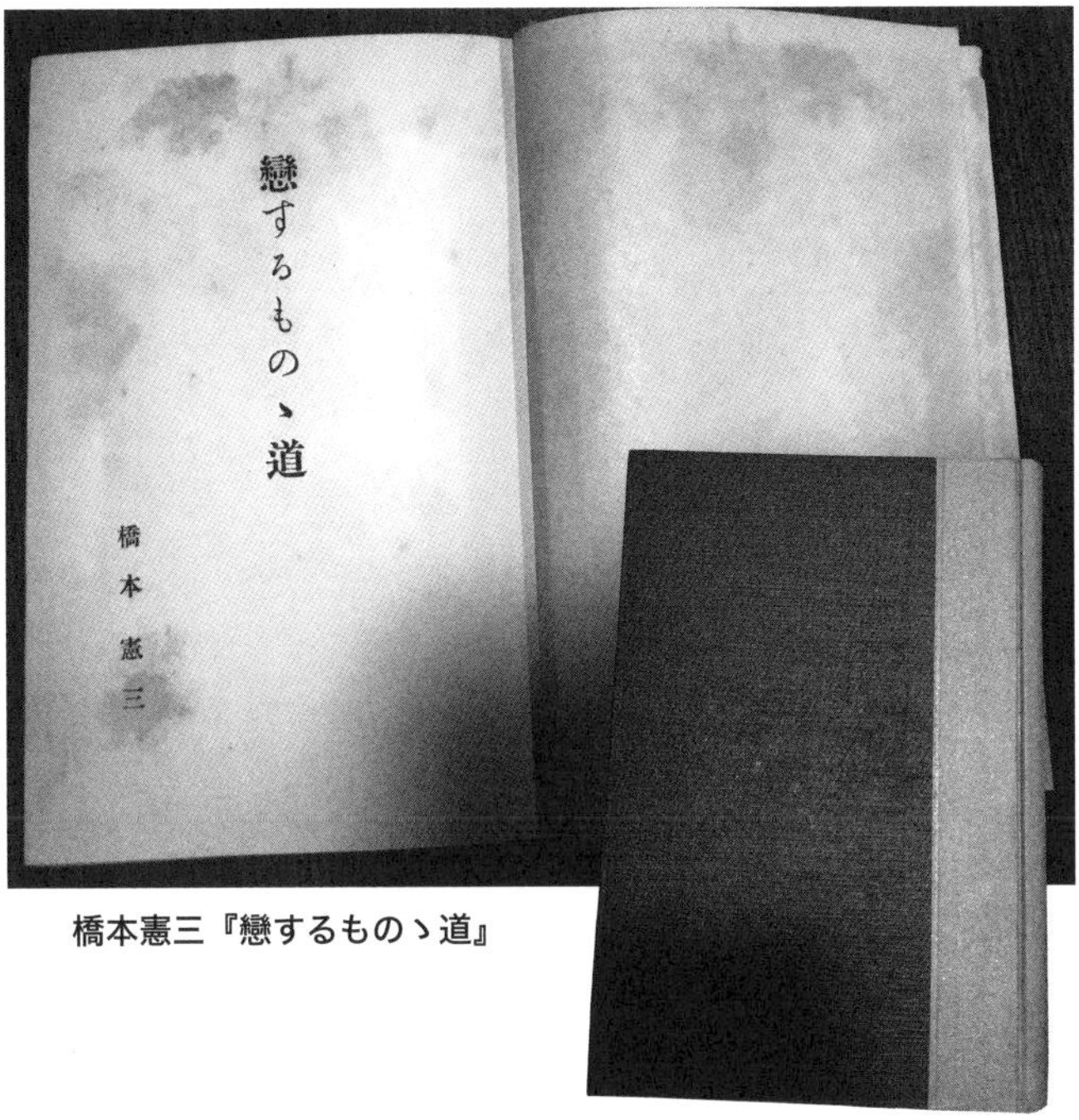

橋本憲三『戀するもの丶道』

「はやくここを出て払川に帰らなければならないと思いながら、見えなくなった妹の手紙や私の写真などをさがしていると、書物箱の中から、私のＫへの最初からの手紙の幾束かが、番号札をつけてころがり出た。よくみると、彼はこの生の手紙をつかって小説を書こうとしているらしい。後に説明されたところによると、それはかなり長い作品になるはずだった。東京で本にしたときには手紙は分離された。私は彼が自分の手紙は私に焼き捨てさせながら、私の手紙は当人に相談もなくかってに利用するのが理解されず、しかもこの手紙は創作に組みこまれるほどととのったものでなく、もちろん公表などすべき性質のものでなく、はずかしさと腹だちで、顔から火が出るおもいだったが、もし私が彼に文句をつけたら、彼のせっかくのでき上りつつある構想はぶちこわしになるだろう。Ｋの創作意欲にも水をかけることになるだろう。そう考えて黙って見のがすことにした。Ｋのエゴは私の曲従と反比例して募った」。

橋本憲三が書いた『戀するもの丶道』を読んで筆者は驚いた（筆者は古本屋で高額で入手した）。七夕前夜に二人が初めて会った時の数ページが橋本の書いた部分で、後は最後まで高群の手紙だけが並べられている内容だったからだ。橋本は自分の高群への手紙を焼き捨てさせておきながら、橋本からの手紙をひたすら待ち受け、一喜一憂する高群の橋本への思慕を綴った手紙をそのまま使用しているという感じなのだ。橋本は、高群の死後、次のように述べている。

「私の嫌がり恥じている本がもう一冊あります。これには順を追った正真正銘の彼女の生の手紙が収録されています。『郁子より』と同じように城内訪問までのものが。この本持ちません。(中略) 私の文章は『七夕前夜』という短文が冒頭にあるきりで、しかも著者は私なのです。金取り仕事なのです」。(橋本憲三、堀場清子『わが高群逸枝』上)

相馬健作(橋本憲三ほか)『文壇太平記』

『戀するもの〻道』は二六〇頁の著書で、七章編成のうち一五三信の高群の手紙で構成されている私小説であり、高群の生の手紙がそのまま使われている。ということは、高群の橋本への恋愛感情を知る上で貴重な資料となるだろう(『山の上の郁子と公作』中の『郁子より』にはめこまれている手紙は実際のものもあり、創作もあります」と橋本は述べている)。

橋本は『戀するもの〻道』の手紙はひじょうに乱雑で幼稚です」と高群を批判している。だがそうだろうか。高群の手紙は非常に女性らしく、恋する若き娘の繊細な心が素直に描かれている。このような手紙をもらった男性はおそらく自分に自信をもてたのではないか。

高群が東京で華々しいデビューを果たし、売れっ子作家になった後に橋本はこの二冊の本を出し、また相馬健作という架空のペンネームで『文壇太平記』(萬生閣)という本も出版し、その中で高群逸枝について執筆している。相馬健作は橋本憲三、木田開、大導寺浩一の三者による架空のペンネームだった。高群の手紙を利用しての単行本である『戀するもの〻道』はお金のためというより「Kのエゴは私の曲従と反比例して募った」という高群の言葉を加味すると橋本の「作家志望」というエゴの結果といっても過言ではない。この本の存在を知って堀場清子は「腰をぬかした」(『わが高群逸枝』上)と述べているということは、高群研究者にとっても無視できない重要な一冊ではないだろうか。

ただ橋本へ送った高群の手紙がそのまま掲載されていて、それを読むことができることは大変にうれしいことである。文通の段階での思い、初めて会う時の緊張感と高まり、会った後に募る相手への思慕、なかなかこない返事を待ち続ける女心、巡礼先から送った手紙、エンゲージに至るまでの葛藤、婚約以後の二人の関係、手紙を読むと高群の恋愛観、心優しい思慮深い人間性、自然への描写からみられる詩的な感性等々を感じることができる。まさに高群が経験した生きた恋愛物語――「霊の恋」になっているのであり、高群の著作といっても過言ではない。高群の書いた手紙を読んでみると、Kへの思慕がよく伝わってくる。純粋無垢な観音の子「しらたま乙女」の「霊の恋」がめざす着地点が『恋愛創生』の「一体主義」だったというのも理解できる。

文通で気持ちが盛り上がり、初めて会うまでの高群＝郁子の手紙には、Kへの気持ちが赤裸々に記されている。

「妾のこの体――髪も瞳も、それはみんなあなたのものです。妾はあなたのために、なるだけ美しくなります。（略）あなたにわるく思はれたら悲しい」（第八信）

「お髪が立派だと人に云はれますと、妾はそのままあなたのところに、参りたくなるので御座いますの。あなたのためにかたちづくり、あなたのためによそ身に、あなたにそれを見て戴かないといふ程悲しいことがありませうか」（第十信）

「ああ戀ひしいあなた！　戀ひしいあなた！　妾はいつお目にかかれるでせう」（第十三信）

「娘の妾は騎士のあなたによるのですの。妾の教育は、あなたのお手によって。右も左もあなたのみ心のままに。妾の、まあ可憐なこと」（第十八信）

「妾はあなたのものですもの」（第十九信）

（「第一　青春の始めの日に」）

手紙の相手に対する呼称はすべて「あなた」となっている。実際の橋本憲三に対しての呼称も、憲三の妹の橋本静子の証言によると「あなた」であった。まだ会っていないプラトニックな文通だけの交際の間でも、相手への思慕は半端ではない。しかしあくまでも「処女性」にこだわる。「お泊りになっていいの。では妾はあなたの御部屋のお隣の所に泊りますわ」と言ったりする。いよいよ会う前日、「もう今になると、羞かしさが一杯なの」と心が揺れるのだった。この小説には会った当日の手紙は入っていない。会ってから再び文通を行なうのだが、相手がなかなか返事をくれないため思い悩む日々が描かれている。「ああ今日もお手紙は参りません」（第二信）。「妾はいつも夕方になると門口に立って待ちました。配達夫を」（第四信）。「今日もお手紙は来ません。しかし妾はやっぱり待っている」（第四信）。「毎日毎日どんなに待つて待つて、泣いて暮らしてゐるでせう。それだのに一度も手紙を下さらぬあなた、今は、もう會うことも思ふこともさしとめられてゐるやうな気持だわ」（「第二　今日の日は暮るゝ」）。

実際、相手つまり橋本はかなりじらしているようで、手紙の本数は高群のほうが多かったようだ。手紙が着くと「今日お手紙が着きましたの。（略）やっと安心いたしましたの。ああ、よかった。嬉しい」（第七信）というように喜び、幸せになる。こないと悲しくなるというように手紙ひとつで一喜一憂するのだった。

第三「生命の河」は二四通の手紙で成り立つ。「霊の恋」を掲げる「郁子」が相手方との性的関係をどうするのかで悩みぬく様子が伺える。

「燃ゆる、燃ゆる、燃ゆるやうに、そして苦しいまでに切ないまでに、妾はあなたを熱愛いたします。それは異性である以上當然、肉――露骨に申します――に到達すべき前提であらねばなりません。それが當然です。當然だけれど、妾は妾をどうすることも出來ません。耐へられないのか、いえさうではありません。唯、妾には殆どそれに対する憧憬が皆無なのです」（第一信）。「許してください。郁子はあなたのもの、あなたのもの、あなたのものです。いえ、かう云はして下さい。あなたは妾のものだと。昨夜は卑怯であった。妾はあなたがお考へになっているやうに怖がってゐるのでは決してありません」（第一信）。「妾は肉に憧憬がないと申しました。實はそれを怖れてゐるのです」。「あなたの失望、不快、寂寥……ああそれを考えると身も切られるやうに辛いのです。もう破滅のときが來たのかも知れません。かうした戀を續けて行くのはお互いに寂しく苦しくつまらないことかも知れません」（第一信）。「心からあなたを深く愛します。今こそはじめて二人で行ける處まで行かう、仰有ったお言葉の厳粛さをよく知りました」（第一信）。

この小説では「夢想の恋」「恋の幻影」という言葉を使用していてかなり深刻な状況だったように読み取れる。晩年に回想して書かれた『日記』では「霊の恋」と表現し、「永遠の誓い問題」として具体的に記されている。永遠の誓いをかいて送ったら、橋本から「この世には永遠というものはありえない。瞬間のみがある。まあ行ける處まで行きましょう。あなたが僕の手紙をたいせつにしてくれるのはありがたいが、手紙というものは時の拍子でかくから焼いてくれ」という返事が来たという。ロマンチックなしらたま乙女とサーニンかぶれの若者とのユーモラスな正面衝突、と冷静に自己分析している場面である。ロシアの若者に影響を与えたロシアのアルツイバーシェフ著『サーニン』（一九〇七年）という小説にかぶれたKの「瞬間恋愛説」と「霊の恋」の対立である。

「サーニンは霊の恋を否定し、性だけが真理だといっていると、あなたからききました」といった言葉からわかるように高群は『サーニン』という小説を読んでいない。橋本からの受け売りでこの小説を誤解しているのだ。もしこの小説を読んでいたら、橋本の読みの浅さを高群は批判できたのではないか。文芸評論家芹沢俊介は『サーニン』を「ある意味一級の青年論だし、一級の女性論になっています。いい作品でしたね」と述べている。

『サーニン』という作品は、女性論としても大変におもしろいと思いましたね。一級の女性論ですね。性というものを介してみた時に、女性の自立意識というものが、性体験以前と以後ではかわってしまう。二十世紀初頭のロシアの若い女性たちは異性と付き合うこと自体はとても楽しくやっていて、家族も異性が家に遊びに来てわいわいやることを歓迎していて、そこで男と女の微妙な駆け引きみたいなものがあったりして、その中から恋人がうまれて、その人と性体験をもって、みたいに展開していくんですね。しかし、恋愛という状態に入ったとたんに変わってしまう。それまでの生き生きした女性たちが自信をなくし、卑屈になっていってしまう。まさに高群と憲三の関係もそうだったなと思います。サーニンが妹に対して『女性たちはあらゆることに対する熱望を持っている。知りたいという欲望、体験したいという欲望、そういうことに対する期待感は熱いものがある』と言ってるんです。しかし期待が現実になる前と後とでは、女性たちの意識の在り方は大きく変わってしまう。すごい落差として描かれる。一九〇〇年代の帝政ロシアの末期になるんでしょうかね、その時期の女性たちにいろんな思想がはいってくるんだけれども、その大きな潮流として性の問題が入ってきて、サーニンの作品も性欲小説として描かれている。しかしサーニンの描いている女性たちの姿というのも、恋愛前だとすばらしい魅力的なものが、性体験後はがらがらくずれていってしまう」。

（対談：芹沢俊介・山下悦子「高群逸枝と橋本憲三――「サーニン」をめぐって」より　二〇一五年四月一三日、未発表）

この芹沢俊介の言葉は示唆的である。性に対する恐れを赤裸々に手紙に書いた高群＝郁子は『戀するもの丶道』では、破滅というか別れを意識しており、寂しいという言葉が連発されていた。楽しいはずの恋が悩み深く、悲しいものになっていくのだ。晩年の高群は『日記』で、「二人で行ける處まで行こう」という相手方の言葉ではなく、「行けないところをも行こう」という超自然的な世界をめざしたかったと述懐している。「霊の恋」の根強さと「処女の一途さ」にこだわり、ずるずると性行為におちいったりするのは、その恋愛をけがすものではないか、といわば「処女の直観」で橋本との交渉に食い違いが起きたのだったと回想している。高群が『サーニン』を読んでいれば恋の行方や橋本との関係も、もう少し違ったものになったかもしれない。「高群の暗さは憲三の暗さですよ」(先の対談)といった芹沢俊介の指摘は的確といわざるをえない。

三　価値観のズレ

——同居から別居婚へ、母子保障、相互扶助、婚姻史研究を生み出した橋本憲三の「虐待」

高群はより観音信仰を深めた半年間の巡礼を終えると払川の実家に舞い戻った。この巡礼の帰路、高群は、大分で世界的に大流行していたスペイン・インフルエンザにかかり肺炎になりそうになるなど厳しい試練を経験した。常に「死」を意識した旅だった。四国の巡礼先からも橋本へは手紙を送っていたが、実家へ戻るとまた再び橋本が「うわごと」と評した手紙を送り続けた。

「私はいかにしても『観音様から命ぜられている』この世で一番高貴なこの霊の恋＝一体化の恋を実現せねばならないし、その相手は私と同じ下層にあって不幸な魂をいだいていながら頑固なエゴイズムによって孤独に徹し外囲の重圧を軽く蹴飛ばしているそぶりをしているあの不敵なK以外にはないのだ」

『戀するもの丶道』では第六「エンゲージ」、一三信の手紙で婚約に至るプロセスが綴られている。高群が橋本へプロポーズしたことがわかる。『日記』では「婚約のたくらみ」と述べているくだりである。

「どうぞ私をあなたの妻にして下さいまし。妾は今日母にそのことを少し話しました」(第三信)。「ね、結婚いたしませう。初めに婚約だけでもいい」(第三信)と両親や家族を巻き込む形で高群からしかけたのだった。橋本もそれを受け入れ、実現ははやかったとある。だが不思議なのは、結婚式をあげたわけでもなく、一緒に暮らし始めたわけでもない。こういったことは無産者の家の常態なのだと高群は書いているが、橋本も教員で自立していたわけだから別居する理由はないはずだ。一九一九年四月に婚約とはあるが、実際に籍を入れて橋本逸枝になったのは、憲平を妊娠してからだった。このことについて橋本は「城内時代には結婚の意志(法的)がみじんもなかったからです。彼女にもです。(略)たまたま妊娠を直接動機として実現したわけです」と述べている(『わが高群逸枝』)。高群には結婚の意志は以前からあったが、橋本にはなかったのであり、子供ができてはじめて籍に入れるつもりになったのだろう。高群は熊本に出るため学校の教員をやめていたので、家で「穀《ごく》つぶしの状態」だった。妹を連れて大阪あたりの紡績会社で働こうと思い、九州相良の城内校につとめているKのところに「しばらく会えなくなる」と別れを告げにいったものの、そのまま同居することになった。

同居生活は四カ月ほどで、長くは続かなかった。橋本の高群に対する「虐待」が原因で、高群がそれに耐えきれず実家の払川に戻ったからだ。実は高群の母子の社会保障論も相互扶助論も婚姻史研究も、こういった橋本とのぎくしゃくした関係、橋本の結婚観や恋愛観へのアンチテーゼとして生まれたのだった。そこから高群自身が自分を守るための概念、あるいは理想とするあり方を女性一般へ拡大したものと捉えることができる。

「Kのエゴイストぶりは私にもよくわかっていたし、それがまた私をひきつけるものであったが、それにしても城内校での彼の私への虐待ぶりは、ちょっと想像にあまるものがあった。いまから考えるとなんでもないものだが、何しろ私自身未熟な娘なので、おどろいたり、悩んだりして、とことんまでの優柔不断さにおちいらされたのだった。私は彼に理想を語ろうとしたが、それどころではなかった。そういう努力はかえって彼を怒らせ、私を誤解させることにのみ役立ったようだった」。

橋本憲三との同居生活がいかに悲惨だったかは、高群自身が『日記』で語っている。彼女の言葉で具体的に虐待ぶりをまとめてみよう。

●「彼の机には二つの座右銘がしるされてあった。1 食うことは恥辱だと思え　2 恋愛は負担のないものであるべきだ。（略）彼の注釈によると、女房との関係は負担だらけで、子どもを生んだり、家庭を維持したりせねばならない。ここにはもう恋愛はない。だから真の恋愛にちかいものは娼婦との関係だけだ。金を払うことをのぞけば、そこには子どもや家庭の負担はないというのだった。この説によると、彼はあいかわらず瞬間恋愛説の持主だということがわかった」

●「彼はわたしのことをよく低能児といった。あらゆる暴言がそこからほとばしり出た。

『自分はこれまでは女性にたいしては劣等感をもっていて、女性の前には頭が上がらない感じだったが、あんたを得てからはそれがなくなり、これからどんな女性とも恋愛ができるだろう』。『おれが毎日通っている人吉の夏期講習会には、すばらしいべっぴんがいるので、おれはせいぜい頭にチックでもぬたくっておめかしして行くんだ』。

『おれは肉感的な女がすきだ。この本にでている『沈鐘』（ハウプトマン）の森の姫に扮したドイツ女優のようなものがすきだ。第一に森の姫そのものがすきだ。それにくらべるといわゆる貞淑な鐘匠の妻は恋愛の対象としては型がふるい』Kはこんなことを遠慮えしゃくもなく吹きまくった。（略）女学校に通っていた学級委員の娘が友人をつれて遊びにくると、Kはかねてはオブローモフ的な怠け者でいながら、欣然とへたくそなテニスをやるが、私の誘いにはいちどだって乗らない。その子の母親がくると、『あなたのきれいな娘さんを私にくれませんか』と私の前でいうのだった。これには私は大きなショックをうけ、深いいたでをうけたことを思い出す。」

●「彼は理想的な妻の像を、『金持の若後家』に発見した、と私にいってきかせた。彼女はあらゆる点で負担にならない存在でありうるから、と。（略）彼が私とのあらゆる同伴に興味がないのは、つまり普通一般の亭主が妻との週末旅行に義務感しか感じないのとおなじだったのだろう。」

そしてついに橋本が高群を殴るという暴力へと発展、高群はショックを受け書きおきして払川の実家へ戻ることになった。九州男児が自分の妻や女性を殴るといった暴力は当時めずらしいことではない。「Kの乱暴は南国肥後の海賊めいた荒っぽい男たちの伝統でもあったらしい。〔徳富〕蘇峰さんもいつも〔弟の〕蘆花さんを小さい時分にはなぐり、結婚後は妻を蹴っ飛ばしたりしたという。乱暴ものののKも幼い弟たちを通学の途上でなぐっていたらしいが、結婚後は鉾先を私に向けたのだった。それはいわば一種の愛のゆがんだ表現でもあったのだろう。私はそれを長い間知らず、自分がわるいとばかり思いこみ、自信喪失にのみ陥っていたのだった。とはいっても暴力そのものはもちろんゆるせることではないが……」。

今の時代であれば、目下のものに対して、あるいは妻や子供に対してなぐるという行為は「許せることではない」どころかれっきとした犯罪である。とことん従順だった高群は、窒息間際になると火の国の女の野性を丸出しにして、家出という形で逃げるのだった。

実家に戻った高群を、家族はあたたかく迎えてくれた。「恋愛は堕落である。Kをしてあらゆる毒舌を吐かせ、わがままを募らせ、暴力をさえ振るわせて、救いがたい堕落的人物と化させ、私をしてはこれまたあらゆる悪徳、醜態を露呈させた。二人の関係が恋愛の名による結合でなく、友人としてのそれであったら、これほどのこともなかったろう」と高群が思い悩んでいると、母親が心配してKとの間に何があったのかといくどもたずねるが、彼女は黙ったままだった。

高群は実家で夜中の二時、三時まで勉強し、読書と思索と山歩きにあけくれた。母親は娘の身体を心配するが、父親は「好きなようにさせておけ」と母親に言い、かげで見守っていた。

両親の愛情に包まれながら娘時代のように伸び伸びと快活に過ごし、ニーチェの『ツァラトゥストラ』やメーテルリンク、ハイネやバイロンの詩集、ワグナーの歌劇集などからギリシャ神話、戯曲など雑多なものを貪り読んだ。高群は橋本と別居してから東京にひとり旅立つまでの十カ月間、まさに伸び伸びと過ごした。自己内部にある「火の国の女」を呼び覚まし、「Kを忘却し、私自身となった」。いわばKの抑圧から解放され、自分を取り戻すと同時に「女体の成熟」をめざす大人の女性へと自己解放したことを意味する。彼女に内在する火の国の女の噴出である。彼女はこれを「感情革命」となづけた。これにより詩歌の作風も変化し、多量の作品となって噴出した。短歌の(三十一文字)からはみ出し、破調(自由律)の短歌となった。これら短歌は後に歌集『妾薄命』(金尾文淵堂出版、一九二二年六月)となる。高群は実家に戻ってから破調短歌を生み出し、それを『大阪朝日新聞』の学芸欄の「婦人を待てる文壇」というコーナーに送った。第一線の詩人であり批評家である柳沢健が主宰していたコーナーで、柳沢は高群の作品を「この作者にとっては、もうアプリオリにボードレールの耽美の理論とマラルメの象徴の理論とがわかっているのである。彼女の異常な知性と感情は、すでに浪漫的の領域からはるか彼方に出ている。彼女のみつめている世界は、形と心とが融け合った世界、地獄の火と天界の光とが交わり合った世界、換言すれば第三の世界である。

(略)この婦人の異常なる芸術的叡知と熱情とは、奇蹟をもって目すべきである」と激賞した。

柳沢はフランス大使館に赴任することになり、高群に手紙をくれた。『現代の詩および詩人』を上梓し、その中で「高群逸枝子」と題する一文を加えたこと、外務省に高群のポストをみつけて置いたから働きながら勉強するようにと名刺が添えてあった。高群はそれを受ける勇気がなく、断ったが、東京行きを決意するきっかけとなった。

また詩については、短詩形では盛り切れないものを感じて長詩に移り、『放浪者の詩』を書いた。書き終えたのは東京へいく直前の八月下旬だった。この長編詩も出京(高群は「出京記」というタイトルをつけたり、上京を出京と書いている)の際にお世話になった守屋東の紹介で、新潮社からの出版が決まった。守屋東は日本基督教婦人矯風会に参加し、未成年者飲酒禁止法(一九二二年)の制定や廃娼運動に尽力、肢体不自由児のための学校等を設立したり、大東学園長としてキリスト教精神に基づく女性の教育に専念した人物である。高群は上京の時に大久保百人町の矯風会婦人部に、矯風会の人に連れていってもらい、守屋を紹介された。そして就職先を世話になるのだが、守屋が高群をなにか書く人ではないかと気づき、もっていた『放浪者の詩』を発見され、面白いといわれ、出版社(新潮社)を紹介されたのだった。守屋は画家有島生馬に渡し、生馬が新潮社へ持ち込んだのだった。高群というのは強運の人だなと思うが、観音信仰や巡礼の旅などから培われた徳のある生き方が、そういった強運を呼び込むのかもしれない。

守屋に下宿先も紹介されるのだが、それが世田谷の大百姓軽部仙太郎の家だった（仙太郎は婿養子）。一九三一年以降亡くなるまで過ごした「森の家」を、その土地を借りて建てることになる。そして戦後軽部仙太郎が亡くなった後、一九五五年「森の研究所」が建つ二〇〇坪の土地を、高群の印税と水俣（橋本憲三の実家）の援助で購入することになった。高群は軽部仙太郎の妻なみに相当に気に入られており、どうしても高群に買ってもらいたいといわれて購入したのだった（一九五五年八月、橋本憲三名義で、登記されていた。登記簿掲載も含めて本稿第3章四節で詳しく述べる）。そういった出会いをもたらしてくれた守屋は、高群にとって大きな存在だったということになる。また日本基督教婦人矯風会の設立者矢嶋楫子は熊本県の出身で、徳富蘇峰、徳冨蘆花は姉の子供、つまり甥にあたり、矢嶋の姉竹崎順子は高群が通った熊本女学校校長となった人である。こういった熊本の縁が見えない力となっているのも不思議である。

四　蘇る「曲従」の関係

――母の死、文壇デビューから都落ち、死産まで

東京行きを後押ししてくれた母、常に娘を思い「徹頭徹尾、愛の人、平和の人だった」その母が一九二〇年一二月に突然亡くなったのだった。下宿先の軽部家で『日月の上に』を書きあげた高群は生田春月に原稿を送ったが、紹介の能力を持たないことわられ落ち込んでいる時に、母の死の知らせを受けた。「母のとつぜんの死は異郷にある私を打ちのめした。それから寝込みがちな日々がつづいた」。が、そのような中で「民衆哲学」という論文を書き、第一線の評論家生田長江に送った。すると生田が春陽堂の『新小説』の編集者といっしょに高群の下宿先にやってきて、押し入れに投げ込んでいた『日月の上に』もおもいがけなく日の目をみることになった。

『日月の上に』は一九二一年四月に『新小説』に掲載され、六月には詩集『日月の上に』（業文閣）『放浪者の詩』（新潮社）が相次いで出版された。『民衆哲学』も『私の生活と芸術』（京文堂）として、一九二二年一〇月に刊行、というように、あっという間に売れっ子作家となった。これらの短歌詩、哲学論文等々はすべて橋本憲三と別居していた時に書かれたものであり、自分自身が築いた人間関係から刊行に導かれたのである。橋本は上京する時の旅費を高群の実家に置いていったし、生活費の一部を送ってきたという。「Kからは生活費を送るから静かに勉強せよといってきた」。高群は東京で働くつもりで就職先も決めていたが、売れっ子となり印税も入ってきて自立した生活を送ることができた。高群は橋本があらゆる負担をきらう性格

なのを熟知していたので、共稼ぎの夫婦生活か、別居婚でいいと思っていた。できるだけ夫の負担にならないようにするという点では徹底していたようだ。だが売れっ子になると悩みもでてくる。

「私の昼の時間はジャーナリストや各種類の男女の訪問客のために奪われるようになった。訪問客のない日はほとんどなかった」

心の自由さはむしばまれ、林の中の思索も散歩もできなくなっていった。

五月初旬、橋本が学校の茶摘み休みを利用して上京し、高群の下宿先にやってきた。すぐ帰るはずが、結局高群を六月末に故郷へ連れて帰るまで滞在することになる。

「私をみるなり、たちまち豹変して、私を略奪する気になったらしく、故郷の南の海岸にいって一年くらい二人だけでのんびりくらしてみないかといい出した」

高群はかつての同居生活でこりていて、彼もつまらない毒舌家になったり、ノイローゼにおちいったりするのがためらわれ、新潮社の編集部にも「人気の立っている大切な時なので、都落ちなどはしないほうがいい」と引き留められた。だが橋本は独占欲も手伝い、強引に実行に移したという。手紙一本で学校もやめてしまった。常識的に考えて、本を出版する六月に都落ちするとは異常である。橋本の強引さもおかしいが、「私は例のように優柔不断となり曲従するのだった」という高群も非常識ではないか。「人間でないもの、人間権をはくだつされたものとしての私を、彼はつかみたいとしていたらしい」との高群の言葉から類推すると、橋本は、高群の人権などまったく考慮していなかったことになる。彼女を劣等感に陥らせ、蛇ににらまれた蛙のように彼の支配下から身動きできないようにし、独占の枠内で歌をうたわせる。「私の彼への思慕と、きょくどの従順ぶりこそおあつらえむきだったろう」といった高群の言葉には、DVするものとされるもののどうしようもない共犯関係がみえてくる。

暴力をふるわれて実家に戻った時、高群は橋本に手紙を書けなくなっていた。「彼は私の手紙をそのまま作品に組み込む習慣をもっている。それを発見してきた私には、もう手紙のペンが、すらすらとは、動かないようになっていたのだった」。

そういった苦い経験があるにもかかわらず、およそ八カ月の都落ち、弥次《やつぎ》海岸での生活では「あらゆることが共同化されねばならない」として、自分の作品や書いたものを橋本に読ませるようになった。ここでの生活をハネムーンと高群は感じていたようだ。二人で楽しく過ごすこともあった。

ところが秋になると橋本が強度の神経衰弱におちいり、正座することもできなくなり、往診した医者に注射を三回も打ってもらうほど体調が思わしくない状態になった。高群はほどなく妊娠の身となっていてつわりに悩まされていたが、「悪魔主義の夫が出産をよろこばないことは既定の事実のように思われたし、また病気にさわる懸念も出てきたので、妊娠のことは口にも出せず、ひとり苦しむほかなかった」。だが橋本が妊娠に気づき、意外にも生きる力がよみがえったらしく、起き上がって東京に帰ると言い出し、旅費をつくりに父母の所へ出かけた。

ここで問題なのは、妊娠を数カ月間黙っていたこと、橋本が東京へ戻ると言い出したことである。妊娠という喜ばしい事柄を夫に気を遣っていえないというのは、通常の夫婦関係ではありえない。また臨月近い妊婦が熊本から東京まで船や汽車に乗って長旅をするというのもありえない。無謀すぎる。しかも高群は八カ月の間、毎月原稿を書き、詩や論文も書いていた。第三詩集『美想曲』(金星堂、一九二二年一月)の印税を待って、弥次の家をひきあげることになったとある。つまり仕事もしていたのである。熊本にいながら払川の実家にも行かず、母の墓参りもしていない。

「Kは、私をあらゆる関係から断絶することを希望しているもののようだった。それに彼自身の反俗精神からも、払川に行けば結婚式等の俗務があることを見こし、それにたえ切れないものがあったらしかった」。

自分の実家に顔を出した後に、高群の実家払川へ行こうとは思っていたようだが、高群は「だまってKの心にまかせきる態度をとった」。そして結局、Kの実家には数回立ち寄ったが、高群の実家へは行かず、彼女は父親に詫び状を書き、結婚の書類を送ってもらい、その手続きをすませた。上京前に橋本の実家へ立ち寄ったのだが、高群は激烈な急性大腸カタルにかかった。赤痢ではないかと思われるほど下痢が続いたが、義父がくれた塩漬けの野猿の肉汁をのむとなんとか止まった。妊婦なのに医者にはかからなかったのだろうか、お産婆さんにみてもらったのだろうか。専門家にみてもらったら上京を反対するだろうから、みてもらわなかったのだろう。

高群が帰京の準備をすると、義母や義姉が臨月がちかいのではと心配してくれる。それを「大丈夫です」と言って汽車に乗り込んだ。「私は途中で倒れるかもしれないと思っていたが、つとめて元気にふるまったのだった」「長いホームを駈けていくのだがその時は呼吸がつまってもうだめだと思った」とあるように、臨月の妊婦が取る行動ではない。この段階で相当に無理をしている。筆者は二回の妊娠出産を経験し、つい最近娘の妊娠出産に立ち会った経験からいうと、高群・橋本夫妻の行動はまったく理解できない。ただひたすら無謀である。

当然の結果、一九二二年四月、「私は世田谷の軽部家で憲平ちゃんを死産した」。死因は脳震盪で助産婦の手落ちだったという。助産婦は母体の衰弱を盾にとって抗弁したが、高群も橋本もそれを支持したという。ずいぶんあっさりしている記述だなと思ったが、熊本からの上京で相当無理したことが影響しているのを自覚していたからだろう。妊娠経験者であればわかるだろうが、おなかの中で赤ん坊を育み、胎動を感じた時の一体感はすばらしいものがあり、出産を楽しみに思えるのが通常である。それだけに死産だった時の衝撃や精神的打撃ははかりしれない。高群も受けた打撃は相当なものがあったはずだ。

高群は本当は子供がほしくなかったのではという人もいるが、そんなことはないと思う。

「胎児は弥次でも、難渋をきわめた東上の車中でも元気よく動いて、私の不安と動揺とをなぐさめてくれているようだった」

「すでに腹の中で元気に動いている胎児の憲平ちゃんだけが力だった」（弥次の不気味な家でひとりで留守番している夜に暴風雨になり、人がいるような気配を感じ恐怖におののいた時）

高群もこういった妊娠の経験を経て出産にのぞんだわけだから、子供がいらなかったのではなどといえるはずはない。ただ橋本への「曲従癖」が災いした結果ではないか。なぜ臨月に上京する必要があったのか、大腸カタルでひどい下痢をした時、なぜきちんと専門家を呼び、治療をしなかったのか、妊婦の衰弱を心配して橋本の実家で子供を生むという選択もあったはずだが、なぜそうしなかったのか。夫橋本憲三の方に問題があったからだと思う。上京をするというのは彼のアイデアだったのだから。子供をほしいと思っていなかったのは、むしろ橋本ではないか。

「私がお腹が痛くて痛い痛いとあまり苦しむので、この人（橋本氏）が私のお腹を押したんです。あちこち痛いので力いっぱい押したんです。その中お産婆さんが来たのですけれど手おくれとなりました。やっぱり私達無知だったんですね。（略）様子が何もわからなかったんです」（松本正枝「埋もれた女性アナキスト高群逸枝と『婦人戦線』の人々」）

「医者がそういったんですよ。産婆の手落ちだと……。じつは僕が殺したようなものですよ。（略）産婆が押してくれというんです。手伝ってくれと。だから、僕は言われる通り、押したんです」（石川純子「高群逸枝論」『高群逸枝雑誌』第二五号）

高群と橋本の言い分が微妙に異なる。お産婆さんが来る前にあちこち痛いので橋本が力いっぱい押した。そのうちお産婆さんがきたと。橋本は自分が殺したようなものといった後、お産婆さんに頼まれてお腹を押したと。お産婆さんが来る前に押したのか、来た後に頼まれてお腹を押したのか。多分、高群の言っていることのほうが正しいのではと思う。それでなければ自分が殺したようなものといった言葉はでてこないだろう。陣痛で苦しむ妊婦にたいしてどうしたらよいかなどの基本知識が、橋本にも高群にもなかったのだ。お産に関して二人ともまったく無知だったことが、死産のひとつの要因になったことは確かであろう。

しかし、それ以上に妻子の存在は負担という考えを以前から持っていた橋本が子供をほしいと思っていなかったことが影響していると私は思う。

高群は「もう黒い髪の毛がふさふさとして、大きな目でとてもかわいい顔をしていましたよ」と松本正枝に話した。お産というのは出産時を含めて最後までどうなるかわからないというリスクがあるが、死産が妊婦にとってショックなのは、赤ちゃんとして出来上がった肢体をもって体外に出てくるからだ。筆者はスウェーデン人の夫を持つ娘のお産に立ち会った経験があるが、生まれてきた女の子の赤ちゃんと対面した時の感激は、ある意味自分の子供を出産した時以上だった。心やさしい高群の死産を考えただけでも、その精神的打撃は強烈だったと思われる。彼女は六一歳の時、雑誌『中国の婦人』に憲平そっくりの写真を発見、『共用日記』に次のように書いた。

「亡児死後三〇余年、私は、写真か実物で、巡り合いたいものと念願していた。それが三三年後に実現したのである。憲平よ、お前がいきていたらよかったろうに」。

高群はこういった経験から、母子保障社会の必要性を主張するようになる。産児は社会全体によって守られねばならず、これを阻害する条件はすべて排除されねばならないと。産児は各自の家々の私的保障にゆだねられてきたが、そうすると各自の家々の貧富の差別によって歪められねばならない。これは胎児の意志でもなく、母性の意志でもないというのだ。夫からの暴言暴力に苦しめられる妊婦、経済的不安のある妊婦のための相互扶助のシステムの構築をめざし、それを母子保障社会と呼んだのだった。

高群は妻や子供は負担が大きいという考えを持つ橋本に気遣い、妊娠を知らせず、つわりの苦しみも一人で背負っていた。母は他界して頼ることもできない。そういった身の上で妊娠生活を送り、無理がたたって死産という不幸を経験した高群が、母子保障社会の概念を理想とする主張をしても違和感はない。むしろ彼女の思想、『恋愛創生』における新女性主義（女権主義、母性主義を超えた、日本女性が世界へ向けて唱える女性のあり方）も一体主義も、書物から得られたものというより、経験した現実から得られたものだったのではないか。

五　家出の路地裏生活

「森の家」にこもるまでの期間、高群は都内を転々とした。上落合（一九二四年二月から）～東中野（一九二五年一月から）～下落合（一九二五年秋から）～上沼袋（一九二六年秋の終わり頃から）～上荻窪（一九二九年二月から）というように。引っ越しばかりしている落ち着かない生活をしていたという印象を受ける。

一九二三年六月、橋本憲三は、高群の師範学校時代の級友美多子の夫、志垣寛の紹介で平凡社に入社。九月、関東大震災にあう。ちょうど神田に進出したばかりの平凡社は焼け、一応社は解散となった。平凡社が東大久保の清藤幸七郎の自宅を東京編集所として再興すると、橋本もまた勤め始めた。

一九二四年二月、軽部家を出て、上落合に新世帯を持った。東中野駅から歩いて一五分ばかりの自然豊かなところだった。新築ですべてが清潔だった。「貧しいながらも二人の王国だった。私は、私の理想である同志的結合を実現し、相互の敬愛によって建設的な前進の第一歩を踏み出すことができたとして、大喜びだった（略）私は幸福だった」。

ところが橋本は、家を持ったことで得意となり、自分の友人たちを呼びよせ、食客が一人二人と寄宿するようになった。「雑用が重なり、予定外の費用が際限なくふえ、私の体力やKの収入ではとてもさばききれなくなった」。高群が軽部家に寄宿していた頃、都落ちする直前にも橋本は、高群の許可なく熊本の友人を呼びよせ、平気で同宿を許し、その上高群の稿料からお金まであげていたというのだ。上落合の家で彼女は次第に居場所がなくなり、板の間のチャブ台の上で原稿を書くことになった。優柔不断と「曲従」に支配され、苦悩する日々が続く。「夫の気をわるくしたこと。夫は二人を他人だといった。夫はまた家を出てゆけともいった。そして私をなぐったので、木田さんがとめた」「夫が家を出て行けといった」という状況が続く。

東中野へ移る直前頃から橋本が自費で『万人文芸』という雑誌を出すようになると、高群も欄をもたされたが、違和感を伴うものだった。また人がたくさん押し寄せ、その接客に追われた。一九二五年九月、高群は家出を決行した。この時、彼女は熊野へ巡礼の旅にでるつもりだった。居候の男が同行していたため、『東京朝日新聞』が高群の家出をスクープし、ちょっとしたスキャンダルになる。橋本が半狂乱で追いかけているのを新聞で知ると、自分から警察に届け出て新宮警察へ行き「進んで連れ戻される結果となってしまった」。その時たまたま出産のため新宮の実家に帰郷していた女性運動家奥むめおが高群を引き取りに来て、むめおの家で語り明かした。高群は橋本との結婚生活に疲れ果てていたという。その翌日、橋本が迎えに来て連れ戻されたのだった。まさに「曲従と思慕」の関係から高群自身ぬけられないのである。

家出から戻った後、二人の再出発の家は、下落合だった。高群は、橋本に夫婦の尊厳への認識を求め、同志的結合によって社会に献身する誓いをさせた。この家では訪問者は固く排除された。「下落合の日々は幸福だった。この静かな落ち着いた環境で私は『恋愛創生』を書いた」。長編詩『東京は熱病にかかっている』も下落合時代に刊行している。

上沼袋に移った頃、橋本も平凡社の仕事が順調に進み、彼が立案した『現代大衆文学全集』が大ヒットとなり、平凡社の基礎を作ることに貢献した。また『大西郷全集』も成功した。編集者としての彼の才能が開花したのだった。だが金儲けに酔う気分が役員たちに強く現れ、その雰囲気を嫌った橋本は平凡社を退社してしまった。そんな折、高群の父が六五歳で他界した。四一巻の日記を残して。死の前々日まで書いていたという。「彼のあるところそこにはつねに平和があり愛があった」。高群は両親が亡くなって自分の身柄は根拠をなくしたと感じるようになり、旅の空で夢ばかりみるようになった。夫が夢にあらわれる場合には、ごみごみした街の人通りの中とか、路地裏で、必ず高群が彼とはぐれて迷い子になるという夢だった。もう頼れるのは彼しかいないのだが、不安があるということなのだろう。高群は、金かせぎの売文業に辟易していて、学問に専念したいという気持ちを強く持っていた。自己の欲求を押さえ、橋本を本位としてとことんまでついていこうとする高群の愛の深さを橋本も自覚するようになり、高群の希望を実現させようとする心理状態に変化していった。「この荻窪ではじめて私の待望の二人づれの散歩も実現した」。

この頃から橋本は、森の中に研究生活本位の新住居を高群のために作ろうと、その候補地を物色し始めたのだった。

六　アナキスト高群逸枝と『婦人戦線』

『婦人戦線』発刊に高群は乗り気ではなかった。「はじめ私はこんな雑誌を出すことにも、私が主宰者になることにもひどく尻ごみした。私はアナキズムについてはまだほとんど知識を欠いており、『その他大ぜい』ぐみの一人として研究していきたい段階にあったからだった。だがKのすすめもあり、四囲の状勢からも要請されるはめになって承諾せざるをえなかった」とあるように、『婦人戦線』(一九三〇年三月～一九三一年六月、全一六巻)は、橋本憲三の主導で始まった。雑誌名も、表紙のデザインや黒い線をたくさん使ったレイアウトも橋本の好みだった。目次づくり、内容のわりつけも全部橋本が代行した。『婦人戦

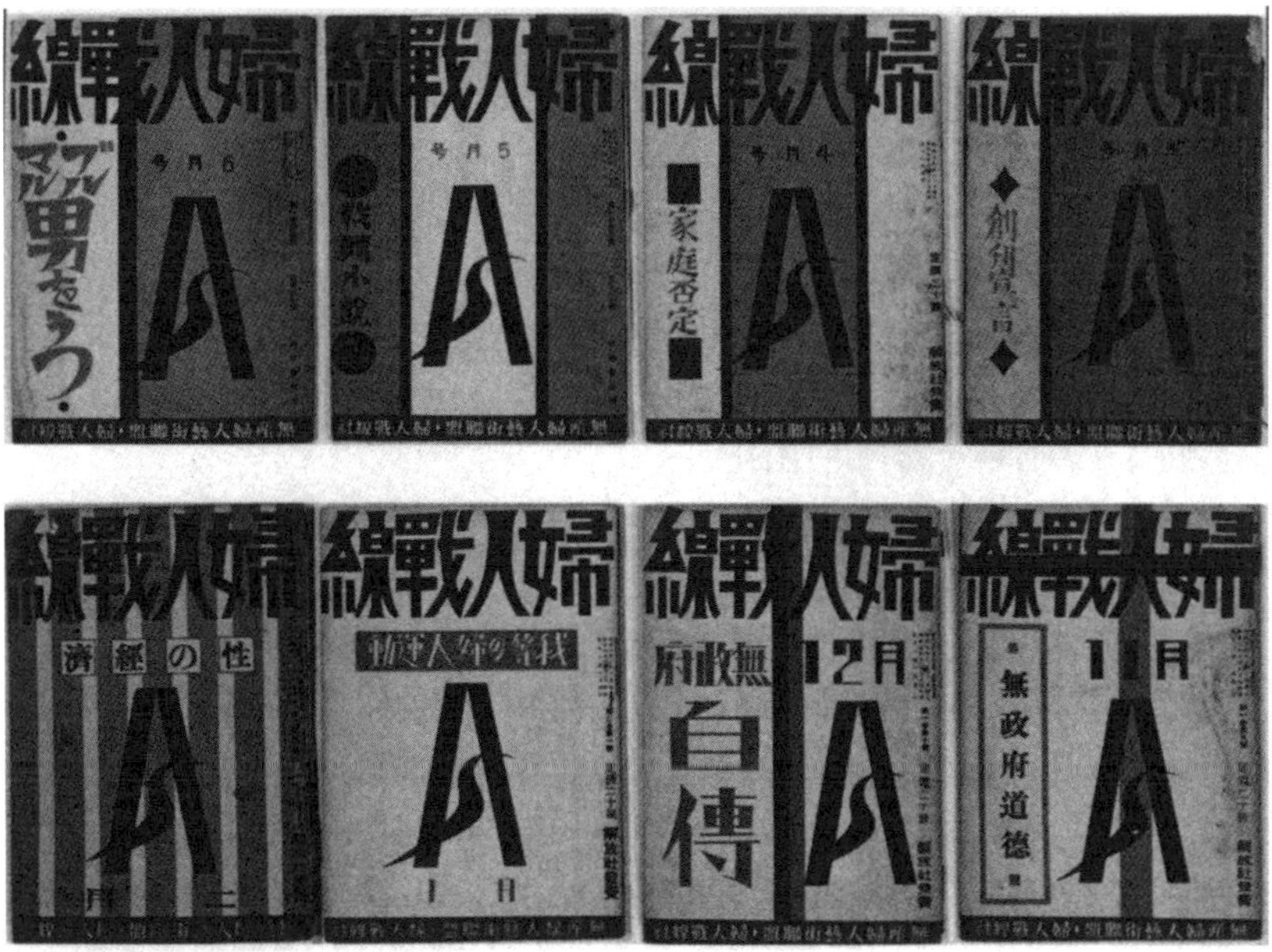

『婦人戦線』

線』は彼女流にいえば、強引に黙認させた形で私の発案、解放社山崎今朝弥との交渉から、第一～第一五号まで山崎さんに対する直接交渉、会計―発行の全責任を負っていました。保証金千円の預託も発行者高群の名で私が出しました」（『わが高群逸枝』下）と橋本が述べている。

筆者は『婦人戦線』復刻版全一六巻を手にした時、その表紙の奇抜さも、「ブル・マル男をうつ」「性の処理」といったような特集のタイトル名も、高群がつけたものではないなとすぐわかった。平塚らいてう、望月百合子も参加した「第二青鞜」といわれた女性雑誌が、男性主導で発案も編集も男性によるものだったとはある意味驚きである。平塚らいてうも編集会議には出席していたが、二度ほど論文を掲載しただけで積極的ではなかった。アナキズム系の無産婦人芸術連盟の三綱領は橋本が作り、高群が修正したと橋本が高群の死後述べた。その三綱領はつぎのようなものだった。

一、われらは強権主義を排し、自治社会の実現を期す。標語　強権主義否定！

二、われらは男性先制の日常的事実の曝露清算をもって一般婦人を社会的自覚にまで機縁するための現実的戦術とする。標語　男性清算！

三、われらは新文化建設および新社会展開のために、女性の立場より新思想新問題を提出する義務を感ずる。標語　女性新生！

かなり勇ましいスローガンが、高群というより橋本的な印象を受ける。乗り気ではなかったとはいえ、高群は、一九二八〜二九年にかけて『女人芸術』や『婦人公論』でマルクス主義者と一線を交え、「アナ・ボル」論争に参加していた。『婦人戦線』の参加メンバーをみると、その時のアナキズム側の八木秋子や松本正枝らがいた。金融恐慌、世界恐慌が相次ぐ情勢の中、ロシアが社会主義革命を成功させたこともあり、マルクス主義が台頭し、日本においてもマルクス主義的な女性解放論が台頭、その論客である山川菊栄と高群は激しく論争した。高群は「無産者の立場にあることだけが、私をいくらか救ってくれていたと思う。私はつまり当時アナキズムの立場に傾いており、その立場から権力階層や現状維持派にたいしてたたかいをいどんでいたのだった」と述べているように、書物や机上の理論ではなく現実の生活の実感からアナキズム的になっていたのだ。

アナキズムにひかれたのは、書物からではなく、大逆事件に高群の故郷から無実と思われる犠牲者たちを出したことが、火の国の女、高群の胸を打ったのが遠因であり、橋本が平凡社の下中弥三郎の教員組合啓明会の雑誌や出版物に加勢して、自然にアナ系の思想を持ち込んだことが契機となったと『日記』で語っている。クロポトキンもバクーニンもプルードンもルクリュも知らず、マルクス、レーニンの思想も含めて、森の研究所にこもるようになってから知りえたのだという。しかしこれはいささか謙虚すぎる言葉で、社会主義を批判し、農業を中心とする相互扶助的な自治社会を理想とする数々の論稿を読むと、アナキズムの思想が息づいているのがわかるからだ。

『婦人戦線』は警視庁から過激にわたるとして呼び出し戒告を受けており、高群逸枝はペンネームだったため、戸籍名を提示するように言われ、橋本イツエといった戸籍名を橋本憲三が「橋本逸枝」と答えるとそれが通り、発行兼編集印刷人はすべて橋本逸枝となった。最終号のみ城夏子。大杉栄の弟子であったアナキスト延島英一が、妻の松本正枝の名前で『婦人戦線』に寄稿していたことを考えると、橋本には隠れ蓑としてこの雑誌の活動を行なう意図があったのではないか。

だが高群ははじめは尻込みしていたが、「火の国的熱烈さ」をもってこの雑誌にかかわるようになっていった。『婦人戦線』の月例会に参加し、『農民』（全国農民芸術連盟）の合同研究会にも出席、「婦人戦線の事業」と題して演壇にも立ったが、途中で警察署長に中止命令を受けたこともある。延島英一主宰の雑誌『解放戦線』にも「無政府主義と婦人問題」「性における強権主義の敗北」「社会主義とわが国婦人運動」「日本恋愛史の研究　方法的の一示唆として」「暴力主義門答」と毎号力作を寄稿している。また『婦人戦線』にも何種類ものペンネームで何本も論稿を執筆している。高群逸枝の別名は、勝地彩子、拂川

葉、木田静子、拂川栞、鳴海浪子、筑紫不美子、山崎文代、高月和子等々。

『婦人戦線』で注目すべきは、ヨーロッパで反響があったことである。創刊と同時に英語、ドイツ語、フランス語に訳され、無産婦人芸術連盟の誕生が報じられたと高群は述べた。オランダ、ロシア、ベルギー、アメリカ、アルゼンチン、オーストリアからも通信が寄せられた。ベルリンの複数の言語をこなすアチャリイヤは、インドへ『婦人戦線』を紹介、この雑誌のために論文を執筆する意気込みであった。『婦人戦線』には毎号海外からの通信が掲載されている。高群の「婦人戦線に立つ」と松本正枝の「嫉妬心の問題」がドイツ語に翻訳され、高群の論文はさらに仏語、英語に訳された。こういった反響を高群は喜んでいた。女性史においても一九三〇年代は世界で同時的な女性運動の動きがあり、『婦人戦線』を受け入れる土壌があったということであろう。この観点から『婦人戦線』を再検証する必要があると思う。

だが事務所となっている高群の家には、毎日訪問者が絶えず、身の上相談者から特高や憲兵まできて、「それらの応接は私がほとんどひとりであたらねばならない」という状況になっていた。仕掛け人であったはずの橋本は、次の高群の言葉にあるように興味を失っていった。

「Kの興味は去っていくようだった。私は彼をともに会合に出るように誘ったが、彼は、『ひとりで行きなさい』と突き放《はな》した。こうなると彼が冷酷であることはかつて城内校で経験ずみだった。（略）ここにきて私は最大の夫婦の危機感にさえ見舞われた思いだった。ある日私たちは真剣に話し合った。私は最初から集団を組織する確信も、ましてその集団の主宰者となる自信もなかったが、それらのことをむしろ強くすすめたのはKではなかったか。それだのにKが中途で外れて私をひとりにすることは無責任ではないか。これが他のことなら私はこれまでやってきたようにKに曲従するだろう。しかし、この場合はそうした私的問題ではない。すでに引き受けたときに私の態度は決定している。私はこの責任を生命にかけても堅持しなければならないというのが、私のいい分だった」。

高群が怒り心頭なのは当然である。いかなる理由があれ、仕掛け人である橋本の無責任さは目に余るものがある。橋本は編集人としての才能はあっても、高群のような筋の通った物書き、思想家ではなかったということだろう。売れ行きが悪ければ引き上げるし、興味がなくなれば廃刊にする、それだけのものだった。高群は過労が積もり、雑誌は生気を失っていった。売り上げもがた落ちし、解放社から負担金を要求され、命脈を保とうと努力したが、一九三二年六月の第一六号をもって自然消滅したのだった。

高群は、ボル系の『戦旗』『文芸戦線』等のはなやかさはなかったものの、幾多の弾圧を受け不運の過程をたどりつつあったアナ系のものとしては、はなはだ微力なものだったが、時代を語る歴史的存在として記憶されてよいものだろうと述べて、『婦人戦線』に対する締めくくりの言葉とした。

高群の死後、橋本は、このアナキズムの活動と深くかかわった高群の数々の論稿を、「未成熟」を理由に『高群逸枝全集』に入れなかった。このことを秋山清が『自由おんな論争』(一九七三、思想の科学社)で批判した。望月百合子もこのことについて「もしかして夫君が何かの事情で勝手に逸枝さんを死後転向させたのではとも思ってなかなか素直になれない。原稿を売る為にも名声を高めるためにも華やかなボル陣営に投ずる方が有利な時代に高群逸枝は信念に生きて名利を省みなかった。(略) 橋本氏がいかように逸枝さんの無権力思想を否定されようと逸枝さんが書かれたものはその否定を否定することを私達誰もが知っている」(『埋もれた女性アナキスト、高群逸枝と「婦人戦線」』)。

残念ながら高群の死後も、橋本のある意味虐待といえるような行為は続いていたことになる。

第三章 女性史への旅立ち
「森の研究所」で起きていたこと

高群は東京世田谷にある「森の研究所」で、本居宣長の『古事記伝』を読み、国学的価値観、系譜学的な歴史観の影響を受け、およそ七年かけて書いた『母系制の研究』、一三年九カ月かけて書いた『招婿婚の研究』という大著を完成させ、さらに通史に着手、『女性の歴史』『日本婚姻史』をまとめた。全集に入れられていないが、『大日本女性人名辞書』や戦中の著作『女性二千六百年史』『日本女性伝』、戦後は『日本女性社会史』『女性史学に立つ』を出版、歴史に関する本を書き続け、日本の女性史研究の元祖であり、第一人者となった。高群は『続 招婿婚の研究』の構想を立て執筆直前までたどりついたが、病に倒れ、がん性腹膜炎、栄養失調により一九六四年六月七日他界した。七〇歳だった。

二〇一九年一一月二七日刊行の高良真木、高良留美子、吉良森子著『浜田糸衛――生と著作』(ドメス出版)には、詩人高良留美子の姉で画家の高良真木、生田長江の最後の弟子浜田糸衛と高群逸枝の交流が書かれており、高群の手紙が一六通収録されている。平塚らいてうの手紙も収録されている貴重な本だが、ここでは一九五〇年から一九六四年までの高群との交流を中心に、森の研究所の四畳半の掘りごたつで、行くたびに三時間もお喋りをしたという、高群と直接接触して親しく交流した人たちの生の声をきくことは、高群研究者にとって重要である。この章では、枚数の関係で大著の内容にふれることはできないが、問題となっている部分を中心にまとめたいと思う。

高群逸枝と橋本憲三、「森の家」の前で

一　『大日本女性人名辞書』（以下『辞書』と略称）を橋本憲三がすべて書いたというのは本当か⁉

「あの本は出典をすべて書いてあるのが特色でしょう。もっとも多くは俗書です。そのため、今日の用には立ちません」「あの本の大半は僕が書いたのです」（橋本憲三、堀場清子『わが高群逸枝』下）という橋本の言葉を受けて堀場は「森の家で女性史研究に入って最初の大著が、実際は共著だったとは！」と述べている。「共著」とは何かのきちんとした定義もなく、「すべて書いた」という橋本の言葉を検証することもなく、『辞書』を見て、彼が書いたということを実証することもほとんどなく、鵜呑みにしているように見える。「すべて書いた」という「すべて」の意味は何か、『辞書』をなぜ書こうと思ったのか、その方法論はどのようなものだったのか、構想はどのようにねったのか、どのように人物をセレクトしたのか、それにいたる参考文献や古文書は誰が読んだのか、橋本に読破するだけの古文、漢文の能力はあったのか、すべて書くだけの時間は果たしてあったのか等々、疑問は多々ある。

　石牟礼道子は『最後の人　詩人　高群逸枝』（藤原書店）で『大日本女性人名辞典《（ママ）》』は逸枝の名で出されたが、研究に着手した彼女のカードを整理して憲三が書いたものであった」（注・石牟礼は、『大日本女性人名辞書』をまちがって『大日本女性人名辞典』と書いている）と半年間の森の家での同棲生活で橋本が語ったことをそのまま書いて、橋本のすぐれた資質を絶賛している。列伝と女性史の違いを明確化し、江戸時代以前の文献を読破し、四年の歳月をかけて作ったカード、それが重要なのにもかかわらず、このようなことを石牟礼はさらっと書いてしまっているのだ。

　また橋本が『辞書』は役に立たないなどと悪く言っているのも、高群への暴言に聞こえる。高群は『辞書』の跋で方法論から出典の明記の経緯まで具体的にふれ、人物を書くときに「積極的に著者個人の見解等を加へることは致しませず、唯明らかに俗説、曲伝と思惟されるものに対してのみこれを積極的に是正する方針をとりました」と述べ、文中並びに顛末に明記した出典により、読者が参考にしたり、確認できるような作りにしているのだ。それを「役に立ちません」などと高群の死後に語るというのは問題ではないか。

『辞書』についての詳細は、本書第五部「『大日本女性人名辞書』は世界初の女性人名辞書か」で書いたので、そちらを読んでいただきたい。高群が書いた『辞書』は、歴史的にも世界的にも先駆的な著書で、すばらしい内容のものなのである。堀場は、「皇紀」で記されていることを過剰に問題視するが、橋本がすべて書いたということを信じているのなら、なぜ皇国思想や皇紀にしたことを高群のせいにして、橋本のせいにしないのかというのも疑問である。死人にくちなしの状況で、高群の死後、皇国思想はすべて高群のせいにし、『辞書』はすべて自分が書いたなどということをさらっと述べたり、アナキズムに関しても望月百合子の言葉ではないが「勝手に転向させる」。『全集』から高群の作品を意図的にはずしたり、『全集』にいれた短歌なども高群の作品を勝手にいじった可能性もでてきているのだ（本書所収の芹沢俊介「高群逸枝の歌」参照）。橋本に他人の作品をいじるだけの文芸や歴史学の力がどれほどあったというのか。編集者としての能力と作家としての能力は別物である。高群の作品に対して無理解であり、リスペクトがあまりにもなさすぎるのだ。高群の死後もこのような行為をしているとしたら大問題であろう。

　まず結論から述べると、この著書は高群逸枝が書いた本であり、橋本が書いたということにはならない。したがって「共著」と呼ぶことはできないと私は考える。すべての高群研究者に検証していただきたい問題である。材料がすべて出そろったものを原稿として書く、清書するというようなことは助手的な作業であり、『辞書』のようなものであれば「協力者」という位置づけであろう。実際高群は「私はKの協力をえて」と「協力」という言葉を使っている。『日記』には次のようにある。

「年があけて昭和十一年になると、私はKの協力をえて『女性人名辞書』の成稿を急ぐことにした。私のこれまでの主たる作業は、江戸時代以前の一切の歴史文献を片はしから読破して、系譜および婚姻記事を抽出することが中心であったが、副次的に史上の女性人名をカードにとっていた。いまそれを拡張活用して人名辞書としてまとめたら、今後の長い自己の仕事にとっても何彼と便利であるし、何よりも出版による印税収入が期待されるのだった」。

「森の家」の表札

「面会お断り」の札

森の家に籠ったのが一九三一年七月であるから、この時点で四年五カ月の歳月が経っていた。彼女はおびただしい歴史文献を読破、時に彼女の卓越した古文や漢文の能力でも難航する場面があったという。起床は六時、八時に朝食、昼食抜きで午後四時まで勉強。六時に夕食。夕食後は勉強、原稿執筆といった日々が続いた。「私の着物はすぐ袖口がすりきれ、たえず右側から受ける光線のために右半分が色あせてくるのだった」。栄養失調が表面化し、めまい、しびれ、頭痛、歯痛、便秘、尿意頻数、月経異常等々身体に異常が生じ、一九三三年秋ついに倒れてしまった。再起のために四国遍路を行なうことまで考えたのだった。一方橋本憲三は一九三一年一二月から平凡社に復職し、一九三五年一〇月二八日平凡社解散により失職するまでおよそ四年の歳月は、つぎのようなものだった。

「私は毎朝八時にKを送り出すと、帰り夕方五時までは扉にはすべて鍵をかって仕事一すじに専念した」「毎日K

が出勤すると、あとは私ひとりの天下で、さっそく仕事場にとじこもってしまう。（略）昼飯もおやつも抜きにして、仕事に時を忘れる……。夕方は台所に立つが、Kは昼飯はもちろん夕食も社ですますことも多く、私の夕食はお茶づけ式の簡単なものになりがちだった」。

つまり橋本は四年近く毎日出勤していて、夜遅くなることもあったとあるから、『辞書』の執筆のためのリサーチや文献を読むことやカード作りなどを手伝うことはできなかったはずである。カードをいれる木箱を日曜大工で作ることや、出勤の最中に時間を見つけては神田、本郷の古書店めぐりを日課とする、そういう協力であった。家事労働の協力も一九三五年一〇月末に平凡社を辞めるまでは、行なっていなかったと自分でも語っている。

『辞書』刊行が一〇月だから脱稿まではもっと短い期間しかなかったはずで、成稿のための手伝いは一九三六年の年明けからであろう。今のようにコンピューターもなく、コピー機もない時代である。病気のため中断の時期があったとはいえ、高群の『辞書』制作のための下準備は整っていたし、『母系制の研究』も進んでいた。橋本は失業して家にいたわけで、生活費は所持金千円で二年分の生活費とし、研究費は高群の雑文稿料でまかない、『辞書』の印税収入をあてにしていたとあるから、橋本も必死で「協力」したものと思われる。

二　『日本婦人』の原稿料一五〇円で生活を支えたファシズム下の高群

戦中の高群逸枝について、残念ながら『日記』では、高群が死去したため彼女の直筆で読むことはできない。橋本が書いた『日記』第四部によると、一九四二年一一月創刊の『日本婦人』への原稿依頼が来て、一度は断ったが結局は承諾した。「この『日本婦人』への寄稿は昭和二〇年終戦直前の廃刊までつづき、私たちの家計はその間この毎月の一五〇円稿料でほぼまかなわれ、他の雑文も書かないですみ、研究に停滞をもたらさなかったことは思いがけない幸運だったとしなければならないだろう」。

平凡社に勤務していた頃の橋本の一カ月の給料が七〇円で夫婦の生活費が五〇円ほどだったとあるから、一五〇円はかなり多いといえよう。それが二年九カ月ほど続いたのだから、経済的には助かったのだろう。いかにも橋本らしい実務的、功利的な記述である。一九四〇年二月、国を挙げて行なわれた紀元二千六百年の大奉祝祭を記念して刊行した『女性二千六百年史』はわずか九日で十五版を重ねており、ベストセラーとなっている。朝日新聞社発行の『婦人朝日』に発表したものに手を入れて出版したものであった。天照大御神にはじまる古代から近代までの歴史を、女性の動向を中心に記した日本史である。「経済的には多少のうるおいをもたらしたが……」と『日記』第三部で高群自身も述べている。

高群には著作後援会からの寄付や財団法人服部報公会の助成金が二年連続（一九三九、一九四〇年）二千円、財団法人啓明会三千円等々、一万数千円の大金が入っており、『招婿婚の研究』に要する大部分の資料を蒐集することができた。ただし古書は値上がりしており、一冊五、六百円するものもあったという。大卒の月給が八〇円ほどの時代にである。四千冊の古代、中世の文献を読破、ツマドヒ、ムコトリという婚姻語が日本古代の

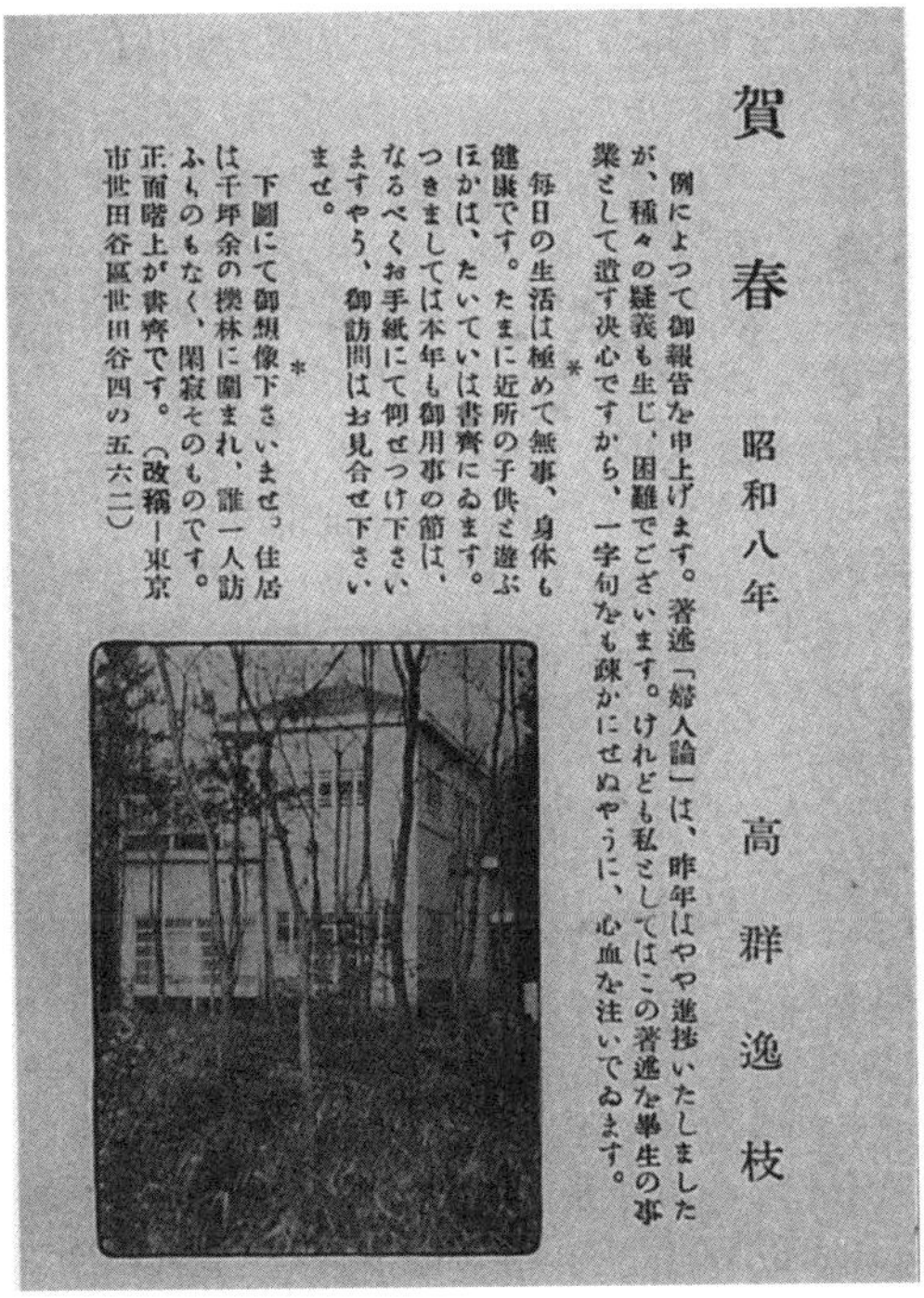

賀春　昭和八年　高群逸枝

例によつて御報告を申上げます。著述「婦人論」は、昨年はやや進捗いたしましたが、種々の疑義も生じ、困難でございます。けれども私としてはこの著述を畢生の事業として遺す決心ですから、一字句をも疎かにせぬやうに、心血を注いでゐます。

＊

毎日の生活は極めて無事、身体も健康です。たまに近所の子供と遊ぶほかは、たいていは書斎にゐます。つきましては本年も御用事の節は、なるべくお手紙にて仰せつけ下さいますやう、御訪問はお見合せ下さいませ。

＊

下圖にて御想像下さいませ。住居は千坪余の櫟林に圍まれ、誰一人訪ふものもなく、閑寂そのものです。正面階上が書齋です。（改稱－東京市世田谷區世田谷四の五六二）

婚姻語の代表であることを知り、婚姻語の推移がそのまま古代婚姻史の時代区分を反映していることに気づいた。この言葉による時代区分と居住形態を組み合わせた研究こそ『招婿婚の研究』の醍醐味であり、独創性に富んでいるといえよう。戦時下で高群は黙々と研究を行なってはいたが、「わが国が未曾有の危機に突入しつつあることへの悩みは深かった」（『日記』第三部、高群の自筆）。一九四〇年八月、高群は橋本とともに熊本へ帰省している。弟の清人もボルネオに召集されて不在で、戦争が身内にも及んでいるのを感じていたのではないか。

橋本記述の『日記』には、『日本婦人』にどのようなことを書いたか、彼女の戦時中の発言、著書についての言及はまったくない。原稿料がすごくいいという話で終始している。橋本は一九三五年一〇月に平凡社が解散して失職してから亡くなるまで、勤めることをしていない。高群の専属の助手、編集者となり、また貯蓄を投資信託や貸付信託によって運用し、二カ月に一度は、新宿や渋谷の証券会社へ出かけるのが仕事だった。高群が女性史研究家として売れっ子となり、印税や寄付金、助成金なども入り、彼女の収入で生活できるようになったことも影響しているだろう。原稿料が魅力で『日本婦人』に寄稿させ、書く内容を検証することもなく、彼女の暴走を止めることもなかったことは問題ではないか。彼女の死後、『高群逸枝全集』からは『日本婦人』の論稿や天皇制に関する発言は橋本によっ

て排除された。

高群はいわゆる明治以降の国家神道や家父長的な天皇制を支持しているのではなく、古代的な心の故郷としての古神道、天照大御神を祖神とする母的な天皇制を思慕していた。また戦争はあくまでも国防、正当防衛のためのものであり、国を守り、賊と闘った誇り高き過去の女軍達を引き合いに出し、軍事と女性、神国護持、神ごころ、血族守護、母心、大和心、かげ善、万葉夫人といったアルカイックな史実を語るのだった（高群のファシズムの言説についての検証は拙著『高群逸枝論――母のアルケオロジー』第八章「ポスト・モダンとファシズム」（河出書房新社）を参照）。

「ファシズムは多産を望むところから必然的に婦人解放を援助する」（「婦人の立場からファッショをかたる」）という高群の言葉に端的に示されているように、戦時下の統制は一見斬新に見える社会改革を伴うものにみえた。一九三八年以降、たて続けに「母と子」を守るためにという題目で、母子保護法、保健所法、社会事業法がたてられ、厚生省が日本政策史上初めて設置された。保育施設に関する事項、妊産婦及び乳幼児の保護に関する事項、結婚及び出産の奨励に関する事項等々がすべて制定された。当時の女性解放論者帯刀貞代は「現実に苦しむ母親たちの要求を国家がようやく受けとめる姿勢をみせた」として称賛したほどである。国防の基盤たる家族制度再編と侵略戦争のための人的資源確保のためであったとしても、現実的に意義のある政策にみえてしまったのである。

一九四〇年以降の配給統制や隣組も、総力戦体制における平等や相互扶助の共同体として、一般大衆や女性解放論者によって評価された側面があるのは否定できない事実である。隣組は共同保育、共同炊事を打ち出し、日常に密着した形で相互に監視しあう地域共同体の側面を持っていた。配給統制については「山川菊栄や佐多稲子さんまで、積極的に要求している」（『銃後史ノート』六号）。エリート女性の多くは大政翼賛会の理事となり、一般の若い女性は国鉄や工場など従来の男性の職場で働いた。産めよ増やせよ政策（一九四一年、婚姻年齢をはやめ、一夫婦平均五児を目標とする政策）により女性はお国のために貢献していると評価され、恩恵を被った。女権論者にも母性論者にも矛盾を強いられることのない空間であり、母性主義者のみがファシズムに取り込まれたのではなく、女権主義者も同罪なのである。

所轄の警察や巡査駐在所にマークされ、町会顔役連に警戒される、何者かが家の周囲をぐるぐるまわっている気勢がする等々、森の研究所も落ち着かない状況となり、空襲が始まると、水俣への疎開を考えたり、遺書を書いたり、書斎を一階に移動したり、高群の生活も戦況とともにシビアになっていった。

国の非常時に人一倍感受性の強い高群が心の奥底で何を思い、

考えていたのか。『日本婦人』で綴った戦争協力への数々の言葉は、単に母性主義即天皇制ファシズムといった図式で片付く問題ではなく、高群が持っていた根源的なナショナリズム、故郷や家族への愛着、それらは誰もが少なからずもつものであるが、そういった心情と深く関連していたと思われる。ファシズム下の高群の言説は、再度検証する必要があるだろう。

三　晩年の高群逸枝
——新資料、一六通の高群の手紙と、親しい交流のあった浜田糸衛、高良真木が見た森の家

高群逸枝が浜田糸衛（一九〇七―二〇一〇、童話作家、婦人・平和運動家）と出会ったのは、一九五〇年四月、第三回「婦人の日」に高群を表彰したことに始まる。第三回「婦人の日」の大会に、浜田の提案で高群に感謝状を贈ることがきまり、高群に会いに行くことになった。

「森の家を訪れた浜田は、初対面の高群から『もしや浜田槙尾さんの身内のかたでは？』と尋ねられた。『槙尾は私の姉です。私、生田長江先生の最後の弟子でもあるのですよ。』『えっ！　長江先生の？』そんな会話が交わされて、二人は終日語り合った」。（『浜田糸衛——生と著作』前出）

姉の浜田槙尾も生田長江の門下生で、高群がデビューした頃、高群の寄宿先にきて半日ほど過ごし、「素朴そのもの、赤ちゃんのような人」と糸衛に言ったという。一九五六年頃、高群は研究上の悩みがあり、「行きづまっている誰よりもあなたに会いたい」と槙尾に葉書を出した。二人は心がかよいあっている友人だったようだ。その妹が訪ねてきたのだから、終日語り合ったというのもうなづける。浜田糸衛は「婦人の日」の表彰の記念品は、品物かお金がいいかを聞きに行ったのだが、橋本憲三はお金がいいと答えたという。

一六通の手紙を読んで思うことは、浜田糸衛、高良真木（画家）と高群逸枝の本当に親しい関係である。浜田は『野に帰ったバラ』という絵本を高群の紹介で理論社から出版した。さし絵は高良真木によるものだった。高群は平塚らいてうの名前を借りて推薦の広告文を作るなど親身に世話をしたのだった。

『野に帰ったバラ』拝読しました。これは私がいつもいっていますあなたの玉のような資質がみごとに象徴された傑作であると思いました。これを読んで私も高められ、豊かにされ、まったく幸福とよろこばしさにつつまれました。ここには、哲学的には肯定の世界が展開され、生活的には『しあわせの国』の絵巻がくりひろげられています。（略）私がもし死後に行く世界を自分でえらぶことができるなら、極楽とか、天国ではなく、それはこのミドロ池でしょう。あなたは確実にそうした一つのすぐれたイメージを（価値）を創造しました」。

高群が浜田に送った手紙は彼女の作品を称賛したものだが、慈愛にあふれた内容となっている。

高群というと森の家で研究ばかりしているというイメージがあったが、掘りごたつで何時間も彼女達とお喋りをする、そういった時間ももっていたのは意外であったし、このように他人の本を出版するために尽力する、という精神的なゆとりを持っていたことも驚きであった。浜田と高群の茶の間の会話が紹介されているが、女性史が一段落したら四国巡礼に行きましょう、歩いていくんですよ、といった楽しいやりとりもあったようだ。浜田は四国の出身で遍路宿が家の近くにあり、彼女の家にもハンセン病の遍路が泊まったこともあった。それで巡礼行きの話も二人の間では弾む話題となったのだろう。

そのほか、かなりシビアな話も紹介されている。テレビ（一九五二年発売開始）を見たいと高群が言ったので、浜田が買ってきましょうかと言ったら、橋本がおこったように断り、冷蔵庫を買ってほしいといわれ不快な気分になった、橋本がテレビをみたら原稿が書けないともいったという話である。高群が「私の死後はこの書籍は全部あなたにお任せします、大学の図書館にあげるか、あなたの手許におくか」と橋本が同席しているところで浜田に話した。が実際に浜田が引き継ぐことはなかった。資料やカード類は高群の遺言によるといって焼却されてしまったものが多いが、焼却処分が高群の真意だったのかどうか、浜田の言葉は示唆的である。

高群の詩碑「望郷子守唄の碑」が熊本県の松橋町（当時。一九五四年に豊川村ほか一町三村が合併）に建てられたのだが、平塚らいてうの呼びかけで費用を集めた時の事務局を浜田が引き受け、熊本寄田神社（一九六二年一月一八日、高群の六八歳の誕生日、観音縁日）での除幕式には、奥村博史が妻の平塚らいてうの『ごあいさつ』を代読、浜田、高良真木も出席したのだった。高群は浜田と高良真木に「らいてうさんと、あなたがたには言葉で申しきれないほどのご恩になりました」と丁寧なお礼の手紙を書いている。また高群が飼っていた愛鶏タロコが亡くなった時にも二人に手紙を書き、「タロコの寝かんの前でしみじみ思うことは、人間にまれ動物にまれ、「生命」というものほど美しくかなしいものはないということです」と綴った。

こういった交流の中で高群は最後の大著への試み、『続 招婿婚の研究』について手紙でもふれていた。

「私の今度の研究は、私としては最後の冒険で、私はこれを成就するか、その前に仆れるか予測されないわけで、勇気が要請され、神ないし運命の加護がねがわれています。しかし、この仕事は私の学問のしめくくりとなるもので、私はこれを成就して、バトンを次の人へ渡すことができれば、いささか自己満足がえられることでしょう。おめぐみ

詩碑「望郷子守唄の碑」
（撮影・市毛實）

のものは、来年第一の資料購入費にあてます。ありがとうございました」　（一九五九年一二月一五日）
「私も早く元気を取りもどして、きのうお話ししました『野生の道』と『続 招婿婚の研究』完成にかかるつもりです」　（一九六三年七月二四日）
「四月には『続』にかかるつもり」（一九六四年三月三日）

大方の資料による研究は終わったと周囲に述べるなど、この研究に最後まで意欲を燃やしていたが、果たすことはできなかった。

一六通の手紙は一九五六年三月一八日から亡くなる二カ月前の一九六四年四月一四日までで、橋本が代筆しているケースが目立つ。亡くなる二カ月前には「私は視神経をおかされてほとんど盲人ぐらしでした」と口述の手紙となっている。かなり具合が悪くなっているのがわかる。また手紙には、本を貸してくれたお礼、クリスマスケーキや食料をもらった時のお礼を綴っているものが多い。高群の栄養状態を心配して、浜田・高良は食料補給をすることを考え、一九六三年九月に「栄養補給の会」を作った。亡くなる九カ月前である。台所は炊事の痕跡はまるでなく、戦時中からの家庭菜園はもうやめていた。平塚らいてうを通して世田谷生協に頼み、豆腐、野菜などの配達を依頼、橋本が断ったため、デパートから缶詰、日持ちする食品を配達してもらい、浜田、高良が届けたりした。「お心のこもった豊富な食料品も感謝にたえません。三越からのも確かに今日届きました。おかげで貧血症状もふっ飛ぶことだろうと、大よろこびでいます」と高群のお礼の言葉。だが時すでに遅しで、高群の身体は日増しに衰え、一九六四年六月七日、帰らぬ人となった。その死因を「主治医はガン性腹膜炎と、近頃では珍しい栄養失調」と言った、と高良真木が記録していた。その夜、病院の霊安室には遅くまで高群に寄り添う平塚らいてう、市川房枝、浜田糸衛の姿があったという。

『日記』は、第四部以降は橋本が書いているので、浜田、高良の名前は時折でてくるものの、メモ書き程度の短い文章で、高群とどのような付き合いがあったのか、読者には伝わってこない。高群の死後、この『日記』が出た一九六五年、それを読んだ浜田は橋本への不満として大学ノートに次のように書いたという。

「六月二一日、月、強風雨の日、故高群逸枝先生の自叙伝（『火の国の女の日記』）が理論社から出た。最小限に浜田を表現しているようだ。一切、まっさつすることは出来ない衆人知しつの私を書き入れるにあたり、先生と私との本質的な関係には一切ふれず。まるで先生の使い走りか小遣い位いに私を引き出している。（略）私は将来、必ず故人のためにも、あの書によって、歪曲された人々のためにも、書かねばならない」。

浜田は橋本に嫌われていたのか、外出の服がないという高群のために手持ちの黒ちりめんを使って知人に仮縫い、仕立てを頼んだ衣服を、通夜の時にお棺に入れることを頼んだが、橋本は拒んだという。そして平塚らいてうにもらった寝間着を入れたのだった。

橋本は口述筆記や手紙の代筆など、それなりに高群の世話をしていたのだろうが、食事の世話や生活面に対する配慮は、一貫して希薄だったように見受けられる。高群に対する独占欲、支配欲が強く、彼女の人間関係を利用しつつも、一方で遠ざけるような習性があったようだ。編集者として有能だったとする石牟礼道子のように、橋本を高く評価する人もいるが、「夫は、あなたは詩人ではない（詩人の素質はない）と言った」と高群が浜田に言った言葉から類推すると、橋本と高群の感性のズレは一生埋まらず、はたして高群にとって彼はいい編集者だったのか、疑問を感じるのだ。そういったズレは、高群が亡くなった日の市川房枝や著作刊行後援会の人たちとの亀裂にもつながっていったのではないか。高群の人間性が心底好きで、彼女を心から支援してきた人たちと橋本との軋轢、断絶は、残念ながら深い溝があったように思える。しかし橋本の協力がなければ女性史の元祖高群逸枝の存在はなかったことも事実である。

最後の写真

四　高群逸枝は最後まで無産者であった
——売却された「森の家」をめぐって

高群の死後、橋本憲三は『日記』四部～六部を書きあげ一九六五年六月に刊行、『高群逸枝全集』を編纂、一九六六年に刊行した。「森の家」を売却、水俣へ引き上げる準備をする。森の家は、一九五五年頃、地主軽部仙太郎が死去、その夫人軽部なみから望まれて高群逸枝が二〇〇坪を購入、「この代金は逸枝の印税と水俣の援助で支払われた」（『日記』）。

ところでこの森の家の名義は橋本憲三だった。筆者は登記簿を取り寄せ、一九五五年八月に橋本が登記したことを確認した（登記簿参照）。橋本が石牟礼道子に見せたメモによると、高群は相続権を辞退、義妹の橋本静子の名義にしてくれと申し出たということで、夫婦に何かあれば家屋敷は橋本から静子に行くようになっていたようだ。土地購入にあたり橋本の水俣の実家の援助があったとあるから、義妹の名義にすることを高群が申し出たのは、自然の成りゆきだった。森の家は一九六六年一二月一五日までに引き上げるという条件で、世田谷区に坪一一万五〇〇〇円で売ることできまり、およそ二〇〇〇万円で売れた。税金に半分とられ、一〇〇〇万円残ると橋本がいったという（石牟礼道子『最後の人　詩人 高群逸枝』）。

一九六六年、石牟礼は半年近く森の家で橋本と暮らしており、

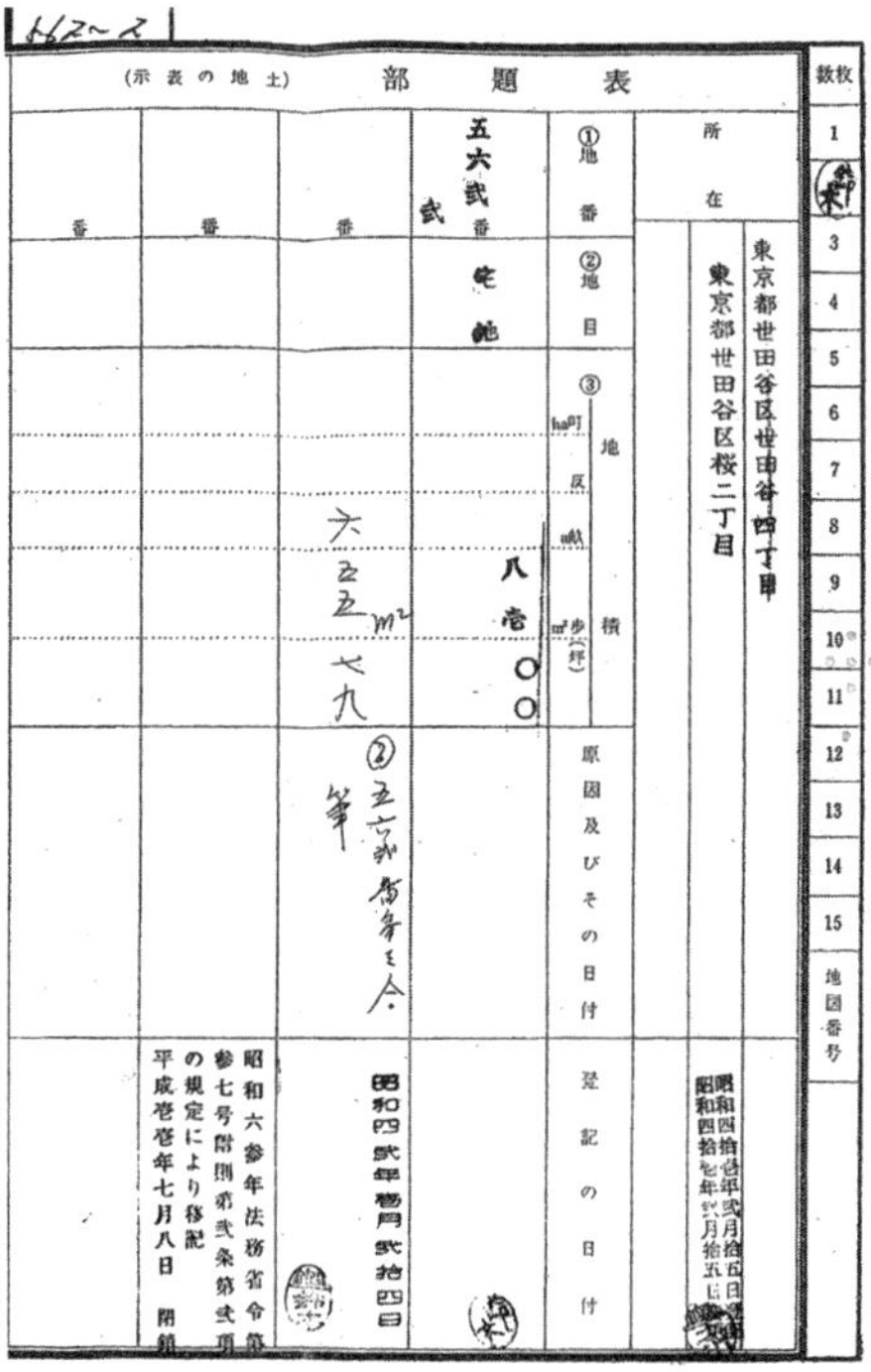
表題部（土地の表示）
所在 東京都世田谷区世田谷四丁目
東京都世田谷区桜二丁目
①地番 五六弐 弐
②地目 宅地
③地積 八壱〇〇 六五五㎡ 七九
昭和四弐年参月弐拾四日
昭和六参年法務省令第参七号附則第弐条第弐項の規定により移記
平成壱壱年七月八日

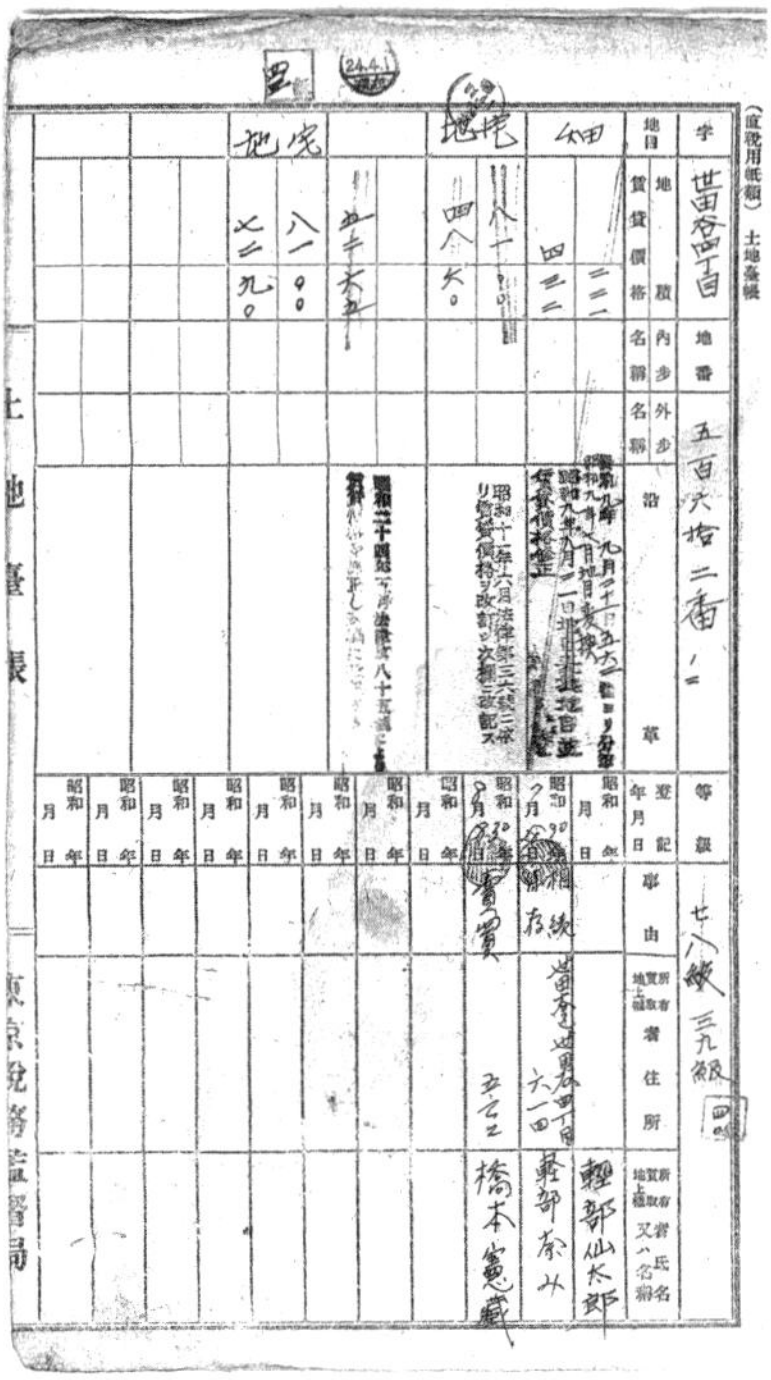
土地台帳
東京法務局
字 世田谷四丁目
地番 五百六拾二番ノ二
軽部仙太郎
軽部奈み
橋本憲蔵

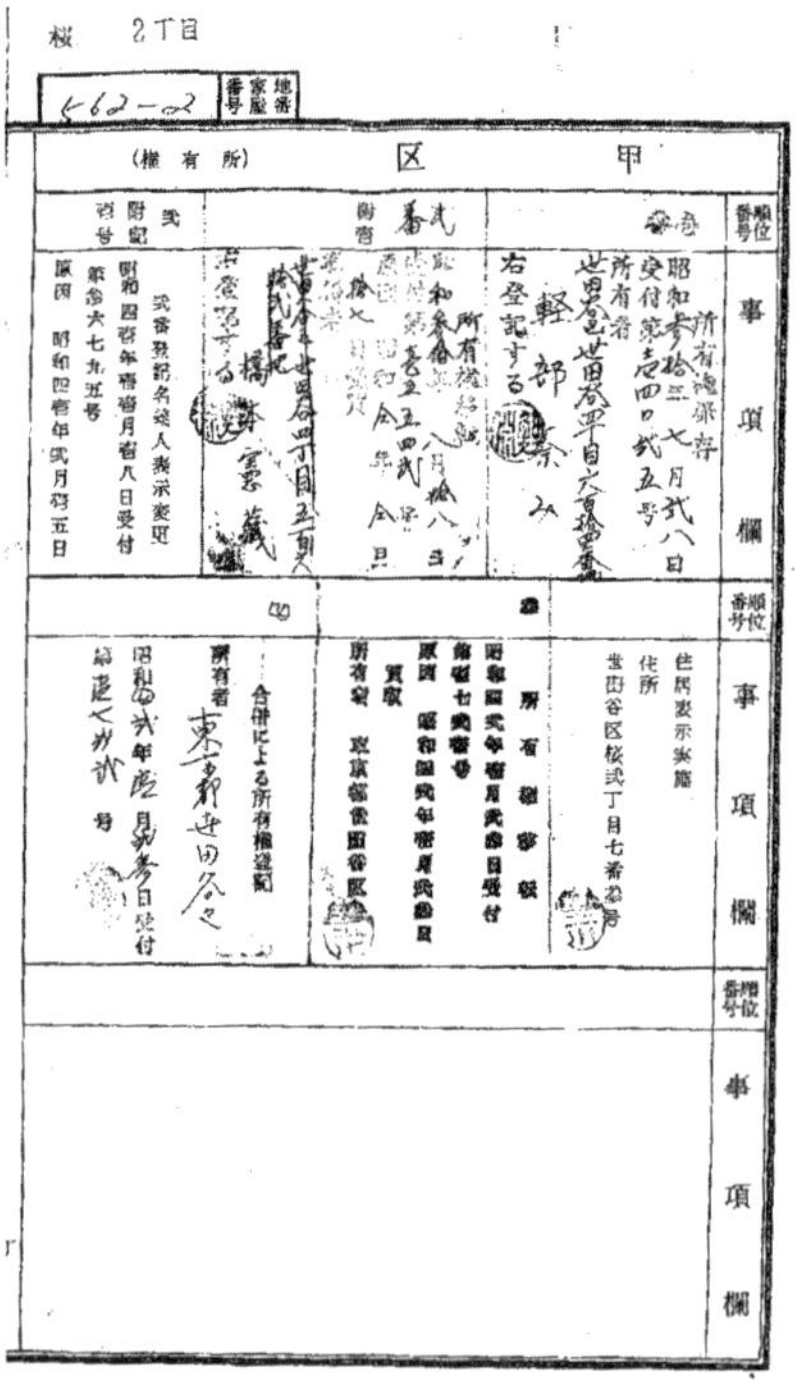
桜 2丁目
甲区（所有権）
右登記する
軽部奈み
橋本憲蔵

細かな状況をよく知っていたようだ。高群はお金に興味がなく、計算のできない人だった（石牟礼、前掲書）。ということは、高群の収入を橋本がすべて管理し、コントロールできたことを意味する。高群が亡くなった時、有形無形にも高群を支えた市川房枝を代表とする著作後援会が、橋本とお金の問題で決裂したが（本書所収「ゆかりの人々」、「市川房枝」参照）、その時点で今のお金に換算すると、数千万円の財を橋本は持っていたことになる。

　また森の家の名義も橋本憲三で登記していたのだから、強気の態度をとれる物的根拠があったわけだ。高群が亡くなったのは東京オリンピックの年の六月。土地の購入は一九五五年夏。この九年の期間に東京の土地は相当に値上がりしたので、橋本が石牟礼に語った一〇〇〇万円（当時のお金）しか残らなかったという言葉が事実に基づくかは疑問も残るが、森の家を売って今のお金でいえば数千万から億単位の資産を得たことは間違いがない。こういった事実から筆者に見えてくるのは、高群逸枝は徹頭徹尾「無産者」を貫いた人であり、無欲の人、「放浪者の詩」を生きた人だったということである。

若い頃、妻子を持つことは負担になるからと瞬間恋愛説をいい、金持ちの後家との結婚が理想だなどと言って高群を悩ませた橋本だったが、かなりの財産を稼ぎ、財を残して死んだ高群は、最高の女性だったということになるだろう。ぼろ着をまとい、栄養失調になるまでやせ衰え、死ぬ直前まで研究し続けて……。

森の家を売った後、橋本は石牟礼に「絶対にあなたは来てはいけません」「ぼくが引きあげたあとの森の家の跡を見に来てはいけません」と語ったという。「だから行かない」と石牟礼は書いている（前掲『最後の人、詩人 高群逸枝』）。世田谷区立の児童公園（桜公園）となった森の家の跡地には「高群逸枝住居跡の碑」が立っている。これを建てるために建碑世話人の一人として尽力したのは平塚らいてうであり、一九六九年、高群の命日の六月七日に除幕式が行なわれた。平塚らいてうの高群に対する愛情を感じるが、いろいろな想いがあったとはいえ、橋本が石牟礼に語った言葉には、高群に対する暖かさを今ひとつ感じないのである。

水俣に戻った橋本は、石牟礼の協力を得て『高群逸枝雑誌』を亡くなるまで自費で刊行した。実家の敷地に家を新築し、二階を編集室兼住居にしていたという。故郷で多くの人間関係に囲まれ、堀場清子、石牟礼道子、橋本静子、主治医だった女医等々に看取られ、一九七六年、七九歳の生涯を閉じた。

最後に、ここでは高群逸枝の死後、一二年間生きた橋本憲三について触れる予定だったが、枚数の関係で別の機会に譲りたいと思う。石牟礼道子『最後の人 詩人 高群逸枝』を高群逸枝論として読んでいた筆者は、読み進むにつれある違和感を覚えた。この本は、高群逸枝論ではないと気付いたのである。この書は、橋本憲三論であり、橋本憲三論として読むとみえてくるものがあるのではないか。あくまでも橋本を通した高群逸枝にすぎない。

「憲三さんのような人、見たことないです。純粋で、清潔で、情熱的で、一瞬一瞬が鮮明でした。おっしゃることも、しぐさも。何かをうやむやにしてごまかすというところが感じられない。言いたいことははっきりおっしゃる」。「こういう男の人は出てこないだろうと」「高群逸枝さんの夫が『最後の人』でした」という石牟礼の言葉を読んだとき、石牟礼と橋本のワールドが見えてきたのだ。それは明らかに高群逸枝の世界とは別のもの

石牟礼道子
『最後の人　詩人 高群逸枝』

である。

夫と息子のいる石牟礼は三九歳、橋本六九歳の森の家での奇妙な同居生活（六月二九日〜一一月二四日）。この同居生活を導いた橋本の妹橋本静子の真意も筆者には理解し難いものがある（橋本の死後、彼女が高群の本の版権者であった。高群逸枝の生活を妹の静子が物資の面でも支えたことが橋本憲三の口から何度も語られるが、「森の家」購入時に橋本憲三の実家の支援もあったとはいえ、高群は森の家を印税で購入できるほどの資産を築き、夫を一九三六年以降、事実上養っていたことを忘れてはならない。高群の専属の編集者といえば聞こえがいいが）。馬事公苑へ行った時のこと、「先生」とわたくしの表現が「わたくしたち」、「わたくしたち」とかわる場面があったり、肉感的な表現も見え隠れする箇所があったりと、それが何を意味するのかというような意味深な表現も多々ある本が『最後の人』なのである。

「お化粧。世界一の美人になったと先生に褒められ（黒のセーターが学者らしくてよい、先生、逸枝もそうだったと。）うれしい気持ちで東京へ」。「今日のあなたもまるでパリジャンヌ《（ママ）》のようです。眼鏡がよく似合います。と大まじめにほめられる」。「眼鏡あつらえ（先生のプレゼント）。食事、中村屋カレーライス一二〇円、美味。（略）新宿はからっ風。もうしばらくするとネオンがとても美しいのですよと先生おっしゃる。（略）先生の少年のようなはにかみ方に愛情すら覚えておむかえしたのである」。

眼鏡をプレゼントしてもらい、中村屋のカレーを食べといったような楽しいデートを森の家に籠ってからの高群は経験したことはなかったのではと思うと、なにか割り切れないものを感じる。橋本のために甲斐甲斐しく食事の世話もする石牟礼は高群とは違い、伸びやかな性を発散できるタイプの女性であり、橋本は石牟礼に高群を重ねるというより、三〇歳も年下の石牟礼との同居生活に楽しさを感じていたのではないだろうか。

「生涯を通じて、高群さんは嫉妬されるようなことがたびたびおありでしたか」という堀場清子の質問に、橋本は次のよう

世田谷区桜公園に建つ碑

に答えた。『火の国』を書くときに私が若い女性の訪問にはちやほやするが、年配女性とか男性には無関心だ、自分は男女老若を問わずだれにも平等に接した、というような意味をいったことがあります。軽部家から死まで、私が他出することをとてもいやがりさびしがりました」(橋本、堀場著『わが高群逸枝』上)。

　高群の死後のこととはいえ、森の家での若い女性との奇妙な同居生活、しかもそれに協力した橋本の妹静子(高群にとっては小姑)という事実に対し、多くの女性はいい感情はもたないのではないか。若き日に自己愛の強いエゴイストと評した高群の橋本像は、高群の死後も貫かれていたように思う。高群の「霊の恋」「一体主義」といった恋愛論と深くかかわるところなので、橋本、石牟礼の関係を紐解くことは、高群逸枝研究のひとつの課題となりえるのではないか。その意味で石牟礼の『最後の人　詩人　高群逸枝』は重要である。

女性の中の原宗教――詩人・高群逸枝さんのこと

石牟礼道子

●いしむれ・みちこ　一九二七―二〇一八。作家、詩人。著書に『苦海浄土　全三部』『完本　春の城』『最後の人　詩人高群逸枝』『石牟礼道子全集・不知火』全十七巻・別巻一（藤原書店）等。

女性の中に潜んでいる宗教的エネルギーについて、一般化しては言えないので、高群逸枝について述べてみます。わたしの考えでは、逸枝さんは、ひとことで言えば、知識世界と、まったく本など読まない民衆との間を、つなぐ役割を自分に課した人だと思います。その資質から一貫した実践運動には向かなかったと思えるので、詩人的資質の学問の課題としてそれをやろうとしました。わたしは逸枝さんのやり遂げたかったことを、自分の思想で深めてみたいといつも思っているのですが、なかなか形にできないでいます。その意味で、今回のシンポジウムで拝聴した河合隼雄、上山春平両先生のお考えはたいへん示唆的でした。しかし、論理的に話をつないで行くということがわたしは不得手なので、心に浮かぶまま、思いつくままを語らせていただきたいと思っています。その上で、諸先生方のご示唆をいただいて、さらに自分を深めることができればと願っています。

高群逸枝さんはご存じのように、詩人です。詩人としての彼女のあり方は、日本文学史の中でも位置づけされにくい質であって、自らアウトサイダーたらんとしているように思われます。彼女の作品がそうであったというばかりではなく、彼女の生き方そのものが、大正のリベラリズムが高揚するあの時期に、ひときわそうであったと思います。彼女はわたしと同じ熊本県の生まれですが、その生涯を振り返ってみると、そもそもから一般社会の通念には、受け容れられにくい素質ではなかったかと言うことができます。わたしには、なぜ彼女が世の中に受け容れられなかったのか、どういう点でそうなったのか、思い当たることがいろいろあります。高群さんの学問研究の成果は、『招婿婚の研究』や『母系制の研究』となってよく知られていますが、彼女がこれを著述しようと思い立った端緒は、柳田国男氏の持説である「婿入婚」に対する反論でした。この二人の学者の業績を、根本のところから比較実証し、識別して行く能力は、今のところわたしにはありませんが、柳田氏の課題であり続けた日本常民の世界と、逸枝の中に、出自の意識としてあった庶民世界、ことに母性の世界は、たがいに照応し合うところがあって興味深いわけです。

柳田氏の場合、常民とはもちろん、近代社会が成立してくる原郷の民を言っているのですが、自身の位相は、しかしまぎれもなく知識人の位相をとっています。

逸枝の場合はニュアンスが違い、柳田より折口信夫により濃く捉えられた、母層的な女性祭祀世界の霊能性を、研究の柱にしているのですが、彼女自身が憑依しやすい人であったために、彼女をわかりにくくさせている点があると思うのです。なぜなら、近代的知識人と霊能の世界は、別々の世界とされているからです。

わたしは詩人としての彼女を見て行きたいのですが、詩とはもともと、神の言葉を伝えることから始まったものでしょう。しかし近代詩が神から遠ざかった時代にあって、詩的に憑依するなどと言えば、世俗的には奇矯な姿になるので、そういう生身の姿は、時間を置いて眺めませんと、同時代人にはなかなか受け容れられまいと思うのです。

彼女の生い立ちを見れば、父親が熊本県阿蘇山寄りの山村の小学校長という、いわば村の知識階級に生まれました。幼少女時代は、いつも校長先生のご令嬢という扱いを、村の人々から受けており、したがって、村の人たちと彼女の位置関係は破綻なく一定の状態を維持していました。ところが、彼女が熊本の師範学校に入る頃から、彼女の周囲との位置関係に破れが生じてきます。

父も母も学問好きで、彼女は父親の読む漢文漢詩を七、八歳の頃には覚えてしまい、青年たちや大人相手に、父の代読で教えるくらいでしたから、その頃の師範の教師たちには、よほど早熟異常で、危険な子に見られたようで、図書室への出入りを禁止されたり、あげくには退学させられたりしています。

のちに竹崎順子にゆかり深い熊本女学校へ進みますが、ここでもまた、徹夜読書で頭痛がするからという欠席届を出したり、校長からたしなめられると、学芸会で自作の詩を読んで泣き出し、級友たちまでがつられて泣き出してしまうというような、ここが重要ですが、ある種のトラブル・メイカー的素質を持っているわけです。

で、職員会議の結果、「あなたは天才ではないのだから」

などと言われたりする。

こういう娘を扱いかねている学校当局の姿が目に浮かびますが、後の夫となる橋本憲三との同棲事件などもあって四国巡礼に出たあと、東京に出ることになります。

逸枝さんの深層心理の動きは、生い育ちはまるで違いますが、わたしは自分にそっくりと思うところがあります。その気持の構造のあり方とたいへん強く関係し合うところを感じます。わたし自身は、四十歳近くになって、目が悪くなってほとんど見えなくなってから、ようやく本が読める条件ができてきたというような生い立ちなもので、わたしの周囲の人たちも、みんな活字を読まないですむ人たちでした。

一例をあげると、私のまわりでは新聞のことを〝シンブンガミ〟と言います。つまり、新聞というものは、読むものではなくて、何か物を包むもの、お漬け物とかおむつ、あるいは大根とかを包んで人にあげるときに、あるいはお店から買ってくるときに包んで貰うものとしてつい二十年くらい前まで、そういうものであったわけです。わたしのまわりに完結している世界というのは、文字や活字のほとんどいらない世界なのです。こういう世界は、だいたい無知蒙昧《もうまい》・無学文盲で、非常に低次元の世界というふうに捉えられているようですが、実際は必ずしもそうではありません。つまりそれなりの論理を持って完結しているひとつの世界であって、柳田の常民の世界、逸枝のいう母性の世界もここにあるわけですが、根深い情念の伝統を持って生きております。活字ではまだ十分に表わされてはいない、広大な生活の文化、文字や活字によらない思想の深い世界が、そこには層をなして生きております。

こういう文字のいらない世界と、その一方に、文字がなくては片時も生きて行けないような世界が分離してある、ということを、お嫁に行った頃に発見いたしまして、なぜそう思ったかと言いますと、わたし自身文字を読みたいという強い気持があるにもかかわらず、女であるわたしが書物などを読むことを、周囲がどうも面白く思わない、というような雰囲気がありまして、考え込まざるをえません。女が字を読むなどということは不道徳であるという考え方は、むしろ一般的にありますし、自分の親も村全体もそうなんです。にもかかわらず私はやみがたく文字を読みたい。

しかし考えてみれば、たとえ文字を読まなくとも、けっこうそれなりの論理もあれば、倫理も美しく完結している世界があるのだということもよくわかります。とくに、おばあちゃんやおじいちゃんたちの語る言葉を聞いていると、そういう日常使われている言葉が、道徳から言っても、文字の言葉にしてみても、美的に完結している世界であるということを、活字を読むことを極度に制約される中で、わたし自身も、まわりの存在そのものから読み取るということがありまして、水俣病事件がその中に入ってくるわけですけれど……。

日本の圧倒的大部分の生活庶民は、新聞くらいは眺めますが、にもかかわらず、活字のいらない世界に、充足感を持って生きているのだということを、知識人たちは見落としているのではないか、自分たちの使う活字が、ここに流通しているという錯覚があるのではないか、とわたしは思い始めております。わたし自身、書く人間として、双方の世界の裂け目の中にいるのを自覚せずにはおれません。

今までお話してきたことを水俣病問題のさまざまな経緯の中でもう一度考えなおしてみたいと思います。

水俣病をめぐって、患者さんと加害者であるチッソとの間で、対決を含んだいろいろなやりとりがあったわけですが、それをそばで見ていて、わたしは高群逸枝さんがこのような問題が起こることを予言していたのではないか、と考えるようになりました。彼女自身が求めていた、母性祭祀的な霊能が道徳とされた世界、あるいは庶民が言う「人の道」という世界と、文字というものがどうしても必要な、チッソ側の言うような契約世界とがどうも結び合わない、というようなことが、水俣の問題の中にはっきりと出てきたような気がします。発想の異なる二つの世界を、どのようにつなぐかという答えはどうもうまく出て来ない気がします。二つの世界はひき裂けてゆくか、契約の思想に呑み込まれてゆくような気もしています。河合先生のお話などを伺っておりますと、やはり古代の時代にすでに暗示が潜んでいるような気がするのです。

チッソの幹部たちには、東大出のエリートがたいへん多くて、私生活は案外違うのかもしれませんが、近代的な合理主義で、患者たちとの対応を全部割り切ろうとしている方が多かったように思います。患者さんたちが訴えていたことというのは、被害を償《つぐな》ってもらうということはもちろんですが、それよりもっと、自分たちの心と魂が、寄るべないところに追い込まれていて、死んだ者も生きている者も、その行き場がない、ということを訴え続けていたように思います。もちろん生活は破滅させられておりまして、患者さんたちのこのような訴えを近代的な、最高の教育を受けた人たちは読み取ることができませんでした。あるいは聴くまいとしていたのかもしれません。その魂の訴えを、「これは交渉事でございますから、そういうことをおっしゃいましても交渉事でございますから」とばかり答えて、これを合理的かつチッソ側に有利に処理したいと考えているらしくて、患者さんたちの気持とは話が全然噛み合わないのです。

　終始一貫ちぐはぐなやりとりを見ていて、私はどうして両者が噛み合わないのかとつくづく考えました。魂という言葉を使いましたが、こういうとき、わたしのまわりにいる農漁民、もちろん被害民たちは、魂のよか人間とか、魂の悪か人間とかいうふうに識別します。で最初は、東京本社に行けば、社長は偉い人だから魂のよか人間だと思い込もうとしているわけです。

　ですけれども直に接してみると、魂において理解不可能な人間たちが、そこにおります。学問の洗礼を受けた人格、階層と言ってもよいのでしょうが、被害民たちには、自分たちが陥っている状態など、相手に理解されていないらしいことがさらにわかります。

　一種の極限状態、受難の極限ですので、表には突出できないで、心理の底で生涯のすべての思いが沈んでいます。こういうとき宗教的なマグマがつくられつつある状態というか、エネルギーを蓄えているのでしょうか。民衆というものは、こういう心理の共同体験を経て、宗教的な表現にたどりつくのでしょうが、伝達不可能な言語でよりも、こんな場合はむしろ偶像などを持ってきた方が、心理の移入がやりやすいのかもしれません。庶民はしかし偶像、仏像でもよいのですが、それを偶像とは思いません。人々は形ある像に、考えおよぶかぎりの深い人格を与えずにはおりません。

　人々にとって、仏さまや神さまというのは倫理の形であり、自分の至りえない人格を移入するのですから、この上ありがたい姿はありません。このありがたいということは、庶民道徳の基本ではないでしょうか。わたしはそれをけして、低い道徳とは思いません。たとえば身近な人間でも、理解を超えると神さまにしてしまうのは、そのような倫理感から来ていると思います。

　私がたいへん興味を持っているのは、「もだえ神」と呼ばれている人たちで、河合先生の言われるヒルコの成人した姿がこれではないかという気もします。これは他人の苦しみをわが身のものとして悶えてくれる神さまのような人につけられる名前です。また、「心配神さん」と呼ばれる人たちもいて、これは人のことをいろいろ心配して、あっちこっち世話を焼いてまわる人のことを言います。また、お祭りなんか小さな村々でやるときに、周囲を賑わわせて祭りを盛り上げる人を「祝い神さん」と呼んだりするし、鶴見和子先生のように水俣に調査にやってこられて、まわりの人たちにパッと光をあててくれるような人のことは「にぎやわせ神さん」と呼んだりします。それから歌う人は「歌神さん」で、すぐに踊る人のことを「舞い神さん」「踊り神さん」と呼びますし、「けんか神さん」や「騒動神さん」もいれば、川本輝夫さんのような人は「裁判神さん」ということになります。

ところが、人間をこのように見る人々にとって、チッソの幹部には神さんという名がつけられない。その意味でまったく異質な人々として映りました。チッソの幹部は学識もあり、知的に上昇して行った人たちの典型みたいな人々であるわけですが、そういう層と、水俣病を通じて初めて庶民たちはまともに顔合わせしました。今まで同じ地域社会に住んでいながら、ほとんど接触のなかった二つの異なる層の人々が、不幸なことに水俣病を通じて初めて対面したわけですが、どうも話が合いません。

東京には天皇さんがいらっしゃるのだから、その都へ行けば、救い主がいるにちがいない。チッソの社長さんも偉い人に違いない。それが会ってみたらどうも様子が違う、そんな感じを人々は持ったわけです。気持を受けとめてくれる感じではない。やりとりがだんだん激しくなって、被害民たちは一週間も十日も食べず飲まずでいるのですが、その果てに疲れ果てて、ふっと患者さんたちが次のようなことを言うのでした。

「あんたたちは東大ちゅうとこば出たわけでしょ。何ば勉強しなはったですか」と。

もちろん何を勉強したと言われても、実感できるはずはないのですが、しんそこ合点がゆかないので、つい聞いてしまうのです。また、「あんたたちは宗教は何ですか」なんてことも聞きます。

「はい、『法華経』を写経しております」とチッソの社長などは答えるのです。そう答えられると、患者さんたちはますます不思議でならなくなります。仏さまを祀って、『法華経』の写経などしている人たちが、なぜ自分たちの状態とその気持をわかってくれないのか、合点が行きません。それでいちばん気持の深いところはうまく言葉に出せないで、当然ながら補償の要求を出して行くことになります。

私の考えでは、交渉の最初の段階で、チッソ側が「申しわけなかった。さぞかし苦しかったでしょう、本当にご迷惑をかけました」と患者さんたちに言っておれば、補償金を出すにしても、あとのしこりを今のようには残さなかったと思います。

二十五、六年くらい前、私の村の川土手にひとりの乞食さんがやってきて、二、三年くらいとどまっていたことがあります。その乞食さんを、子供らはもちろんのこと、大人たちもそれとなく、川土手を通って見に行って、さまざまに話しあうのでした。

その乞食さんは、もちろん相当汚れておりましたが、白毛まじりの鼻ひげ顎ひげを垂らして、とぼけたような、考えこんだような風貌でした。幾日かかかって、自分の躰が腹ばいになって入るくらいの、トタン屋根の小屋がけをしてぼろをいっぱい垂れ下げていて、あれは布団のつもりらしいとか、今日は破れヤカンでお茶をわかして飲みおんなさったとか、また別の日には、今日はカライモ（サツマイモのこと）を焼いて、皮をむいてちゃんと食べおんなさったとか、じつに細かい観察をしてきて話します。

その乞食さんが、ごく普通のことをやっていても、村の人々には神秘的に見えてきて、あの人は並の人じゃなか、などと言うようになります。わたしの考えでは、人々はこのとき乞食さんに、神を通過させるのだと思います。そんなある日その乞食さんが、何か字の書いてある紙切れを読みおらした、ということが驚愕をこめて評判になりました。そして、なぜかそれが六法全書というものに違いないということになりました。今でも水俣には六法全書なるものを見た人はあまりいないと思われますが（もっとも川本さんあたりはこのごろ読んでいるようですが）、とにかくその乞食さんは、仙人か大学者に違いないということになって、川筋の村の人々は毎日毎日噂してたいへん満足したわけです。

ところで、その六法全書というのが、村の人にどういうイメージを持たれているかと言うと、片方に神さまとか仏さま、そして天皇などがあるとすれば、それらに比肩しうるくらいの、ありがたい本というイメージがあります。六法全書には、この世の至福を読み解く鍵である学問、あるいは救世のための、絶対的な法律が書かれてあると思い込んでおります。法律は宗教を裏づける至高の権威であるという思い込みがありまして、文字というものをそういうものだと捉えているのです。もちろん、村人たちはそれを読んだことも見たこともないのですが、見たことのない法律書に対しての信仰が昂じる形で、噂が村を一晩で結び合わせます。で、そういう字がいっぱい書かれてあるのを、その乞食さんが腹ばいになって読みおらした、と言い合う。

村人たちは、どこかにあるこの世の幸せ、その幸せのあるところが花の都で、その都に行けば自分たちを幸せにしてくれる究極の救世主がいるのではないかと信じており、六法全書にはそういうことが書かれてある筈だと思っていて疑いません。

そんなわけで、村人たちはその乞食さんを、仙人か、大学者として話題にしてみんな目を輝かせ、生き生きと彼のことを語り合う。その人がいなくなったあと、おくり名をつけました。ソボさんという名前です。水俣は有名な徳富蘇峰の出身地でありますので、人々にとって蘇峰という名は偉大な大学者の唯一の代名詞です。そこで、乞食さんを蘇峰さんと呼んで奉り、彼が村からいなくなった後々もたいへん懐しみ、ソボさんは今どこじゃろうと、その話をすることが幸せでした。

ひとつの共同幻想がどのように仕上ってゆくかという典型がここに見られます。最高の知識人というものは、いざという時になれば、非知識層に幸せをもたらしてくれるはずである、という共同幻想です。その幻想でもってチッソ側に向き合ったのでしょうが、それが破れたときに、一種の集団憑依現象みたいなものが出てくるのではないかと思います。通常の集団交渉ではなく反逆のそれでもない噴出がたびたびありました。集団憑依をそこに見ました。たとえば天草の乱がそうではなかったかと私には思えました。人々の置かれている日常とは、それはちょうど河合先生の言われるような、意識があってなきがごとき中空構造に似ているように私には思われます。そういう人たちのいる日常とは、つまり大衆が民間信仰を支えている、つかみどころのなさが、そこらあたりにつながるという気がしてなりません。存在の基層としての大衆が憑依するときには、一種のエネルギーが蓄えられていなければならず、そのエネルギーはなかなか得体の知れないものですが、その原型を逸枝さんは探ろうとしていたのではないかと思います。

わたしの土地の言葉で「煩悩のひっつく」という言い方があります。情念の極致をさりげなくそう言うのですが、おじいちゃんやおばあちゃんがよく言います。おばあちゃんがしばしばそう表現します。あたしはあの子に煩悩で」とか、その対象は誰でもいいわけですが、「もだえ神」の内面を言うとこういう言葉になります。

一般に女性は、男性ほど煩悩を断つことをたてまえとしません。それで、女性の中に潜む情念というかエネルギーみたいなものを、女の魔力とか呪力として恐れ、排除するいわれがここにありますが、そのしばしば排除されてきたような女性に伏在するエネルギーを、逸枝さんは何とかしてよみがえらせ、もう一度よく見て、形にしたいと思っていらしたのではないでしょうか。彼女は、この世にあったとき〈森の家〉に閉じこもりを実行しました。排他性のつよい意思表示でしたので、周囲からいろいろ誤解されたのも不思議ではありませんでした。彼女自身はしかしそこに、宗教的な意味を付してもよい聖域を創り出していました。「面会お断り」などという小さな木の札を掲げていたのは彼女の呪符だったと思います。

もし逸枝さんが生きていられたなら、水俣をどういうふうに見られただろうか、ということをよく考えます。水俣の問題から日本を見て、逸枝さんが見ようとしていた女性の情念の動向というか、一見マイナーに見えなくもないそれを、わたしなりに捉え返してみたいと思っています。

*『日本人の宗教心』講談社、一九八三年十月(『石牟礼道子全集・不知火　第一七巻　詩人・高群逸枝』藤原書店、二〇一二年所収)

Ⅲ 高群逸枝のコスモロジー
——作品を通して

若き日の高群逸枝

高群逸枝の歌

芹沢俊介

●せりざわ・しゅんすけ　一九四二年東京生。一九六五年上智大学経済学部卒業。文芸社会評論家。近著に『家族という意志』（岩波書店）『ピノコ哀しや——手塚治虫「ブラック・ジャック」論』（五柳書院）等。

一　抒情歌を拒む

高群逸枝の短歌には際立った特徴が見られる。一言で表せば、歌が抒情歌になることを回避する姿勢である。それはときに、拒絶といっていいほどの、かたくなな表情を露わにする。生前公刊された高群逸枝の唯一の歌集とされる『妾薄命』[1]に収録された歌を読み通して強く印象づけられたのが、この点なのである。同様な姿勢ないし傾向を、同時代の女性歌人たちに明瞭なかたちで見ることはできない。

なぜ高群逸枝は自作の歌が抒情歌として成立することを回避しようとしたのか、回避しどこへ向かおうとしたのか、その結果、歌はどのような様相を帯びることになったのか？　この小論は、こうした問いに対する高群逸枝の応答を、高群自身の短歌作品の中に探ろうとする試みである。予感では、思いもかけない遠くの地平へと読む者を誘い出してくれるはずなのである。

まずは、どのような歌を指して抒情歌と呼ぶのかを、実作品で確かめることから始めなくてはならない。

白きちさき牡丹おちたり憂かる身の柱はなれし別れの時に
与謝野晶子

あゝ胸は君にどよみぬ紀の海を淡路のかたへ潮わしる時
与謝野晶子

雲きれて星はながれぬおもふこと神にいのれる夕暮れの空
山川登美子

春さむし紅き蕾の枝づたい病むうぐひすの戸にきより啼く
山川登美子

われ思へば白きかよわの藻の花か秋をかなたの星うけて咲かむ
増田雅子

桃さくらなかゆく川の小板橋春風吹きぬ傘と袂に
増田雅子

（山川登美子・増田雅子・与謝野晶子『恋衣』(2)）

冒頭の与謝野晶子の歌。歌意は、恋する人と離れたくない、大事な支えを失うようで苦しい、でもそのつらい別れの時はやってきたのですということになろうか。「白きちさき牡丹おちたり」という表現は、「別れの時」の「私」の心の動き、つまりは「情動」を、「自然」描写によって言い替えたものとみなせる。「自然」とはここで、詩意識が客体化した「自然」、山川草木、花鳥風月のことである。この言い替えによって、「自然」描写は、「情動」描写の喩となった。

作者の詩意識は、別れの時を「情動」の極致として、いかに劇的に描写するかにしぼられている。より鮮やかな悲劇性として描くこと——これが、作者が「白きちさき牡丹おちたり」という「自然」描写を導き出した動機であった。作者の意図がこのようなものであるなら、「白きちさき牡丹おちたり」が見たままの「自然」の描写であるのか、それとも作者の想像力が産出した修辞的光景であるのか、つまり事実なのか仮構《フィクション》なのかは、問うところではなくなる。大事なのはただ一点、一首において「自然」の描写は「情動」と同一内容を告げるものとして、「情動」に仕えなければならないということだけである。「情動」に「自然」が従う、両者がこのような関係にあるとき、歌は抒情歌なのである。

「春さむし」と始まる山川登美子の歌。「病むうぐいす」の「病む」が作者の「情動」の在りかである。その「情動」を作者は「うぐいす」という「自然」に仮託している。そのようにして「病むうぐいす」は、病に臥せる大事な誰か——あなた——の喩になっている。歌の趣旨は、恋しさに一目でも会いたくてならぬ私の気持ちに応えるために、あなたは病身をおして、うぐいすに姿を変え、会いに来てくれたのですね、というものであろう。「春さむし紅き蕾の枝づたい」という「自然」描写は、「病むうぐいす」が訪れるために作者の想像力が用意した通い路（紅梅）なのである。梅もうぐいすも万葉集以来の、春にちなんだ表現を狙うときの、歌びとたちの共有の財産であった。写生歌ではない、この恋歌は古今集、新古今集の枠の中にあるとみていいだろう。「自然」は、ここでも「情動」に仕えるために呼び出されていることが知れる。

増田雅子の「われ思へば」の歌。「白きかよわの藻の花」は、女としての作者自身の喩である。趣旨は、水草が咲かす白い小さな花のように、これといって人目を引く華やかなところのない私ではあるけれど、せっかくの秋、遠い星の光を養分に、せいいっぱい女としての自分を可憐に咲かせたい、というものである。「白き藻の花」という「自然」は「かよわの」という「情動」の負荷を帯びている。陽の光と記さず、「かなたの星」を選んだのは、控えめに表出された作者のナルシシズムの招き寄せた「自然」であった。同じ作者の「桃さくら」の一首にある「春風吹きぬ傘と袂に」という「自然」描写は、素敵な男性に出会って心がときめいたという意味の喩であることを付け加えておく。

これらのどの歌においても、「自然」は「情動」の求めに応じ、「情動」に仕えるために呼び出されている。そのような構造を持つゆえにこれらの歌は、抒情歌なのである。(3)

「情動」は、これらの作品では、異性関係がもたらすそれであることを、ここで急いで付記しておくのも無駄ではあるまい。

二 「情動」と「自然」の併存

以上に述べてきたことを踏まえ、高群逸枝の歌を読んでみる。以下に「情動」と「自然」が詠われている作品をランダムに取り上げてみる。これらすべての歌が、抒情歌と一線を画していることが明らかになるはずである。

思ふこと
涙ぐましくありければ
山に背きて機を織るなり

双の眸に
溢ふるるほどの泪して
入日美《く》わしき山を見るかな

たぎち落つる
涙のなかの小夜の月
あなやおもしろ飴色に見ゆ

くろ髪を
首に巻き首に巻き

こころ煽られ落日す

これらの歌が抒情歌でないことを証するには、歌の様式が、「情動」と「自然」の関係において、「情動」優位になっていないこと、「自然」が「情動」に仕える関係になっていないことを示せば足りる。

一首目の歌意は、山に面した部屋で一人機《はた》を織る私は、つらいことを思い出し、心がむすぼれてきて涙が込み上げてくるようなとき、泣き顔を山に見られたくないばかりに、後ろ向きになり、機を織り続けるのです、というものだ。

二首目は、つらい気持ちが涙となって両の目に溢れそうなときはいつも、目の前の、今まさに沈もうとする夕日に赤々と染まる山を見るのです。すると、つらさも忘れ、思わず、なんと美しい入日でしょうと感嘆してしまうのです、という意味になろう。

三首目は、ぼろぼろと激しい勢いで涙を流している目で月を眺めると、あれ、おもしろいこと、月が黄色みを帯びて飴色に見えるのですよ、という趣旨になるだろう。前の二つの歌と異なるのは、ここでは美は焦点を月の色に結んでいることだ(4)。

上記三首に共通しているのは、「自然」は「情動」に先行して、そこに厳然とあるという事実である。泣いても泣かなくても、山も月も最初からそこにあるのである。「自然」は「情動」の求めに応じて出現したのではなく、「情動」の外に、「情動」と独立して存在しているということ。すなわち、これらの歌の中で、「自然」と「情動」は、けっしてよそよそしいかたちでなく、併存しているのである。右の三首のように「情動」が「自然」に慰撫されるということが起こるのはそのゆえである。

こうした併存状態は、「情動」が先行する抒情歌では、成立しようがないのである。抒情歌において「自然」は、「情動」の意に沿ってのみ、その表出を許されるのだから。

四首目、「くろ髪を」は集中の屈指の秀作と言える。歌意は、無聊からたわむれに髪を繰り返し首に巻いて遊んでいるうち、時の経つのを忘れて熱中してしまったらしい、気がつくとあたりは日が落ちて暗くなっていたのです、というくらいのものではないだろうか。

しかしそう解釈しつつ、解釈を外れた映像が見え隠れしているのも確かだ。「首に巻き首に巻き」の繰り返しは、「心煽られ」という、「情動」の溢出状態を生成する行為である。溢れ出ようとする「情動」はすぐに「自分の髪で自分の首を絞める」という凶々しい像へと転換する。死の欲動の発現と言ってみたくなる。「情動」は、死の欲動に浸透され、極度の興奮状態にまで「こころ煽られ」、その状態において、「落日す」という「自然」描写に接合されているのである。読む者は、「落日す」が「落命す」という情動的な出来事描写の置き換え、喩であるかのごとく思え、戦慄する。こうして、一日の終焉（＝「自然」）と命の終焉（＝「情動」）が重なる。

「こころ煽られ」は「情動」描写である。「落日す」は「自然」の描写である。両者は相互に独立的であり、歌の中に併存している。その併存している二つの世界が一瞬、接触し、火花が散った、火花が散って、もとに復した、そう見えたのである。韻律からみても定型の音数律を外れている。「首に巻き首に巻き」の繰り返しは、音数が五音、五音、末尾の「落日す」も五音、五五五七五である。抒情歌で採用される五七五七七の定型からみると、定型が崩れ、音数も四音少なくなっているのである。そこに加えられた変形と圧縮が、異様な衝迫力を一首に与えた、秀作であると記した所以である。

以上の分析から、これまで取り上げた高群逸枝の歌の組み立て方、その様式の特徴が、「情動」の描写と「自然」描写の併存にあることを指摘できるだろう(5)。そして、こうした両者の併存は、高群逸枝の歌全般にわたる主要な性格なのである。

三　黒髪について

さて「情動」と「自然」の併存、このように抽出できた高群逸枝の歌の構造的な特質は、高群逸枝が女であることと深く関連していた、そのように想定してみたい。言い換えれば、自分が女であることの自覚と詩意識との結びつきが、高群逸枝の短歌の様式を規定する根本的な要因であったのである。一歩踏み込んで言うと、高群逸枝は、女である自分に肯定的になれなかった、そのことと抒情歌の回避は深く関連づけられていた、そう思えるのである。

このような見方が成り立つのか否か、この点を調べるには、先にみた黒髪というモチーフを取り上げるのが適切だろう。黒髪あるいは黒髪という言葉は、通常、女にとって特別の意味を持っている。特別な意味とは、それ自体において、「情動」的であるということだ。その黒髪を高群逸枝はどのように詠ったのか。黒髪を扱った作品は右の一首のほかに五首が認められる。

靴はいて
ぱらりと垂るる黒髪を
歯で嚙みなどし旅立たむと思う

屹立す
さんとこぼれし黒髪の
わが姿かもゆゆしからずや

風が吹く

吹けば妾の黒髪が
首にもつれて悲しいものを

いよいよ妾の
ロマンチックな野たれ死
くろ髪は肩に星は大空に

野べの光に
黒髪は燃え瞳《め》は悩み
手鞠みたいに飛び行く農女

先ほどの「くろ髪を」の一首にも表れていたことだが、作者は黒髪だからといって、これといった特別の待遇、特別の意味を与えていない、というより、与えたくないようなのである。

　一首目は、靴を履こうと屈んだら黒髪が顔にかかった、その黒髪を歯で噛むという行為に、作者は、旅立ちの決意の強さを表わすものとしての意味を与えようとしている。「歯で噛みなどし」といった短歌らしからぬ粗雑な扱いに、独自の情動性を黒髪に与える意図が微塵もない高群逸枝の内面を見ることができよう。

　二首目の歌意は、すっくと立ちあがった瞬間、黒髪が美しく豊かに乱れた、そんな私の姿ってまんざらではありませんわね、ということになろう。自己像を自己愛的に詠っている点でめずらしく女性的だが、にもかかわらず、黒髪は「わが姿」の美に奉仕する物の位置をはみだすことができないでいることがわかる。一首目と同様、黒髪独自の情動性をここに感受することはできない。

　三首目の黒髪は、「情動」をすっかり削り取られ、ほとんど物としての扱いしか受けていない。歌の趣旨は、解くまでもなかろう。

　四首目の歌意は、私に残された荷はもはや肩にかかる黒髪だけ、そんな無一物になった私が、大空にひろがる星たちに見つめられながらもうすぐ野垂れ死にするなんて、なんとロマンチックなのでしょう、ということになろう。黒髪はここで、自分が何一つ所持するものを持たない無一物の存在であることの喩として用いられている、そのように読めるのである。

　五首目は、田舎女が、はずんだ手鞠のように野を飛んで行く、月あかりを吸った黒髪は炎を放ち、目は苦悩に見開かれている、あれは私なのだ、という趣旨ではないか。黒髪は、奔放でロマンチックな野性的自己像をつくりあげる素材なのである。

　どの作品においても黒髪の扱いはそっけないくらい物質的である。四首目、五首目は定型の音数律を無視して口語で、散文的な手法が採られている。詩意識が「情動」に優位性を与えないことの必然的な帰結と言うべきかもしれない。根源に、自分が女であることに対する得心のいかなさ、ひいては自らの女性性に対する嫌悪とまではいかないまでも、忌避感があると想定せざるを得ない。自分が女であることを素直に肯定できない高群がいるのだ。女である自分と、女との同一性の不一致。高群逸枝を早くから悩ませた最大の問題の一つがこれであった。

対照的に逸枝の先達として与謝野晶子は、長くたっぷりとした黒髪を、女であることの「情動」のすべてが集約されたものとみなして肯定したのだった。女という固有の生きものそのものとして黒髪をいとおしんだのである。

罪おほき男こらせと肌きよく黒髪ながくつくられし我
くろ髪の千すじの髪のみだれ髪かつおもひみだれおもひみだるる
（以上『みだれ髪』）

一首目で作者は、女に生まれたことの誇りと、男性の従属的存在とみなされることへの怒りを黒髪にこめている。神が女である私に肌理こまかい肌と長い黒髪を与えたもうたのは、女を欲望の対象物としかみないような男を懲らしめる必要からの配慮なのですよ、という挑戦的な趣旨になろう。

二首目は、千本もの私の黒髪がもつれ、みだれているとき、私のあなたを想う心も千々に乱れに乱れているのです、が歌意であろう。黒髪は擬人化されるほど、晶子にとって女の自意識、ナルシシズム、フェティシズム、官能性のからみあった「情動」そのものなのであった。

黒髪と女という自己存在を同一とみなす、このような象徴的な認識の対極に、そのような見方になじめず、うっとうしくも煩わしいものと感じてしまう高群逸枝が立っている。

以下に見る歌は、評者の見方では、内なる性的な欲動に対する怯えの表出である。自分という存在が女であることの得心のいかなさ、その延長上に引き出されてくる異性への性的欲動に対する忌避の感情、その先端の現れの一つとして、これら性的なものへの怯えというモチーフは出現した、そう思われるのである。

四　性的な欲動への怯え

高群逸枝に抒情歌めいた作品が皆無というわけではない。たとえば、

いと低く
君を思ふと告げやらむ
あまりに明き逍遥の夜《よ》に

ふたりのそぞろ歩きの夜、月があまりに明るいので、恥ずか

しくて小さな声でしかあなたへの愛を告げられそうにないというのが歌意であろう。趣旨は理解できても、この一首が、恋愛を詠った抒情歌として成功しているとは、とうてい言いがたい。理由は明瞭である、「あまりに明き逍遥の夜に」の箇所が、ひそめた声で愛を告げざるを得ないことの単なる説明にしかなっていないのだ。「自然」描写を、「情動」の喩へと高度化、転換することができていないのである。「自然」を内側に引き込むことだけの力強さが、「情動」に欠けていた。

なぜ抒情歌が高群逸枝の中に育たなかったのか。答えは、問いをそのまま繰り返すことになる。すなわち、高群逸枝が抒情歌を拒んだことだ。加えてもう一点、その結果、抒情歌の成立する以前の段階へと詩意識を遡行させたことである。

同じことを別の角度からも言える。詩意識が抒情歌に向かわなかったのは、ここまで述べたように、黒髪に象徴される「情動」存在としての女という視線において、異性に見られ、また己をみることに十全の喜びを感じられないからである。常に異性との関係において、己を女性として意識させられることへの喜びと同時に訪れる堪えがたさ、抵抗感、嫌悪の複合性と言おうか。たとえば、次のような歌。

抱かれて
怨じまつりて身を揺りて
瞳つぶらに　月低き野に

好きな人の腕に抱かれ、恨み言をいうなどし、体もしなをつくって、恋する女らしく可愛くふるまおうとしてみるのですが、心は醒めて酔いきれず、しかたなく、ぱっちりあいた目を、野に投げ、まだ月は低いところにあるのだなあ、などとひそかにひとりごちたりしているのです——歌意はこのようなものになろう。

こうした解釈に異議が出されるかもしれない。一首を官能の歓びつまり「情動」を詠った歌——抒情歌だとする見解である。

しかし、そう解するには、「瞳つぶらに」の表現が壁になってくる。もし官能の歓びに酔い痴れていたのなら、目は閉じられているか、薄く開いている状態にあるか、どちらかと考えるのが妥当であろう。官能の歓びのさなかに、目が外の風景を追うなどといういとまはあるはずがない。こうした状態にかなうのは、「瞳つぶらに」ではなく、適切かどうかは別として、「瞳閉じつつ」「瞳うすらに」などの表現ではないか。「瞳閉じつつ」「瞳うすらに」などであれば、「月低き野に」は、客観的な「自然」描写ではなくなる。きっと今頃、月は野に低くかかっていることでしょうというように、「情動」が呼び出した、想像上の、輪郭のぼんやりとした「自然」描写になるであろう。そうなったとき、歌は、抒情歌として成立していたに違いない。だが、己の女性性を忌避する傾向を有する高群逸枝が、恋愛に、否、恋愛の生み出す「情動」に全面的に没頭できるはずがなかった。

詩集『放浪者の詩』（一九二一年＝大正一〇年）に、次のような部分を見つけた。

「月の光と私の眼とを吸いながら／男性の凛々しい腕で／あの恋しい私の恋人は／私を膝に抱きあげる／／私はすっかり安心して／眼を　まんまるに開けながら／木の葉が散ると手を出したり／あちらこちらを眺めたりする」（「少女行」）。

「抱かれて……」の一首とほぼ同様なシチュエーションを詩に読み取ることができる。注目すべきは、高群逸枝に訪れているのは、官能の歓び、興奮ではなく、「安心」なのである。男の腕の中で、幼児のように自分に自足してしまうのだ。このとき、恋人は消えている。高群逸枝は、「安心」以上の、「情動」の興奮を求めなかったのではないか。心身が官能に支配されるのを嫌ったのである。

ふたたび晶子に登場を願う。

うすものの二尺のたもとすべりおちて蛍ながるる夜風の
青き　（『みだれ髪』）

一見、「自然」描写のみ、言い換えれば、目の前で起きていることの客観的描写だけでできあがっている自然詠だと思えるかもしれない。ここにはしかし、客観的描写は微塵もない。歌全体が、作者の「情動」の喩であることは紛れもないのである。「うすものの二尺のたもとすべりおちて」は、二尺のたもとが体からすべりおちるという「情動」（官能）と、二尺のたもとを蛍がすべりおちるという「自然」が二重に描写されている。むろん後者は前者に仕えるのである。明滅する蛍の火の流れのような、官能のおののきに心身をまかせようとする女の、かすかな震えが伝わってくる。官能を詠った抒情歌の傑作だと思う。前記の高群逸枝の一首には、このような「情動」のはげしいときめきの体験を感取することは絶望的なのである。

逸枝の歌。

恐れつつ恋へども鳥の赤い足
淫らなり去れ
屹として云ふ

そうなるのは嫌だなと思いつつ、逢瀬は拒めず、いそいそと出かけていくのだけれど、やはり体に触れてくる、その男の指が淫らな「鳥の赤い足」に見えてしまい、ぞっとして思わず、強く「やめて」と言ってしまった私なのです——これがおおよその一首の歌意であろう。恋人の大きな胸の中、腕の中が好きなのは、「安心」を得られるからである。「情動」が「安心」を超えて、性的なそれに向かうとき、女という自己現実に対する逃避的感情が強くあらわれる。歌は内なる性的な欲動への怯え、恐怖心を、潔癖さという形をとって表出することになる。「鳥の赤い足」はそのような潔癖さが咄嗟に呼び出した淫らな映像である。歌はその像に、悪魔を退ける気迫でもって、去れときっぱり命じるのだ。

異性の傍にいることは嫌ではないのに、異性によるそれ以上の性的なはたらきかけを受け容れられないのである。安心を超えて、自分の体に官能の「情動」がかきたてられることに耐えられないのだ。(6)

晶子は淫らをそうは詠わなかった。

とどめあへぬそぞろ心は人しらむくづれし牡丹さぎぬに紅き

『みだれ髪』

あの人を思うと落ち着かず、そのせいでまとまりをなくしてしまった心を誰が知るでしょうか。そんな私の内面のありようが投影されたかのように、散った牡丹の花びらが着物の裾を紅くみだらに染めていることよ、という意味になろうか。

淫らへと崩れる自分をどこまでも愛おしむ晶子と、そうした「情動」を退けずにいられない逸枝と。否応なく、一方の作品は女である自分を詠って色彩豊かにみずみずしく輝き、他方は貧しく、灰色に痩せたものとならざるを得ない。

逸枝の歌。

一丈二尺の
帯を結んで茜さす
われまたかれ夕日の紅殻《べにがら》の花

この一首は、高群逸枝の歌の中で、抒情歌となるはずのものであった。だが、高群逸枝自身がそうなることをためらい、結局は抑え込んでしまった。「われまたかれ」の部分にそれが如実に現れている、作者はなぜ「われは」とせず、「われまたかれ」と詠んでしまったのだろうか。「われは」であったなら、「夕日の紅殻の花」は「われ」の喩になる。夕日を浴びて咲いている紅殻の花、それが私です、すなわち若い男たちの視線を浴びて頬を真っ赤にそめた娘盛りの、異性に見られている喜びと誇りと不安と、そうした素朴なナルシシズムを詠った可憐な抒情歌となったものを、と思う。それを逸枝は、わざわざ「われまたかれ」とすることで、破綻させてしまったのである。

自己愛や官能に恍惚となること、自分が黒髪に象徴される女性存在として振舞うこと、それらへの強い抵抗感、罪悪感のようなもののはたらきを、ここに想定していいように思う。

問いは次に移る。では、自分の歌が抒情歌になるのを拒もうとする姿勢と、黒髪を有する女である自分への忌避感情をつないでいたものは何か。評者の見立ては、高群逸枝という存在の基底に根深く位置を占めていた、現世離脱の意向であった。現世とは、自分を女性としてしか扱おうとしない現実そのもののことである。

五　抒情の国との訣《わか》れ

次の一首は、一見抒情歌と見まごうが、抒情歌とみなすことはできない。確かに「情動」と「自然」の関係は詠われている。だがその「情動」は、抒情歌と別れたいという決意なのである。抒情歌と別れたいという気持ちが、一首を抒情歌の様相に仕立てているのだ。

振り袖を
多感の国にちぎり捨て
添ひ狂ふべく月に照られむ

振り袖は黒髪同様、若い女の象徴である。一首の歌意は、私は、女という衣装を破り捨て、女ゆえに感じやすさを強いられるこの悲しみの世と訣別し、空に一人輝く月に狂い添って、照らされたいと思うのです、となろう。離脱の意志という点で、高群逸枝は多感で、熱狂の人であった。

多感の国は、「情動」の王国、抒情歌の生まれる精神の国土である。一首にはそれゆえ、抒情歌との訣別の意志がこめられている。多感の国を去るということは、物事に感じやすい女である自分を捨てるということでもある。晶子は多感の国を女である自分の生きる場として肯定した。多感が生み出す「情動」を大胆に繊細に詠うところに女であることの自由を確保しようとした。逸枝は多感の国に、女である自分を縛ってくる不自由さを感じ、その拘束感から逃れようとした。一方は「情動」に自由と歓びを見い出し、他方は「情動」に女として窮屈な苦しみしか感じられないのであった。

では「多感の国」を捨てて若い歌びとはどこへ向かおうというのだろうか。女であることに振り袖も長い黒髪も不要であるような国へ、である。女であることに自己嫌悪も抵抗感も、忌避の感情もおぼえないですむ国へ、である。こうした「情動」の国からの離脱意向を、現世的には、死の欲動と呼ぶ。

「添ひ狂ふべく月に照られむ」

抒情歌であれば、愛する人に添いたいという「情動」を、月に添いたいというふうに「自然」を用いて表すのがつねである。ここではしかし、愛する人に添いたいように月に添いたいと詠っているのである。「情動」と「自然」の関係が抒情歌の場合と逆転しているのだ。作品は生き方の革命を詠っている。

ここに死の欲動を介して、性を超えた聖なるもの、霊的なものへの憧れがはっきりと頭をもたげてきているのを目撃できるのである。離脱の意志の一つの現れとしての霊的なもの、聖なるものへの指向である。月はいまや、花鳥風月という意味での「自然」ではなく、霊的なもの、聖なるものそのものが体する「自然」なのである。

ここまでくれば、以下の歌に出てくる「自然」の理解はそれほど困難ではないはずである。

弦月を
指で弾いて通夜《つや》すれば
雲　真白雲　そよそよと行く

まさに一歩
繁樹の影を踏まむとし
満身月光《つき》となりにけるかな

一首目は、開け放された仏堂に坐し、弓を張ったような月を見ながら、そこに現れた弦をゆったりと爪弾く心持ちで仏の名を夜通し称えていると、空にはいつの間にか真っ白い雲が現れ、そろりそろりと月に近づこうとしているのが見える、その雲が私です、という趣旨である。

この「自然」描写は、たんなる「自然」描写ではなく、霊的なものあるいは聖なるものが仮託された「情動」に裏打ちされているのである。詠われているのは、聖なるもの、霊的なものとそれを志向する自分の関係である。

繰り返しになるが、月をのの様（仏様）、雲を仏弟子である自分になぞらえている。かくて右の描写は、次のような意味だと了解できよう。通夜は私を仏に近づけてくれる行《ぎょう》なのです、こうして夜空の月をめぐる雲の動きを見ていると、そのことがよくわかります、というように。

二首目は、「情動」描写も「自然」描写もともになく、自分に起こった奇跡のような信じがたい出来事の叙事だけがある。暗い夜道をひとり月の光をたよりに歩いていた私の足が、あと一歩で、木立の繁る真っ暗な道に踏みこもうとしたその瞬間、それまで天にあった月が私に入り込み、とたん、私の体は全身みずから光を発する発光体と化したのです、ということであろうか。(7)

聖なるもの、霊的なものとしての「自然」が、迷いばかりの私の不安をぬぐい去ってくれた驚きと歓喜の瞬間が詠われているのである。宗教的「情動」が詠ませた作品と言えるかもしれない。

こうした経験こそが「振り袖を／多感の国にちぎり捨て」ることで、女としての高群逸枝が獲得したいと願っていたものの一つであった。

六　古形への下降

まだ解釈の言葉を待っている歌が数首残されている。

夏なれば
をぐらきほどの物思ひ
紫いろとなりにけるかな

この不思議な魅力を湛えた一首は、「情動」が「自然」へと物質化、物象化されていくところに歌が成り立っている、そこに特徴を認めていいように思われる。歌のモチーフは「情動」そのものではなく、物としての「情動」の色であり、その色の変化なのである。

夕べのほの暗さ程度の私の「物思い」は、あたりを紫色に変えていく夏の暮方の中で、気づくと同じ紫色に染まってしまっていたのです。「物思い」に沈む私の心のほの暗さも、あたりを紫色に変えていく夏の暮方の中で、気づくと同じ紫色に染まってしまっていたのです。――どちらの歌意をとろうとも、「物思い」は物象化、ないし事物化されていることに変わりない。「情動」に湿気が感じられない。「情動」の物象化、事物化は、「情動」の出来事化、叙事化と言っても同じである。それは「情動」と「自然」の等価的な併存が崩れ、「情動」が「自然」の中へと包み込まれ、姿を消した状態なのである。

いさら川の
水上といふ渚べに
夕べ暫く花つみにけり(8)

これも評者の好きな作品である。一首において、叙事性が際立っている。とりあえずの歌意は、今日の夕方、数刻をかけて、いさら川の上流の水辺に咲く花を摘みに行ってきました、ということになろう。

歌は、出来事を場所、時間、行為（目的）の順を追って記している。ここには、「情動」の描写はなく、「情動」のぬくもりも感じられない。「自然」の描写つまり叙景もない。あるのは川の上流へ花摘みに行ったという、暮らしの中の一エピソードの淡々とした報告、叙事だけである。この程度の、中身のない歌のどこがおもしろいのだ、と聞かれると説明に窮するところがある。それなのに、なぜか惹かれるのだ。

韻律にこめられた作者の息遣いに注目してみよう。一首は定型の音数律に合わせて読まれることを拒んでいる。一行目は「いさら川の」で六音、二行目は「水上といふ渚べに」まで十二音を一息に詠ませ、場所を特定し、一呼吸置いて七音によって滞留時間を、また一呼吸置いて七音によって行為＝目的を特定する、音数はそのように配分されている。音数のこの配分が見事なゆえに、上流の水辺に着くまでの登りの時間と、水辺での花摘みの時間と帰路の時間を読む者もまた体験したように思えるのである。ちなみに「いさら川の　水上といふ　渚べに」六・七・五というふうに定型の音数律に区切って読んでみるがいい、一首の間延び、弛緩は目を覆いたくなるほどであろう。

むろん、歌の面白さを説得するのにこれで十分だとは思わない。では、ほかに理由はないのか。

たとえば、内容としてこんな読み方もできそうに思えるのだ。遠い昔の村（＝共同体）の暮らしに組み込まれていた、女たちだけの行事の一こまがここに詠われているという理解である。その季節になると、夕方、村の女たちは打ち揃って数刻をかけ、いさら川の上流の水辺まで、そこにのみ咲く花を摘みに行ったものでしたよ、というふうに。このように語る語り手は、遠い昔の村の女たちであって、高群逸枝という個人ではないのだ。高群逸枝の詩意識は、今にありながら、はるかな過去へと遡行し、村の女たちの一人として、それを詠ったのである。高群逸枝個人の歌でありながら、遠い昔の共同体の女たちの一人としての語りでもある。読者としての私は、この歌によって遠い昔を生きた村の女たちの声を聴いたのだ。歌に自我＝私性が希薄なのはそのせいかも知れぬ。一首の魅惑の根っこを、歌びとである逸枝個人と、遠い昔に村の女たちの一人であったときの逸枝と、両者の合作として感受するのである。——

だが、まだ、いさら川とは何か、についてが問われていない。

詩集『美想曲』（一九二二年＝大正一一年）に次の四行が認められる。

「いさら川の水上遠い月の下へ／行ってしまって未来がないならば／最後の森が盛り上がっているところへ／ぴちぴちと泉の鳴るところへ行こう」（「厭世者の手記」）。

ここにおける「いさら川」の使い方は右の短歌と異なっている。短歌では一見固有名のように使われている。では、詩においてはどうか。

あなたが、私を置いてどこか見知らぬところに行ってしまったので、見捨てられた私は行くところもなくなり、死にたくなりました、というのが詩の含意であろう。

このように了解してよければ、「いさら川の水上遠い月の下へ」という詩語は、「行ってしまって」を呼び出す序詞のようなはたらきが与えられているように思えてくる。あるいは、「行ってしまった」という意味と無関係に置かれた短歌的措辞、ただ「いさら川の水上遠い月の下へ」が思い浮かんだから、という理由だけで、差し込まれた、言わば虚辞という見方も可能であろう。高群逸枝の詩意識がいずれであったとしても、いさら川の語には出典があり、その知識を踏まえた表現かも知れないという思いが頭をもたげてくるのを押さえきれない。

　こころみに手元の辞書にあたってみた。すると「いさやがは」が出てきた。不知哉川とあり、滋賀県彦根市の西部を流れ、琵琶湖に注ぐ川とある。別名、犬上川とあった。ところで、いさは、いさ（さあ、どうかしら、よく知りません）。「いさや」はその強調で、意味は同じである。不知哉川は、いさや川である。このように説明されたいさや川は、固有の川の名ではなく、はるかの昔に人々の、表現における共有のモチーフとなっていたのである。

　高群逸枝の短歌におけるいさら川は、『万葉集』巻十一の「犬上の鳥籠《とこ》の山にある不知也川《いさやがわ》不知《いさ》とを聞こせわが名告らすな」（人に私の名を聞かれたら、どうか、さあ、よく知りません、とおっしゃってください。）が踏まえられている。この歌が『古今集』の「犬上のとこの山なる名取川いさと答へよわがな漏らすな」に転じ、『源氏物語』「朝顔」の「いと、かく、世のためしになりぬべき有様、もらし給ふなよ、ゆめゆめ、「いさら川」なども、なれなれしや」という光源氏の言葉に連なっていく。

（「こんなことは愚かな男の例として噂にもなりそうなことですから人には言わないでください。『いさや川』などというのも恋の成り立った場合の歌で、ここへは引けませんね」与謝野晶子訳）

　「いさら川」についてここまでたどることができるとすると、一首は、高群逸枝の古典についての豊富な教養を媒介に、様式としてより古形へと下降しようとして生まれたのかも知れない、と思えてくる。古形への下降は、「振り袖を／多感の国にちぎり捨て」ようとしたこと、すなわち抒情歌の破棄への意思（現世的には自己の女性性を離脱したいという、一種死の欲動の表出でもある）が拓いた回路の一つなのである。

　「いさら川」に認められる詩意識の下降への回路は、同じ離脱志向でも、聖なる天上への志向とは異なる、それと対照的な志向性なのである。その下降する詩意識の志向性は、おそらくは歌びととしての高群逸枝を、抒情から叙景へ、あるいは抒情から叙事へ、そしてさらには土謡へと、詩歌の様式の最古層へと導いていく力でもあったに違いない。(9)

七　叙景歌三首

　歌をより詩意識の古層へ、古層へと下降させるところに成立させようという志向性。こうした視点を得ると、歌集のなかから、俄然、視界にせりあがってくる自然詠があるのである。以下に見るような、叙景歌三首である。付け加えれば高群逸枝にこのような叙景歌は他に一つもないのである。

ましら雲
ここのみ山のやま奥の
松の梢にこりて動かず⑩

火の山の
火の国に来て見渡せば
わが古里は花模様かな

八坂八浜の奇しき砂浜
足飛べば
何かは照りて昼映ゆる波

一読してすぐに意味と像を了解できそうに思えるのは、一首目と二首目で、三首目はかなりむずかしそうに思える。

そのむずかしそうに思える「八坂八浜の」の歌から読んでみる。八坂八浜は実在の海岸であり（現在の徳島県海部郡海陽町、太平洋岸）、高群逸枝がお遍路の途中、ほんの一時、訪れたところと思われる。だが、お遍路の行程をつづった『娘巡礼記』には、同じ海部郡宍喰《ししくい》や日和佐《ひわさ》の地名は出てくるのに、八坂八浜は出てこない。だから、この歌も載っていない。

一首は、意味をすんなりと辿れない。それは「足飛べば」がわからないからだ。この箇所がほどければ、歌の意味も像も見えてくる。さて評者は最初、頭上を飛ぶ海鳥たちを下から見上げると、まるで足だけが飛んでいるように見えるというふうに解釈し、満足しかけていた。そのうち『娘巡礼記』に以下のような場面があることに気が付いた。

> 入野とよぶ小宿駅を過ぎるや遠雷の如き音響を耳にす。お爺さんを後に一散に海岸に出ると、
> 快絶！　白浪高く天に踊りて飛沫濛々雲煙の如し、何ぞその壮絶なるああ何ぞその――。
> 暫く無言、わが身直に狂濤に接す。あわや！　足土を離れて飛ばんとす、その間髪をいれず、
> 「何を?」お爺さんに引止められ愕然として我に帰る。ああ何んという恐ろしい事実――いま思っても戦慄を禁じ得ない、恐ろしい事実であった。……ただ私の魂が彼の狂波怒濤と一致したのだ。（四十八　狂瀾怒濤）〔入野は高知県〕

「足飛べば」は海鳥たちの足ではなく、「足土を離れて飛ばんとす」、すなわち逸枝自身の足であったのだ。己の足が土を蹴って海へ飛び込もうとしたという意味だったのである。だとする

と、歌意は、次のようになるだろう。誰もいない八坂八浜の砂浜は、見たこともないほど美しい。光り輝く昼の波は高く天に踊り、飛沫をあげ、雷のような音とともに狂気となって奇岩を叩く。思わず我を忘れ、飛び込んでそのような波と一体となろうとしたのだった。――高知県から徳島県に向かう太平洋に面した海岸道で、高群逸枝は一度ならず、このような自死の衝動に見舞われたに相違ない。

『娘巡礼記』の記述と合わせ読むことで、「足飛べば」は、先に「振り袖を」の一首に見た現世離脱志向の衝動的な発現であることがわかるのである。高群逸枝はここで、「何かは照りて」と詠っている。何かは太陽なのだろうが、それを陽は照りてと詠わずに、「何かは照りて」とした。高群逸枝の聖性志向が強く打ち出されているのが感じられるのである。圧倒的な「自然」に接したとき、高群逸枝の「情動」は、それを「何か」すなわち霊的なもの、聖なるもの、そのものとみなし、激しい一体化の欲求を露わにするのである。このような現世離脱への熱狂すなわち、一種の躁的状態――この人は双極性鬱か――を、これまで死の欲動として把握してきたのだった。死の欲動については、「くろ髪を」の歌の分析においても触れた。

だが、このように一首を分析してみても、この歌がわかったという感じは訪れないのである。その理由の一つが、韻律の心地悪さである。読んでわかるとおり、高群逸枝の詩意識は、韻律を「短歌」の規格に合わせるつもりなど毛頭ないのである。一首は、音数が七・八／五／七・七でもって構成されている。この韻律の整わなさには、「短歌の祖形」が成立する以前、韻律が五七五七七に定型化する以前の、古層において詠われた作品の音数律が交響していた、そう推測したくなる。推測に従って、同じような音数の運びが見られる歌を探した。近い例を『古代歌謡集』の土謡歌に見つけた。その冒頭部分を引いてみる。

宇陀の　高城に　鴫羂《しぎわな》張る
我が待つや
鴫は障《さや》らず　いすくわし　鯨障り……
（後略）　（『古事記』歌謡）

音数を数えると、七（三・四）・六／五／七・五・六……であり、これに対して「八坂八浜の」は七（三＋四）・七／五／七・七である。「宇陀の」が土謡歌であり、「八坂八浜の」が土謡から上昇し、独立した叙景歌であるという違いを念頭に置けば、後者の音数の運びが定型に近づいていることに不自然さはないであろう。それよりも、「八坂八浜の」における音数の運びは土謡をかなりの程度離れてはいるものの、古形を残しているように思えることの方が大切である。音読すると、そのことがよりしっかりと感じられるのだ。高群逸枝の詩意識は現代を生きる個人として叙景歌を詠いつつ、同時に〈いま〉を遠く離れ、土謡に接近し、接触していたことが窺えるのである。

「ましら雲」の一首の歌意は、まっしろい雲がこの深山のさらに山奥に生える松の梢のところにかかっていて、先ほどからじっととどまったまま動こうとしない、というものであろう。歌は一見、定型の韻律を用いた単純な自然詠、叙景歌のように思える。むろん、その読み方でいいのだ。

しかし、評者の中のもう一人の読者は、この光景にどこか奇異な感じをおぼえるのである。一首の中の「こりて動かず」がそのような印象を与える、当の箇所である。通常なら雲は流れ、移動するものだ。現に高群逸枝は詠っている。「雲　真白雲そよそよと行く」。ところが、松の梢にかかった雲は、長い時間固まってしまったように動かない。歌びとは、それにひっかかりを感じた。そのひっかかりの何かは詠われていない。でも、ひっかかりを覚えたのは間違いない、そう推測してみたくなるのである。

このような見方で一首を見つめ直すと、思いがけない場所に、似たような不自然な雲の動きに焦点を合わせ、詠んだ叙景歌があったことに思い至る。

狭井河よ　雲立ち渡り
畝傍山　木の葉騒ぎぬ
風吹かむとす　（『古事記』中）

畝傍山　昼は雲とゐ
夕されば　風吹かむとぞ
木の葉騒げる　（『古事記』中）

音数はどちらも五・七が基調である。五・七／五・七／七で構成されており、東歌《あづまうた》の形式である。前の一首は、狭井河から雲がわいて立ちのぼってきた。畝傍山の木の葉もざわざわいいだした。間もなく風がふき始めるだろうという趣旨であり、後の一首の歌意は、畝傍山に昼間かかっていた雲は、夕方になったいま、空一面に広がって風を吹かせようとしている。その証拠に木の葉がざわついている、というものであろう。どちらも、これから起こる変事を知らせようとして詠われた歌として知られているものだ。(11) この歌を最初に読んだ者は、あやまたずに、変事が起こるという情報を受け取ったのである。

何を言いたいのかといえば、松の梢にかかったようにじっと動かない雲を詠ったとき、高群逸枝は、一面において現代の叙景歌を詠んだのであり、同時にもう一面において、意識してようといまいと、不吉な出来事を伝えるために目の前の、ふだんと異なる「自然」の動きを詠うという記紀の時代の作法を踏襲していたのではないか、ということなのだ。その面で、高群逸枝は「土謡歌」を詠んだのであった。

吉本隆明は、右の『古事記』の二首に触れながら、土謡詩（土謡歌）という様式について、「土謡詩とよぶのは、記紀歌謡のなかで様式的に古代歌謡の土台となる表出体」であり、記紀の歌の成り立つ前に口承の時代をかんがえれば、それに一番近いかたちであると述べている（『言語にとって美とはなにか』Ⅴ「構成論」）。

続けて、土謡の原型を、「すぐにモチーフを歌い出すのではなく、はじめに目に触れた自然物に仮託し、そののちに歌いたいモチーフへゆく」という構成をとるのだと述べている。

ということは、最初の段階では、目に触れた自然を歌った部分と歌いたい部分は無関係に詠われていた。しかし、次の段階では、必然的に土謡歌においては、はじめに目に触れた自然物を詠うこと、すなわち叙景部分は、次に来る「歌いたいモチーフ」、評者流に言い換えれば大事な伝達事項、の喩としての役割をはたすことになる、というのである。

吉本隆明はさらに述べている。ところが自然物を対象とした後に詠われるはずのモチーフ（＝大事な伝達事項）が歌われることなく省略されたとしたらどうであろう。省略されたからと言って、作者の詩意識の中には当該モチーフは消えずに残っており、消えずに残っているそのモチーフは読む者たちと共有されている。ということは、伝達事項は歌われなくても歌われたのと同じことになる。このとき、歌全体が省略されたモチーフの暗喩に転化することになる。なぜなら、歌われた全体が歌われなかったことの意味となるからである。――

吉本隆明はここに叙景歌の誕生を見ているのだ。叙景歌の前身は土謡歌であり、土謡歌から、本来の歌いたいモチーフが省略され、叙景部分だけが残されたかたちである。やがて叙景以外に歌いたいモチーフがなくなったとき、叙景歌は独立した。

高群逸枝の、どこか不自然な光景を読み込んだ一首は、しっぽに歌いたいモチーフの痕跡を残しているかのごとく思える点で、暗喩的な要素の残った叙景歌であった。

このように、一首において、高群逸枝の構成意識は、記紀歌謡の最古層である土謡へと接触していたという見方も可能になるのである。このとき高群逸枝は、共同体の人々に不穏な出来事が生起する危険性を伝達する伝達者として叙景歌を詠んだのである。読む者としての私もまたこのとき、吉本隆明にいざなわれつつ、歌が伝達しようとしているのが変事であることを感受する、土謡の時代を生きる人間へと自己を重ねていたのである。

一言、蛇足。関東大地震の発生は一九二三（大正一二）年九月一日、この歌が収録された歌集『妾薄命』が刊行されたのは前年の一九二二年（大正一一年）であった。

「火の山の」の歌を見よう。視野の広い、スケールの大きな作品である。歌意は、煙を上げる阿蘇の山にのぼって一望すれば、わが古里火の国は一面花が咲き誇っている。なんと美しい豊かな国であることよ、ということになるだろう。おそらくは、『娘巡礼記』に記された、四国お遍路の旅を終え、数カ月ぶりに熊本に戻ってきたことの喜びをまっすぐに詠んだものに違いない。

ところで、この歌についても、ほぼ同工の歌が『万葉集巻一』にあるのである。国見歌（儀式歌）である。たとえば、

大和には　群山あれど　とりよろふ　天の香久山　登り立ち　国見をすれば　国原は　煙立ち立つ　海原は　鷗立ち立つ　うまし国そ　蜻蛉島　大和の国は

舒明天皇の作とされる叙景歌である。ただし、短歌成立以前のものであること、また叙景部分を暗喩化するような、省略されたモチーフをこの一首から見つけ出すことができないという点で、土謡歌は叙景歌への上昇を成し遂げている。つまり、ここにはもう土謡歌の面影はない。この点で先に引いた「狭井河よ」や「畝傍山」より、形式としては新しいものだと言える。

さて高群逸枝の一首の作り方とよく似ている箇所は、とりわけ、「天の香久山　登り立ち」以下の描写である。香具山のてっぺんから我が国をみると、野を焼いているのであろう、あちこちから煙が立ちのぼり、海には鷗がたくさん舞っている。なんと満ち足りた光景であることよ、すばらしき我が大和の国は。——「火の山の」を国見歌として解釈することは少しも不自然ではないことがわかるであろう。違いがあるとすれば、高群逸枝の歌には統治者の視点がないことであろうか。

高群逸枝は、現代の詩意識でもって叙景歌を詠んだのであり、他面において歌謡の古層を志向するもう一つの詩意識が、この叙景歌を図らずも国見歌の位相において詠んだのである。

ただし共同体の褒め歌という性格もかすかに感じとることができるので、この素朴な叙景歌に儀式性の要素が印されているという見方を排除することができない。であるなら、一首はさらなる古層と接触していたことになるだろう。

現在の高群逸枝と、その陰に遠い昔に火の国の村の女たちの一人であったときの高群逸枝がいる。歌はその二つの詩意識が一体となるところで詠まれていた、そのように思えるのである。

注

（1）この稿は、高群逸枝歌集『妾薄命』（金尾文淵堂刊　一九二二年・大正一一年七月）をテキストにしている。ところで、全集版第八巻に収められた歌集と、初出の歌集との間には、幾つかの無視しようのない大きな相違が認められるのである。第一は、歌集を全集に収録するに当たって、作品配列が、

高群逸枝の夫で、高群逸枝の表現の最大の理解者を自認していた橋本憲三によって、公刊時のものと大幅に変更されたことである。だが、配列変更については、橋本自身が「解題」で、生前の著者の意を汲んで変えたと書いているので、ここでは口をつぐもう。

第二の相違は、仮名遣いである。金尾文淵堂版歌集『妾薄命』に掲載された歌は、歴史的仮名遣い、つまり古語で詠われている。編者橋本憲三は、全集に収録するに当たって、それをわざわざ現代仮名遣いに改めている。なぜ仮名遣いまで編者は変えたのだろうか。その理由を編者は記していない。仮名遣いは実作者が短歌に付与する生命のかたちの一つであり、それは歌の意味には現れないが、歌のたたずまいの基底を作るのである。編者の、高群逸枝の表現に対する独特な「狼藉」が現れているようで、興味深いものがある。

第三は、作品の改変という、仮名遣いの改変以上に、おそるべき「狼藉」が行われているようなのである。いま、「ようなのである」と書いた。それは確信がもてないからである。たとえば、「火の山の／火の国に来て見渡せば／わが古里は花模様かな」という初出作品が、全集版では、「火の国の火の山にきて／見わたせば／わが古里は花模様かな」になっている。一読して、初出の歌の方がずっとすぐれていることは明らかである。

ところで全集版には、この歌に少なくとも二箇所の改変が加えられている。一つ目は語順の入れ替え、後ろにあった「火の国の」を前に、冒頭の「火の山の」を後ろに、入れ替えてある。この歌に関して言えば、語順の問題は、高群逸枝自身が悩み、揺れたであろう。短歌は、作品構成を一行にするか、二行でおこなうか、それとも三行にするかによって、言語の付置の最適性は変わってこざるを得ない。歌集の作品を三行で構成すると決めたとき、高群逸枝の心には「火の山の」を冒頭に置くこと以外の道はなかったのではないか。「火の山の」に比べ、「火の国の」を冒頭とすることは、作品の踏み出しがいかにも弱い。かつ、私見では、万葉の国見歌との類同性からしても、「火の山の」が冒頭でなければならなかった。

二つ目が、行にもたせる意味や音数の改変である。初出では、三行短歌の一行目は、すでにみたように「火の山の」の五音である。このような冒頭の行の五音の書き出しは、初出を読めば、三行どりの高群短歌の特徴でさえあることがわかる。全集版ではそれが「火の国の火の山にきて」に変えられている。必然的に二行目も変わってくる。初出では「火の国に来て見渡せば」であったものが、全集版では「見渡せば」だけになっている。高群逸枝はこんなふうに歌を詠まなかった。歌の素人が手を入れたことは明瞭であるように思えるのだ。

こうした改変が全集版にはいくつも目につくのである。右に述べた理由で、この稿を全集版歌集『妾薄命』に依拠する気が失せたのであった。

（2）『恋衣』は一九〇五（明治三八）年刊。山川登美子・増田雅子・与謝野晶子の三人は与謝野鉄幹が主宰する「明星」の投稿者。与謝野晶子は一八七八（明治一一）年生まれ、山川登美子は一八七九（明治一二）年生まれ、増田雅子は一八八〇（明治一三）年生まれ。年齢が近く、おたがい姉妹感覚を抱き、その一方、晶子と登美子は鉄幹をめぐる恋敵でもあった。『恋衣』は、共に二〇代後半にさしかかった尖鋭な詩意識をもった三人の女流歌人の歌が収められている。このうち山川登美子は、刊行後四年、二九歳の若さで他界した。また与謝野晶子、増田雅子は、「青鞜」の執筆者であった。

さらに一言、たとえば岡本かの子の歌集『かろきねたみ』は、一九一二（大正元）年、平塚らいてうらの手で、青鞜叢書の一冊として青鞜社から刊行された。収録数わずか七十首のこの歌集の歌びとは、愛の「情動」を正面から詠おうとする点で、晶子の継承者であった。「ともすればかろきねたみのきざし来る日かなかなしくものなど縫はむ」。どうかすると大好きなあの人に対するつまらない憎しみがきざしてきて、きりきりまいしてしまうことがあるのです。そんなときには一日中、悲しい気分で縫物などして過ごすことになるのです。

　一八九四（明治二七）年生まれの高群逸枝が『妾薄命』を出したのは、『恋衣』に遅れること一七年、『かろきねたみ』に遅れること十年、二八歳の時であった。先行するこの華やかで優れた四人の抒情歌を、感激屋の逸枝はおそらくは胸熱くして読んでいたに違いないのである。この注を記すにあたっては、阿木津英『『個人』への覚醒と『女』とのはざまで』（『「青鞜」を読む』新・フェミニズム批評の会編　一九九八年　學藝書林）にたくさんの触発を受けた。

（3）『古今集』「仮名序」で紀貫之が、「心に思ふ事を、見るもの聞くものにつけて、言ひだせるなり」というように和歌《やまとうた》を定義した。「心に思ふ事」を「情動」に、「見るもの聞くもの」を「自然」に置き換えれば、貫之の定義は、そのまま、抒情歌の定義になる。貫之の言う和歌とは抒情歌を指している。

（4）同じ入日を詠ったものに、たとえば「夕付日いりなんとする山のはのもみぢはいまそさかり成ける」がある。樋口一葉の作品である（樋口夏子、明治二二年）。歌意は、もみじが見ごろですが、中でも素晴らしいのは、夕日が沈もうとする、そう今の時間帯の、山のてっぺんあたりに見られる、燃えるようなもみじですよということになろう。逸枝の「入日美わしき／山を見るかな」との違いは、描写が求心的に焦点を結んでいることである。それゆえに、一葉の歌は叙景歌となっている。ただし、実体験をもとに、作られた歌ではなく、彼女の豊かな古今、新古今の教養の産物ではなかったかと思われるのである。

（5）評者をこうした認識へと導いたのは吉本隆明の『初期歌謡論』である。この驚嘆すべき著作の中に、評者にとって強力な援軍となる重要な記述を見ることができるのである。吉本隆明は「情動」の描写と「自然」描写の併存を、短歌の祖形として把握しているのである。「和歌の祖形では、〈事物〉についての客観的描写と〈心〉についての主観的描写との鋭い二重化された対比がなければならない。」（吉本隆明『初期歌謡論』Ⅴ「歌体論」）。吉本隆明によれば、こうした併存段階からしだいに「情動」が力を得て上昇し、「自然」を影響下に置くようになったとき抒情歌が成立するのである。高群逸枝の詩意識が抒情歌を指向しようとしない、主要な理由がここに明らかにされていると思った。右に引用した高群逸枝の短歌は主として、抒情歌成立以前の、「情動」と「自然」が同価として併存し、二重化されている段階と呼応しているのである。

（6）性的な「情動」に「安心」を第一に求め、それを超え心身が官能へ取り込まれていくことに対する潔癖症的なまでの拒否反応は、高群逸枝の生涯の暮らし、とりわけ結婚生活に多大な影響をもたらしたと想像する。非難されることを承知で、やや露骨な言い方をすると、高群逸枝は性的に「冷感症的」であったと思われる。おそらく高群逸枝の先達、平塚らいてうも、「冷感症的」という点では同じであった。ただ、異性との関係に「信頼」を求めたらいてうは、逸枝ほどの嫌悪感、拒否感を性に対し露わにしたわけではなかった。そのことはらいてうの自伝や森田草平の小説「煤煙」を読めば、かなり確かなものとして推察できる。一方、高群逸枝の心身は、恋愛を至上と認めても、性のもたらす官能を、恋愛に不可避的にともなうものであるとしても、受け入れられなかった。このことは、同時代の女たちの無意識に潜む、自分が性的存在としてのみ女であるとされることに対する忌避、嫌悪、拒絶を二人が一身に背負ったことを意味した。

　以下はメモ風に記すが、この小論で何度も引き合いに出している与謝野晶子は、恋愛と結婚、出産と育児、これらをつなぐ性を分離することなく女として引き受け、それを享受し、謳歌し、同じくらいそのことで苦しんだ。もう一人、樋口一葉は、恋愛を知っても、それが結婚という形に結晶することはなかった。恋愛と結婚の間に走る生活という鋭い裂け目を実感していた。一家の生活苦が彼女の背中に早くからのしかかっていた。それらをいくつもの作品のモチーフとした。これがこの国に女に生まれたことそのものの一葉が抱えた苦悩であった。その点で晶子でもなければらいてうでもなく逸枝でもなかった。高群逸枝の短歌は、ひいては女性史は、これら同時代の女たちの、先行する表現者たちの、苦悩と闘いに拮抗し、そして合流するものでなくてはならなかった。

(7)和泉式部の「くらきよりくらき道にぞ入りぬべき遥かに照らせ山の端の月」を思い浮かべる。和泉式部の歌では、月はあくまで外にあって、暗い無明の夜道を進む自分を上から導く、聖なるものとして位置づけられているのである。

(8)この一首にみられる口語、散文的展開は、ことによると、石川啄木の『一握の砂』を意識していたかもしれない。別の機会に検討してみたいが、ほぼ確信的に言えるのではないだろうか。啄木によっていくつもに切り拓かれたこうした歌の口語化、散文的な試みを『一握の砂』から一首だけ引いておく。「浅草の凌雲閣のいただきに／腕組みし日の／長き日記かな」。日記の音は「にき」。音数は十八・七・七である。逸枝はこの歌の調べと展開を無意識のうちに踏まえていたのかもしれない。

(9)吉本隆明は『言語にとって美とはなにか』において、記紀歌謡の様式を五つに分け、そのうち土謡詩を、詩としての土台になる表出体とし、叙景詩・叙事詩はその土謡詩から上昇した表出体であり、抒情詩をさらにそこから上昇した、初期歌謡におけるいちばん高度な段階の表出体として位置づけたのだった。五つのうちのもう一つは儀式詩。

(10)ところで全集版『妾薄命』にあるのは、以下である。

　ましら雲
　釈迦院山のやま奥の
　杉の梢にこりて動かず

「ここのみ山のやま奥の」が「釈迦院山のやま奥の」に、「松の梢に」が「杉の梢に」へ改変されている。これは高群逸枝自身の改稿なのだろうか、それとも編集者橋本憲三が手を入れたのだろうか。明らかではない。いずれであろうと、橋本は、初出との異同をしっかりと説明すべきであった。釈迦院山はふたりの故郷熊本の山である。

(11)「故、天皇崩りして後、其の庶兄当芸志美美命、其の嫡后伊須気余理比売を娶せし時、其の三はしらの弟を殺さむとして謀る間に、其の御祖伊須気余理比売、患ひ苦しみて、歌を以ちて其の御子等にしらしめたまひき」とあり、その伝達のために二首が詠われたとある（『古事記』中）。訳せばこうなろう。「天皇（神武）が亡くなったため、その妻であった伊《い》須気余理比売《すけよりひめ》は、神武の従兄にあたる当芸志美美命《たぎしみみのみこと》の妻となった。ところで神武と伊須気余理比売の間には三人の子があった。新しい夫である当芸志美美命は、この三人の子の謀殺を企てたのである。妻と母の間で苦悩した伊須気余理比売は、ついに歌を以て子らに危険を知らせたのである」。

高群逸枝の詩

芹沢俊介

●せりざわ・しゅんすけ　六四頁参照。

高群逸枝の詩は、六つの詩集になって刊行されている。どれも息の長い長編であり、かつ自伝的である。六詩集を、逸枝の前半生の感情生活を記した、一冊の長大な自伝的作品として扱うこともできよう。ここでは、そういう読み方をしてみる。

高群逸枝が詩作に集中した時期は、おおむね二十歳前後から二十五、六歳まで、一九一四（大正三）年頃から一九二〇（大正九）年頃までの数年の間であったとみられる。この間が、高群の表現史にとって、詩の季節と言えた。

『日月の上に』

処女詩集『日月の上に』は一九二一（大正十）年に刊行された。逸枝二十七歳。この自伝的長編詩を特徴づけているのは、告白的であることだ。四つ五つの幼年時代に、すでに逸枝は、こうありたい、こうあるべきだという自分の女性観を、本能的に探り当てていた。逸枝はそれを「われ自ら燃ゆることによって、光を与う！　というのでありたく」とうたった。けれど、大人たちが「女の子」に向けるまなざしは逆で、女は男を差し置いて自らが光ってはならないというものであった。

逸枝は、己の想いと、大人たちが「女の子」である自分に求めているものとが、相いれるものでないことを思い知ることになる。この乖離が逸枝を憂鬱にし、孤独と高慢が同居する厭世詩人に仕立てたのだった。娘になった逸枝の恐れは、このままでは自分は大人たちが求めるような、世俗的な「女」になってしまうというものであった。詩人逸枝は、こうした怖れを、直情でもってうたったのである。


「このまま夜があけず、かぐや姫が月の世界から下りてきて、あたしをつれて昇ってくれたらと思う。」

「俗界はいやだ。」

「神様、だけどあたしにはわかりません。あたしは、そんなぞっとする俗界に、しばられねばならないでしょうか。」

「あのひとは好きだけれど、結婚はいや。それは恐ろしいことです。」

「それに神様、結婚すれば、娘の美がなくなります。」

「永遠の美、白玉処女で、あたしはありたい。」

『放浪者の詩』

『放浪者の詩』は、『日月の上に』と同じ一九二一（大正十）年に刊行された。この詩集の独自性は、逸枝が自らの女性としての現存在感覚とでもいうべきものを、裸体の女、瞑想の女、美の女の三人に振り分け、それぞれに固有の生命を付与したこと。そして恋愛をめぐり、瞑想の女と美の女の、鋭くも本質的な論争を展開させたことである。

「美の女」は、今を生きる、若々しい肉体と精神をもった自我である。彼女は人生や恋愛のあらゆる場面に、楽しみや希望を見い出すことは可能だと、楽天的に信じている。「私は美と耽楽の天才者」であり、「一歩一歩私の世界は新鮮です」とうたうのである。

それに対し、「瞑想の女」は、厭世の極地に立って、人類における恋愛の滅亡を予言するのである。人は性を没し、神人になる、その兆候はすでに表れている、というのである。

「裸体の女」とは、群れに馴染めず、それゆえ群れを追放された女のことだ。彼女は、その世俗からの追放を平然と受け入れる。他の二人の、恋愛をめぐる白熱した対立をよそに、無一物だが、一切の虚偽の衣装を脱ぎ捨て、何ものにも煩わされることなく、「漂然と人生の野べを歩いて過ぎる」のである。孤独な放浪者逸枝の、本能に近い本質像であった。

ところで、「滅亡の未来」は、「生成のはじまりの過去」とのみ呼応する。「われ自ら燃ゆることによって、光を与う！」、すなわち元始、女性は太陽であった、そんな「生成のはじまりの過去」はあったのか。そうした未来に向けての過去を探すための、厭世詩人の放浪の旅は、ようやく端緒をはらんだばかりであった。

『美想曲』

『美想曲』は、一九二三（大正十二）年刊、逸枝二十八歳。ここでのメインテーマは、恋愛と結婚の間の、天界と俗界ほどの隔たりである。『日月の上に』において「あのひとは好きだけれど、結婚はいや。」とうたった「あたし」が、その「あのひと」との間を、恋愛状態に維持できず、わびしさに負け、ついに結婚という俗界に堕ちたのだが、そこで舐めざるを得なかった辛酸である。『放浪者の詩』における「美の女」の挫折した姿とも言えよう。

「千九百十九年の　緑かがやく天と地に　比翼連理の誓いをした　恋しきなかの二人だもの」

だが、恋人から妻への移行によって、「あたし」＝「美の女」を待っていたものは、泣いて、「人を待つ身の寂しさ」であったのだ。

「妻は灯をつける　夫の帰りを待っている　風はさびしく吹き募り　星は消えてしまった　微笑みたもうな　わが人よ　泣いて私が待っていたことを　あなたは笑いで買うおつもり……恋するもののくるしさよ　人を待つ身の寂しさよ」

五七の俗謡調でうたわれる、こうした恋愛の破綻状態は、比翼連理の誓いを夫が破ったためにのみ起こった事態ではない。必ずしも男の言行不一致のせいばかりとは言えないのだ。むしろ相手がどんなに愛と理解に富んだ男であろうとも、結婚は、妻を否応なくこのように待つ身の女にするのである、それが俗世間の、家という制度的現実なのである。そのことは、すでに百も承知のことであったのだ。

それなのに結婚してしまった。一人身のわびしさを逃れたつもりが、待つ身の寂しさがそれにとって代わっただけであった。「あたし」＝「美の女」は、恋も自由も失ってしまったことを、寂寥感とともに確認することになる。

「恋を願うか　自由を願うか　自由そのものの恋しかないのに　恋そのものの自由しかないのに　恋か自由か　二つとも」

娘時代の逸枝にとって、人生は、恋愛があるから、生き生きと自由なのであった。恋愛とは自由の別名であった、自由はまた、恋愛の中にあった。恋愛と自由は一体であった。自由とは、人生そのもの主人公であることの感覚のことである。[1]だが、そのように感じられたのは、結婚前までのことであった。結婚は、それら二つを奪ったのだ。これが「あたし」＝「美の女」が見舞われた苦い現実であった。

こうした事態に直面した詩人逸枝がひそかに己に課した問いがあった。それは、結婚後も、結婚相手に対し、恋愛と自由を、結婚以前と同様、あるいは結婚以前に増して、生き生きと保持できるのだろうか、という問いである。逸枝の出した結論は、家があるかぎり、それは絶望的である、というものであった。

うちしおれる妻の様子を見てとった夫は、優しい言葉でもって、これからの二人の幸せの物語を織ろうとする。そのとき、だ。「裸体の女」がふたたび姿を現したのは。

「男は女に　優しきその戯曲を試みる時　漂漂として　裸体の女がそこを過ぎた」

びっくりした夫は飛び出してゆき、「裸体の女」に、思い切り罵詈雑言を浴びせ、追い払おうとしたのだった。夫が取り乱したのは、「裸体の女」に、妻のほんとうの気持ちのありかを見たと思い、怯えたからに相違ない。

夫の怯えは、当たっていた。漂然と人生の野べを歩いて過ぎる「裸体の女」を見た瞬間、妻の内心には、それこそが自分の本来の姿であるという直感がはたらいたのだった。もはや、一刻の猶予なく、結婚によって形成された家を出るしかない。

『東京は熱病にかかっている』『家出の詩』

『東京は熱病にかかっている』は、一九二五（大正十四）年、逸枝三十一歳のとき刊行された。この詩集には『家出の詩』が併載された。

『家出の詩』において、逸枝は、これまでの自分の姿勢を根底から清算しようとした。自分を親不孝な、罪深い存在とみなし、自ら苛み、否定してきた過去に、別れを告げようとしたのである。そうすることによって、本能に己をゆだねよう、「裸体の女」にもどろうとしたのである。それこそが家出の本来的な目的であった。

「風は袂を吹いて、心を悲しましめる。　愛する両親たちに対しても、　わたしは生まれてこねばよかった。」

「わたしはわたしの本能を偽るわけにはいかない。　私はいままで私の行為を余儀ない嘘でかためてきた。」

「けれどもいまこそいおう。　わたしのしたあらゆることは、　わたしら女のしなければならないあらゆることであると。」

余儀ない嘘でかためた「わたし」の過去の全行為の逆転無罪宣言である。「裸体の女」の、そのあるがままの姿においての、アナーキーな戦闘性がここに出現する。『東京は熱病にかかっている』の気分の全体を形作っているのは、そうしたアナーキーな戦闘性なのである。

「裸体の女」は、詩人であり、原始人であると自認する逸枝。『東京は熱病にかかっている』は、その原始的な詩人が、同時代の時事的な話題に、容赦のない批判を加えた、爽快な詩集である。たとえば、文士有島武郎と人妻波多野秋子の情死をめぐって。

原始的な詩人逸枝はまず、こう述べる。妻のある有島は、妻以上に波多野秋子を愛した。夫のある秋子は、夫以上に有島武郎を愛した。それが、心中の主な背景である。こんなことにならないようにするには、と逸枝は、結婚前の若い男女に語りかける。結婚するな。結婚すれば、自分の妻、自分の夫に対する愛以上の愛を、他の異性に注ぐようになるのだから。そして、こういうことを知り尽くしていながら、結婚した有島武郎を怒鳴りつけたのだった、「ふざけるな。有島武郎」。

『月漸く昇れり』

『月漸く昇れり』は一九二九（昭和四）年発表された。逸枝三十五歳。詩が書かれた時期は、特定されていないが、作品的には『日月の上に』との連続性を容易に見て取ることができる。タイトルからしても、『日月の上に』の後続篇として読んでいいと思われる。

注

（1）逸枝が生まれた年に、わずか二十五歳の若さで自死した北村透谷が、恋愛は人世の秘鑰《ひやく》（生きる意味を解く鍵）である、と述べたことと同じ内容である（「厭世詩家と女性」）。

＊引用は全集8『全詩集日月の上に』によった。

〈対談〉

高群逸枝『娘巡礼記』を読む

【観音信仰、母性、母なるものについて】

芹沢俊介
山下悦子

二十四歳の女一人遍路

山下　高群逸枝の処女作に『娘巡礼記』があります。遍路というのは、八十八ヶ所を回るんですが、巡礼は三十三ヶ所を回ることなんですね。逸枝は「巡礼記」と言っているけれど、実際八十八ヶ所を回っています。遍路記なんですね、厳密にいえば。しかも逆打ちといって、逆回りで、山が険しく、厳しいコースをあえて回っています、半年かけて。

その当時、『九州日日新聞』から一〇円の原稿料をもらって、お金がなくなったらその後はどうなるかわからない旅でした。二四歳ですから、若い女性の一人旅というのは、危険でもあり、話題性もあったと思います。

一九一八年は、スペイン風邪（スペイン・インフルエンザ）が世界的に流行していました。日本でも死者がでていましたが、情報がなかったのか、巡礼の最中には意識されていません。ただ帰路の大分で逸枝自身がインフルエンザにかかり、「流行感冒《はやりかぜ》」「風邪の神様」という節を書いています。肺炎を併発しそうですよと医師に注意されていますが、逸枝には危機感はなかったようです。

芹沢　帰心の方が強かったということでしょうか。いずれにせよ危険な旅だったんですね。

山下　一〇五回の連載となり、ヒット作となりました。逸枝は一九二一年に一度、生田長江の世話で詩人としてデビューしていて、長編詩『日月の上に』『放浪者の詩』が最初の作品とされていますが、実際にはこの『娘巡礼記』がデビュー作といっていいのではと思います。しかしながら、この『娘巡礼記』は、連載記事を結婚後の引っ越しで失くしてしまい、本として出版されることはなかったので、一冊の本になったのは、一九七九年一月なんですね。逸枝は一九六四年に亡くなっていますから、本人は本になった『娘巡礼記』を手にすることはなかったんですね。

堀場清子さんも解説で高群のデビュー作、処女作品は『娘巡礼記』である、と述べていますが、私もそう思います。この本には、高群の思想の原点ともいうべきものが内包されていて、なぜそういった重要な作品が全集未収録なのかはこういった経緯があったからなんです。それに対して橋本憲三は、逸枝の死後、最晩年に『娘巡礼記』の連載記事一〇五回を見る機会にめぐまれたんですが、「あれは未熟で、評判倒れのものでした」と堀場清子さんに言ったそうです（朝日選書『娘巡礼記』解説）。かなり辛口の評価ですね。逸枝と橋本の感性の違いなんでしょうか？

『娘巡礼記』にあるような遍路の経験は、逸枝の原点といっていい思想が内包されていると思います。逸枝の母の哲学＝主情主義、包容のメタファーでもある自然《じねん》は、悟りの境地に達した時に得られたものではないか。母性我、母的なもの、受苦の精神、生命の根源、宇宙の創造のエネルギーをありのままに感じることが主情主義だといっているけれども、遍路の経験から得たものでしょう。行き倒れていく遍路の姿を目の当たりにしてますしね。

幸か不幸か、こういった仏教的なものが日本のフェミニズムの根底にあったということになります。日本で流布されたフェミニズムは、アメリカの一部のフェミニズムやマルクス主義的女権論などが主流で、日本型の「存在論的なフェミニズム」と私は呼んでいるんですが、存在論的といわれるくらいの中身の深さまでフェミニズムの文脈で検証されることはなかったように思います。

芹沢　高群逸枝の『火の国の女の日記』という自伝の中に、母親が幼い逸枝を前に、あなたは「観音の子」だと言ったり、「かぐや姫」と言ったりしたと書いてあります。観音さまにお願いして授かった子、竹の中から出てきたかぐや姫みたいに、天上から降りてきた子、それほど大切な子であるという意味でしょうね。お地蔵様の話もしています。逸枝自身も自分のことを「観音の子」という自覚を少なからず持っていた。高群逸枝の存在の基底にあるのは、このような民間信仰的な誕生物語であり、神話なのだと思うのです。

山下　『娘巡礼記』は、そうした民間信仰的な誕生物語や神話としっかりと結びついていると思います。逸枝の母親が三人の男の子を相次いで亡くして、落胆した時に観音様に丈夫な子を授かりたいと願をかけたら授かったのが、逸枝です。今度こそはという思いが母親にはあったのでしょうね。観音さまにすがったら逸枝が生まれ、そのあと弟妹が生まれたのです。冒頭近く「大

高群逸枝の巡礼姿
大正７年11月23日『九州日日新聞』

津より」の項に、その子が無事に育ったら一人で巡礼の旅に出させますと約束したという話がでてきますよね。「観音の子」と言われて育った話もでてきますし。

芹沢　お遍路に出る主な動機がそこにあった。

山下　逸枝が六歳のころに祖母が亡くなって、その死をきっかけに死というものを恐怖と感じるようになり、死をものすごく意識するようになるんですね。そういう死の実体験が「巡礼記」のきっかけになった。また人生が八方ふさがりになった時期があって、お父さんに期待されて師範学校に入ったんだけれども、学校とあわなかったり、病気になったりで半年で退学してしまった。その後生活のために女工になった。また橋本憲三との恋愛もぎくしゃくしたり、他の男性の存在も意識したりといろいろなことがあって、巡礼に行くことになった。

芹沢　なるほど、個人的な解決不能のさまざまな問題もからんでいたということですね。

観音信仰

芹沢　そうであったとしても、巡礼の動機には、女の子が生まれ無事育ったら、お礼参りに行かせると母親が観音様に約束した、その約束をはたすということがおおきく関わっていたと思うのです。逸枝の生まれた日は一八九四年一月一八日で、一八日は観音の縁日です。そして四国八十八ヶ寺の三分の一は、本尊が観世音菩薩ですから。

山下　確かに巡礼は観音信仰とわかちがたくむすびついていました。たとえば「観音様と私」の項でも、観音との深い縁が書かれています。また巡礼の際に同行するお爺さんが、逸枝と出会う前に観音さまの夢をみたというエピソードがありましたよね。

芹沢　「竹田から中井田へ」の項で書かれている伊藤宮次という七〇過ぎのお爺さんとのエピソードです。お爺さんは彼女を観音様そのものだと言う、それで是非とも自分は旅に一緒に行く、そういう縁があると言いまくるでしょ。

山下　「お前は、観音様をお供しているのだな」とお爺さんが逸枝に問いただし、逸枝が違うと応えると、夢の話をするというところですね。「わしが寝てから三十分間ばかりしたかと思うと、まだ眠ってもいないのに上から、夢のように七つ八つの天冠を被ったお稚子《ちご》と、もう一人それの姿はよく分からなかったが私の頭の上のあたりに下りてきて直《すぐ》消えてしまったのだ。きっと観音様にちがいない」というエピソードです。確かに霊的であり、神秘的な話ですね。それで、そのお爺さんも巡礼の旅に同行するわけですから、すごい話だと思います。

芹沢　逸枝は見ず知らずのお爺さんの同行の申し出を拒絶しないんですよ。一人きりの遍路の心配もあったかもしれないけれど、お爺さんの言葉に逸枝の中の観音が感応したんだと思う。説話というかおとぎ話みたいな不思議な、神秘的な縁の作られ方で二人の旅がはじまる。読みながら観音様が用意した話のような気がしてきましたものね。それに、願が成就したのだから、願を解く旅に出る、お礼の旅に出るというのは、庶民の発想です。庶民と同じ目線のところで、巡礼に出るのです。観音信仰は仏教と言っても、我執とか煩悩からの離脱を説く生き方・死に方の哲学ではなく、民衆のつましく切実な願いそのものと結びついているのです。ある意味、執着を滅せよと説く仏教哲学とは逆です。

山下　逸枝は目線が常に低い所にあるわけですから。『女性の歴史』で彼女は、山川菊栄、平塚らいてうに対して都会のエリートと書いて、自分との違いを主張するし、口癖で「エリートは嫌いだ」と言っている。そうはいっても彼女は漢文の才能に優れていたり、教養は高かった。でも生活のスタイルなどは、平塚らいてうや山川菊栄とは違っていた。

芹沢　平塚や山川もすばらしいですけれど、生活スタイルは裕福で、すこぶる都会的です。確かにぜんぜん違いますね。しかし、お遍路する人たちのなかでは、逸枝は断然異色だった。知識欲が旺盛で、歩きながらでも本が読みたくてしようがない。活字に飢えている。他方、お遍路する人たちは、知識なんかどうでもいい、ただ目の前に立ちはだかる苦しみをどかしてもらいたいという一心なのです。不潔で身だしなみにかまわず、露骨なまでに現状の救済を求めている、そうしたあさましい妄執の姿に若い逸枝は辟易したり、圧倒されたりしながら、お遍路宿で彼らと顔つきあわせている……。

山下　彼らと離れられない。逸枝のやさしさとたくましさを感じます。

芹沢　「自伝」には「三十三身」という言葉もでてきますね。ちょっと解説しますと、まず観音とは、観世音菩薩のことです。『法華経』の中に「観世音菩薩普門品」という章がありますが、「普門品」とは普遍的な門ということで、『法華経』の入り口ということになっています。一般に観音経と独立的に呼ばれているものです。ここには観世音菩薩についてのもっとも大事な説明がなされています。

「三十三身」というのは、観音経に出てくる観音菩薩の救済の仕方です。〝私は人に応じて三十三の姿をとることができる――つまり自在にということですけれど――あなたの置かれている困難な状況に応じてあなたの現状にふさわしい姿であなたの前に現れ、あなたの窮状に手をさしのべますよ〟という思想です。三十三身は観音菩薩の受けとめの姿勢そのものです。ですから願い事をするときは、「南無観世音菩薩」を、三三回を一セットにして何セットも称えるのです。巡礼は三十三ヶ所を回ることだというお話でしたけれど、このことと関係があるでしょうね。

ところで仏教の基本は「慈悲」ということになっています。慈悲の「慈」というのは〝喜びを与える〟という意味で、「悲」は〝苦しみを抜く〟という意味です。民衆は、観音菩薩を現世利益的な慈悲をお仕事にした仏様ととらえていた、実に身近な仏様なんですね。高群の中にもそうした民衆的なレベルでの観音信仰が深く入っていた。だいたい、若い女性がたった一人でお遍路にでるなどという発想自体が当時、考えられなかったわけです。

山下 そうですね。

親鸞との関連

山下 このあたりのことというのは、芹沢さんは、親鸞についてもご研究なさっているのでお詳しいと思いますが、その視点から『娘巡礼記』を読むとどうなんでしょう？

芹沢 研究などとんでもない、ただ好きで読んできただけです。親鸞との親近性はあまり感じられません。逸枝は近角常《ちかずみじょう》観《かん》（一八七〇―一九四一）の『懺悔録』なんて本を巡礼の途中で読んでますから、真宗関係の罪の思想には関心があったのでしょうね。『懺悔録』には親鸞の語録『歎異抄』が併載されているので、『歎異抄』も読んでいたと思われます。しかし、親鸞の他力思想に影響されたとは思えない。ご本人も言っているように空海とか日蓮、どこかファナチックなところのある点が彼女と共通していますね。

空海も日蓮もよく知りません。なので、いくらか知っている親鸞の紹介をさせていただきます。親鸞は堂々と妻帯した最初のお坊さんです。その親鸞の妻が恵信尼《えしんに》という人です。恵信尼の前に、親鸞が妻問していた女がいたと思われますが、それが誰かは明らかでありません。その女性との間に子供は一人。恵信尼との間には子供が六人います。

今日、コピーしてきたのが、恵信尼の手紙と親鸞の受けた夢告体験なんです。恵信の手紙というのは、画期的なんですね。この手紙が束になって見つかったことによって、親鸞が実在したということが明らかになったんです。そのくらい親鸞の存在というのはあやふやだったんですよ。

山下 えー、ばっちり実在していたと思ってました（笑）。

芹沢 恵信尼の手紙が発見されたのは最近なんです。大正一〇年頃だったかな。

その恵信が、親鸞のことを観音様だといったんです。娘宛ての手紙に書いている。法然は勢至《せいし》菩薩だと。浄土教の信仰に、阿弥陀三尊というのがあるんですよ。阿弥陀如来が中央にいて両側に勢至菩薩と観音菩薩が侍す、それが阿弥陀三尊像です。ですから浄土教では勢至菩薩と観音菩薩と、阿弥陀如来は切っても切り離せない、お経にもあるようにいつも阿弥陀如来の横にいるのです。勢至菩薩は、どちらかというと知識の人で父性的で、恵信はそれが法然だといいます。観音菩薩は母性的なんです。母性的ということは、無条件の受けとめの姿勢ということです。救うのに条件をつけないのです。恵信尼は夫の親鸞にそうした母性を感受していた。

　その親鸞に観音菩薩の三十三身のエピソードがあるのです。

『今昔物語』の巻一六は、観音様に関する話ばかりが集められています。霊験あらたかな観音様に救われるという話ばかりなんです。昔からいくつもの庶民のための観音信仰の場が設けられていたわけですけれど、その一つに京の六角堂があります。六角堂は聖徳太子が建立したとされているのです。聖徳太子＝観音菩薩説があるくらいです。その六角堂における救世観音による救済の話が『今昔物語』の巻一六に一話だけ出てくるのです。

親鸞

　なぜ六角堂かというと、その六角堂に親鸞は参籠したからです。恵信尼の手紙と「本願寺聖人伝絵」を突き合わせると、当時比叡山の堂僧をしていた親鸞が堂僧をやめ比叡山を下りて、六角堂に一〇〇日、籠った。九五日目、観音菩薩の夢告があったといいます。

> 「建仁三年　辛酉　四月五日夜寅時、聖人夢想の告げましましき。彼の『記』にいわく、六角堂の救世《くせ》菩薩、顔容端厳の聖僧の形を示現して、白衲《びゃくのう》の袈裟を着服せしめ、広大の白蓮華に端坐して、善信〔＝親鸞〕に告命《ごうみょう》してのたまわく、「行者宿報設女犯　我成玉女身被犯　一生之間能荘厳　臨終引導生極楽」文。」

ここには二つのことが告げられています。一つは、「あなたは僧侶だがあなたにそなわってしまっている宿報（過去の業の報い）に促され、僧侶の身でありながら女を抱きたくなることがあるかもしれない。そのときは私が処女の女になってあなたに抱かれよう」というものです。この告命は、若い親鸞に誰か具体的に抱きたい女性がいたのではないかという推測を可能にします。ぼくは恵信尼に妻問したいがどうしよう、という迷いがあったと推測しています。もう一つは、「あなたを生涯にわたって、美しく品格のある存在に仕立ててあげよう。そして臨終後は浄土に迎え入れよう」というものです。親鸞はこのとき法然と出会って、法然の平等思想に深く心を動かされていた。それで法然門下に入るべきかどうか迷っていた。聖僧の言葉は迷わず進みなさい、骨は私が拾いましょうというものです。

　ということは、親鸞は二つの問題に直面して進もうか否か悩んで救世観音に相談していたということです。「顔容端厳の聖僧の形」とありますが、これは親鸞が迷える僧であったから、三十三身自在な観音はそれに合わせて僧となって姿を現わしたということです。

感心するのは、親鸞はこの話をすぐに恵信尼にしている。しかも救世観音の夢告を書き物にして恵信尼に渡している。それを恵信は大事に記憶し、書き物は保存しておいた。親鸞死後、この文を娘に書き送っているのです。観音が結んだんですよ、二人を。

大日如来と空海

山下　親鸞と観音様がそのように結びつくということがおもしろいですね。

大日如来というのはどうですか。逸枝の場合は、観音信仰とこの大日如来とも関連があるのではと思います。四国は密教、真言宗の空海とも関係のある場所ですしね。逸枝の本にはお経がいろいろでてきますから、芹沢さんの方がお詳しいから是非解読していただきたいと思います。

芹沢　ぼくもまるで知りません。『娘巡礼記』のはじまりの項「巡礼前記」に、弘法大師の和讃がひかれていますね。唐に渡った大師が釈尊の「ゆいせき八塔の霊地」を参拝した、そのとき「八塔の土を持ち帰り、八つの数を十倍し、もとの八塔あひ添へて、八十八に砂を分け、敷きて伽藍を建立し、四国八十八ヶ所の、霊場とこそなし給ふ」というふうに八十八ヶ所の由来が記されています。もちろん伝承でしょうけれど、全部を弘法大師がひらいたのだというのです。

弘法大師がひらいたとして、八十八ヶ所めぐりを大師が奨励したとは思えません。八塔の砂を一つに混ぜ合わせて八十八にわけたのですから、どこか一ヶ所でいい、そこにいけば釈尊の「ゆいせき八塔の霊地」を参拝したと同じことになる、そういうつもりであったのではないか。

ところがすべて空海の息のかかっているはずの四国八十八ヶ所のうち、空海の思想の中心にあったと思われる大日如来を本尊とするところは意外と少なくて、わずか三ヶ寺です。圧倒的に多いのが観音菩薩の三十寺、次いで薬師如来の二十二寺です。三番目が阿弥陀如来の十寺、これで全体の七割です。巡礼する庶民にとって、苦境にある自分をいますぐに直接的に救ってほしいというのが目的になっているのです。お遍路と空海の密教思想がどうむすびつくのか、よくわからないのです。

大日如来は、釈尊のような、応化身《おうげしん》といって、法身（真如）が実際にこの世界に姿を現わし、説法した仏ではなくて、法身仏《ほっしんぶつ》つまりは宇宙の法（真如）そのものだといわれています。この世界は宇宙の法の現れだとすると、大日如来の現れでもあることになる。空海を開祖とする真言宗の「真言」は、大日如来の言葉だとされるけれども、法身の言葉なので、だれもわからない。わからないから密教という。即身成仏を説くわけですね。大日如来との一体化のことだろうか、と無知の頭はぼんやり考えてしまいます。

高群逸枝に大日如来が入っていると思えるところは、光明真言を千度称《とな》えようとするところかな（「海辺の一夜」）。光明真言を三〇〇回唱えたとき、不意に、念仏（光明真言）を唱えることは、「諦める」ための早道だという悟りがやってくる。「つまりありのままに我が身を天に打任せ流るるままに安心して生きてゆく事である」。

山下　続いてこうありますね。「要するに大悟とは諦めることなのだ。その外に道はあるべきはずがない。どう考えてみても我々には絶望すべき死の穴がある。換言すればわれわれのおしつまった絶望は、死より外にはない」。

芹沢　だから死を逃れたいと必死になる。信念の力でもって死を超越しようと努力する。だけど、努力している間は、超越はやってこない。ひたすら光明真言を称えること、そうしているうちに死への囚われから解放されたというのです。おもしろいのは、翌日の記述です。疲れて疲れて、一切がいやになった。心がすさんで、お爺さんを困らせもした、いったい昨夜の大悟はなんだったのかというのです。光明真言を唱えたって、一晩経てば諦めもなければ安心もないというのです。このとき高群は、お遍路の人たちと同じ場所に立ったのだと思う。

空海

山下　八十八ヶ所をめぐるのは死出の旅なのか。はたまた離脱への旅なのか。

芹沢　即身成仏への旅なのか。

現世とどう関わるか

芹沢　親鸞の浄土の真宗を除いた、仏教の根本にある現世への態度は、自力による離脱ということです。空海もそうです。離脱とは現世を捨て、仏になることです。自分への執着、我執というか煩悩というか、それらを廃滅することです。厭離穢土《おんりえど》です。仏になることの修行者がお坊さんですね。親鸞が登場してきて、それが一変したのです。親鸞も仏教徒ですから離脱をいうのだけれど、離脱は自力では不可能であるから阿弥陀様を頼るというのです。阿弥陀仏の方も頼っていいと言ってくれている。これが弥陀の誓願ですね。親鸞は信じて頼ると決めた。他力信心の決定《けつじょう》です。だけれど、お遍路する人たちは、離脱とか、自分への執着を捨てるなどということは考えない。諦めないし、諦められないのです。諦めたら、信仰の意味がなくなってしまう。あくまで自分に執着する。仏になろうなどとはまるで思わない。いまここにある物理的な苦しみから解放されたいのです。安心は、苦が取り除かれたあとです。全部に見捨てられたから八十八ヶ所であり、観音なのです。彼らは最後まで我執のかたまり、煩悩のかたまりです。そして、観音菩薩は、お前の願いを成就するから、その前に執着を捨てなさいとはいわない。むしろ観音自身の方が、救いの対象に対する隔てというか差別をなくそうと三十三身などといっているくらいなのです。人びとは自分への執着、すなわち現世を捨てていないのです。若い高群逸枝は、お遍路でそうした人間の姿にもろに接したのだと思います。

山下　そんなところからみると「巡礼の身は浮草の果てをなみ此れの思ひの寂《さ》ぶしきかなや」という歌は、お遍路の人たちと自分を重ねた、彼女のこの時の思いではなかったのかなと思いますね。逸枝の「巡礼の歌」です。

芹沢　巡礼である自分の身は、妄執の川面をただよう浮草みたいなもので、どこまで行ってもたどりつける果てというものがないのです、といった趣旨ですね。いささか感傷的ですけれど、素直なところでしょうね。

山下　これは短歌ですが、芹沢さんの目からみてどうですか。

芹沢　高群は三〇〇首以上和歌を詠んでいますが、そんなに上手ではない、与謝野晶子の歌みたいにぐっと引きつけられるものはあまりないですね。根本的なところでまだよくわからない面があるので、これからきちんと考えたいと思っています（本書所収の拙稿「高群逸枝の歌」参照）。ただ彼女の思いというのは、伝わってくる。この人、かざりのない人ですね。自分をよくみせようとすることが少ない性格の人だなと感じます。「ただわたしのありのままなれ」、「今にして釈尊の唯我独尊を思うこと切」とありますように、そうなりたいと願っていた。

山下　「人間は虚栄《みえ》を張る事が一番苦しい、人に気兼ねする事が一番煩わしい。有りて有らず見えて見えず聞こえて聞こえざる天真《てんしん》一潔の独りの心こそ何と楽しい心だろう。そこにこそ最も尊い最も豊かな愛がわく」という部分に逸枝の性格がでていると思いましたね。好感がもてるというか。

芹沢　それとつながるとおもうけれど、「若い女の一人旅、それはそんなに怪しむべきものであるか」という問いが発せられています。若い女が巡礼するには三つの理由があると。一つは懺悔、もう一つは悪病、もう一つは失敗、失敗は男女問題かなと思うんですけれども、このどれかひとつに該当しなければ、世間は、若い女の一人旅を承認してくれませんよというのです。「吾」というのはそういった眼差しから自由になった時に感じられる自由をいうのかな、と思います。積極的に自我を外部社会に打ち出していくときの自由とは少し違って、偏見やら常識やらから後退していく過程に見えてくるものが「吾」なのかなと。

山下　そうなんですよね。『母系制の研究』『招婿婚の研究』といった偉業に挑む時にも常識的なものの見方をとっぱらって、本来的なものを追究していくというスタンスをとるんですが、そういったものの見方は巡礼で得られたものなのかなと思います。平塚らいてうも内的自我の解放が女性の解放だと言った時に、座禅を組みますよね。座禅を組むことによって見えてきたものが内的自我だったわけです。

芹沢　らいてうが座禅を組むことによって得た「吾」と、高群が巡礼によって得た「吾」は近いんでしょうね。らいてうと魂が近いというか。

山下　姉妹的関係といわれているわけですからね、思想的に。山川菊栄と違うんですよね。

芹沢　山川の場合、最初から自我は社会性として把握されていますね。二人にはそれが邪魔なわけです。

山下　逸枝は自然《じねん》という言葉をよく使いますが、私は、自然《じねん》＝生成と解釈したんですね。主客が融合しているというか。一体化しているというのが日本的なんです。

芹沢　自然《じねん》ではなく自然《しぜん》ということなら、山川草木、花鳥風月とか景観とか、人為の外のことと解すればすむのだけれど、自然《じねん》というとね、やっかいですね。「おのずからしかるべくなる」ということですから、山下さんのいうように生成と解釈し、主客が融合ということになれば確かに高群的です。自然との一体感への希求というと、空海の目指したことと一致しますね。自分の身を捨て自然の理法に自分をゆだねてしまおうとする衝動。即身成仏ですかね。絶壁からとても助かりそうにない海中に飛び込んだ空海、まあ空海は魚（眞魚が名前）ですから。海では死なないでしょうけれど（笑）。高群も激しい波を前に海に飛び込もうとして、お爺さんに抱きとめられています（「狂乱怒濤」）。

山下　高群の自然《じねん》という概念は出発の哲学とか母なるもの、母性我とか、受苦の精神というのと深くかかわるものという気がします。存在論的フェミニズムの「存在論的」というのは、根源的で難しい問題を内包していますよね。この本をもう一度再読するのは大変な作業です。

女性性と自利、利他

芹沢　またしつこく観音の話を持ち出しますが、岡本かの子に『観音経を語る』という小さな本があるんです。かの子はほんとうに素晴らしい作家であり、一方で、仏教哲学者でもある。理解力が根源的だから、書いていることがぼくなんかにもわかりやすいのです。年齢は高群より幾つか上で、五十に届かずに亡くなっています。

山下　岡本かの子というとセレブリティで、パリへ家族で洋行したりと西洋的な影響を受けた人という印象がありましたが、観音菩薩について語っているというのは興味深いですね。岡本かの子の息子の芸術家岡本太郎の「爆発」も、内的自我の爆発とふれるものがあります。

芹沢　母親の奔放さと繊細さを、岡本太郎はきちんと受けついでいるという気がします。で、かの子ですが、非常に母性的な人なのです。そのかの子が、観世音菩薩がなぜ民衆に魅力的であって、適応性が高かったのかについて書いているんです。美しい菩薩は、男女どちらでもないのですが、かの子は女性の姿であってほしいと書いています。女の臭みのない女性の姿であってほしいと。

山下　「女の臭みのない」という表現が文学的ですね。母性というのは、女の臭みがあっては母性にはならないということですかね。

芹沢　かの子らしいんですよ。高群も白玉乙女と言われ、媚とかがない、聖なる、清らかな、女性という性を超えた女性であろうとした。ところで、かの子は、観音信仰がなぜ庶民に受け入れられたかという理由を八つほど書いています。

一、美しい菩薩、男女どちらでもない、女性の姿で有ってほしい、女の臭みのない女性の姿、二、観音の威神力の豊富さ、人間の生活常識でいう幸福と思うことはたいがい与えられる、三、効果の早さ、四、現実の世界を中心に働く仏神、五、ハッキリした保証、効能が断言されている、六、家庭薬のような観音経、てっとりばやい、ただ観世音菩薩の名を唱えれば、願望や困難は処理されていく、七、黙って親切に世話して貰う、教理や教訓をくどくど述べない、八、「一心照唱名、称名、南無観世音菩薩、南無観世音菩薩」、もっとも原始的な信仰方法であること。

ついでですから、法華経の普門品の冒頭にふれておきます。

「その時、無尽意菩薩は即ち座より起ちて偏に右の肩を袒《あらわ》し、合掌し、仏に向いたてまつりて、この言を作す『世尊よ、観世音菩薩は何の因縁を以って観世音と名づくる』と。仏は無尽意菩薩に告げたもう『善男子よ、若し無量百千万億の衆生ありて、諸の苦悩を受けんに、この観世音菩薩を聞きて一心に名を称えば、観世音菩薩は即時にその音声を観じてみな、解脱《まぬが》ることを得せしめん』」（『法華経』下、岩波文庫）

無尽意菩薩が釈尊にお尋ねした、観世音菩薩はどうして観世音と呼ばれるようになったのですか。釈尊はこうお答えになった。無数の生きとし生けるものが、もろもろの苦悩に苦しんでいる。そういうものたちが、一心に観世音菩薩の名を称えれば、どこにいようとその声を聞きつけすぐに助けてくれるのです、それだから観世音菩薩というのです。――観は自在、観る＝聞くことが自在なのが観世音。思想は慈悲ということになりますね。庶民の暮らしの真近かなところで慈悲を実践するのが観世音菩薩、名前を呼べば即座に、名を呼んだものの状況に応じた姿でもって現れ、救ってくださるんだよというのが、お経が言っていることです。

昔の人は観音経と言っていたようです。高群も観音経と言ってますね。女の人が特にひかれた仏様ではないかと思います。でも多くの場合、民衆はただただ自利。利他の気持ちは乏しいですね。それほど苦しんでいるということです。利他は観音の側にあるのです。

山下 逸枝は不満なんです、お遍路するひとたちがどこまでも自利的なのが。『娘巡礼記』の一七回「小なる女王」のところで、「人々の考えは余りにも物質的だ。現実的だ。高遠な悠久なところって一寸もない。つまり詩を解しないのだ」と言って憤慨しています。

芹沢 観音経はそれでいいんだと教えているんですけどね。自利から利他へやがて開かれていくと考えるのです。

山下 逸枝が詩を解しないと言っているところは、利他がないということなんですね。転換というか飛躍があってほしいというのが彼女の願いでもありました。「妾思いぬ、心優しきこそわが唯一の理想なれ、ただ心にあり他は欲せず。情濃《こま》やかに美わしく何人《なんびと》にも一様に優しからん事妾が心よりの望みなり。」（二六十九　東寺へ二）と理想を述べています。自利を排して利他で生きたいと言ってるんですね。こういった彼女の利他的な思想が、明らかに女性史の偉業に挑む原動力になるわけですね。母性、母なるものと結び付くように思います。

芹沢　そのように思います。これが法然、親鸞になると自利、利他円満という言い方になる。自分だけが救われたいという自利は、阿弥陀様が満たしてくれる。念仏一つで浄土に迎えとろうと阿弥陀如来は約束してくれた。これを親鸞は往相回向（曇鸞の言葉）と言います。それを信じる、他力ですね。では浄土を約束された、それで終わりかというと、終わりではないのです。それは、救済の片道にすぎません。往相を得たものは、還相《げんそう》が不可欠である。それが自分以外の他への慈悲の眼差しであり、救済の実践だというのです。こうした自利を得た者のおこなう利他行為をさして還相回向（曇鸞）と言います。救済の帰り道、お返しです。自利もあって利他もあって両方満たされるというのが、自利利他円満というい方になると思うんです。素人の理解です。

山下　宮沢賢治は利他主義ですね。逸枝も理想として利他主義を掲げています。でも一人になりたいという自利も強くあります。両方満たしたいというところで、揺れ動いています。母性的なものは、利他ですし、かなり徹底した利他ということになる。

芹沢　自利は醜い面がたくさんある。利他は美しい。けれど、利他というときの「他」が国家や社会や公的な共同体であったとき、自利がないと、歯止めがきかない危うさがあることも確かですね。

山下　高群が天皇制に吸引されたことと、そのことは無関係ではありませんね。

高群逸枝の原点

芹沢　すごいなと思うのは、一日七〜八里歩いている。三〇キロですよ、一日。びっくりしました。六月四日に熊本を出て、七月一八日に四国の八幡に着いている。熊本から四国に渡るまでに一ヶ月以上かかってるんですね。それから三ヶ月、七月一八日から一〇月一八日までで全部回っちゃうんです。平均してみるとだいたい一日七、八里、ほぼ三〇キロ。おそるべき健脚です、体がよほど丈夫だったんだなぁと思いますよ。

山下　三〇キロ。かなりすごいですね。足が痛い痛いと言っている箇所が結構でてきます。

芹沢　当時は自動車にも脅かされることもないし、アスファルト舗装もされていない。土の道をわらじで歩いたわけで、足に関しては条件が良かったと思いますね。はだしになってもいいし。雨が降ってぬかるんでも大丈夫。

山下　野宿もしているし、粗食ですしね。

芹沢　今の僕らからすると、覚悟という点で隔絶したものがあるような気がします。その覚悟性と同時に、それを支える気力体力もあったわけで、どちらも隔絶している感がありました。

山下　この手記を読んでいつか巡礼をしてみたいなと思いましたが、かないませんでしたね、今のところ。今は車や観光バスで回ってしまうみたいですし。

芹沢　今回はここを回って、その次は別のところを回ってというふうにしている人が多いのではないでしょうか。本当の意味で観音にすがるというモチーフでお遍路している人は多くはないのではと思います。観音信仰は衰えていますし、観光みたいな気分になってますね。

山下　四国は昔、死の国と書いて「死国」と言ったそうですが。死に近い場所で、乞食があふれていた室戸岬とか、自殺の名所である足摺岬とか。

芹沢　流されていく場所でしたものね。そんなわけで、四国八十八ヶ所めぐりは、観音信仰を念頭に置いたほうがまちがいなく、いいと思いますね。

山下　あらためてそれは新しい見解だと思います。一般的な四国遍路について書いてある本を読んでも、逸枝の『巡礼記』を解読するには、少し違うかなという感じがしました。観音様というのは、姿形はどうみても女性に見えますよね、柔和な顔立ちで。でも女性ではない。男女の性を超えた存在なんだということですね。

最初は小乗的な巡礼をおこなっている間に矛盾を感じて、利他という大乗的なものへと移行していく。両親から「観音の子」といわれて育ったわけで、逸枝にとって出発の哲学、出生の原点が観音信仰であり、巡礼であったと思います。

（二〇一五年一月一三日、二月一三日。
上野「凮月堂」にて）

高群逸枝はカタストロフの夢を見る

【J＝P・デュピュイと田辺元】

丹野さきら

●たんの・さきら　一九七六年宮城県生。早稲田大学卒業。お茶の水女子大学大学院修了（学術博士）。明治学院大学非常勤講師、会社員。専攻は社会思想。著書『高群逸枝の夢』（藤原書店）。

一　「人類は消滅する」

いま私どもは、人類の絶頂に達した。かなたの地平線にはすでにわれらの墓場（自然消滅の）が見えている。（『創生』一七八）

高群逸枝は、一九二六年に刊行した『恋愛創生』において人類消滅説を唱えた。消滅へと向かって進んでいく恋愛を讃美した高群の恋愛論は、近代日本思想史において主流をなしていた論理——恋愛や生殖を通じての種属や国家という大義への従属を礼賛して正当化し、人々の永続への欲望を駆り立てる——に対する異議申し立ての意味をもっており、ある意味で当時の恋愛論との全面対決の様相を呈していたといえる[1]。

ここでは、日本女性史の祖として知られる高群が歴史研究に着手する手前までの前期思想、とりわけ『創生』で語られた恋愛論における人類消滅説に光をあて、現代的コンテクストにおいてどのように読み解くことができるかを考えたい。一見悲観的な色を帯びた高群の人類消滅宣言のもつ積極的意味合いが、科学哲学者ジャン＝ピエール・デュピュイの破局論、それに「種の論理」で知られる田辺元の「死の哲学」との「出会い」を通じて明らかになるはずである。着地点のイメージは高群、デュピュイ、田辺による仮想鼎談であり、それは、「消滅」「破局」に秘められた希望を探る語らいになるだろう。

まず、高群の人類消滅説のアウトラインをみておこう。高群が『創生』を刊行したのは、森の家にこもって女性史研究を開始する五年前のことである。詩人、アナーキスト、評論家として活動した前期高群のハイライトをなす書物である。プラトンから始まってダンテ、トマス・モア、ゲーテ、ショーペンハウアー、エレン・ケイ、エミル・ルカ、オットー・ヴァイニンガー、厨川白村等、古今東西の古典や思想家の所説に対して、高群が掲げる「一体主義」の立場から次々と批判を繰り出していくスタイルで書き綴られている。

ここでいう「一体主義」とは何か。『創生』の巻頭言で、高群は「恋愛の経路」として次の四つを挙げる。「精神主義」「肉欲主義」「霊肉一致主義」「一体主義」。これらのうちの「一体主義」を、高群は自らの理論的足場として次のように説く。

一、一体主義は、恋愛の究極を、一体と見る。一体と感じた恋愛において、生殖し、人類における男女両性の一体化、男女両性の消滅期へまで、子孫を一体的過程の上において維持する本能。

一、一体主義は、ゆえに恋愛に肉欲の随伴するものであることを主張する。

一、一体主義は、恋愛と肉欲とを、おのおの別個の目的をもつものであると見る。恋愛は一体への目的、肉欲は盲目的に生殖する目的。

一、一体主義は、頭の恋愛に足の肉欲の伴うものであることを主張する。頭の恋愛の目的地へ、足の肉欲が子孫を生むことによって、辿っていくのである。

一、一体主義は、恋愛をも、肉欲をも、ともに自然のからくりであるとする。

一、一体主義は、科学上の地球の冷却説に順応して、人類の自然消滅を予想するものである。一体主義を、いま本書で説く。[2]

（同、一〇）

高群が主に批判対象とするのは、例えばショーペンハウアーやエレン・ケイである。「ショーペンハウアーの恋愛論は、生殖意志を根本としてなりたっている」（同、一四二）。「恋愛とは種族の意志が恋愛という妄想を組み立ててやり、それによって、都合のよい子供を生ませようとするものである、というのである」。「とはいえ、自然の意志は、ショーペンハウアーの妄想（種族に対する）を裏切って、種族消滅の意図による恋愛を、組み立てたのである」。「恋愛は、空しい彩、種族がわらっている、と断定しているショーペンハウアーを、さらに自然はわらう」（同、一五〇）。

恋愛と生殖それ自体を賛美する高群にとって、恋愛と生殖を「種属」や「国家」という大義に従属させる彼らの所論は恋愛の自由を踏みにじっているという点で断罪されるべきものである。また、恋愛が生殖を導いて消滅への道を進むという一見奇妙な定式化は、「人類」と「個」の関係をめぐる深遠な問いを指し示しており、そこにこそ、高群恋愛論ひいては高群思想の精髄があるともいえよう。こうした観点から高群の人類消滅説と呼応させたいのが、ジャン＝ピエール・デュピュイの破局論である。

デュピュイの破局論は、「未来の現実性」についてある見方を提起するものであり、もう少し具体的にいうなら、未来に固定性を付与する時間論である。破局論のアウトラインを示した文章が、『ツナミの小形而上学』にあるので、少し長くなるけれども引用しよう。


それまでの過去においてそうだったように、人類はつねに科学や技術のなかに、その科学や技術が生み出した問題の解決策を必ずや見出していくだろうと考える者は、未来のもつ現実性を信じていない。そのような理解では、未来とはあくまで私たちが作るものにすぎず、したがってそれは私たちの自由意志と同じように不確実なものでしかない。未来についての学知はありえない、なぜなら未来は私たちが発明するものだから、ということになる。神義論と同様、人義論でも未来はツリー状のもの、「可能な未来」のカタログのように示される。そして現実化した未来は、私たちが選んだ未来だとされるのである。

覚醒した破局論では、この未来の非現実化を、形而上学的な一大障害物であるとみなす。なぜなら、もし未来が現実的でないなら、未来の破局も同様にそうではなくなるからだ。私たちは破局を回避できると考えると、それが自分たちを脅かしているとは考えなくなってしまう。この円環をこそ、覚醒した破局論は打ち破ろうとするのである。

（『ツナミ』一二一）


「円環」が打ち破られる以上、「破局の可能性を検討すること」は、破局が「必ず起こると考えることに等しいと想定して推論を行うこと」（『現実』八一）でなければならない。このように、破局論は、「破局の時間性を基盤にして、世界や時間に対する思考方法を形而上学的な次元でひっくり返すことを意味する」（同、七六）。

デュピュイのいう破局は多義的である。「道徳的な破局（アウシュヴィッツ、広島・長崎、核戦争の可能性）、自然災害（津波、サイクロン、地震）や産業・技術的破局（チェルノブイリ、最先端テクノロジー）のみならず、気候変動という自然的、道徳的、技術的な要素が複合的に絡み合う脅威をも扱う」（同、i）。「わたしは破局を単数で語っているが、それはなにか単一の出来事を指しているのではなく、不連続性や臨界の超過、破綻、根本的な構造変化、そういうものが相互に影響し合って、これから生まれてくる世代に未曽有の暴力で真っ向から打撃を与えるような、あるシステムのことを念頭においている」（『刻印』三五）。このような破局論の要諦は、それが想定する具体的な出来事というよりは、なぜ破局が恐ろしいかということについての分析にあるといえる。「破局というものが恐ろしいのは次の点にある。すなわち、われわれは破局が起こることを知るための十分な理性を持っているのに、そのことを信じられないのだ。だがそれだけではない。破局は一度起きてしまえば、まるでそれが事物の通常の秩序であるかのように見えてしまうのである。破局の現実そのものが、破局をありきたりのものにしてしまう。破局はそれが現実のものとなる前には、起こりうるものとは思われないのだ」（『現実』八〇―八一）[3]。

破局論的未来において、破局は必ず到来する。未来をこのように固定化する世界観・時間意識のもとで、「私たちは今、準主体とも言うべき『人類』の登場を体験している。その宿命が自己破壊にあることを、おぼろげながら理解し始めてもいる。その自己破壊を回避せよという、絶対命令が突きつけられてもいる」（『ツナミ』九）。つまり現代は、「彼方に人類の自己破壊が見えている時代」（同、一一六）なのだ。

二　未来が過去を決定する

高群が「人類の自然消滅」を唱えたのは、デュピュイが「人類の自己破壊」に警鐘をならすのとは全く異なる文脈においてである。『創生』の高群の思想には、明確な未来展望は見当たらない。たとえば高群は、「古典を読むと、わが国には、詩のように美しい恋愛があった」（『創生』一九〇）といい、多くの女性を愛した大国主命を夫とする須勢理媛の嫉妬を、「清らかな、ひときわ豊かな、生命の泉から、ほとばしり出たもの」（同、一九三）と礼賛する。そしてそうした「恋愛の自然性」がその後の時代には失われてしまったことを嘆くのみで「新女性主義」的理念がどのように実現されるかについて具体的なステップが論じられていないことは、理想化された過去を未来へと投影する道を拓く。混濁するクロノロジー。そのため、高群のいう「人類の消滅」は、茫漠とした未来像の消極的結果にすぎないという見方もできるだろう。しかし、過去と未来のこうした混交はまた、時間の連続性に亀裂を入れ、そこに、高群とデュピュイを近づける磁場を生じさせもする。

そして、高群とは全く別の観点から、デュピュイの危機意識を共有した人物がいる。高群よりおよそ一〇歳年長の京都学派の哲学者、田辺元である。[4]「そもそも今日西欧文化の科学主義がそれの本来の限界点を超えて、科学技術の止まる所を知らぬ発達を促した結果は、本来人類の福祉のために進められた当初の目的に反して、それが人類の破滅という矛盾に立到らんとしつつあること蔽うべくもない」(「存在学」五四〇)。「原子力時代はいわば『死の時代』である。近世の生本位、科学技術万能の時代は、現在その終末に臨んで居るといわなければならぬ」(同、五四六)[5]。

晩期田辺の著作は、このような「死の時代」を生きるための哲学はいかなるものかという問いを軸として展開されている。田辺によれば、「死の時代」に必要なのは、観念論にすぎない「生の存在学」ではなく、「死の弁証法」「死の哲学」である。遺稿となった「生の存在学か死の弁証法か」において田辺は、「死の哲学」がハイデガーの「生の存在学」との対決のなかで彫琢されたものであると述べるとともに、その「生の存在学」の限界を次のように指摘する。「教授の哲学はあくまで存在学であって、死は、存在として自らを実現する生の、自覚に対する標識に止まるから、現実なる死そのものが哲学の契機として、観念実在論的に自覚せられるということはない」(同、五一八)。確かに、「生ける人間の、生きるとはそもそもいかなることを意味するか、生いずこより来りいずこに去るか、それにいかに対処し、それをいかに生きるべきか、という生の自覚こそ、まさに哲学の独特なる課題であるといわれる」(「「補遺」」五七八)[6]。けれども、生を問うにあたって本当に問題となるのは、「死」なのである。「生の由来は、生の否定すなわち死を媒介として、復活せる生の自覚としてのみ問われ得るといわなければならぬ。これが弁証法の要求である」(同)。

留意すべきは、田辺のいう「死」は、科学がいうところの「死」とは異なるということだ。「科学の立場から生物学生理学が認識するところの死は、実は生を超越する力として自覚せられる死ではなく、生の終末として生に所属する存在者として生に内在化せられた死の現象に外ならない。それは生そのものに対立する超越的否定力としての本質的なる死ではないのである。この意味において生を超越する否定原理としての死は、あくまで生と聯関を保ちながら、生を否定する対立契機として自覚せられるべきものでなければならぬ」(同、五八〇)。このような生と死の聯関において「死復活」が果たされる。「死復活というのは死者その人に直接起る客観的事件ではなく、愛に依って結ばれその死者によってはたらかれることを、自己において信証するところの生者に対して、間接的に自覚せられる交互媒介事態」(「メメント　モリ」一七一)であり、「死復活の自覚は生死交徹して両者の切結ぶ点に発生するのである」(同、一七四)。

田辺が提唱する「死の哲学」はこのような骨子をもつが、デュピュイと田辺の結節点は、危機意識だけでなく、危機意識の基盤でもあり結実でもあるその時間論である。まず、両者の接点を明確にするため、「死復活」に即して田辺の時間論を要約してみよう。「死の切断が介入するのは、伝統と反対の方向から未来が現在を否定し、伝統の革新を要求するからに外ならぬ。この伝統と革新との反対対立の間に挟まれ追詰められて、現在の主体的行為が、死に直面せしめられ、進んでこれを肯う行為の自覚を媒介として絶対無の真実永遠に復活せしめられるのである」(「補遺」五九一)。田辺は、死から生を見る、ただし時間の連続性の先にある死から逆算して生を考えるというのではなく、今ここにある事態として死を考え、そのように死を考えることで生を自覚する。このような未来と過去の相互作用は、田辺の歴史観を通底するものである。「歴史の自然主義的単純延長観を廃棄し、歴史をもって各現在の転換行為的中心に成立するものとする歴史主義の自覚に立って、過去が現在を通じて未来を規定すると同時に、逆に未来の革新的動機が過去をその否定契機として媒介しその意味を更新する交互循環的渦動を、かの水流的延長に結合統一して、循環即進行、進行即循環の渦流を成すことこそ、まさに歴史の本質的構造であると解釈しなければならぬ」(「理論物理」三五六―三五七)。

ここから明らかなように、田辺の時間論は、過去から現在を通って未来へと続く線状的連続性に依拠したものではなく、「渦流」(「数理」三一〇)として形象化される螺旋状の構造をもつ。デュピュイが提示する「破局の時間」もまた、ループ状をなしており、「現在と未来の相互性」(『刻印』九四)に規定される。破局の時間論では、「出発点は過去ではなく未来」、未来は「過去としての固定性という性格をもつ」(同、三二七)。このような時間構造をデュピュイは「投企の時間」と呼ぶ。それに対して、われわれの日常感覚に近しい時間、つまり「歴史の時間」は、未来に向って枝分かれしていく樹形図で表わされ、「過去は固定しており、未来は開かれている」(『現実』一七三―一七四)。

このような時間のループ構造は、単にリニアな時間的継起性と対照をなすだけではない。田辺とデュピュイは、ループ状の時間形態の背景に共通の世界観をもち、それが、両者と高群との接点を構成することになるのだが、この点については後述しよう。

三　破局が希望の種を蒔く

田辺とデュピュイに共通する時間のループ構造の背景には、「瞬間」に基礎をおき連続性を切断する時間意識がある。デュピュイの破局論は、渡名喜庸哲が指摘するように、数学のカタストロフ理論をその土台としている(「J=P・デュピュイとカタストロフ論的転回」六四、六六―六九)。カタストロフ理論を提唱したフランスの数学者ルネ・トムによれば、「形態形成」すなわち「形態の生成や破壊」は「すべて、その初期形態を表わすアトラクタが消失し、終局の形態を表わすアトラクタによって捕獲され、それで置き換えられることによって記述することができる」(『構造安定性と形態形成』三七九)のであり、この過程をカタストロフという。佐和隆光は、『連続』と『線型』の世界観」に対するカタストロフ理論の『不連続』と『非線型』の立場」を強調している(「数量的世界観を超えて」一一四)。

　田辺における時間論もまた、「切断」を核とする。「連続体の要素」たる切断は、「断ち切ることにより生ずる切口の『無』なる緊張に依って、却ってそれを越え飛躍的に両系列を転換交徹せしめ、もって連続体を再構成的に形成する」(「数理」二一六)のであり、「時間の各現在の個別瞬間に相当し、その内容は、過去と未来との対立抗争ないし顚倒循環を、絶対無において否定媒介する行為に比すべき、動的転換性ないし渦動性の中心を、象徴する」(同、三二一)。

　こうした時間の「切断」「不連続」を、エドマンド・リーチのいう「振動する時間」、すなわち「対立し合うものの繰り返しが継続しないこと」(「時間の象徴的表象に関する二つのエッセイ」三二八)に結びつけたい誘惑にかられる。時間表象には、直線的時間と円環的時間というよく知られた二つの類型があり、後者は物事の推移を「サイクル」として記述するわれわれには馴染みの観念だが、リーチによれば、さらにより一層原初的な時間感覚として「振動する時間」があり、それは「繰り返す対立」として表象される。田辺とデュピュイは、時間の螺旋に降り立つことで、原初的時間に出会ったのだろうか――。

　しかしここでは、高群思想の現代的意義の解明という文脈に戻り、高群に視線を戻そう。冒頭で述べたように、高群の人類消滅説は、一体主義を掲げる恋愛論の基盤をなす。恋愛と生殖が相伴って消滅への道を進んでいく高群の思想世界においては、未来へ向けた実際的な施策等の提案はなく、あたかも一足飛びにユートピアが実現するかのような展望が披瀝される。「今」の後に、段階を踏むことなく、たとえば「恋愛の理想郷」が到来することになっており、存在するのは過程ではなく「断絶」である。高群の叙述のうえではつながっているが、時間軸上では、それはつながっていないのだ。

　では、こうした時間論をもとにした三者の社会構想あるいは展望はどのようなものでありうるのか。デュピュイの世界像は、破局が必ず起こるという「閉じられた未来」をもつ。破局論についてデュピュイは、「それはいかなる希望を担うものでもない」(『ツナミ』一二三)と断じつつも、同時に、「時間は、予告された破局において結びを迎えるが、時間は継続する。これが、結びの先にある、生と希望の代補(supplément)である」(『現実』

一九七）と述べる。希望の不在と在の交錯は、デュピュイの運命観をみれば一層はっきりする。「私が言いたいのは、もし我々が未来にその現実性が重くのしかかっていると認めないのなら、自己破壊、おそらくはかねてよりずっと我々の運命であったものを免れるチャンスはないということだ。しかし、もし運命があるとしても、それは、我々が拒むことを選ぶこともできる運命である」（『怒り』一九四）。われわれの文脈に引き寄せてこの言葉を解釈するなら、破局の確信それ自体が希望である、ということになるだろう。

田辺がつくりあげた「死の哲学」において、希望と呼ぶべきは何か。危機は、「菩薩的行為」によって脱される。「原子力戦争の結果、種の集団死が起こっても、なお死を免れて幾人かの個人が生残るという可能性は消滅しないであろう。その際一人ないし数人の人の菩薩的行為が、右に述べた人類協同の愛を実現すること不可能なりとはいい得ないのである。これはもちろん原子力戦争に因る人間の集団殺戮を是認しようとする意味ではない。我々はあくまでこれに反対し、戦争の絶滅に努力せねばならぬ。しかしこの努力が必ず実を結ぶという保証ないし約束は無いのである」（『存在学』五四七）。

こうした状況において田辺の希望は、「実存協同の愛」に賭けられる。「目的論的理想主義が維持せられるには、人間の矛盾に直面して観念論が抛棄せられなければならぬとすれば、それでもなお残る人間解放の希望は、実存協同の愛以外にはない。それに依って種としての人間集団を新しくすることも可能でないとはいわれぬ」（同、五四七）。こうした「種としての人間集団を新しくする」構想について、「この実存協同にまで具体化せられた普遍の人類形態A－E－Bは単独者の場合の平面円形的なるに対して、球に比されるでもあろう」（同、五六六）という言葉から、プラトンの参照へとつなげてみよう。その昔人間本来の姿は球形で、男・女二種類に加えて「男女（アンドロギュノス）」がいたという、『饗宴』で語られる周知のエピソードである。ゼウスによって半分に切られた人間たちは、自身の半身を求めて「一身同体」になろうとした。もとの球形の性別構成によっては、生殖は後景に退き、「恋人といっしょになり熔融されて二人が一人になること」（『饗宴』五三）への熱望が前景化する。この論点を梃子としてわれわれの視線は、田辺の思想が示唆する、世代継承の論理の断裂という文脈へと送り戻されることになるだろう（拙稿「われ、ヒトにあらず」）。

そして高群は、『創生』で「人類消滅への合理的進路」を描き出した。高群による人類消滅説が何らかの特定の事件や出来事を指していたかどうかは、ここではそれほど問題ではない。もちろん、『創生』の三年前に起きた関東大震災は高群の人生に転機をもたらしたから、その残響はあるだろう。しかしここで注目したいのは、次のことである。すなわち、高群と田辺とデュピュイの思考は、時間の継起性に保証された未来への希望を棄却することで、「破局」をめぐる態度も文脈も背景も異なるが、「破局」を軸としたオルタナティブな未来構想を浮かび上がらせた、ということである。たとえそれが語の一般的な意味での「希望」や「未来」にそぐわないにせよ。高群、デュピュイ、そして田辺の思想的呼応関係がわれわれに教えてくれるのは、「破局」や「消滅」というネガティブで悲観的にみえる語を掲げる理論や思想が、まさにその否定性において、希望の原理を形づくるということである。

『創生』における高群の人類消滅説は、直接的には恋愛の自由を阻害するあらゆる理論的装置を打破しようとする高群の苦闘から生み出された。だがそれは、恋愛論の一つの形を作ったというにとどまらない。われわれは、高群が恋愛と生殖をつねに一体のものとして語り、その消滅を主張し、そして自由を求めたことの真のラディカリティを、本当に理解することができているだろうか。それは、単に生殖から分離された恋愛の自由の賞揚などではなく、「人類」のもつ政治的意味への問いであり、人口という概念、デモグラフィへの異議申し立てだったのである。

西谷修は『ツナミ』の解説で、「核兵器の出現は『人類』という観念を生物学的地平から存在論的地平へと移行させた。『人類』はさまざまな人間種の一般概念だというだけでなく、あるいは西洋的人間の理念型としてではなく、ひとまとまりの存在として、端的に言えばその『消滅』を語らねばならないような存在として意識されるようになったのである」（「解説『大洪水』の翌日を生きる」一三三）と指摘するが、核の脅威で「ひとまとまりの存在」になる前から、「人類」は生物学的地平のみにいたわけではない。カール・シュミットがプルードンを引用して述べるように、「人類を口にする者は、欺こうとするものである」（『政治的なものの概念』六三）。それは想像の集合体であり、仮構のカテゴリーなのだ。人類の存続を与件とするかぎり、生殖の意味づけはそれを養分として展開し、個の誕生をもたらす生殖は結局のところ繁殖の論理に回収される。種は「自然のからくり」であると、論敵ショーペンハウアーに対して高群は主張した。生物学的種概念を否定するわけではない。われわれの認識における「人類」の意味を問うべきことを、高群は『創生』の人類消滅説を通して理論化しようとしたのである。

高群のその後の歴史研究は、この問いの深化からは逸れ、デモグラフィという観点からの探究は途絶した。探究の続きは、現代の危機を生きる破局の申し子たるわれわれに、確かに委ねられたのである。

注

（1）詳細は拙著『高群逸枝の夢』。また、大正期恋愛論については菅野聡美『消費される恋愛論』を参照。

(2)こうした一体主義的恋愛論における「消滅」には、区別すべき二つの局面がある。一つは、「人類の自然消滅」という言葉が示す、「破局」に近い側面と、もう一つは、「男女両性の消滅期」という、性別のありように特化した側面である。ここでは主に前者を主眼とするが、両者は完全に分離可能な要素ではなく、複雑に絡み合っている。

(3)「カタストロフ」について、渡名喜は、「破局」という語が「この世の終わりをもたらす天変地異のような事態を指す印象」があることを指摘したうえで、フランス語の「カタストロフ」の意味がそれにとどまらないことに注意を喚起している。『カタストロフ』という語は、同時に、日本では単純に『災害』と呼ばれるもの、ひいては単に『事故』と呼ばれるものすらも指すことがあるのであって、こちらのほうのニュアンスも忘れてはならないだろう」(「J=P・デュピュイとカタストロフ論的転回」四四)。

また、同じ論考で渡名喜が論じているように(同、五三―六四)、デュピュイの破局論はリスク論に対する根源的批判として提起されており、「リスクという概念およびリスクの経済学的な計算」(『刻印』九八)では破局に向き合うことはできないとデュピュイは主張する。「生起する前には可能態の領野に入ってこない破局は、予測できない。破局に向けてわれわれは自らを先取り(se projeter)することはできないのである」(『現実』一四八)。本稿では、デュピュイのカタストロフ論のもう一つのバックグラウンドたる数学的カタストロフに着目するため、リスク論との関係については詳細を割愛する。

(4)高群と田辺の思想的関係性については、合田正人が、田辺の「種」が平塚らいてうや高群の母性概念と無関係ではなかったことを指摘したうえで、「特に、世界にも例のない、母親たる女性を中心とした家族国家と皇国史観との、高群における結合は、ある意味では『種の論理』の語られざる一面に対応していたと言えるかもしれない」(『田辺元とハイデガー』一七七)と論じている。

(5)「広島・長崎の原爆のみならず、一九五四年にアメリカの核実験によって被爆した第五福竜丸事件が念頭にあったと思われる」(末木文美士「懺悔道と親鸞」六〇)。

(6)こうした見地から田辺は、西欧思想の読み直しを図るとともに、「西欧的思考の限界を超ゆるもの」としての「禅的ともいわれるべき弁証法」(「存在学」五四〇)を模索する。「もし『死の哲学』というべきものが、現在から将来への課題として人類に負わされるとするならば、その最も有力なる手引となるもの禅の悟道に如くはないと思われる」(「メメント モリ」一六七)。

※引用文中の強調は全て原文

文献

※各文献の末尾のカッコ内は文中での出典表記にあたっての略記

Dupuy, Jean-Pierre. *Pour un catastrophisme éclairé. Quand l'impossible est certain*. Paris: Seuil, 2002. ジャン=ピエール・デュピュイ『ありえないことが現実になるとき――賢明な破局論にむけて』桑田光平・本田貴久訳、筑摩書房(二〇一二)(『現実』)

Dupuy, Jean-Pierre. *Petite métaphysique des tsunamis*. Paris: Seuil, 2005. ジャン=ピエール・デュピュイ『ツナミの小形而上学』嶋崎正樹訳、岩波書店(二〇一一)(『ツナミ』)

Dupuy, Jean-Pierre. *Retour de Tchernobyl. Journal d'un homme en colère*. Paris: Seuil, 2006. ジャン=ピエール・デュピュイ『チェルノブイリ ある科学哲学者の怒り――現代の「悪」とカタストロ

フィー』永倉千夏子訳、明石書店（二〇一二）（『怒り』）
Dupuy, Jean-Pierre. *La marque du sacré*. Paris: Flammarion, 2010 (Paris: Carnets Nord, 2008). ジャン＝ピエール・デュピュイ『聖なるものの刻印――科学的合理性はなぜ盲目なのか』西谷修・森元庸介・渡名喜庸哲訳、以文社（二〇一四）（『刻印』）
Leach, Edmund R. "Two Essays concerning the Symbolic Representaiton of Time". *Rethinking Anthropology*. London: Athlone press, 1961. E・R・リーチ「時間の象徴的表象に関する二つのエッセイ」山口昌男編集・解説『未開と文明』平凡社（二〇〇〇）
Schmitt, Carl. *Der Begriff des Politischen*. München: Duncker& Humblot, 1932. カール・シュミット『政治的なものの概念』田中浩・原田武雄訳、未來社（一九七〇）
Thom, René. *Stabilité structurelle et morphogénèse*. 2. éd. Paris: InterÉditions, 1977. ルネ・トム『構造安定性と形態形成』彌永昌吉・宇敷重広訳、岩波書店（一九八〇）
菅野聡美『消費される恋愛論――大正知識人と性』青弓社（二〇〇一）
合田正人『田辺元とハイデガー――封印された哲学』ＰＨＰ新書（二〇一三）
佐和隆光「数量的世界観を超えて」ルネ・トム、Ｅ・Ｃ・ジーマン、宇敷重広、佐和隆光『形態と構造――カタストロフの理論』みすず書房（一九七七）
末木文美士「懺悔道と親鸞――田辺哲学再考2」『死者と菩薩の倫理学』ぷねうま舎（二〇一八）
高群逸枝著、橋本憲三編『高群逸枝全集　第七巻　評論集　恋愛創生』理論社（一九六七）（『創生』）
高群逸枝著、橋本憲三編『高群逸枝全集　第十巻　火の国の女の日記』理論社（一九六五）（『火の国』）
田辺元「数理の歴史主義展開」『田辺元全集　第十二巻　科学哲学論文集』筑摩書房（一九六四）（「数理」）
田辺元「理論物理学新方法論提説」『田辺元全集　第十二巻　科学哲学論文集』筑摩書房（一九六四）（「理論物理」）
田辺元「メメント　モリ」『田辺元全集　第十三巻　後期論文集・遺稿』筑摩書房（一九六四）
田辺元「生の存在学か死の弁証法か」『田辺元全集　第十三巻　後期論文集・遺稿』筑摩書房（一九六四）（「存在学」）
田辺元「［補遺］」『田辺元全集　第十三巻　後期論文集・遺稿』筑摩書房（一九六四）（「補遺」）
丹野さきら『高群逸枝の夢』藤原書店（二〇〇九）
丹野さきら「われ、ヒトにあらず――田辺元における個と人類」『思想』第一〇五三号（二〇一二）
渡名喜庸哲「Ｊ＝Ｐ・デュピュイとカタストロフ論的転回」渡名喜庸哲・森元庸介編著『カタストロフからの哲学――ジャン＝ピエール・デュピュイをめぐって』以文社（二〇一五）
西谷修「解説『大洪水』の翌日を生きる」ジャン＝ピエール・デュピュイ『ツナミの小形而上学』嶋崎正樹訳、岩波書店（二〇一一）
プラトン「饗宴」『プラトン全集五　饗宴　パイドロス』鈴木照雄・藤沢令夫訳、岩波書店（一九七四）

『高群逸枝雑誌』終刊号「編集室メモ」より

石牟礼道子

●いしむれ・みちこ　五四頁参照。

東京世田谷の〈森の家〉を引き揚げられる頃、憲三先生は、理論社から刊行されつつあった『高群逸枝全集』の別巻に相当するものを構想されていた。

全集編纂の段階でそぎ落しておかれた『娘巡礼記』や断簡類、日記などを渉猟しなおし、彼女が最後に書きたかったであろう詩篇をかすかにでもうかがわせる巻をお望みであった。「彼女に尋ねなおし彼女がよしとするものを選り抜いて、香りを出して、彼女が望んでいた形にして出してやりたいのです」と云われていた。全集というものに対する解釈が色々あるが、今は触れない。

そのお仕事は氏の晩年の日々の、せめてもの慰めであった。『高群逸枝雑誌』はそのような意図を秘めて出され始めた。同人は先生と弟子の私のふたりであった。カンパを辞退すると内規に書かれた。弟子は最後のお仕事をお手伝いしたいと思っていた。しかしすぐさま挫折が来た。水俣病事件の深化である。お助けするどころか、自ら運動の口火を切らねばならぬ破目となったのである。

彼女とのまつりを営んでいられる齋場と知りながら、情況について御相談めいたことを口にしたりする仕儀であった。その間、村上信彦氏を始め、河野信子、石川純子、西川祐子、栗原弘、寺田操諸氏の御高作を頂くことが出来たのは、甲斐ない同人の慰めであった。

思えば逸枝が古事記伝一冊を机上に置いて、研究生活への第一歩とした三十七歳と同じ歳に、そこへゆくことを許された私は、小学校国語読本によって初めて文字と出逢ったものの、女学校にもゆけなかった。逸枝にくらべれば文盲に等しく、帰郷した後も勉強し表現することがはばかられる身であった。そのようであったゆえに、誰にも気兼ねせず、あまつさえ夫に助けられて学問をした女性がいた、そのことを知っただけで、わたしの内部に核融合反応のような事が起きた。

役に立たない同人を先生はお叱りにならず、水俣病のことで書くビラにお目を通され、失明寸前を発見して頂き、医者につれて行って下さった。

お言葉の数々をテープに採らせて頂けばよかったが、不器用で思いもつかなかった。後世の為に如何ばかり意味を持ったかと悔まれるが、堀場清子氏による「おたずね通信」が残されたことは私どもの喜びである。

折にふれて洩らされる御言葉を私は、卓絶した思想家、批評家の言として拝聴した。真の意味のラジカルさを身をもって行った人の言葉はじつに透明であった。御臨終には主治医の佐藤千里氏が立ち合われた。その間のことは『草のことづて』（筑摩書房刊）に記したのでここでは割愛した。

＊『高群逸枝雑誌』一九七六年四月（『石牟礼道子全集・不知火　第一七巻　詩人・高群逸枝』藤原書店、二〇一二年所収）

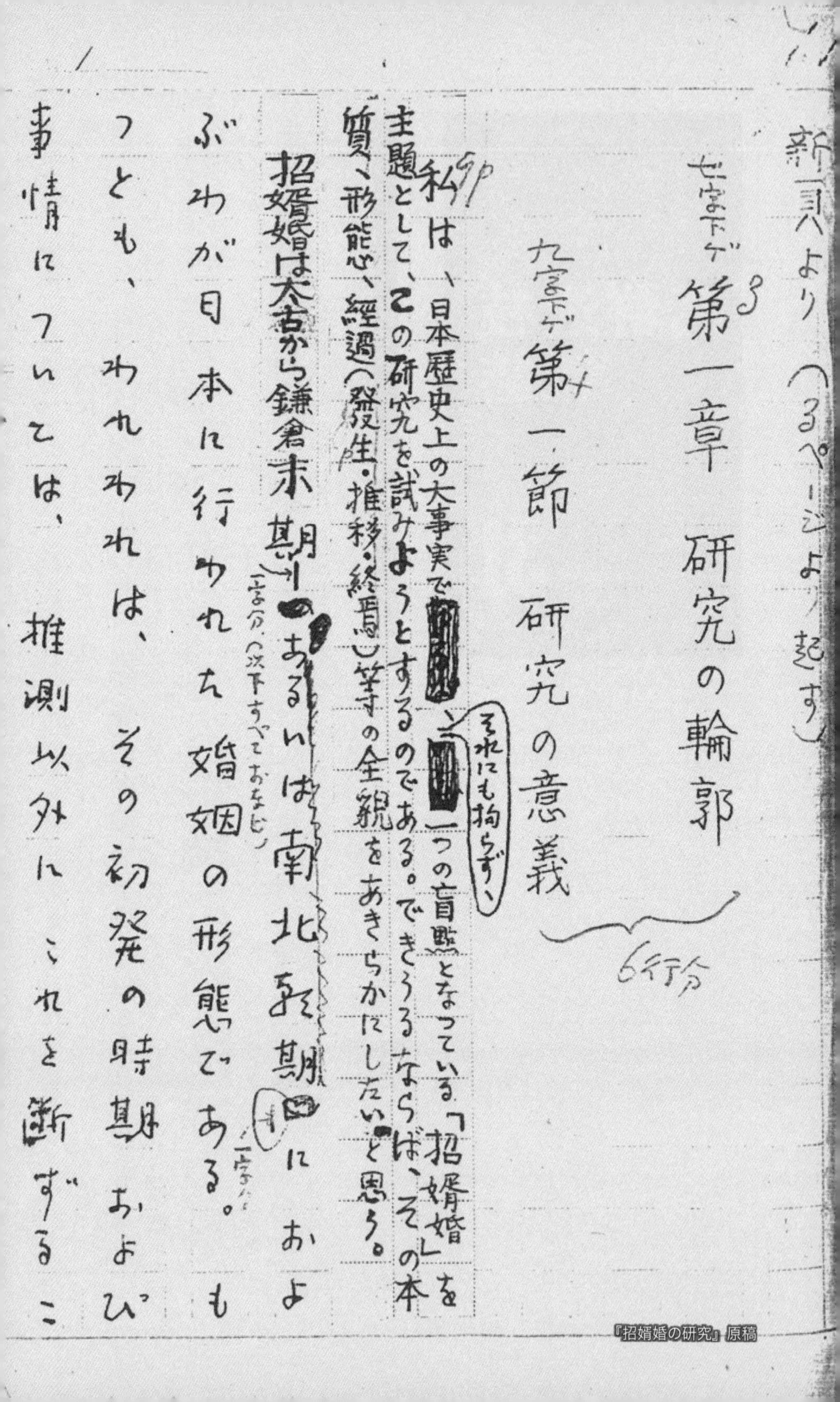
新頁より（3ページより起す）

七字下ゲ　第一章3　研究の輪郭

九字下ゲ　第一節　研究の意義

6行分

私は、日本歴史上の大事実で[redacted]、[redacted]（それにも拘らず、）一つの盲點となつている「招婿婚」を主題として、この研究を試みようとするのである。できうるならば、その本質、形態、經過（發生・推移・終焉）等の全貌をあきらかにしたい[redacted]と思う。

招婿婚は太古から鎌倉末期[redacted]あるいは南北朝期[redacted]（す）におよぶわが日本に行われた婚姻の形態である。（一字分（以下すべておなじ））

もつとも、われわれは、その初発の時期および事情については、推測以外にこれを断ずるこ

『招婿婚の研究』原稿

III 高群女性史の成果と課題

ら古典、ついで平安以降の諸家記録等にお
いて、この婚姻形態はほとんど完全にちかく
把握しえられる。したがって、その間の経過および
その終孚ー娶嫁婚との交替の事情等の観察は、
さかのぼってこれの発現についてのある程え
の推定をも可能にする。
わが国における招婿婚は、けつして単なる遺
制あるいは遺俗などではなく、発現、経過、

高群逸枝と古代の戸籍・計帳

南部 昇

●なんぶ・のぼる　一九四六年生。北海道大学名誉教授。専門は日本古代史。著書に『日本古代戸籍の研究』（吉川弘文館）他。

今は故人となったが、北大文学部に、高群氏を評価したことで私の記憶に残る、田原嗣郎《つぐお》先生という風変りな教授がいた。専門は山鹿素行・荻生徂徠などを研究する近世思想史であったが、フランス語を得意とし、非常な読書家であった。大学院生であった私を相手に、よくおしゃべりをしたが、実にはっきりモノを言う人で、丸山真男を高く評価する一方、本州の著名な思想史家の著書を「あんなものはカミクズです」と酷評した。

江戸時代前期の政治史を論じる集中の非常勤講師を呼ぶ時は「東京には江戸時代の判る人がおらんのです」というかねての持論通り、自分は東大出身ながら京大の朝尾直弘氏に来てもらう、といった具合であった。朝尾氏の講義は印象深かった。

田原先生は東洋史にも関心が深く『宮崎市定全集』全二四巻を購入し読んでいたが、石母田正氏の名著『日本の古代国家』（岩波書店、一九七一）もすぐ読んで「いい本ですが、あの人の場合はマルクス主義が邪魔していますよ。」と言った。

そんな先生であったが、私が古代の戸籍・計帳や家族に興味があることは知っていて、ある時、高群氏の『日本婚姻史』（至文堂、一九六三）に言及し「名著です」と言った。当時、古代の家族史においては、石母田氏に代表される家父長制家族論の評価が高く、高群氏の家族論は無視される傾向にあった。しかし私は、衆評など歯牙にもかけず、時にズバリと本質を突くこの先生が名著だと評価するなら、『日本婚姻史』は相当な本に違いない、と思って読んだものである。

さて、一九五〇年代・六〇年代の学界で、古代の婚姻史に最大の影響力を持っていたのは、石母田正氏の「奈良時代農民の婚姻形態に関する一考察[1]」であろう。氏の婚姻論の根本史料は記紀・万葉ではなく、八世紀前半の戸籍・計帳であった。この二つの史料は明治のころから注目されていたが、そこには筑前国(北九州)の戸籍を典型として、夫婦の同籍という現象が広汎に見られる。例えば現存する筑前国戸籍で、自分の妻妾・子女の行が欠損していない成年男子(二〇歳以上)七四名のうち、五四名は妻妾を同籍している(同籍率七三%)。

後に京都大学の教授となり法制史の権威とされた三浦周行は「家口の同籍は正に法制上の要求なり。」と断じた[2]。「夫婦別居の風猶ほ未だ改まざりし当時」においては「同籍者の多き丈、別居者の多かるべきは、自然の結果なり」。『同籍は必ずしも同居を意味せず』」。三浦は養老律令の戸令にある「両貫」の語にも注目し、父母の別居別籍により、その子女が両方の籍に付く、日本独特の「両貫」が発生したとして自説を補強した。今日でも通用する戸籍論であり、高群氏は三浦説を継承する。

しかし新見吉治は長大な論文「中古初期に於ける族制[3]」を発表し「夫婦間の同籍共居の事は令制によりて始めて強いられたるにあらずして実は古制なり」と反論した。戸籍には一歳・二歳の緑児を同籍しながら、妻の見えぬ成人男子が広汎に見られる。新見は夫婦別籍の状態とはいえ、緑児の母親は夫や幼児と同居しており、女家が「其女の籍を夫家に送ることを喜はざり《マヽ》しこと」により、この状態が生じたと見た。戸主の姉妹で、その子女を列挙する実例も多いが、これらの姉妹は「嫁して夫の籍に入らざりし者なり」。つまり出嫁し夫と同居しているが、夫家に入籍はしていない女子である。別籍は決して別居を意味しない、別籍でも同居はある、というわけである。

一方、新見は六年一造の戸籍と異なり、毎年作成される計帳には異なる評価を加えた。現存計帳は戸籍の三分の一にも満たない少量であるが、「計帳は戸口の現在を調査し、籍ありて家にあらざるものは其由を註記せるものなるが故に、別段註記なきものは同居者と認めて差支《さしつかえ》なかるべき」と考えた。三〇年後(一九三九)石母田正氏が新見の計帳論を継承し、戸籍論に発展させて「奈良時代農民の婚姻形態に関する一考察」を発表することになる。

しかし三浦の同籍別居の論、新見の別籍同居の論は、戸籍という史料の「限界」を指摘し、戸籍は家族・婚姻研究の根本史料としては使用できない、とする見方が一般化した。石母田氏の婚姻論は三浦・新見の戸籍論を厳しく批判し「克服」することから出発する。同籍は同居だというのである。

氏は計帳に着眼する。「計帳は現実の家族構成を反映するものと断定してよい」。まず山城国出雲郷計帳を見ると、ここは出雲臣ばかりの同族村落であり、戸主・房戸主のみが妻を記載する。それ以外の多数の成年男子は妻を記載しない。しかし二戸分が残存した少量の越前国山背郷の計帳では、戸主を含むほぼ全ての成年男子が妻を記載する。出雲郷は「夫婦別居制の特殊な形態を代表」し、山背郷は「夫婦同居制の典型的なもの」である。

戸籍に転ずると、後進地帯である下総国の大嶋郷は孔王部《あなほべ》姓者の同族村落であり、戸主・房戸主のみが妻を同籍する。その婚姻形態は出雲郷計帳に一致する。次に弥生時代以来の先進地帯である筑前国の川辺里戸籍では、戸主を含めた殆どの成年男子が妻を同籍し、その婚姻形態は山背郷計帳に一致する。

石母田氏は、(1)計帳は信用できる、(2)戸籍の内容が計帳に一致する、(3)よって戸籍の婚姻形態も信用できる、とする三段論法を展開したわけである。氏は下総国の婚姻形態を「差別的夫婦別居制」と呼称し、ここに戸主・房戸主の家父長権の進展を強調した。そして美濃国・豊前国の戸籍には別居制と同居制の混在があり、奈良時代は「前者が不断に後者に進化転形して行つた過渡的な時代である」とした。

この石母田論文は籍帳研究史上の記念碑的大作であり、一九四〇年代・五〇年代から高く評価された。戸籍は信用できる史料であり、同籍は原則として同居である、としたことの影響は巨大であった。古くからあった「妻問い」による夫婦別居、「嫁入り」による夫婦同居の論争にも後進地帯・先進地帯・中間地帯という視角から一応の結着をつけたと思われる。

私は石母田論文が高く評価されたことには「戦後」という時代背景もあったと思う。皇国史観の「聖典」とされた記紀や、「愛国百人一首」に材料を提供した万葉に対する不信と反発は反転して、より人民に密着した史料としての戸籍の価値を高めたのだと思う。石母田氏は、その戸籍を信用できる史料であるとし、三年後、戦後の古代史を主導することになった名論文「古代家族の形成過程――正倉院文書所収戸籍の研究[4]――」を発表する。戸籍を研究すれば古代国家がわかる、戦後、みんなそう思ったのです、とは晩年の直木孝次郎氏からうかがった直話である。

しかし石母田婚姻論は論としての整合性を重視するあまり、籍帳という史料が語る個々の事実の整合性は軽視したようである。

高群氏の婚姻論は石母田氏と全く異なる。高群氏の籍帳論も石母田氏とは全く異なる。高群氏によれば、奈良時代は夫が妻の家にかよう時代から、妻の家に住み始める時代への過渡期であった。独自の視角で籍帳に対した高群氏は、夫婦の同籍率が、大宝二(七〇二)年戸籍(筑前国・豊前国・美濃国)→養老五(七二一)年戸籍(下総国)→神亀三(七二六)年計帳(山城国)→天平五（七三三）年計帳（右京など）と、時代が下るほど低下する傾向を指摘した。まぎれもない事実である。妻妾を同籍する成年男子は時期が下るほど急速に減少して行く。石母田説によれば、同籍は原則として同居であり、この時代は別居制から同居制（妻の夫方居住）への過渡期であるから、現象としては逆でなくてはならない。三浦周行説を支持する高群氏は、同籍＝同居とは考えなかった。大宝二年戸籍の夫婦同籍率が高いのは「律令制実施直後の強い要請」によるものだとした。

氏はまた独自の婚姻論に基づき、籍帳に現われた婚姻を「同籍」「片籍」「独籍」と分類した。「同籍」はもちろん夫婦同籍の状態。「片籍」は子女のみを同籍して妻の見えない成年男子、あるいは子女のみを同籍して夫の見えない成年女子、の状態。「独籍」は他の戸籍に妻と子女が、あるいは夫と子女が付籍されている可能性を有しつつ、自己の戸では独身である成年男女の状態を指す。広く見られる「この片籍と独籍こそわが籍帳のもつ特殊性として注目すべきもの」である。氏は史家の関心が同籍ばかりに集中し、「進歩・保守を問わず」片籍・独籍に向かわないことを批判する。(5)

確かに籍帳には「片籍」の戸口、特に乳幼児を同籍しているのに妻を同籍しない成年男子が広汎に存在する。この事実に対し新見吉治は、妻はそこに同居しており、入籍していないのだと説明した。高群学説は、乳幼児は母のもとにあり、母は決して自分の家を離れない、とする。しかし石母田婚姻論における、この事実の説明は実に歯切れが悪い。同籍は同居であるとして乳幼児と父親の同籍同居を認めると、母親が不在の理由を明快に説明できない。母親は別籍同居だとするのは新見説への屈服である。石母田説は崩壊する。

三十歳代前半のころ、私は石母田説・高群説の間で揺れ動いた。そしてふと、各籍帳の総人口中に占める緑児・緑女（一～三歳児）の割合が低下して行く方向は、高群氏の指摘した夫婦同籍率の低下して行く方向に一致することに気付いた。緑児・緑女の割合が最高なのは夫婦同籍率最高（七三％）の大宝二年筑前国戸籍である（一三・六％）。その割合が最低なのは、夫婦同籍率最低（一〇・五％）の天平五年右京計帳である（五・二％）。夫婦の同籍率と乳幼児の登録率など、何の因果関係もないはずであるが、実際には関係していた。夫婦同籍率の高い籍帳ほど乳幼児の登録率が高い。夫婦同籍率の低い籍帳ほど乳幼児の脱漏が著しい。後者に該当する神亀・天平年間の計帳は粗雑に作成されたようである。

ここに至って私は高群説に傾いた。夫婦の同籍は政策的なものではないか、夫婦を掌握し戸籍に登録することが、出生乳幼児の掌握に直結しているのではないか、律令国家は夫と妻が別居していることなどは十分に承知の上で、出生人口の掌握、さらには〈父-息子〉間の父姓継承の確認、という政治的目的のため、夫婦の同籍を励行・指導したのではないかと考えた。

　多くの研究者が石母田説の影響下にあり、夫婦同籍は夫婦同居であると考えていた時代に、高群説を支持する見解を公表することには勇気が必要であった。事実、発表後に批判を受けた。

　しかし私は、後進地帯の下総国、先進地帯の筑前国、中間地域である美濃国、といった石母田氏の発想から離れ、国よりも郡に着目した。下総国内でも葛飾《かつしか》郡の戸籍と倉麻《そうま》郡の戸籍には夫婦同籍率に大差がある（前者二二％、後者四〇％）。美濃国内でも加毛《かも》郡戸籍の同籍率は四七％、本簀《もとす》郡戸籍は二九％である。これらの相違は郡の婚姻の実態を反映したのではなく、造籍の実務を担当した郡司が、夫婦の掌握・登録に熱心であったか否かの差によって生じたと思われた。

　『続日本紀』には、郡司の功として「籍帳皆実、戸口無《シ》レ遺《のこルコト》」、過として「籍帳多《ク》レ虚、口丁無《シ》レ実」とする史料（七一二年）が残されている。籍帳の内容は郡司次第であった。例えば美濃国加毛郡の戸主五四人は、たった一二人の姉妹しか同籍しない。これは戸主の姉妹が夫の籍に移る、戸籍上の「出嫁移貫」が活発であったことを示す（よって夫婦同籍率が上昇する）。本簀郡の戸主二二人は、二八人もの姉妹を戸内にとどめている（よって夫婦同籍率は低下する）。

　古代の籍帳に見られる婚姻をめぐる諸現象は、石母田説よりも三浦説・高群説に依拠した方が無理なく説明できると思う。

　高群氏の案出した「片籍」「独籍」の用語は、やがて籍帳の分析に有効なものと認められ、今日、多くの籍帳研究者の使用するところとなっている(6)。

註

(1)『歴史学研究』七〇号・七一号（一九三九＝昭和一四年）。『石母田正著作集』（岩波書店、一九八八）第一巻に再録。引用は原論文に従う。
(2)「戸籍の歴史地理学的価値」（『歴史地理』第八巻第四号・第五号、一九〇六＝明治三九年）。改稿・改題され「古代戸籍の研究」として同氏著『法制史の研究』（岩波書店、一九一九＝大正八年初版）に再録。引用は後者に従う（第七刷使用、一九七三＝昭和四八年）。
(3)『史学雑誌』第二十編第二号、第三号、第四号（一九〇九＝明治四二年）。
(4)『社会経済史学』十二巻六号（一九四二＝昭和一七年）。著作集第二巻に再録。
(5)『日本婚姻史』（至文堂、一九六三）六八頁。引用は全て同書による。なお「同籍」「片籍」「独籍」の語は同氏著『招婿婚の研究』（講談社、一九五三）でも既に使用されている。『高群逸枝全集』（理論社、一九六六年第一刷）第二巻二三九―二四五頁参照。
(6)例えば、今津勝紀『戸籍が語る古代の家族』（吉川弘文館、二〇一九）一八〇頁。なお、南部曻『日本古代戸籍の研究』（吉川弘文館、一九九二）の第二編第三章「夫婦別籍と緑児・緑女の脱漏傾向について」において「同籍《ドウセキ》」「片籍《ヘンゼキ》」「独籍《ドクセキ》」の用語を多用している。

古代史研究から見た『母系制の研究』

西野悠紀子

●にしの・ゆきこ　一九四三年京都府生。京都大学文学研究科博士課程単位取得退学。専攻は日本古代史。論文『ジェンダー史』（古代、山川出版社）『歴史のなかの皇女たち』（古代、小学館）「律令体制と氏族」（『日本史研究』二五九号）等。

一　はじめに——高群逸枝の女性史研究

高群逸枝は詩人・作家・思想家・女性運動家など多様な側面を持つ近代日本の知の巨人の一人であり、その人と思想を論じた研究は非常に多い(1)。その彼女の重要な側面の一つが日本女性の歴史を初めて体系的に考察し、広く一般の人々に広めた女性史研究者としてのそれであることも言うまでもない。しかし古代史研究の中で彼女の代表的な書である『母系制の研究』に触れたものは、『招婿婚の研究』と異なって意外に少ない。その理由は何か。日本古代史研究の歩みをたどる中で、『母系制の研究(2)』について考えてみたい。

国民主権の下で男女平等が憲法に明記された戦後民主主義の時代、高群逸枝の女性史は井上清の『日本女性史(3)』とともに学習会のテキストとして、解放を望む多くの女性に受け入れられた。ちなみに男性歴史家である井上の『日本女性史』が、近代歴史学（中でも「戦後歴史学」）の当時最新の成果に基づいて政治・社会全般の変遷を述べた中に女性の姿を入れて通史的にまとめられている反面、人一般（男性一般）についての研究を基本に叙述されたことによる弱点（女性の独自な歩みを検討した上で書かれていない）を持つのに対して、高群女性史は自らの感性と女性解放への切実な要求から出発した研究成果をもとに、婚姻・家族に中心をおいて書かれた通史であると言える。ここに見られるように、高群以前に女性の歴史の独自性を認識し解明しようとする女性史は存在しなかった。無論散発的にではあるが、女性の実態を解明した優れた論文も存在している。しかし解明された事実をもとに女性の歴史を通史化できるほどの研究は、まだ存在していなかった。

高群女性史を理論的に支えているのは、主に摂関期以降の平安時代から中世前期までの婚姻と居住の変遷を扱った『招婿婚の研究』と、招婿婚の前提となる日本古代社会の親族構造を扱った『母系制の研究』という二つの著書である。女性史家としての高群逸枝は、摂関期を中心とした膨大な史料の収集の結果、平安貴族社会の婚姻・居住形態が（夫が妻家に入る）招婿婚であることを明らかにした。高群はこうした婚姻・居住の在り方が、日本古代社会が母系制を基礎に置く社会であることに由来すると考え、女性の地位の変化を母系制から父系制への移行（それを示す婚姻と居住の変化）を検証することで証明しようとした。『母系制の研究』はその出発点に位置づけられる。

二　『母系制の研究』の構成

『母系制の研究』は彼女が女性史研究にとりかかった一九三一年七月からほぼ七年後の一九三八年、研究の最初の成果として発表された。彼女が研究を開始した一九三一年七月から二か月後の九月「満州事変」が発生し、日本は以後十五年に及ぶ中国侵略戦争に突入していった。それから七年の間に国内では五・一五事件から二・二六事件を経て天皇制のもとでの軍部独裁の体制が確立し、天皇機関説事件に代表される学問思想への弾圧の強化、日中戦争が本格化する時代が始まった。また同時期のヨーロッパではドイツのナチス、イタリアのファシスト党による独裁と侵略が始まるなど、日本とそれを取り巻く世界の状況は大きく変化した。それは古代社会を対象とした『母系制の研究』にも影響を与えている。

ここで改めて、『母系制の研究』の構成を紹介したい。高群逸枝は『母系制の研究』の基本史料として『新撰姓氏録《しんせんしょうじろく》』(4)を用い、そこに見られる古代氏族の祖先意識を分析することで、古代社会が母系制を「基底的血縁紐帯」とする社会であることを証明しようとした。『新撰姓氏録』（以下『姓氏録』と省略）は平安初期の弘仁六（八一五）年に編纂された、左右京・畿内(5)に本貫《ほんがん》(6)を持つ氏族一一八二氏の始祖とそれらの氏の同祖関係を記した氏族譜である。この書は氏をその始祖によって皇別（天皇とその子孫を祖とする）、神別（神話上の神に由来）、蕃別、（渡来系、中国・朝鮮に祖を求める）および未定雑姓（祖が未確定）に分けて、その本貫（本籍）ごとに記載している。律令制の下では官人を任用し昇進を決定する場合、候補者の出身（出自）が大きな意味を持っていた。全ての氏は畿内・畿外（『姓氏録』の対象外）に分けられ、さらに内階氏族と外階氏族（六位から貴族である五位に上るとき、外五位を経る必要がある。畿外の氏族全てと畿内の氏族の一部に適用）を設定、これが男女官人の採用・昇進に大きく影響した。一方で八世紀を通じて、天皇の「恩恵」による氏名の改賜姓や氏の再編が進み、氏姓秩序の混乱をきたしていると言える状況も生まれていた。こうした状況に対応するため、主に官人を輩出する畿内氏族の出自の確定を目指して行われたのが、『新撰姓氏録』の編纂である。高群はこの書に見える同名の氏ごとの祖先記載を収集、そこから氏の多祖現象を引き出すことで、母系制社会の存在を実証しようとしたのである。

理論社版（『高群逸枝全集』第一巻）で全六二三頁に及ぶこの書は、第一編「総論」と第二編「本論」第三編「結論」の三編から構成されている。第一編「総論」では女性史研究の目的、母系制研究の意義、使用史料、検証の方法を述べ、本論への導入部となっている。続く第二編「本論」（二四―六一六頁）は第一章「祖と母系」第二章「氏と母系」第三章「姓と母系」第四章「賜氏姓と母系」で構成され、それぞれの章末には数十頁に及ぶ「表」が付けられている。この構成を見ても分かる通り、古代の氏族集団の要素である祖・氏・姓（カバネ）のそれぞれについて母系制が基礎にあることが検証され、中でも第一章の多祖現象の発見が、古代社会が母系制を基盤とする社会であると規定する最大の論拠となっている。最後の「結論」はそれまでの検証を踏まえた短い部分であるが、ここで彼女は日本古代社会が「国作り」→「氏作り」→「部作り」の三段階を経ることに依って、系譜的に一体化した社会となったと結論づけている。

以上がこの書の簡単な内容であるが、ここで彼女は何を提起し、その提起の何が問題とされ、何が継承されたのだろうか。この書の具体的な内容を見ていくことで、この点を考えてみたい。

三　『母系制の研究』「本論」各章の論点と「結論」

①「祖と母系」『氏と母系』——「多祖」をめぐる問題

「祖と母系」は、氏の多祖現象（一つの氏が複数の始祖伝承を持つ）とその原因を考察した部分である。この多祖と祖の変化の発見が母系制社会の存在を証明するという彼女の論の要となったことは、高群が自伝『火の国の女の日記』[7]で繰り返し述べていることからも明らかである。

先に触れたように『姓氏録』はそれぞれの氏ごとに始祖を記

し、同じ祖を持つ氏を順に並べていく。高群が注目したのは、この氏の名と祖の関係である。例えば高群が多祖表の最初にあげた島田臣の場合、多朝臣《おおのあそん》と同祖とされ神武天皇皇子を祖とするグループに属している。しかし丁度百年前に書かれた『古事記』では、同じ島田臣が景行天皇皇子の子孫とされているのである。つまり島田臣には、百年の時を隔てて二つの伝承（二人の始祖）が存在し、その間で始祖の変化が起こっていた。高群はこうした、少なくとも同じ氏名《うじな》を持つ氏族が複数の始祖伝承を持つ現象を精査してこれを多祖とし、始祖の変化がおこることを「祖変」と名付けた。ところで島田臣は、尾張に出自を持つ氏族と考えられている。八世紀後半―九世紀にかけてこの一族からは官僚として太政官の実務を担当する一方で国史編纂事業に携わる人々が輩出し、以後学者としての家系が確立した。九世紀にはカバネも、臣から中央官僚の条件とされる朝臣に上昇している。(8) 始祖の改変による多祖現象は、こうした氏中枢の地位の上昇の中で発生している。ではなぜ始祖が変わるのか。

高群逸枝は多祖が発生する前提としての始祖の変化（祖変）を、恋愛を含むいくつかの事例に分けて検討、祖変が何代か重なることによって多祖現象が起こると考えた。「恋愛」が祖変の要因として挙げられている様に、高群は①土地に密着して生活する母娘中心の母系集団と、そこに外から入って婿となる男性の存在、②その間に生まれた子どもは母の集団の中で生活するが父の始祖（父系の祖）を受け継ぎ、集団の一部に祖の変化が起こる、③婿入り婚の積み重ねにより同一母系集団の内部に別々の始祖を持つ幾つかの集団が発生する、という過程を考え、婚姻が祖変とさらに多祖現象を引き起こしたと考えた。この高群の想定の根拠の一つは彼女自身が発見した摂関期貴族社会の婚姻居住形態、夫が妻方に迎えられて居住し、妻はその父母から邸宅を受け継ぎ子の世代に伝えるが（母系継承）、子どもの氏・カバネや官職は父親のそれを継承するという形態にある。

加えて八―九世紀の正史に散見される冒母姓《ぼうぼせい》（父の姓を受け継ぐべきなのに、何らかの理由で母の姓をなのる）を理由とする改姓記事も、高群の説を補強するものとなっている。例えば『続日本紀』延暦十（七九一）年十二月甲午条に見える伊予国越智《おち》郡の人越智直《おちのあたい》広川等五人の訴えは次のようなものである。「広川等の七世前の祖である紀博世が推古天皇の時代に伊予国に派遣され、その孫は越智直の娘と結婚して子が生まれた。その子孫は母方の伊予で暮らしていたが、六七〇年初の全国的戸籍である庚午年籍《こうごねんじゃく》（所属の氏を確定した）が作成された時、父の氏（紀氏）ではなく母の氏（越智氏）で登録してしまい、そのまま越智直を名乗り続けた。桓武朝の政策で、改姓を申請出来るようになったので、本姓紀臣を賜りたい」。この訴えは認められ、広川等五人（恐らく親子兄弟姉妹）は、紀臣となった。この例は冒母姓を理由とする改姓の典型的な事例であり、氏全体ではなくその一部の系統の人々が由緒を主張することで改姓された。この例に見られるように夫が妻の集団に入って生活し、その間に生まれた子が妻の集団の一員になることは、記録に残る以上に多かったと思われる。

高群逸枝が当時の研究者にほとんど注目されなかった冒母姓の事例を、母系制の存在と結びつけて論じたのは画期的なことであった。しかし祖変が全てこうした理由で起こるのではないことは、近世初頭に徳川家康が地位の上昇に伴って何度も祖先を変え、最終的に源氏の子孫を名乗って征夷大将軍に就任した例からも明らかである。多祖と祖変を母系制の問題だけに絞って考えることには、論理の飛躍があった。

ではそもそも、氏とはどのような集団と考えられているのか。津田左右吉以来、政治集団的性格と血縁集団的性格のいずれを重視するかの違いはあるが、現在のところ「血縁関係をベースとし非血縁者も含み、カバネを与えられて大王に奉仕する政治集団」というのが、氏理解の最大公約数であろう。それに対して高群の氏の理解は、氏を「組織としての氏」と、「呼称としての氏」に分類することから始まっている。「組織としての氏」は高群のいう崇神朝以前（古墳時代）から存在し、同じ女性を始祖とし代々同じ地域で暮らす集団（腹カラ＝実態的な氏族）、階級発生以前の氏族社会の母系氏族を想定している。高群が例としてあげたのは、桓武の母の母家（土師氏）について記した『続日本紀』延暦九年十二月辛酉条であるが、ここでは土師氏に四系統（腹）が存在し中宮（桓武母）の母家はモズ腹であると解説されている。この例に見る限り腹は父系同姓で結ばれた氏の中にある、始祖（母）を異にする集団を指している。この小集団が組織としての氏（母系集団）になるのだろうか。一方「呼称としての氏」は、崇神朝の「神社創設」を契機に出現し、氏《うじの》上《かみ》による祭祀と男系継承を特徴とする、多分に観念的な組織である。但し氏上自身はまだ母系集団内で生活し、従って歴代氏上の所在地は異なる母系集団の間を移動する。その一方で高群は、氏上の地位と名が父系継承される結果、父系の氏による勢力拡張行動が起こり、高群のいう「氏作り」「部作り」が始まると考えている。高群は複数の氏名を重ねた複氏、中でも父母両方の氏名を連ねた、例えば「物部弓削」の様な氏名を父的氏による勢力拡大の過渡期を示す例としている。

②「姓（カバネ）と母系」「賜氏姓と母系」

現在カバネは政治的序列や地位を表すものとして、倭王権から氏に対して与えられた表象であると考えられており、その成立は六世紀頃とされている。高群の理解も大筋では（特に氏姓制度以後については）同様であるが、一方でカバネ名の本来的な姿は、皇別・神別・蕃別といった始祖の出自による称号であると考えて、出自ごとにカバネを分類した。こうしたイメージの背景には、いわゆる天武八姓[9]のカバネ秩序が存在する。その上で氏のカバネによって示される出自とその始祖の出自との間に食い違いが見られることを指摘し、これがカバネの混乱を生み出したと考えた。高群はこの混乱の原因についても、本来の出自に一致したカバネを持つ母系集団に他のカバネを持つ男性が婿入りし、子どもが父のカバネを継承した結果、氏全体のカバネが父方のカバネに変化したという、祖変の論理と同じ論理で説明し、こうした食い違いこそ、母系制の存在の証明であるとしている。またカバネを基本的に始祖の出自と結びつけて考える高群は、カバネの変更が居住集団と結びついた氏名の変更より容易なものと考えた。従って彼女は祖変の次に姓変が起こると考え、最後に氏名そのものの父方への変更が起こると想定している。但しここでもカバネの改変と氏の大王への仕奉との関係は考慮されていない。

③結論——国作り、氏作り、部作り

高群は「結論」のはじめ（第一章第一節）を「言向け」といういささか唐突な言葉から始めている。ここで高群は、日本古代国家の特徴は、武力（征服）に依らず、宗教と結びついた宣撫と血縁原理の利用（婚姻）によって統一が達成されたことにあると規定し、それを「国作り・氏作り・部作り」という言葉で表現した。母系集団の存在を前提とし、そこに婚姻により男性が入ることで、カバネの変更さらに氏名の変更が起こると考えた高群は、氏族が招婿婚を通じて系譜上のみならず実際の血縁関係でも統合され、大王から部民まで一つの社会（大王を頂点に部民までを含む大家族）に統合されると考えて、それを「国作り」と名付けたが、そのモデルとなったのは「出雲神話」における大国主《おおくにぬし》の多妻伝承（行く先々で妻を持った）である。

高群はまず「国作り」が先行し、ついで氏カバネ制度の段階で「氏作り」によって有力豪族による系譜的統合があり、それとともに「部作り」による部民制が成立したと考えた。これらの現象の背後にあるのが招婿婚であり、招婿婚が祖変・姓変・氏変を引き越して父系社会が成立してくると結論して、この書を締めくくっている。高群が描いた古代国家とその形成のイメージは、国民を家父長である天皇の赤子として疑似親子関係に基づく天皇への服従を強制し、対外侵略に乗り出していた天皇制国家の理論を補強する側面を持っていた。

四　『母系制の研究』と古代史

①『母系制の研究』はなぜ省みられなかったか

最初に触れたように、古代史研究に限ってみる限り『母系制の研究』を問題にしたものは意外に少ない。それはなぜなのか、考えてみたい。

高群が研究を開始した一九三〇年代は、戦後古代史研究の萌芽期とも言える時期である。例えばこの時期は、坂本太郎が東大初の古代専門スタッフとなったように、古代から近世まで日本史としてひとくくりにされていた歴史研究から、古代史研究が独自のサブ分野として独立してくる時期であった。すでに一九二〇年代には津田左右吉が、戦後の歴史学の基礎となる記紀の史料的検討を進め、記紀に見える系譜の史料価値を否定して、賛否を含め人々に大きな影響を与えつつあった。

マルクス主義歴史学の立場から渡部義通が『日本母系時代の研究』[10]をまとめたのは、一九三二年である。ちなみに京都府立図書館に所蔵されている本は伏字だらけで、表紙には「禁閲覧」の印まで押されている。この書は高群が『母系制の研究』において、日本の母系制をテーマとしたほとんど唯一の本としている本であったが、当時どのくらいの人々が読めたのかも分からない。モルガン－エンゲルスが想定した母系制社会が日本古代にも存在することを奈良時代の資料から証明しようとしたもので「戦後歴史学」に引き継がれていくが、母系制の実態そのものについてはごく簡単に触れるにとどまっている。

過去の社会と人間の営みを神話から切り離し、モノ（遺跡・遺物）のみで復元する科学としての考古学が確立するのも、一九一〇年代後半―二〇年代である。このように一九三〇年代には戦後の古代史研究の基礎が作られつつあったが、渡部義通の例に見るように、次第に強まる思想弾圧の下で研究の自由が奪われていった時期でもあった。歴史学の中で起こっていたこれらの動きを高群がどう受け止めていたかは不明であるが、少なくとも津田のようなテキストを疑う姿勢は、高群の研究からは見えてこない。その中で出された『母系制の研究』に対する反応は、高群の自伝を見ても喜田貞吉など二、三の好意的とも言える意見（献本の返礼）を除いてあまり見受けられない。その傾向は高群女性史が多くの読者を得た戦後七〇年代頃まで同じであった。その原因は恐らく三つの点にまとめられる。

第一の点は、歴史発展に関する認識の違いが大きかったことにある。高群はモルガン－エンゲルスの古代社会研究[11]、発展段階説を受け継ぎ、日本社会が母系制から父系制へ発展すると想定し、古代社会を母系制社会、ないし母系制が基底的役割を果たしている社会と考えた。『招婿婚の研究』を読む限り、父系制社会への完全な移行は中世後期に想定されている。これに対して高群が亡くなる一九六四年頃（七〇年代以前）まで戦後歴史学の主流を占めた歴史学者の多くも、渡部義通の研究を受けて日本社会の発展を母系制から父系制への発展と考えたが、父系制の確立期を遅くとも国家が形成される古墳時代以前と考えていた。国家と階級の成立は父系制への転換と結びついて起こったとする、理論的要請が存在したからである。それを助長したのは、近代家父長制の下で育った男性研究者のジェンダーに対する無意識の思い込みであった。彼らにとって古代社会が父系制社会であることは自明の理であり、婚姻などに見られる非父系的な事実は、父系制の下での遺制や慣習として片づけられた。最初にあげた井上清の『日本女性史』が、奈良時代の女性を国家と家父長の二重の支配に苦しむ人として描いていることは、その端的な例である。それは集団墓地の分析から嫁入り婚が想定されるなど、考古学の分野でも同様であった。高群逸枝の古代国家認識とは全くずれたところでの議論であり、それがこの書全体を無視してしまう結果を生み出したことは否めない。この書が提示した事実の是非を改めて問い直す作業が始まるのは、一九七〇年代に社会史、女性史の研究が活発化してからである。

第二の点は、高群の史料評価ないしその扱い方にある。戦後歴史学の時代、皇国史観の重圧から解放された古代史研究は、戦前の天皇制国家への反省から古代天皇制研究を活発化させた。そこでは厳密な史料批判が要求され、津田左右吉の提起が再評価された。例えば記紀の成立過程の研究が進み、現在の形になるまでの編纂過程や依拠した史料、さらに『日本書紀』各巻ごとの執筆グループ（中国系・朝鮮半島系・倭人系）と編集順序、各巻の執筆者が引用し地の文にはめ込んだ中国書籍や仏典研究など、現在まで詳細な研究が積み重ねられている。津田が切り捨てた天皇系譜についてもその形成過程が研究され、神武とそれに続く「欠史八代」と呼ばれる八天皇の系譜や、ヤマトタケルや神功皇后など実在を否定されている人物が系譜に加えられた時期の推定、「帝紀」[12]の原型の研究、さらに中国史書や考古学の知見を踏まえた王朝交代問題と系譜関係など、様々な議論が展開されてきた。高群と同じ史料を駆使して七世紀以前の個別親族集団をテーマとした研究も進んだ。しかしここで重視されているのは地域社会における（男性同士を自明の前提とした）政治的同盟の形成であり、条件としての婚姻、ひいては女性の役割は捨象されている。例えば高群が男系女系双方の氏の名に由来するとした複姓についても居住地にちなんだ名称とし、その氏が何らかの血縁関係にあったのか、または隣接する地域に居住し同盟関係を持つことで同族化したのかは検討課題として残された。現実には同盟を確実なものにするための婚姻と、それを通じた親族結合の連鎖も存在したはずであるが、史料上に現れない婚姻は議論から捨象された。これに対して高群のこの書は、系譜意識を問題にしながら始祖の記録や記紀の叙述をそのまま実態として扱い、テキストの信憑性・政治性を検証していない。それによってこの書全体の評価が下がり、ここで指摘されている個々の事実の検証を行うことをも困難にした。

第三は、この書の帰結に関わる点である。高群は古代日本社会を天皇を頂点とする血縁原理で結ばれた家族国家と見ていたことが、この書の結論から読み取れる。母系制を問題としながら、最終的には婚姻の連鎖によって天皇を頂点とする単一民族的父系血縁社会が成立するという結論は「招婿婚」をすべての変化の基礎に置く限り当然の帰結であるが、それが実態とかけ離れているばかりか、「皇国史観の理論化」という評価をうけるなど、ある種うさん臭い目で見られることになってしまったことが、この書が問題とされなかった理由である。

②女性史研究の発展と『母系制の研究』

一九六〇年代後半頃から、日本史研究に新たな動きが見られるようになる。先にも触れたようにそれまで日本古代社会を考える時、マルクス・エンゲルスの共同体[13]とその発展段階論の影響を抜きにすることは出来なかった。しかしこれらが提起されたのは十九世紀であり、アジアについての資料が不足していたため、ヨーロッパ社会を基準にした考察となっていた。そこでアジア社会の独自発展を模索する動きが起こったが、中でも一九七一年に石母田正が『日本の古代国家』[14]で提起した首長制論が古代史全体に与えた影響は非常に大きかった。吉田孝は文化人類学の成果をも取り入れながらウジとイエの問題を追究し、古代日本社会を双系制社会であると定義した。[15]その中で高群が母系制を示す例として提起した事実も、双系制社会の問題として捉えなおすことが可能となった。双系制の提起は、女性の評価の再検討につながり、研究上女性の姿を可視化することにもなった。現在の考古学・古代史研究では、人により父系制への移行時期の認識に差があるが、古代社会を双系制的な社会と考える説が主流となっている。

一九六〇年代後半は、世界的なヴェトナム反戦運動の高まりの中で、様々な社会運動が起こった時代である。フェミニズム運動もその一つであるが、日本古代史でも本格的な女性史研究が関口裕子などの手で始まった。[16]しかし当時、ジェンダーの視点で行われた古代女性史研究は、高群逸枝の研究以外に存在しなかった。高群逸枝の再評価と批判的検討は、その中で始まったのである。その成果の一つ『家族史研究』第二号（一九八〇年）[17]を、取りあげてみよう。この号は特集として「日本古代史と女性」と題して、関口裕子の他、村上信彦、江守五夫、服藤早苗他が執筆している。例えば『母系制の研究』に直接関わる三人の論考を紹介すると、江守五夫は民族学の立場から、高群の母系制論、中でも『母系制の研究』に焦点を当てて論じ、むしろ日本古代社会を父系出自的性格が強い社会であるとして、高群説を否定する立場に立っている。一方関口裕子は高群の成果を高く評価し、日本古代社会を母系的血縁紐帯を基底に置く社会であるとして、そこから古代女性の地位の評価──家父長制が未確立な段階での女性の自立性──を主張している。さらに村上信彦は「無から」出発し膨大な史料を集めて書かれた『母系制の研究』を高く評価し、「文字通り創造的な研究である」

として、その創造性を評価している。従って同じく高群を評価しながら、史料を駆使して高群説の「母系的血縁紐帯」の検証を行っている関口とはスタンスが異なっている。また村上は「氏族協和」を説く高群の「結論」部分について、当時の社会情勢に対する政治的配慮であったとしているが、婚姻を通じた氏の紐帯の連鎖を基調とする高群説自身がたどり着いた結果ではなかったのか。義江明子は一九八四年の「高群の思想と家族婚姻史研究」[18]において『母系制の研究』について触れ、高群が系譜作成原理を「招婿の原理」と見、その結果「血の帰一」賞賛という原理の逆転を招く結果となったとしている。

　現在関口のような形で、高群の母系制論を継承する研究者は少ない。しかし双系制社会とそこにおける女性の位置を研究する中で、高群が示した個々の事実に基づく研究は受け継がれている。例えば古代系譜については、義江明子の一連の系譜研究がその代表的なものである。[19]考古学の分野では特に古墳時代前期の女性首長の存在が証明され、[20]また埋葬から親族集団の構成を考える研究も進んでいる。[21]古代社会を双系制と見て、そこに導入される父系制的規範と支配がどのように女性の暮らしを変えていったかが課題となっている。

　『母系制の研究』は『招婿婚の研究』とともに、男性を主体とした男性研究者中心の研究に対して、ジェンダーの視点から古代社会の中で生きた女性の姿を実証的に検証しようとした最初の書として評価されるべきものである。そこで提起された事例と問題意識は、今後も検証しながら受け継ぐ必要があると思われる。

注

(1)高群逸枝の人と思想を論じた研究・評伝は多いが、ここでは省略する。『母系制の研究』そのものの評価に関して、高群に多く言及している山下悦子は、高群の「最も優れた代表作」であるが、「おぞましさ」の中心、「女性の側から皇国史観を理論化した」書と位置付けている(山下悦子『高群逸枝論――母のアルケオロジー』河出書房新社、一九八八年など)。また女性史の立場から『母系制の研究』『招婿婚の研究』を中心に、高群逸枝の思想と研究を、ボーボワールの女性論と比較しながら論じたものに、義江明子「高群逸枝の思想と家族婚姻史研究」(『歴史評論』四〇七、一九八四年三月)がある。

(2)『母系制の研究』の初版は一九三八年厚生閣から出版された。ここでは一九六六年に理論社から出版された『高群逸枝全集』第一巻『母系制の研究』を使用する。

(3)井上清『日本女性史』(三一書房、一九五一年)。本文でも触れたように、この書における古代女性一般の位置づけは、古代専制国家とそれを支える父系制的家の家父長の、二重の支配の下で苦しむというものであり、女性の実態に即したものになっていない。これは当時の古代社会像が、主に律令法と戸籍計帳を主な史料として組み立てられていたことによる。

(4)中務卿満多親王以下六人を編集責任者として完成した氏族譜。各氏の始祖のみを記載したもので、祖先から子孫までを記した系譜ではない。現在『新撰姓氏録』を研究する時の基本文献として、佐伯有清著『新撰姓氏録の研究』「本文篇」及び「考証篇」一—六、「索引・論考篇」（吉川弘文館、一九六二—八四年）がある。

(5)平安京左右京及び山城・大和・摂津・河内・和泉の五か国。

(6)本貫とは戸籍に登録されている地であり、本貫から移動する場合には国家の許可が必要だった。

(7)高群逸枝の自伝、完成直前に彼女が病死したため未完に終わり、夫橋本憲三の手で完成して出版された。彼女の日記をもとに叙述されているが、当然意識的な取捨選択が加わっている（『高群逸枝全集』一〇巻、理論社、一九六五年）。

(8)『日本文徳天皇実録』斉衡三年九月甲子条　島田朝臣清田卒伝。

(9)天武朝の制度改革、それまでのウジによる大王への仕奉関係を示すカバネから、官僚の出身条件としての出自を基準としたカバネへの組み換え、ここでは継体以後に大王から分かれた氏を真人として最上位に置き、皇別氏を基本とする朝臣を二位、神別氏を中心とする宿祢を三位、蕃別氏のカバネ・忌寸を四位とする、天皇からの親疎による出自別のランク付けが行われている。

(10)白揚社、一九三二年出版。

(11)モルガン『古代社会』エンゲルス『家族・私有財産・国家の起源』（『起源』と略）。特にエンゲルスの『起源』はマルクスのアジア的共同体論の提起と共に、古代日本社会の研究に大きな影響を与えた。

(12)歴代天皇の名・両親・配偶者・子女・宮・崩年などを記した「日継」の書、原型は六世紀頃に成立したと考えられ、『記紀』の史料となった。

(13)注（10）、（11）参照。

(14)石母田正『日本の古代国家』（『日本歴史叢書』岩波書店、一九七一年）後に『石母田正著作集』第三巻に所収、また二〇一七年には文庫化。

(15)双系制（双方的親族構造）とは、様々な偏差を持ちながらも父母双方と等距離の親族関係を持ち、居住・財産相続も一方に規定されない親族構造。親族集団は世代ごとに結合と解体を繰り返すから、単系社会のような家系は本来成立しない。

吉田孝の説については『律令国家と古代の社会』（岩波書店、一九八三年）所収の諸論文、特に第Ⅱ章「イヘとヤケ」第Ⅲ章「律令時代の氏族・家族・親族」等参照。

(16)関口裕子の代表的な業績については『日本古代婚姻史の研究』上下（塙書房、一九九三年）『日本古代家族史の研究』上下（塙書房、二〇〇四年）及び没後まとめられた『日本古代女性史の研究』（塙書房、二〇一八年）等を参照。

(17)発行所大月書店、特集「日本古代家族と女性」関連論文のタイトルは、江守五夫「古代女性史に関する問題——民族学的立場からの一考察」、関口裕子「日本古代の家族形態と女性の地位」、村上信彦「高群逸枝の女性史学」（頁順）。

(18)注（1）参照。

(19)義江明子『日本古代の氏の構造』（吉川弘文館、一九八六年）特に第三篇「氏と系譜」参照。

(20)今井堯「古墳時代前期における女性の地位」（『歴史評論』三八八号、一九八二年三月）は、女性首長の埋葬の実例を初めて紹介した。現在考古学から女性首長の実態に迫る研究は、清家章の諸研究などに受け継がれている。

(21)田中良之『古墳時代親族構造の研究』（柏書房、一九九五年）は、同じ古墳に葬られた複数の人々の歯冠計測から被葬者相互の関係を割り出し、親族構造とその変化を追究した。この書は考古学のみならず文献史学にも大きな影響を与えている。

〝ヒメ〟幻想を超えて

義江明子

●よしえ・あきこ　一九四八年大阪府生。東京都立大学大学院人文科学研究科修士課程修了。専攻は日本古代史／女性史。主著に『日本古代の氏の構造』『日本古代の祭祀と女性』（吉川弘文館）『女帝の古代王権史』（筑摩書房）等。

高群の姫彦制

『女性の歴史』（一九五四年刊。『高群逸枝全集』第四巻所収）の第一章「女性が中心となっていた時代」で、高群は「姫彦制というもの」と題して男女複式酋長制を説く。

姫彦制というのは、卑弥呼（すなわち姫御子）とその助力者である弟（彦御子）のような関係――男女による複式酋長制をいう。

高群によれば、三世紀の邪馬臺国女王卑弥呼は、族長であると同時に霊覚者（祭主）で、生涯結婚せず、神がかりして母祖神の教旨を伝え、男弟がこれを受けて執行した。卑弥呼は「その霊能を維持することが社会から課せられた唯一の社会への義務なので、一室にこもって神業に専念しなければならなかった」とみる。高群の考える母系氏族論にもとづいた、女性主体の「姫彦制」である。

男女二重王権論の二つの潮流

中国の歴史書『魏志』（倭人伝）の描く「鬼道に事《つか》え、能《よ》く衆を惑わす」卑弥呼と「国を佐《たす》け治む」男弟に、宗教的君主と世俗的君主の姿をみる解釈は、一九一〇年（明治四三年）に始まる（東洋史家の内藤虎次郎と白鳥庫吉による邪馬臺国所在地論争）。その後、佐喜真興英は『女人政治考』（一九二六年）で、世界各地の「女治」を紹介したのち、一六世紀以前の古琉球では女君（聞得《きこえ》大君《おおきみ》）を霊力による第一次支配者、国王を第二次支配者とする二重統治が行われていたとし、古代日本の卑弥呼と「男弟」も同じとみた。さらに、より古い時代には女君単独統治の時代を想定した。高群はこれを受け継ぎ、古代日本における女性主体の「姫彦制」へと展開したのである。

ところが『女性の歴史』刊行の一九五四年には、もう一つの男女二重王権論が著されている。洞富雄の『日本母権社会の成立』（一九五六年）における「女治」論である。佐喜真による女君単独「女治」の構想は退けられ、女性はその神聖さのゆえに人民から隔離され、実際の政治は男性が行ったとする、男性主体の「男女二重王権」＝男女複式酋長（ヒコ・ヒメ）論が唱えられた。この論文は、数次の補筆を経て『天皇不親政の起源』（一九七九年）に再収録された。後者の書名にも明らかなように、宗教的女君と実際政治を行う男君という洞の男女二重王権論は、〝女君の権威の低下に伴う男君（天皇）の宗教性強化→天皇不親政の伝統形成〟という歴史過程を想定することで、戦後の象徴天皇制を歴史学の側から支える議論につらなっていくのである。

女性統治者否定の源流

そもそも一九一〇年に提起された白鳥・内藤による卑弥呼像の土台には、〝男尊女卑の古俗にもかかわらず、神意を伝える資質のある女性は、例外的に女王となることができた〟という考え方があった。これ以前、中～近世の歴史書（『愚《ぐ》管抄《かんしょう》』『読史余論《とくしよろん》』など）では、女性統治者による軍事親征や長期の執政は当然のこととされていて、〝卑弥呼は深殿に引き籠もる巫女で実際の統治は男弟が行った〟というような解釈はなかった。明治前半までは、「卑弥呼ノ英略ヲ以テ、国人ヲ服セシヨリシテ、人民自ラ女酋ヲ重ンズル心ヲ生ジ……」（那珂通世）という学説が、特に不審とされることなく流布していたのである。こうした卑弥呼＝女性統治者像を、宗教性を正面に打ち出すことで否定したのが白鳥・内藤説であり、そこに、明治後半期の転換をみることができる。

ここで新たに提示された宗教的女君卑弥呼に対置される男君、すなわち「軍国の政務を親《みずか》ら裁断する俗界に於ける英略勇武の君主」のイメージは、大元帥明治天皇と重なりあう。女帝排除を規定した大日本帝国憲法・皇室典範（一八八九年）とも適合する君主像である。女性の宗教性を強調する男女二重王権論とは、その出発点において女性統治者否定論だったことを、しっかりと認識する必要があろう。白鳥は、古代に「君主と仰がれし女主は、大概、この性質（宗教性）を具備せしなり」と述べて、前近代に存在した女帝すべてについても、卑弥呼と同様の解釈を及ぼす。洞による男性主体の「男女二重王権論」は、その延長上にある。

女性霊能論の危うさ

高群は、卑弥呼の霊能性を強調しつつも、洞とは反対に、女性主体の「姫彦」制を提唱した。これをうけて、〝ヒメ〟は以後、フェミニズムの立場にたつ古代女性史研究の象徴的キーワードになっていく。倉塚曄子は『巫女の文化』（一九七九年）で、沖縄と本土に共通する女性の霊的優位性を説き、その失墜と復権の精神史として新たな女性史を構想した。

しかし、女性の本質的霊性を前提とするヒメヒコ制／男女二重王権論は、女性を主体に据えようとも、やはり危うい議論である。佐喜真は「女王を共立したために戦乱が治まって平和になったと云うことは、明らかに女治思想の存在を示して居る」という。高群も「姫彦制の根底には、一般女性がもつ「愛」の本能への社会の信頼があった」とする。女＝平和・愛という、女性本質論である。古代史家の三品彰英も、聖（女）・俗（男）の分担のもと、卑弥呼は「巫女的性能によって、男王たちの戦争を防止」した「平和酋長」だという。〝男たちの争いの埒外にいる第三者としての女性〟という幻像は、〝皇位継承争いのあった時に女性を「中継ぎ」として即位させた〟という形で、現在の女帝論の通説にも影を落としている。

〝ヒメ〟誕生の史実

高群は卑弥呼を「姫御子《ひめみこ》」としている。しかし史実としては、三世紀に「ヒメミコ」は存在しない。天皇の子を男女で区分し、男を皇子《みこ》、女を皇女《ひめみこ》と称することは、七世紀末の飛鳥浄御原《きよみはら》令で法制化された。それまでは、男女共通の「王《みこ》」号が用いられていたのである。『古事記』の六世紀後半ごろの天皇系譜をみると、男女の御子が、同母を一グループとして、生まれた順に男女を区別せず書き上げられている。敏達と推古の間に生まれた御子たちに例をとると、静貝《しずかい》王・竹田王・小治田《おはりだ》王・（葛城王・）宇毛理《うもり》王・小張《おわり》王・多米《ため》王・桜井玄《ゆみはり》王となる。名前と称号だけでは男女を判別できない。他方の『日本書紀』では、新しく成立した称号である皇子《みこ》・皇女《ひめみこ》を使って、同じ御子たちが、磯津貝皇女・竹田皇子・小墾田皇女・鸕鶿守《うもり》皇女・尾張皇子・田眼皇女・桜井弓張皇女と、一見して男女別の明白な形で記される。私たちは、『書紀』の記載と照合することで、ようやく『古事記』系譜の誰が〝男〟で誰が〝女〟かがわかるのである。

七世紀末には、全身分階層に及ぶ全国的戸籍の作成方法／書式も法制化された。大宝二年（七〇二年）の御野《みの》国（現在の岐阜県）戸籍は、この書式によって作られている。それをみると、一戸毎に前半は男、後半は女と二分割して名前が書き上げられていて、女性名は例外なく「＊＊賣《め》」である。戸籍以外の同時代の史料では、「賣」をつけない女性名も普通にあり、「＊＊」の部分は男女共通であることが多い。日常生活では区別のない名前が使われていた社会に、全国的戸籍制度を導入するにあたり、男と女にきっかりと区分し、女性名には一律に「メ」をつけたと推定できる。現在の研究によれば、多様な性／性自認の人々は、どの社会にも八％程度はいるといわれる。そうした人々も含めて、戸籍では男と女に二分割／登録され、性別に応じた異なる社会的役割が割り振られたのである。

天皇の御子を「皇子」（みこ）と「皇女」（ひめみこ）に区分することは、特典・賜禄などの国家的待遇の男女差を制度化することと連動していた。同様に、戸籍で男・女を明確に二分することは、兵役・課役などの国家的負担の男女別の制度化と連動する。

それ以前、名前や称号の男女別が明確でなかった時代とは、社会を男女で二分割し組織化する原理が未熟な時代といえよう。男女の御子は、原理的には均等な立場で父母の財を継承し、王位をめぐって争い、庶民男女は、集団（部《べ》）として生産物を貢納するシステムだった。社会の成員全てが、一人の例外もなく〝男〟と〝女〟に区分／登録される必要のない社会だったのである。＊＊ヒメや＊＊メは、古くからある多様な女性名タイプの一つである。しかし、七世紀末の男女別法制化にともなう女性名接尾辞「ヒメ」「メ」は、男女二分割の社会システム確立期の産物に他ならない。その意味で、〝ヒメ〟はジェンダー記号なのである。

〝ヒメ〟以前をみすえて

現在の私たちは、男と女の二分割自体が、社会的・文化的・歴史的に作り出されてきたものであることを、ようやく認識しはじめた地平に立っている。ジェンダー視点を獲得することで見えてきたこの位置から、〝ヒメ〟幻想にからめとられることなく、男・女の区分によってどのような抑圧のシステムが作られてきたのか、みつめ直そう。それこそが、高群の女性史が追究しようとしたもののはずである。

参考文献

義江明子『つくられた卑弥呼』ちくま新書、二〇〇五年（ちくま学芸文庫、二〇一八年に再録）。

――「〝聖なる女〟の思想的系譜」『日本古代女帝論』塙書房、二〇一七年（初出二〇一〇年）。

古代・中世の婚姻形態と同居家族・「家」

【『招婿婚の研究』の批判的継承】

服藤早苗

●ふくとう・さなえ　一九四七年愛媛県生。一九八六年東京都立大学大学院博士課程単位取得退学。文学博士。埼玉学園大学名誉教授。専攻は日本女性史。平安時代史。主著に『藤原彰子』（吉川弘文館）、『平安王朝の五節舞姫・童女』（塙書房）、『平安王朝社会のジェンダー』（校倉書房）等。

一　高群逸枝の招婿婚の研究

一九五三年（昭和二十八）、一二〇〇余頁の『招婿婚の研究』が刊行された(1)。当時、アカデミズムの研究者を含めても、十世紀から十六世紀の公家（貴族）日記をほぼ網羅的に丹念に読み、数万枚のカードをとり、婚姻語、婚姻家族、婚姻儀礼、同居家族、邸宅伝領等々の変遷を検討し、体系化したのは画期的だった。これに対して一九八〇年代後半から、「意図的誤謬」「捏造」等のセンセーショナルな批判があったが、後述するように新たに蓄積された研究成果を踏まえつつ批判的に継承すれば、現在でも基本的日本婚姻史体系として揺るがない位置をしめていると考えている。

まずは、一九六三年に刊行されたダイジェスト版ともいえる『日本婚姻史』(2)の「序説日本婚姻史の体系」から招婿婚をみてみよう。庶民層も含めた最終的な招婿婚の大枠が示されているからである。掲載されている日本婚姻史表では、原始の群婚に次いで、大和から鎌倉南北までの対偶婚が「招婿婚期」であり、室町以降に単婚の「嫁取婚期」になり、近現代に漸次「寄合婚期」に移っていくとする(3)。対偶婚とは、「群婚的拘束からの個別婚の解放であった。それは一対の男女が自由に結合できる婚姻形態であり」「祝福されたこの一対の男女のあいだには、特殊の愛着がふかまり、相互的な貞操観がめばえ」（四九頁）、「自然的一夫一婦制で、制度的一夫一婦婚ではな」（五一頁）い、とする。

さらに、「招婿婚期」は、五段階に分けられる。大和時代の「妻問婚」は、夫が妻方に通う形態で、夫婦は基本的に別居で母族共同体で生活する。飛鳥・奈良・平安初期の九世紀末までは「前婿取婚」で、夫婦同居が傾斜的にはじまるが、同居は妻方同居と単婚同居である（六六頁）。十世紀から十一世紀末までの平安中期は「純婿取婚」で、妻方の父が婚主となり、夫婦同居が一般化するが、同居家族は直系的な女系二、三世代の家族で、邸宅は母系か妻系が主だが、息子が相続することもあるものの、「男系にあっては、直系的な家族も、複合的な家族もこの期ではない」（一四四頁）。平安末から鎌倉初期は「経営所婿取婚」で、妻方が用意した経営所で婿取儀式が行われる。当初からの夫婦同居家族であるが、新婚夫妻と夫の父との対面がはじまる。いっぽう、武士層では妻が夫方に移る進上婚が始まる。承久の乱（一二二一）頃から南北朝の開始頃（一三三六）までは「擬制婿取婚」で、夫の親が避居した邸宅に新婦が入り、妻の父が婚主となり婿取儀式を行う形式で夫婦同居家族であるが、夫の両親とは同居することはなく、父系直系家族は未成立である。この期で原始婚である対偶婚はおわる。

その後、室町・安土桃山・江戸時代は、夫方の家父長が嫁を取る「嫁取婚期」で、妻は嫁行列で夫家に入り父系三世代家族で同居が始まる。明治・大正・昭和時代は、「母系型の婿取式でも、父系方の嫁取式でもなく、男女が平等な人格と権利をもって自由結合する個人型の一夫一婦婚」である「寄合婚」がめばえるが、実際に定着するのは戦後の昭和憲法からである。

こうして、大づかみには、氏族制時代の婿取式段階、家父長制時代の嫁取式段階、近代の寄合式段階という継起的三段階として歴史的に変容する体系を打ち立てた（二四三頁）。

群婚→対偶婚→一夫一婦婚との婚姻体系化については、モルガンの『古代社会』の婚姻発展理論を取り入れ、エンゲルスの『家族・私有財産および国家の起源』の単系的発展説に無理やり整合化しようとした点や、家父長制の成立を南北朝まで下げた点等が、批判されている[4]。

高群逸枝の婚姻体系の特徴、言い換えれば南北朝までを男女対等な対偶婚としての「招婿婚期」とし、家父長制未成立を主張した要因は、同居家族に重点を置いたからである。「息子は一生親の家には帰らないのである。時には親の家宅を伝領することもあるが、親の生前に妻子を引き連れて親と共に住み、そのまま親の家を伝領するというような方式をとる例は一例もない[5]」、すなわち夫婦が夫の両親と同居する家族、父系直系三世代同居家族は南北朝期まではほぼない、と何度も何度も繰り返し書いている。柳田國男への批判もこの点である。なぜ同居家族にこだわったのか。高群の生きた近代では、家父長制的家に入る嫁にとって、夫の両親との同居と出産子育て・母子保障は、舅姑への隷属のもと、萌芽してきた「寄合婚」への足かせであった。「誰と同居するか」は女性にとって極めて重要であり、夫の両親と同居する父系直系家族形態は、南北朝期に定着することを膨大なカードから帰納的に見つけ出し、その変遷を体系化したものであることをまず指摘しておきたい。

ただし、高群の女性史研究は、新女性主義の延長として母子保障社会の証明を歴史に求めることで出発したとされる。(6) たしかに、妻方による出産・子育て等の養育援助を高く評価し、嫁取婚期の夫方での子の保障は評価しない。『招婿婚の研究』第一〇章「その終焉」では、嫁取婚の台頭を詳述するが、婿取婚の各章にあった「子の保障」の項はなくなる。本当に実母と娘関係は「自然」で、「母子の保障」が良好なのだろうか。妻方両親との同居や経済的援助を高く評価するが、そこに陥穽があったとも思われる。

二　主たる招婿婚批判

『招婿婚の研究』刊行から七十年近くが過ぎ、多様な側面から多くの批判が出されているが、まずは、現在では確定している批判を大まかに指摘しておきたい。

第一に、「招婿婚期」を五段階に分割したものの、各期内での史料を提示して論証していない点である。たとえば、後にも検討する『蜻蛉日記』の家族・婚姻形態は、十世紀後半の史料であり、本来的には平安中期の「純婿取婚」の史料分析でなければならない。しかし、『招婿婚の研究』第六章「前婿取婚」で、媒人・三日夜餅儀・すえ発生・母子保障・離婚・族制等々に『蜻蛉日記』を使用しており、「前婿取婚」内の婚姻儀礼に関する史料はほとんど提示されていない。また、強引な史料解釈や、史料読解に間違いがあることも指摘されている。

第二は、「招婿婚」「婿取婚」との名称である。確かに史料用語としては「婿取」「むことり」等が平安中期以降の日記・物語等に頻出するが、生涯に渡って妻方同居するわけではなく、妻族化する「母処婚」ではないので、学術用語としては不適切だとする多方面からの批判は、ほぼ定着しており、「妻方居住」「夫方居住」「独立居住（新処居住）」等の用語を使用すべきとする。現在では、学術論文ではこれらの用語を使用することが普通になっている。

以上の批判を踏まえた上で、同居の邸宅と家族形態からの主要な批判を大まかに分類し、提示したい。

まず第一は、法社会学・比較法学・比較民族学からの江守五夫氏の執拗な批判である。有賀喜左衛門等の社会学的原理を継承し、婚姻発展史や婚姻居住形態に関する比較民族学的理論においては、妻方居住制をとる母系制社会が夫方居住婚を採用し父系制に変化することはあるが、大化以前から父系制が成立している社会で妻方居住婚は論理的にあり得ない、と高群説を繰り返し批判した。招婿婚を「婚姻居住形態に関する民族学理論で単純化すれば、『擬制婿取婚』から後が夫方居住婚、それ以前の諸形態が妻訪婚、もしくは妻方居住婚として二分され」、妻訪婚もしくは妻方居住婚からは母系出自が、夫方居住婚からは父系出自が成立することになり、不整合な「父系母所」熟語はあり得ないので、古代の婚姻居住形態は一時的妻訪婚を経た嫁入婚だとする。[7] 史料検討からではなく、理論によって高群を批判したのである。これは、高群が挑んでも無視しつづけた柳田國男が、「嫁入り儀式をもって結婚を開始する慣行以前に、聟入り儀式をもって結婚を開始し、後に嫁を夫家につれもどる慣行がひろく行われていた。おそらくこれが最も古い慣行で、平安時代もこの方式であった」「日本の婚姻は、古来嫁入婚で一貫している」[8]とほぼ同じ見解である。

この説は、二十年以上高群の家族婚姻史を整理継承したものの、一九八〇年代後半から真逆の高群逸枝「意図的誤謬説」「捏造説」を唱えた栗原弘説（後述）、すなわち婚姻当初は妻方居住だが、後半は夫方提供家屋に住む「夫方居住婚」だとする説と同じである。なぜなら「夫方居住婚」は「夫婦が夫の親の家やその近くに住む方式、つまり花嫁が夫方に移り住む形態をさし、夫処婚ともいう」[9]とあり、嫁入婚である。たしかに、江守五夫氏は、「高群氏が自説に合わぬ史料を意図的に無視するなどの史料操作を行っていた事を明らかにされた」「大筋において私たち（栗原と江守―注、服藤）の見解が一致したことは、私にとり頼もしい限りであった」と十世紀末頃成立の『宇津保物語』を分析した著書で（vi頁）で栗原氏を高く評価している。[10]

しかし、江守氏は、夫婦邸宅を妻側が提供する場合も少なくないが、管理用益権は夫が所有しているので、「夫婦の同居は、事実上、夫家における夫婦の同居――つまり夫方同居婚――と見て差し支えない」と指摘する（七九頁）。妻方提供家屋でも夫が管理権を持っているので夫方居住婚、嫁入婚とされるのである。妻所有邸宅での夫婦同居も妻方同居婚とはせず、夫方同居婚＝嫁入婚とすると、婚姻居住形態・同居家族形態を実証することが出来なくなるのではなかろうか。筆者は平安中期の貴族邸宅では妻の所有権があっても夫の呼称に使用されることを実証し、夫に管理権があるように見えても所有権は妻が保持していたことを詳細に実証した。[11]

また夫方提供邸宅に居住するゆえ「夫方居住婚」と規定することが不適切なことは、すでに実証した。たとえば、藤原道長（九六六―一〇二八）の息子教通は藤原公任（九六六―一〇四一）

に聟取られ当初は公任の四条第で同居しており、後に道長提供の三条邸に移った。栗原氏のいう夫方提供邸宅に居住する「夫方同居婚」である。しかし、同居していたのは公任夫妻と教通夫妻と未婚の子どもたち、すなわち母系直系三世代家族だった。夫方提供邸宅に移ったからといって、「夫方居住婚」、ましてや「嫁入婚」とすることは正しくないと断言できる。[12]

なお、高群が何度も実証するように迫った父系三世代同居、父系直系家族は、柳田・江守・栗原各氏ともにまったく挙げていない。また、栗原氏の高群批判が成立しないことは、次節で詳細に検討する。

第二は、単系社会では父系または母系親族集団を維持・存続するために婚姻居住規制が重視されたが、固定的な親族集団を形成することのない双系制社会だったゆえに、平安貴族の婚姻居住形態は、居住規制がきわめてルーズであり、「嫁取りの夫方居住、新居住、終生の妻方居住、一時的妻方居住婚などいろいろあり得る」[13]（二三五頁）と諸類型が入り交じっており、強固な婚姻居住規制はない、とする鷲見等曜説である。「およそ日本の婚姻史を論ずるほどの者は、柳田説、高群説に対する態度を明確にする必要があること、そのばあい、「純婿取婚」についての高群氏の実証をくつがえしうるかどうかが問題の焦点である」（二〇五頁）とし、平安貴族の婚姻居住形態を分析し、高群の実態的母系直系家族や母系大家族説を検討する。『蜻蛉日記』の婚姻居住・家族形態については次節で検討するが、母系家族があっても十数年だけであり、「母系原理」はあり得ないとする。

日本古代の氏は血縁的親族集団を強固には形成しない双系的本質を持っており、基層社会は双系的だったことを吉田孝氏[14]が提唱して以来、現在ではほぼ通説的に受容されており、その点では説得力があり首肯しうる。また、高群のように「招婿婚」を母系原理の残存としたり、「父系母族制」「父系母所制」「父系母族婚」等の難解とされる熟語を使用する必要もなくなり、極めて説得的である。

しかし、鷲見説も、前述のように高群が柳田に投げかけた、父系三世代同居家族を提示しておらず、全面的批判にはなっていない。やはり、双系社会説だけでは説明できず、夫の両親と同居する婚姻居住はなかったとしなければならない。なお、平安時代にも婚姻居住規制がなかったとする鷲見説は明石一紀・京楽真帆子氏等に継承されているが[15]、夫の両親と同居する同居形態の実例は誰も挙げていない。また、後述するように、実証的に高群逸枝批判になっていない箇所が多い。

第三は、十世紀から十二世紀終わりまでの婚姻関係を詳細に検討したウィリアム・マッカロー（マカラ）説である。[16]マカラ氏は、「社会学者と人類学者は、さまざまな社会で三つの主要な婚姻居住の型を確認し分析している。（1）夫方居住（virilocal）

男と妻が親の家の近くに居住を構えるか、ないしは親の家に住む。（2）妻方居住（uxorilocal）夫と妻が妻の親の家に住む。（3）新処居住（neolocal）夫妻が自身の独立した家屋に居住する。（4）訪婚（duolocal）この型は稀なもので、夫婦は別々に住み、夫は妻を訪問し、妻とは同居しないもの。本章の課題は、平安時代の貴族の婚姻居住が一貫して妻方居住、訪婚、新処居住のいずれかであったこと、また等しく重要なことであるが、けっしてそれが夫方居住ではなかった、ということを示すことである。」と指摘される。高群の「純婿取婚期」と「経営所婿取婚期」にあたるが、婚姻居住形態は高群説と同じである。これを翻訳して掲載したのは栗原弘氏で、一九七八年のことであった。栗原氏は「夫方居住婚」の学術用語を熟知していたはずであることが確実にうかがえる。

このマカラ説を受けた関口裕子氏も、「当該期の婚姻居住規制は、はじめからの新処居住と、妻方居住を経た新処居住の併存、具体的家族形態は、はじめからの夫婦家族と、母系合同ないし直系家族を経た夫婦家族の併存と結論され、更にこの夫婦家族は娘達が結婚すると、母系合同ないし直系家族に成長するというサイクルを繰り返すのである」「平安貴族の婚姻・家族についての結論だが、かかる結論が高群の実証した純婿取期の貴族層に限定されるのではなく、八、九世紀の豪族層・庶民層にも適用できる点、すなわち上述来の婚姻・家族についての結論は時期的には律令国家成立期より院政期頃まで、階層的には全階層を通じ存在した[17]」（一二三頁）とする。ただし、関口氏は平安時代の婚姻居住形態や実態家族の個別実証研究は行っておらず、高群・マカラ氏の実証を検証することなく踏襲している。しかし、婚姻儀礼や邸宅伝領等々からして、マカラ氏の指摘のように高群婚姻家族説は、十世紀以降からの部分が批判的に継承し得ることは、後述する。

三　高群捏造説は栗原弘氏の捏造

高群逸枝の『招婿婚の研究』を取りあげる時は、必ず栗原弘「高群学説の意図的誤謬問題[18]」を検討する必要がある。前述のように長年高群逸枝遺稿の整理を生前の橋本憲三氏から任されて、平安時代の家族の研究に携わってきた栗原弘氏が、高群逸枝を全面的に否定するのみならず、人格的尊厳さえも傷つけたと思うからである。高群捏造説は、高群読者のみならず、日本史・日本文学・思想史等の多くの人にショックを与えた。たとえば、日本文学研究者の新田孝子氏は、一九九六年に刊行された著書に次のように記している。「平成六年（一九九四）十一月十九日土曜日の『朝日新聞』に、栗原弘『女性解放狙いあえて歴史修正』という大きな見出しの一文が載った。その主旨は、中見出しとして示されている『平安中期の〔妻方居住婚〕は虚構』『発掘の新事実いま再構築の時』というところにあり」、栗原弘は高群逸枝研究者として著名な研究者であるから検討しなければならない、とされている。[19]

また、一九九五年十月二十日・二十一日に行われた比較家族史学会主催のシンポジウムで栗原弘「高群逸枝の女性史像」の高群誤謬説報告を聞いた石牟礼道子氏は、「栗原弘氏の提出された、高群逸枝の歴史改竄説以来、結構このあたりでも、藪の賑わいが聞こえてくるからである。逸枝の業績を一瞥もしないで『やっぱりそうか』と鬼の首でもとったような揶揄が聞こえてくる」と記されている。[20] 中世婚姻史研究者でさえ、栗原説を前提に、「高群氏は意図的に都合の悪い事例を捨象されているため、その事例は何か注意を払い、婚姻形態を組み立てていく必要がある」[21]と実証的検討もなく批判される。

栗原弘著書については西野悠紀子氏が書評で、夫方居住婚概念と邸宅父系継承論証への疑問から、「著者の父系直系継承の証明に、著者が批判する高群と裏返しの危うさを感じないわけにはいかない」「著者の父系継承の証明にはこの様に強引と思える解釈が含まれている」と批判されているが、[22] 高群逸枝「意図的誤謬説」「捏造説」については検討されていない。小稿では、多分野の方々の読者を考慮して栗原氏の高群捏造説が妥当かどうか、良く知られている平安文学『蜻蛉日記』をとり挙げ検討することにしたい。

『蜻蛉日記』作者は、藤原兼家（九二九—九九〇）との間に道綱（九五五—一〇二〇）を儲け、長徳元年（九九五）に亡くなっており、九四〇年頃の出生だろうとされている。栗原氏は『蜻蛉日記』を取りあげ、高群の「母系家族説は捏造」である、とする。[23] その論拠をみていくと、まず、鷲見等曜氏が行った高群批判の、①母系三世代家族は約十年間だけ、②作者の居住していた左近馬場付近の一条邸は父倫寧の母が経基王の娘だから父の邸宅に居住、③作者と息子道綱は同居しているが、夫兼家とは別居しており、兼家は正妻時姫と同居しているので、作者は一夫多妻制下の副妻だった、との三点に同意する。さらに、梅村恵子説[24]と対応させ、②倫寧母は経基王の娘で、一条邸は倫寧がその母より伝領したもので、高群が道綱母の姉妹とした「おばなる人」は父倫寧の姉妹の可能性がある、との梅村説を高く評価する。その上で、④作者母、すなわち倫寧妻が亡くなった後の天禄三年（九七二）六月、倫寧が作者方に来ているが、「妻が死去している訪婚先に、夫一人が来宅して、臨時的に居住するのであればまだしも、夫（倫寧）が夫方の「るい（類）」を妻方に引き連れて居住することなど、高群逸枝のいう「母系家族」社会においては、決して起こりえないことであろう。この記事は、高群の構想が、史実に全く基づいていないことを明瞭にしめしている。おそらくこれは、道綱母宅（左近馬場付近の邸宅）が、もともと倫寧の所有邸であり、だから、臨時的に倫寧方の家族を引き連れて寄居することが可能であったと解釈しなければ理解できない」「構想自体は、史実に基づいていなかったために、どうしても自家撞着せざるを得ない局面が出てくるのである」（三〇三頁）、と高群捏造説を主張される。

すなわち、父倫寧は自身所有の邸宅に妻（作者母）を居住させた夫方居住婚＝嫁入婚であり、兼家が通ったのは道綱母（作者）が妾だったから、とするのである。本当に三人の実証は正しく、嫁入婚が成立しており、高群逸枝はそれを知っていたのに「捏造」したのであろうか。

さて、上述の論拠の中で、②の倫寧母、すなわち道綱母の父方祖母が、「経基王女」とする見解が重要なカギとなる。じつは、『尊卑分脈』藤原氏北家には、惟岳の息子倫寧に「母山城守恒基王女」と記されているが、『尊卑分脈』の他の箇所にはでてこない。王名を持つことから天皇子孫であることは確かだが、父や祖父等の出自についてはまったく不明である。ただし、恒基王は、『日本三代実録』に三例あり、最後の元慶七年（八八三）十二月十一日に「従四位上行山城権守恒基王卒」と掲載されており、『尊卑分脈』倫寧母の「山城守」と一致しており、実在が確認される。倫寧母は、恒基王の娘とするのが日本文学研究者の通説になっている。[25] 八八三年死亡の恒基王の娘と惟岳との間に、九〇〇年頃出生とされている倫寧が誕生したことに矛盾はない。恒基王（？—八八三）—娘・夫惟岳—息子倫寧（九〇〇頃？—九七七）—作者（道綱母）（？—九九五）となり、世代的に矛盾なく理解できる。

いっぽう、角田文衛氏は、「長能や道綱母と源頼光との親密な関係から逆推すると、これは経基王と認めてなんら差し支えない」（二七六頁）と断定する。倫寧息子の歌人藤原長能と基経王の孫の源頼光（父は満仲）と交流があることのみで、恒基王を経基王と漢字変換し、倫寧母を清和天皇孫の経基王（源経基。九三九年頃の将門の乱に活躍したとされる人物）の娘と断定するのである。[26] 系譜は、清和天皇（八五〇—八八一）—皇子貞純親王（八七三—九一六）—息子経基王（源経基）（？—九六一）—娘と夫惟岳—息子倫寧（九〇〇頃？—九七七）—作者（道綱母）（？—九九五）となる。男女とも十五歳で子どもを産ませたと最短で計算してみると、倫寧は九一八年生まれとなる。当時、四代全員の父又は母が十五歳で誕生した可能性は極めて低いうえに、倫寧は九〇〇—九〇八年頃までには生まれているとする日本文学研究者からの通説には合致しない。どの様に考えても世代的に合わないのであり、何の史料的根拠もなく推論のみで断定している角田説は成立しない、とするのが妥当であろう。

ところが鷲見等曜・梅村恵子・栗原弘三人とも、角田説を何の検証もなく踏襲したのである。鷲見等曜氏は「経基王の父は清和皇子貞純親王で、桃園親王と号し一条辺に深いやしきをもったらしい。光孝源氏や清和源氏は一条辺に深い関係をもっている。倫寧が一条にやしきをもった可能性があり、それは前述の左近馬場付近のやしきらしいが、きめ手はない」（一四九頁）と、可能性の主張だった。梅村恵子氏は、「倫寧の母は経基王の娘と考えられるが、同じく経基王の子、源満仲は一条三坊あたりに住んでいる。また満仲の子頼光は一条邸に居を定め、後に道綱がその婿として同居した。経基王の父貞純親王も桃園の地と関係が深く、一条大宮に住んでいた。これらの点から、西京《マヽ》一条の周辺には経基王の一族が集住していたのではないかと推測され」、一条邸は倫寧が母から伝領し、作者の母はここに「すえ」られたので、叔母は倫寧の姉妹の可能性がある、と推測する（六四頁）。作者の母は嫁入りをしたとするのである。この二人の説を受けた栗原氏は、一条の左近馬場付近の邸宅は「鷲見・梅村が想定したように倫寧の所有邸であった可能性が高い」とし、前述の高群捏造説になるのである。

栗原氏は、藤原実頼が小野宮第を相続したのは養祖父実頼からだったことを高群は指摘せず、実頼に気に入られたから相続したかのようにいっていると批判し、「このことは『尊卑分脈』『公卿補任』など、平安時代の研究では、もっとも基本的な史料に記録されていて、高群が見落とすことは考えられない（傍線服藤、以下同）。ところが『招婿婚の研究』のどこにも二人の養子関係についてはとりあげられていない。やはり、意図的に排除しているのである」[27]と記されている。これに倣えば、『尊卑分脈』『日本三代実録』は索引も出ており、[28]「山城守恒基王」を平安時代の研究者鷲見・梅村・栗原氏が見落とすことは考えられない。やはり意図的に排除していると考えられる。倫寧母が恒基王の娘であることは三人とも「熟知して」いるのに、高群批判のために経基王の娘と、「捏造した」のではないか、とさえ思われてくる。「歴史の歪曲は、自分が長年築き上げてきた学問に対する自殺行為である」[29]と栗原氏が高群に贈った言葉は、むしろ鷲見等曜・梅村恵子・栗原弘氏らに跳ね返り、脅かすものとなる。

新田孝子氏は、様々な史料を提示しつつ、「〈抽出した原理が間違っていた〉と指摘されるのはやむを得ないが、「意志的に誤謬を選択したからだ」と評されるのは、研究者として致命的な存在否定ではないのか。どのような良き意図があるにせよ、それはもはや、学説ではなくプロパガンダに他ならないと決めつけられたようなものだからだ」（二七一頁）、と栗原氏を批判しているが、同感である。

また、前述の①母系家族は十年間しかない、との主張は、関口裕子氏が「母系合同ないし直系家族を経た夫婦家族の併存」のサイクルと高群説を読み取っており、高群説が間違っているわけではない。むしろ、鷲見・栗原両氏とも関口氏のように高群説を論理的に理解できなかった証左である。

なお、『蜻蛉日記』作者の母は、兄理能と同母の主殿頭春道の娘とする説が主流になっていたが、弟長能と同母で源認の娘とする説が提唱されている。源認は嵯峨天皇の曾孫であり、「道綱母と源認女、をば、姉、せうとが住んでいた一条大路の邸宅は母方の所領であり、それは恐らく皇統の源氏の伝領地であったことが了解されるであろう」[30]（一四八頁）、と指摘されており、史料的にも納得できる説である。倫寧母を経基王女と「捏造」しなくても、倫寧妻であり作者の母を源認の娘とすると一条大路の高級邸宅地、いわゆる左京一条一坊に京貫される一世源氏の子孫として邸宅を所有していたことが納得できる。倫寧は妻源認女に通っており、娘の道綱母の同居家族は母系家族だったのである。

さらに、兼家はどの妻とも同居せず通っていたとする高群説に対し、栗原氏は道隆・道長等を生んだ時姫が正妻で東三条邸で兼家と同居したのであり、どの妻にも通ったとするのは高群の捏造である、と指摘する。しかし、「時姫が新邸に迎えられていたかどうかの確証はない[31]」のであり、史料は遺っていない。結婚当初は、時姫へも作者へも同等に通っており、天禄元年（九七〇）頃、新造した邸宅へ時姫を迎え、「結婚後二十年ばかりして同居することになった[32]」（八九頁）とするのが現在では通説のようである。しかし、史料的確証はないのであり、高群のような解釈も決して「捏造した」とは言えない。また、高群は夫方提供邸宅で同居する事例をきちんとあげており、夫方提供邸宅で同居したことは高群批判にはならない。さらに、夫方提供邸宅で同居したから「夫方居住婚＝嫁入婚」ではないことは前述した。上述してきた現在の歴史研究の水準から考えれば、残念ながら栗原氏の説こそ「意図的な否定」だと言わざるを得ない。

なお、他の栗原「高群捏造」説批判は、詳述できないが、たとえば、高群が柳田國男に返答を迫った最も重要な文章である「息子夫婦は、妻家から新居に移るというコースをとり、ついに親の家には入らないので、親夫婦に息子夫婦に嫡孫という男家家族の顕現は否定される。これはなにゆえであろうか。なぜ息子夫婦は、妻家のみに同居し、親の家の同居は避けるのか。また、親たちも、なぜ娘夫婦との同居のみを肯定し、息子夫婦を容れないのか。こうした疑問について、（2）と（3）の論者は答えねばならない。すくなくとも、答える義務の表白だけはしなければならない。そして、問題解決への学者的な熱意を何らかの形で示さねばならない[33]」との部分を栗原氏は、傍線部分はとばして、「こうした疑問……」以下のみ引用するのである[34]。前述のように、高群のこの重要な質問には、柳田・鷲見・栗原氏も答えていないのである。

また、栗原氏が行った実証的高群批判の三例、すなわち五条第・西三条第・枇杷殿は「根拠のない」「強引な」「危うい」部分が多く高群批判になり得ておらず、逆に枇杷殿など栗原氏の研究が高群の邸宅伝領を実証したことはすでに指摘されている。(35)実証的にも栗原氏の高群批判は成立しないのである。

四　招婿婚の批判的継承

以上、高群『招婿婚の研究』に対する大まかな批判を検討してきた。では、現在の時点で、古代・中世の婚姻居住形態・同居家族形態をどのように位置づけるのか、すなわち、『招婿婚の研究』をどのように批判的に継承するのか、を考えてみたい。

まず、日本婚姻史の変遷についてである。九世紀末から十世紀にかけて、実態的婚姻秩序、すなわち単婚が萌芽すると考えられる。婚姻儀礼は十二世紀初頭に編纂された儀式書『江家次第』が初出であること、入内・婚姻儀礼の初見史料が十世紀中頃であること、八世紀の『風土記』等の共同体的集団の婚姻祝宴は昼間であるが、平安時代以後の個別婚姻儀礼は夜であること、律令の仮寧令《かねいりょう》の日唐比較や正倉院にのこる休暇届である「請仮解《せいかげ》」等から日本古代社会には婚姻儀礼が成立していなかったと指摘されていること等から入内も含めた個別的婚姻儀礼は、九世紀後期ころに天皇・東宮入内儀式からはじまり、十世紀に順次成立していくと実証した。(36)九世紀における婚姻儀礼・正妻制成立説は、(37)十三世紀成立の『古事談』が唯一の根拠で、しかも歴史的にはあり得ない説話であり、正妻説は成立しない。(38)さらに、九世紀に正妻が出現するとする栗原弘説(39)も、実証的にも理論的にも成り立たないことが、西野悠紀子氏により指摘されている。(40)

高群婚姻史は、八世紀の律令制によって導入された父系制のもとで叙述された記紀や、九世紀初頭に朝廷の命で編纂された『新撰姓氏録』などの史料分析から母系制遺制を抽出し、さらに平安中期以降の貴族日記等の婚姻儀礼や同居家族等の膨大な史料を並べ、モルガンやエンゲルスの単系や史的唯物論理論に接合するために原始から現代までの変遷を模索している。しかし、上述のように現在では双系制が通説に近い研究状況である。奈良時代までの「妻問婚」は対偶婚段階の当事者婚・相互婚であり、合意のある限り続く事実婚で、社会規範としての明確な婚姻居住規制を欠いていたとされる。(41)九世紀後半以降に、主として妻方両親と夫（聟）とで婚姻儀式の日程等を決定する家父長制的単婚としての儀式婚が始まり、当初は一夫多妻妾制、十一世紀後期頃から一夫一妻妾制が定着すると推察される。(42)

高群が史料を分析し、婚姻儀礼や婚姻居住形態、邸宅伝領等々を詳細に実証したのは九世紀末からの「純婿取婚期」以降である。しかも、これこそが妻の父である家父長が婚主になり婚姻を決定し、儀式を行う、単婚である。それ以前の九世紀頃までの「前婿取婚期」は、緩やかに男女が結びつく対偶婚期と修正すべきである。さらに、婚姻儀礼の変遷も、前述のように十世紀中頃からしか個別具体的史料がないものの、以後は大変多い。筆者は、書使・副臥・衾覆・沓執・三日夜餅等々の婚姻儀礼とその歴史的変容を分析してきた。[43]新婦の意向は問題とされていない。儀式婚は「恋愛婚」ではない。

第二に、同一屋敷内での同居家族は、関口氏の指摘の通り、当初は母系家族→単婚家族のサイクルを繰り返し、さらに十一世紀末からは結婚当初からの単婚家族であり、父系三世代同居が始まるのは南北朝以降である。その意味では高群の大まかな変遷は現在でも妥当だと思われる。ただし、同居家族は生活上の相互扶助的機能はあるが、所有や経営単位としての「家」ではない。たとえば、源経相(?―一〇三九)は、祖父左大臣源雅信、父大納言時中で、宇多源氏の受領層である。右大臣藤原実資の養孫資房は、治安三年(一〇二三)に経相の娘と結婚し、長暦三年(一〇三九)十月舅経相が没するまで十七年間、経相夫妻と同居し、同屋敷内の東対に居住していた。妻方居住婚で、同居形態は母系直系家族だった。経相が没すると邸宅は資房妻に譲られ、夫婦は寝殿に移った。邸宅は娘が伝領したのである。資房は、「衣食等の雑事、巨細、皆彼人(舅経相)の養顧にあり」と記しており、生活の援助は受けていた。しかし、経相の遺産は経相の後妻の「北方」の処分にまかされており、資房夫妻は、遺産分与に預かっただけであった。同居の母系直系家族は所有経営単位としての「家」ではなかった。[44]

高群の婚姻居住形態と同居家族は間違っていない。しかし、所有経営単位としての「家」は平安中期は夫婦家族が基本単位で、妻方両親と娘夫婦の各「家」の所有経営は別だった。貴族の「家」は、官職・政治的地位が父―息子―孫へ父系継承され、その家筋、官職継承ラインが太く確実になり、院政期に成立する。[45]平安時代は「家」が萌芽し次第に確立する過程なのである。教通の子どもたちの着袴や元服等の生育儀礼は、生活を共にし子どもの養育に深く関与する同居の妻方ではなく、子どもの祖父道長邸に出向き行われた。父系の父子結合が強まりつつある実態を如実に示している。[46]十一世紀後期には、摂関家の嫡男が元服すると父が家司を任命して息子の「家」経営を統轄することが始まり、父系的「家」継承が次第に定着していく。[47]婚姻儀礼でも十一世紀後期から、婚姻儀礼の数日後に、新郎が自身の実家への「行始」や、新婦と新郎父母との対面儀などが始まるのは、夫婦単位の「家」が父の「家」と経営的に結合しつつあるゆえに導入された儀礼だと推察される。

高群が母子保障や恋愛を抑圧する制度として生涯をかけて攻撃してきた近代の家制度のルーツは、すでに平安時代に存在したのである。たしかに、「家」は女性である妻にとって家父長である夫への、後には義父母への従属である。しかし、反面、妻にも子どもにも、夫や父との生涯に渡る安定した同居と扶養が保障される歴史の到来でもある。「精神的安定や家族愛を育てることもできるようになる。個の埋没した共同体からのそれぞれの自立であり、家族員の協力による生活の上昇を図れる拠点ともなっていく。家の成立はそれぞれにとって進歩と従属の両側面があったことをみなければならない」「歴史的母性の成立である」[48]。子育てにとって母のみならず父も重要な役割を果たすことは近年では通説である。高群逸枝の母方を重視する母子保障説は、いわゆる「自然的母性説」に偏向しており、ジェンダー視点での分析が欠如していたと言わざるをえない。

平安時代の婚姻儀礼は別稿で検討する予定であるが、相互扶養の同居家族と所有経営単位として「家」を史料に即して峻別しつつ、女性や子ども、生活も視野にいれた多方面からのジェンダー分析による高群婚姻史・家族史の批判的検証、その上での継承を行う必要がある。

第三は、貴族層の邸宅伝領が明確になるのは九世紀末頃からで、高群が家屋の女性伝領が多いとしたのは、九世紀末以降とするべき点である。西野悠紀子氏は、平安時代初期の邸宅伝領を詳細に検討され、次のように指摘している[49]。九世紀の貴族住宅の多くは一―二代で廃絶・移転するケースがむしろ普通で、九世紀の貴族にとって「家」永続の観念は乏しく、親世代の邸宅は細分化・譲渡・売却・荒廃などが繰り返された。九世紀末になり、一門一家観念や家職の家格が萌芽すると、摂関一門は冬嗣―基経時代に由来する大邸宅を伝領し、十一世紀には大臣たるべき人が所有する邸宅となるが、まだ家系を象徴する邸宅を持っておらず、「例えば同じ小野宮の名で呼ばれる人々が男系のみで繋がっているわけでなく、女系をまじえた各時代の居住者がそうよばれているに過ぎない。一門一家意識と邸宅の伝領にはズレがある」（二七一頁）、と指摘される。この邸宅伝領は、まさに家父長制的個別的婚姻儀礼成立や夫婦が所有経営の単位となる「家」成立のプロセスと対応しており、実証的にも首肯される見解である。小野宮屋号が十世紀から十三世紀にかけて女系から男系へ変容していくことを実証した高群説そのものである。

十世紀以降の邸宅伝領、邸宅継承、家号の変容等は、現在でも高群説が大変重要な位置を占めている。たしかに、多くの研究者が指摘するように、当時の貴族は邸宅をいくつも持っており、男女が相続しており女性が主ではない。しかし、十世紀以降、邸宅の女性相続が多くなるのは史料的に確かめられる。今後、各邸宅毎に実証的に検証しつつ、批判的に継承していくべき課題・論点として残っている。

他にも、「すむ」「むことり」「むかえ」などの婚姻用語の出現と変遷が婚姻形態と対応している点など、高群婚姻史が提起した興味深い内容の検証はまったくと言ってよいほど手が付けられていない。今後、大いに実証的に批判的に継承していくべきだと考えている。

注

(1)『招婿婚の研究』大日本雄弁会講談社。
(2)『日本婚姻史』至文堂。
(3)『招婿婚の研究』一、四三頁の「日本婚姻史表」と比較するといくつか改変がされており、高群逸枝の最終的見解は『日本婚姻史』の「日本婚姻史表」と考えられる。
(4)関口裕子『日本古代婚姻史の研究』上下、塙書房、一九九三年。
(5)『招婿婚の研究』前掲書、七〇六頁。
(6)永原和子「高群逸枝研究に学ぶもの」(『歴史評論』四五五号、一九八八年)。
(7)『日本の婚姻』弘文堂、一九八六年。
(8)柳田國男「婿入考」(『柳田國男全集』12、筑摩書房、一九九〇年、初出一九二九年)。
(9)比較家族史学会編『事典家族』弘文堂、一九九六年。なお、江守五夫氏は比較家族史学会を創設した理事で、栗原弘氏も会員で、二人ともこの事典のいくつかの項目を執筆している。
(10)江守五夫『物語にみる婚姻と女性』日本エディタースクール出版部、一九九〇年。
(11)服藤早苗「王朝貴族の邸宅と女性—伝領」『平安王朝社会のジェンダー』校倉書房、二〇〇五年、初出二〇〇一年。
(12)服藤早苗『平安朝の母と子』中公新書、一九九一年。『平安王朝の子どもたち』吉川弘文館、二〇〇五年。
(13)鷲見等曜『前近代日本家族の構造——高群逸枝批判』弘文堂、一九八三年。
(14)吉田孝「律令制と村落」(『律令国家と古代の社会』岩波書店、一九八三年、初出一九七六年)。
(15)明石一紀『日本古代の親族構造』吉川弘文館、一九九〇年。京楽真帆子『平安京都市社会史の研究』塙書房、二〇〇八年。
(16)ウィリアム・マッカロー(マカラ)「平安時代の婚姻制度」(同志社大学人文科学研究所『社会科学』二四、一九七八年)。
(17)関口裕子『日本古代婚姻史の研究』上、塙書房、一九九三年。
(18)栗原弘『高群逸枝の婚姻女性史像の研究』高科書店、一九九四年。
(19)新田孝子『蜻蛉日記の風姿』風間書房、一九九六年。
(20)石牟礼道子「表現の呪力——文学の立場から」(田端泰子・上野千鶴子・服藤早苗編『ジェンダーと女性』早稲田大学出版部、一九九七年)。
(21)辻垣晃一「鎌倉時代の婚姻形態」(高橋秀樹編『婚姻と教育』竹林舎、二〇一四年)。
(22)西野悠紀子「書評　栗原弘著『高群逸枝の婚姻女性史像の研究』」(『日本史研究』四〇二、一九九六年)。
(23)栗原弘「第二部高群学説の意図的誤謬問題　第二章「父系異居」構想における意図的操作、一「母系家族(『蜻蛉日記』の家族)説の検討」『高群逸枝の婚姻女性史像の研究』前掲書。
(24)梅村恵子「藤原道綱母子と兼家の生活」(『女性と文化』Ⅲ、JCA出版、一九八四年)。
(25)増田繁夫『右大将道綱母』新典社、一九八一年。
(26)角田文衛「倫寧母の身辺」(『王朝の映像』東京堂出版、一九七〇年)。
(27)栗原弘「高群逸枝の女性史像」前掲『ジェンダーと女性』掲載論文、二四〇頁。
(28)『日本三大実録索引』(吉川弘文館、一九六三年)。
(29)栗原弘「高群逸枝の女性史像」前掲論文、二四〇頁。
(30)古賀典子「『蜻蛉日記』解釈の基盤——道綱母の邸宅と出自・通説批判」(上村悦子先生頌寿記念編集委員会編『王朝日記

の新研究』笠間書院、一九九五年）。
(31)犬養廉『新潮日本古典集成　蜻蛉日記』新潮社、一九八二年。
(32)増田繁夫『源氏物語と貴族社会』吉川弘文館、二〇〇二年。なお、この時期東三条邸は兼通の邸宅であり、兼家が新造したのは二条邸であったことは、倉田実「王朝日記文学と東三条院南院・冷泉院御在所南院」（武蔵野書院創立90周年記念論集『平安文学史論考』武蔵野書院、二〇〇九年）参照。
(33)高群逸枝『招婿婚の研究』六九三頁。
(34)栗原弘『高群逸枝の婚姻女性史像の研究』四一頁。
(35)西野悠紀子「書評栗原弘著『高群逸枝の婚姻女性史像の研究』」前掲論文、服藤早苗「平安貴族の邸宅と女性―伝領」前掲論文。
(36)服藤早苗「平安中期の婚姻と家・家族」『講座源氏物語研究、源氏物語とその時代』二〇〇六年、同「平安時代の天皇・貴族の婚姻儀礼」『日本歴史』七三三、二〇〇九年。
(37)梅村恵子「摂関家の正妻」青木和夫先生還暦記念会編『日本古代の政治と文化』吉川弘文館、一九八七年。なお増田繁夫『源氏物語と貴族社会』前掲書も詳細な梅村批判がある。
(38)服藤早苗「説話にみる平安貴族婚姻儀礼の成立」『説話文学研究』四二、二〇〇七年。
(39)栗原弘『平安前期の家族と親族』校倉書房、二〇〇八年。
(40)西野悠紀子「書評栗原弘著『平安前期の家族と親族』」（『歴史評論』七一〇、二〇〇九年）。
(41)義江明子『日本古代女性史論』吉川弘文館、二〇〇七年。
(42)服藤早苗『平安朝の家と女性――北政所の成立』平凡社選書、一九九七年。
(43)服藤早苗「三日夜餅」（『むらさき』四三、二〇〇六年）。『落窪物語』における婚姻儀礼」（『埼玉学園大学紀要』人間学部篇六、二〇〇六年）。同「三日夜餅儀の成立と変容」（服藤早苗編『女と子どもの王朝史』森話社、二〇〇七年）。同「書使と後朝使の成立と展開」（小嶋菜温子編『王朝文学と通過儀礼』竹林舎、二〇〇七年）。同「衾覆儀の成立と変容」（『埼玉学園大学紀要』人間学部篇七、二〇〇七年）。同「副臥考」（倉田実編『王朝人の婚姻と信仰』森話社、二〇一〇年）。
(44)服藤早苗「摂関期における受領の妻と家族形態」（『家成立史の研究』校倉書房、一九九一年、初出一九八五年）。
(45)服藤早苗『家成立史の研究――祖先祭祀・女・子ども』校倉書房、一九九一年。
(46)服藤早苗『平安王朝の子どもたち』前掲書。
(47)服藤早苗『家成立史の研究』前掲書。
(48)服藤早苗『平安朝の母と子』前掲書、一二一頁。
(49)西野悠紀子「平安初期における邸宅の伝領について」（西山良平・藤田勝也編『平安京の住まい』京都大学学術出版、二〇〇七年）。

追記

拙稿「平安時代の婚姻研究――高群逸枝『招婿婚の研究』の批判的継承」（『信大史学』四五、二〇二〇年）も参照してほしい。

また、小論作成にあたって「服朗会」や「前近代女性史研究会」の参加者から多大の助言を得た。

中世後期の婚姻

後藤みち子

●ごとう・みちこ　一九三五年東京都生。一九五七年國學院大學卒。元宮内庁書陵部勤務。専攻は中世女性史。主著に『中世公家の家と女性』『戦国を生きた公家の妻たち』（いずれも吉川弘文館）等。

はじめに――中世後期の高群婚姻史の成果と批判

高群逸枝氏の『招婿婚の研究』によれば、南北朝時代から応仁の乱ころまでに招婿婚は地滑り的終焉を遂げ、本質的には家父長が自らの居所に嫁を取る婚姻形態である娶嫁婚の時代を迎えるという。そして大きく娶嫁婚と規定出来る戦前までの長い時期をさらに三段階に分け、①南北朝期から応仁の乱ころまでの「密儀嫁取婚」、②織豊政権ころまでの「新造嫁取婚」、③その後の「純嫁取婚」としている。これは高群氏が主に公家日記を用いて導き出したものであるが、招婿婚を検出した時のような史料の網羅的検討を行った結果ではない。高群氏自身、娶嫁婚についての記述は招婿婚との関係においてであり、本格的記述でも研究でもないとしている。高群氏にとって娶嫁婚の時代は、女性にとって長い苦難の始まりであったと考えていた。そのため中世後期の婚姻は、高群氏によって見通しが示されているだけということになる。

その見通しの一つ、南北朝時代を転換期とする嫁取婚の一般化という指摘については、その後の研究で、鎌倉時代にすでに成立していたと考えられており、現在では中世後期の婚姻は嫁取婚が一般的だと大方が考えている。もう一つの見通し、応仁の乱前後に転換期があるとする指摘は重要である。公家日記を丁寧に見ていくと、婚姻はこの時期に多くの転換期を迎えている。

高群氏の中世後期の婚姻で特徴的なのは、嫁取婚の一般化が女性の地位を低めたという主張である。高群氏は、家長のもとに非血縁者をも含みこんで成立した「家」と、嫁取婚を関連づけて捉えている。嫁取婚とは家父長婚であり、女性を圧迫する不自由婚であるとした。しかし最近の研究では、十一世紀後半に成立する中世的「家」は家父長制というより夫婦中心のものとして成立してきたと考えられているので、そこからは女性を圧迫するだけの存在とはいえなくなる。脇田晴子氏は、「家」の成立は、嫁取婚によって、「家」の後継者を産む正妻の地位が確定することに意義を持ち、更に一夫一妻制の確立をもたらしたとしている。現在では脇田氏の中世の「家」は「家政の家父長と家妻による共同統括」が特徴であったという提唱をうけて、正妻の役割分担についての実証的な研究成果が出されている。

以上のような高群氏の成果とその批判をもとに、応仁の乱前後で婚姻はどのように変化したのか、嫁取婚と正妻の地位・一夫一妻制の確立はどのように関連するのかについて、具体的な状況をみていこう。ここでは、公家層を中心とし、武家層・庶民層の場合についても考えていきたい。

一　婚姻儀礼

公家層

公家の嫁取婚は、鎌倉・室町時代を経て一般化する。室町時代、摂関家では「家女房」を妻とする場合が多く、一般公家では息子が妻を迎え、家長である父が事後承諾する婚姻が多く、嫁取儀礼は行われていなかったようである。戦国時代になると、嫁取儀礼が公家日記に多く見られるようになる。まず実例をみてみよう。

摂関家の近衛家では、一子相続となっており、政家の嫡子尚通と清華家《せいがけ》（摂関家の次の家格）である徳大寺家の実淳女との嫁取儀礼が、政家の日記『後法興院記』に記されている。明応六年（一四九七）七月二十六日、尚通は徳大寺実淳女と嫁取儀礼を挙げ、正妻として迎えている。夜が更けてから、新婦は板輿で夫方の邸宅に到着する。新婦が邸宅に着くと、本邸で式三献、次にまた三献が行われる。その後、尚通の住居「休所」で供御が行われる。三日目には夫の父は嫡子の正妻と対面し、一献の祝をしている。

この婚姻では「迎えの輿」を夫方妻方どちらが出すのかが問題になっている。最初妻方から侍一両人を迎えによこしてほし

いといってきたが、夫方では先例がないという理由で断ってい
た。しかし後日『園太記』の貞和二年（一三四六）四月十六日
条の近衛道嗣と洞院公賢孫女の婚姻では、夫方で車を送ったと
いう先例があることを知り、輿で迎えにいった。しかしこれは
「不快」だとしている。

つぎに、大臣家《だいじんけ》（摂家・清華家に次ぐ家格）である三条西家の
場合をみてみよう。三条西家も一子相続になっている。実隆の
嫡子公条と名家《めいか》（大臣家・羽林家に次ぐ家格）である甘露寺家の
元長女との嫁取儀礼が、実隆の日記『実隆公記』にくわしく記
されている。

まず、実隆と元長は、息子と娘を結婚させようと公条十九歳、
元長女十三歳の時に、「内々の契約」を行う（永正二年［一五〇五］
十一月十九日条）。四年後、「納采《のうさい》」が行われる。夫方から妻方
へ納采として折紙が贈られ、後日妻方から引物として絹・杉原
が贈られている。翌年嫁取儀礼を挙げ、元長女を公条の正妻と
して迎える（永正七年［一五一〇］二月十三日条）。この場合、「迎
えの輿」は妻の父の沙汰となっている。嫁取儀礼が確立過程で
ある戦国時代には、夫方から輿が出されることが多いが、まだ
このように妻方によって準備される場合もあった。そして儀礼
は本邸で行われ、饗宴の用意は夫の父が夫方の家司に指示して
行っている。饗宴の後、夫の父母や親族が出座して三献が行わ
れている。この儀礼には妻の父母は参列していない。三日目に
は三ヶ日の儀が行われ、夫方から妻方へ酒肴を贈り、三ヶ日の
儀の祝詞を伝えている。

戦国時代に嫁取儀礼が確立してくるようになるのは、同格の
家から妻を迎えるようになったこと、また「家」の継承者は、
いつ、どの家の女を正妻として迎えたのかを、「家」の内外に
公表していく必要が生じたからである。

武家層

応仁の乱前後から、室町将軍足利氏に仕え、代々政所執事を
務めていた伊勢氏が、貞親・貞宗のころに、公家衆に故実を尋
ね、儀礼吸収に努め、故実家伊勢氏の地位を確立していく。貞
宗の長子貞陸も武家故実に精通し、数多くの故実書を残してい
る。その一つに、「よめむかへの事」がある。その内容を見て
みよう。まず、新婦が乗った輿が夫方の邸宅に到着すると、待
ち女房が新婦を座敷に案内する。新婦が着座した座敷に、新郎
が現われると、式三献と饗の膳が運ばれる。酌や配膳は夫方の
女房が行った。三日目の祝では、夫方から妻方へ酒樽が贈られ、
両家家族の挨拶もこの日に行われる。

実際の例を見てみよう。武家同士の嫁取婚の内容として「婿
入」という儀礼があったことが、公家の中原康富の日記『康富
記』に記されている（文安四年［一四四七］八月十九日条）。それ
によると、細川勝元と山名宗全女との嫁取儀礼が行われた後に、
後日夫細川勝元は妻の実家山名亭に行く。山名家では犬追物や

猿楽で歓待している。これが「婿入」儀礼である。しかし当時公家では行われていなかったと記している。

庶民層

中世庶民の婚姻儀礼については、黒田弘子氏が狂言を史料として論じている。それによると、室町・戦国時代の婚姻儀礼は「婿入り」と呼ばれた。これは花婿が、結婚後に吉日を選んで妻の実家に行き、はじめて舅と対面して盃をかわす儀式である。そして「婿入り」は、事実上の結婚生活が開始されて後に行われるのであって、女性が結婚のために夫のもとに行くときにはなんの儀式もしないのである。この点が、武家層の「婿入」とは相違している。

二　居住形態

公家層

南北朝時代になると、公家たちは経済的に困窮してきたためであろう。父子兄弟で複数の邸宅を維持するのが困難になってきた。中原師右家では、父の敷地内にいくつかの対屋があった。寝殿に父師右夫婦と未婚の女子が居住し、南対屋に嫡子師茂夫婦、別の対屋に二男師守夫婦が居住するという形で、父子二世代居住が行われるようになった（『師守記』）。

室町時代の中原康富家は一子相続の形になっている。康富の嫡子康顕は、父の敷地内の独立した「部屋」（対屋のようなもの）に妻を迎え、居住している。この時代になると、嫡子夫婦のみが父母と同一敷地内に居住するようになる（『康富記』）。また、同時期の山科教言家のように、まだ一子相続になっていない場合にも、嫡子夫婦のみが父母と同一敷地内の別棟に居住し、他の息子夫婦は父の敷地外の隣接地に居住するようになる（『教言卿記』）。

嫡子単独相続制に移行した戦国時代になると、一子相続になり、正妻を迎えた嫡子のみが、父母と同一敷地内に新築した別棟に居住するようになる。

摂関家の近衛家では、戦国時代になると一子相続になっている。父政家は嫡子尚通が二十四歳になった明応四年（一四九五）、自身の敷地内に新たな住居を建てる。住居が出来上がると、尚通は「移徙《わたまし》の祝」を行って新居に移っている。そして二年後に尚通はこの住居に嫁取儀礼を挙げた正妻を迎えている。ここに近衛家は、父夫婦と嫡子夫婦が二世代同一敷地内で別棟居住となる（『後法興院記』）。

大臣家である三条西家でも、戦国時代には一子相続になっている。父実隆は嫡子公条が二十一歳になった永正四年（一五〇七）、以前買った家屋を自身の敷地に曳いてきて、作事を行う。作事が終わると、「移徙の儀」が行われ嫡子公条が新居に移る。その三年後、この公条の住居に嫁取儀礼を挙げた正妻を迎えている。ここに三条西家でも父夫婦と嫡子夫婦が二世代同一敷地内で別棟居住となる。そしてそれぞれの住居には、炉や膳所があり、食事は別々になっていた（『実隆公記』）。

武家層

高橋秀樹氏によれば、室町幕府の将軍家では、未婚の子どもは母親とともに同一の御所内の別御所に居住していたが、既婚の子息は別の邸宅に居住した。たとえば、父なきあとも引き続き三条坊門殿に居住していた足利義満は、正妻業子と結婚後しばらくして室町殿を新造してそこに移った。九歳で将軍となった義満の子義持も室町殿に居住していたが、彼が十二歳になった年に義満は北山殿を建て、その三年後には本格的に居を移し、室町殿は義持に譲られた。義満没後、義持は北山殿に住み、三条坊門殿を新築して引っ越している。このように室町将軍家の場合、夫方居住婚であるが、父子二世代の夫婦が同一の邸宅に同時に居住することはなかった。

庶民層

中世後期の庶民の居住形態を示す史料はほとんどないので、二世代同居が行われたかどうかは明確ではないが、坂田聡氏は嫁入りの形をとる夫方居住が一般的であったことはまちがいないと考えている。また黒田弘子氏は、中世狂言（『天正狂言本』）の「舟こししうと」から、「婿入り」という婚姻儀礼の前に恋愛から始まる夫方での夫と妻の同居があったとしている。

三　婚姻形態

公家層

摂関家の近衛家では、室町時代末から戦国時代初期の政家は「家女房」を妻とし、この妻が死去すると、五ヶ月後、羽林家《うりんけ》（大臣家に次ぐ家格）である飛鳥井家の雅親女が「祗候」している。政家の場合、「家女房」、その後祗候した「上臈《じょうろう》」も正妻ではないが、他に正妻はおらず、時期的にも重複していないので、基本的には一妻化に進んでいたと考えられる。戦国時代になると、一子相続になり、政家の嫡子尚通は、清華家である徳大寺家から実淳女を、嫁取儀礼を挙げ、正妻として迎えている。そして夫が関白に任じられると、夫が申請し、正妻は「北政所《きたのまんどころ》」と称されるようになる（『後法興院記』『後法成寺関白記』）。

一般公家の場合を見てみよう。室町時代の中原康富家では、二男は寺院に入り、長女は他家に嫁ぎ、長男康顕が「家」を継ぎ、一子相続になっている。康顕は濃尾の豪族山下三郎左衛門女を妻として迎える嫁取婚であり、一妻のようであるが、嫁取儀礼を行っていないようなので、いつ迎えたのか公的にははっきりしない（『康富記』）。

戦国時代になると変化がみられる。三条西実隆家でも、長男と三男は寺院に入り、長女は摂関家である九条家の尚経、次女は羽林家である正親町家の実胤に嫁ぎ、二男公条が「家」を継ぎ、一子相続になっている。嫡子公条は名家である甘露寺家の元長女と嫁取儀礼を挙げ、正妻として迎えている。戦国時代の公家の正妻は南向《みなみむき》や東向《ひがしむき》といった「向名《むきな》」で呼ばれた。これは自家のみで通用する呼び名ではなく、交流のある公家たちの間では対外的にも認識されている呼称であった。三条西家では、公条が結婚して二年後、子息の魚味《ぎょみ》の儀式の日に、公条正妻は家長実隆によって「西向《にしむき》」と名付けられた（永正九年［一五一二］正月五日条）。この「向名」は実隆正妻の称である「東向」と対の「向名」であることから、公条正妻を家長正妻の後継者と（家長実隆が）認知したことになる（『実隆公記』）。

また冷泉為満の例では、結婚→離婚→結婚→死別→結婚→離婚というように結婚と離婚を繰り返しているが、再婚する前には離別を確認し、結婚のときには嫁取儀礼を行っている（『言経卿記』）。

このように、戦国時代になると、摂関家も一般公家でも一子相続になり、嫡子のみが嫁取儀礼を挙げ、正妻として迎えるようになる。そして摂関家の正妻は「北政所」、一般公家の正妻は「向名」で呼ばれるようになる。正妻は公式になり、一夫一妻制の現象が見られるようになる。しかしまだ制度ではなく、家業を確立していく上で、正妻の役割が重要となるなかで、同格の他家から妻を迎えるために、そうした位置づけが必要になったためと考えられる。

武家層

中世後期の武家の婚姻については、久留島典子氏が論じている。そのなかで公家と似た傾向を指摘している。

①嫡子一人を残して男子は僧侶になるか他家の養子となるという傾向は、出現の幅はあるが、将軍家・守護家などの武家でも確認できる。一方女子のほうは、入寺する者も多かったが、政略結婚の象徴のようにいわれる後北条・武田・今川三氏の結婚のように同格の家に嫁ぐ者や、一族庶家を含めた新家の妻になる者、あるいは男子無き家では婿養子をとる者もいた。つまり家督継承者として夫婦になるか、不婚かの途である。

②一夫一妻制について――近世武家社会では、元和元年（一六一五）発布の武家諸法度第八条「私に結婚を結ぶべからざる事」という規定により婚姻許可制が行われており、そのもとで一夫一妻制が原則であった。しかし戦国時代の婚姻関係をみると、実態として許可制とよべるほどのものはない。それでも武家において正式な妻が多く存在するとしたら、それは制度によってではなく、政治的な緊張関係のなかで、同格あるいは格上の他家から妻を迎えるが故に、そうした位置づけが必要になるという個々の関係のためではないだろうかとしている。

庶民層

中世後期の庶民層の婚姻を具体的に示すことは難しい。ここではは庶民というよりはもう少し上の階層であるが、羽林家である山科家の家司を務めた大沢氏という家の娘の例を、家司の日記『山科家礼記』から見てみよう。

戦国時代に家司を務めていた大沢久守の妹「あや」は、幕府右筆奉行人の飯尾為信のもとに嫁いでいる（長禄元年［一四五七］十二月二十九日条）。「あや」が嫁いだ飯尾氏は、室町幕府の官僚である奉行人を代々務めていた一族で、公家の家礼の家とはほぼ同階層と意識されていたのであろう。為信は、「あや」が死去すると、「飯賀州女中」を後妻に迎えている。

この例は嫁取婚であり、飯尾為信はほぼ同格の家から妻を迎え、妻と死別すると後妻を迎えており、そのときどきで一妻であった。

おわりに

高群逸枝氏が一つの転換期とした応仁の乱前後は、公家の婚姻にとって重要な時期である。応仁の乱から始まる戦国時代に、嫡子が正妻を迎える婚姻儀礼として嫁取儀礼が確立し、正妻の地位は公式のものとなり、一夫一妻制の現象がみられるようになる。正妻を迎える嫡子は父と同一敷地内の別棟居住となる。これらの現象は、近世・近代・現代へと繋がるものであり、戦国時代はその出発点だといえる。

本稿では、公家層を中心に武家層・庶民層についてもみてきた。改めてみていくと、諸階層でほぼ同時期に同じような動きがあることに気付く。しかし庶民層の婚姻については研究も少なく、分からない点が多い。今後、史料に即した実証的研究が課題であろう。

参考文献

久留島典子「中世後期の結婚と家――武家の家を中心に」（『東アジアの結婚と女性　文学・歴史・宗教』アジア遊学一五七、勉誠出版、二〇一二年）
黒田弘子「婿入りの儀式と女性の地位――舟こしうと（狂言）」（西村汎子ほか編『文学にみる日本女性の歴史』吉川弘文館、二〇〇〇年）
後藤みち子「室町・戦国時代の婚姻」（高橋秀樹編『生活と文化の歴史学4　婚姻と教育』竹林舎、二〇一四年）
後藤みち子「戦国期の公家の正妻の「向名」と「家」」（『日本歴史』八三八、二〇一八年）
坂田聡「中世の家と女性」（『岩波講座日本通史8　中世2』岩波書店、一九九四年）
高橋秀樹『中世の家と性』（山川出版社、二〇〇四年）
高群逸枝『招婿婚の研究』（理論社、一九六六年）
脇田晴子『日本中世女性史の研究』（東京大学出版会、一九九二年）

高群逸枝の江戸時代史

【詩人と歴史家の狭間で】

長島淳子

●ながしま・あつこ　一九五四年埼玉県生。早稲田大学大学院文学研究科博士課程満期退学。博士（文学）。国士舘大学非常勤講師。専攻は日本近世史・女性史。主著に『幕藩制社会のジェンダー構造』（校倉書房）『江戸の異性装者たち』（勉誠出版）など。

一九三一年七月一日、高群逸枝は夫橋本憲三と以前から昵懇であった軽部仙太郎の所有林に建てた「研究所兼住居」（「森の家」）に転居し、そこを終の棲家とした。逸枝三七歳、憲三三四歳のことである。『火の国の女の日記』[1]（以下『火の国』）によると、彼女は「労働時間は一日平均十時間をくだらないこと」、「面会は原則として謝絶すること」という「鉄の規律」をみずからに課しているが（『火の国』二八一―二頁）、この外界と絶縁した禁欲的で厳格な研究姿勢はつとに知られた話である。彼女はこの時をもって、詩人・婦人運動家から女性史学の道へと大きく舵を切った。

高群はなぜ女性史に立ち向かったのか。彼女は、男女の社会的地位が非常に不均衡で、女子三従説のようなみじめな境涯に女性が陥れられていること、これを打開するため婦人運動が起きているが、「それなら婦人自体の被圧迫史」がどこまで解明されているかといえば、そうではないことに「不審と不満とをもっていた。」……「女性史は女性被圧迫の歴史を筋道を立てて科学的に立証するものでなければならない」（『火の国』二四五―六頁）、と告白している。

小稿では主に高群の江戸時代史に焦点をあてて考えていく。高群の研究初日が本居宣長（一七三〇―一八〇一）の『古事記伝』

一冊を、仕事机にのせたところから始まった（『火の国』二四四頁）という記述に私は興味をひかれる。なぜ『古事記伝』なのだろうか。それは古代史初心者が古典と対峙する際にまたとない手引書であったろうが、やはり内外の著作を渉猟している高群にとって、儒教・仏教導入以前の日本の古層に迫りながら、宣長が「言葉」による厳密な分析を重ねることで国学思想を確立したという知識をもちあわせていたのであろう。ことに『古事記伝』「一之巻」末尾の「直毘霊《なおびのみたま》」は宣長の儒仏批判の真髄ともいうべき激しい論調で書かれている。(2) 彼女は『古事記』を読むことで、「女子三従説」や「変成男子説」のような女性差別を根拠づける儒仏流入以前のあり方を模索しようとしたのである。

事実、高群は『古事記伝』を取り上げた理由として、国学者の女性観に早くから注意していたこと、国学者は儒仏に対抗する関係からも日本の特殊性を重視しており、中国の父系に対して日本の母系、また中国の嫁取婚に対し日本の婿取婚の存在を発掘しているのが特徴だから（『火の国』二四七頁）、と記している。ただ、研究初段階で国学者のこうした所見（誰のものかは記していない）や儒仏に対抗する問題意識を鮮明にしていたかとなると、いささか誇張の感もなくはないが、しかし、その後の人生を掛けた気の遠くなるような作業や理論化への執念を知ると、賞賛に値するというほかはない。

婚姻史からみた江戸時代――嫁取婚

さて、高群晩年の著書『日本婚姻史』(3)（以下『婚姻史』）による時代区分に従えば、江戸時代は嫁取婚の時代である。この婚姻形態について異議を差し挟む余地はない。彼女の規定した婚姻種別は、原始から族内婚・族外婚・妻問婚・前婿取婚・純婿取婚・経営所婿取婚・擬制婿取婚・嫁取婚、そして近現代の寄合婚（その萌芽の状態）へと変容するが、このうち嫁取婚段階は室町・安土桃山・江戸時代に比定されている。

そして平安中期以降の各段階の婿取婚と室町以後に始まる嫁取婚とが決定的に異なるのは、「婚主」が「妻方の父」から「夫方の家父長」に推移するところである。「婚主」とは聞きなれない言葉だが、高群によると、「第一次的には当事者たる男女」を指すが、その背後にあって影響を及ぼすものと説明している（『婚姻史』四八頁）。くわえて、嫁取婚は「当人間の恋愛を弾圧する家父長制婚」と規定している（『婚姻史』八一頁）。

この点について、現在の近世女性史では、結婚は支配層・庶民層を含め夫方・妻方双方の家長、ないしは本分家など親戚縁者を含めた協議のうえで決定すると理解されている。まさに「家」のありようと婚姻が密接な関係にある。

同様に離婚についても双方の家長による協議が基本である。

この場合、妻方はその時点での「実家」の家長（父・兄・弟・甥など）が協議の場にのぞむが、夫方は当人が家長であれば夫自身が、父が家長の場合は父が出ることになる。妻は協議に参加できず、交渉事に対応できる一人前の人格とみなされない。つまり離婚にしても結婚にしても、「家」と「家」との代表者間での交渉事なのである。双方が離婚に合意すれば、夫方から妻方へ、妻の再婚許可文言を含む離縁状（「三行半《みくだりはん》」）が渡されるが、当然妻方から夫方への離婚の申し入れもある。したがって夫方による一方的な専権離婚という評価は現在ではなされていない。

また、大名の婚姻についても、幕府は「武家諸法度」（元和令）において「私婚禁止」を打ち出し、大名家から幕府への縁組願い申請を命じている。縁組は双方の当主や親戚縁者ら、また各藩の江戸留守居役や用人らの情報交換や談合をもとに、役職・家格・姻戚関係などを熟慮の上、慎重に選定する。双方が幼児のうちに決めておく場合もある。武士であれば幕府・諸藩ともに管轄役所への縁組申請による許可制をとっている（離婚も同様）。このため、この時期の嫁取婚は武士であれ庶民であれ、「夫方の家父長」によって強権的に決まるということはありえない。

一方、家族内の父と娘の関係に焦点をあてれば、娘は父の決めた結婚相手に従うことが常である。しかし、それは息子とて同様である。父の独断ではなく母との相談事であろうが、この点をもって子に対する父の、あるいは親権の強さを指摘するのは正しい。高群のいう寄合婚（「男女が平等な人格と権利をもって自由結合する個人型の一夫一婦婚」、『婚姻史』二四三頁）は、近世においては野合《やごう》や駆け落ちとみなされ、両家間に仲人を立てる正式な結婚ではなかった。高群は女性の地位の劣悪さの要因を主に家長権および夫権の強権性に求めているが、それだけでは近世社会の実態はつかめないだろう。

「女性の屈辱時代」としての江戸時代

一九五〇年代半ばに刊行された『女性の歴史』（上・中・下・続）は、原始古代から近現代までを通観した高群女性史の到達点である。以下、中巻を中心にみていく(4)。

『女性の歴史』全体の章立てをみると、「第一章　女性が中心となっていた時代」、「第二章　女性の地歩はどんなぐあいに後退したか」、「第三章　女性の屈辱時代」、「第四〜七章　女性はいま立ちあがりつつある（一〜四）」、「第八章　平和と愛の世紀へ」となっている。第三章が室町から江戸時代で、婚姻形態による区分の嫁取婚にあたる。つまり、長い歴史の中で女性の地位や権利は、飛鳥・奈良時代では相対的に高く、平安中期以降は婿取婚の変容を経ながら、南北朝・室町時代あたりから次第に低下していき、江戸時代に至っては最低に落ち込み、近代に入ると上昇に転化していくという流れである。

高群とともに戦後の第一次女性史ブームの双璧ともいえる井上清の『日本女性史』(三一書房、一九四八年)においても、江戸時代の女性の地位・環境は歴史上もっとも劣悪とされる。女性史研究はしばらくこうした評価の影響を受けてきたが、一九八〇年代以降、近世女性史では「女性の屈辱時代」を修正すべく、多様な史資料を用いた実証作業を重ね、新たな近世女性史像を構築してきた。

高群は室町時代以後の家族、とくに江戸期の家族について、その性格を家父長制、ないしそれの圧縮された古典ギリシャ的奴隷制家族に比定している。これをもってわが国における女性被圧迫の頂点と位置づけ「屈辱時代」とするのである。古代ギリシャ奴隷と同様に、生殺与奪権をもつ主人に全人格を収奪されたもっとも奴隷的段階にある女性の類型が、室町以後江戸期にまで確認されるが、それ以前にはみられないという。江戸期には女性(妻)は家父長によって「生殖器独占」状態に置かれ、「婦徳」が鼓吹される。「婦徳」の第一は「貞操」であり、「貞操」とは「生殖器独占」原理の道徳化を意味し、室町期以降に成立する儒教的「女訓書」によって一方的道徳として女性のみに強要されたとする。

すなわち結婚の目的は、夫の家の私有財産の相続者を生む「性奴隷」を得ることであり、「ウマズメ」は離婚される。嫁取婚とは夫家の私的経営の奴隷(家事労働力・牛馬の代用品)として、夫家に略奪され買い取られる形態であるとする(『女性の歴史』二四〇―一頁)。まさに、性奴隷・家内奴隷として全人格を夫に蹂躙される妻の姿が描き出される。

また、室町期以後にみられる売淫制については、商品生産・貨幣経済の発展によって都市化が進み、「金と色」の市民文化が誕生し、そこから女性性器の商品化が進んだことを重視する。女性は商品として市場に並んで取り引きされる「娼婦」と、身代金を出して買い取って家内に私蔵した「家婦」とに二分される。「娼婦」は一個人が買い取ることで、いつでもその私物である「家婦」にもなりえ、またその逆も成り立つ(『女性の歴史』二九一―二頁)。そして、売淫制の盛行を国家が保証したのが公娼制であり、江戸期の遊廓へと連なっていく。

経済的側面からは、室町期以前は夫婦別財産制であったのが、それ以後になると妻や二、三男は無産者化し、家父長経営下に隷属するようになる。したがって前代までのような自活財産を妻や二、三男はもたず、またもつ権利もなく、婚姻時の妻の持参金は夫家への手土産であり、化粧料等も夫家側に没収される。室町期以前は女性にとって財産は、原則的に「もたねばならない」ものであるのに対し、以降は江戸時代を含め「もつことを必要としない」ものでしかなくなったと論じる(『女性の歴史』三四〇頁)。

再言すると、「夫方の家父長」によって決定された一方的な婚姻により、財産・相続権のない妻が、夫家に性奴隷・家内奴隷として全人格を買い取られるのが高群の理解する江戸時代の嫁取婚である。

近世の「家」と家族

一方で、高群は「太閤検地にあらわれた家族制度――日本式封建家族制」の項（『女性の歴史』三八八―四一二頁）で、宮川満、安良城盛昭、遠藤進之助ら当時最新の論考にも学んでいる。安良城論文については太閤検地の封建的革命説をもって「女性史の立場からすれば安良城説に賛成しないではいられない」と記している（『女性の歴史』三九八頁）[5]。安良城は中世を家父長制的奴隷制社会と規定し、太閤検地とは家父長制的大経営を分解・解体させ、隷属農を解放して本百姓に取り立てることで農奴制社会への移行を実現させた封建革命として立論した。高群は安良城説に、より対等な婚姻関係を生み出す動向を読み取ろうとしたのだろう。しかし、現実の歴史過程では、単婚家族は「現象」としてはありえたが「慣習」までは高まらず、慣習として成立したのは、宮川満の主張する「直系的小家父長制」との評価に同意している（『女性の歴史』四〇一頁）。ここでは一定の家督権を手にした小家族の男性当主の下で、女性の全般的地位はより低下すると受け止められている。この評価については現在の近世女性史でも議論の分かれるところである。

私は中世的な家父長的大経営に包摂されていた家内奴隷・農業奴隷の男女が、太閤検地および江戸幕府初期検地によって小農として「解放」された点を重視している。それまで牛馬同様に売買の対象であり、家族ももてずに主家経営内の労働力（女は主人の性的対象にもなり、生まれた子は主家のものとなる）として一生を終わる人々の存在を見過せない。高群が嫁取婚下で論じた女性の劣悪な状況は男性のそれでもあったはずである。

これらの隷属農が耕作地を保有し、粗末ながらも家屋を建て、結婚して夫婦となり、子どもを産み育て小家族を作り、一軒前の百姓として年貢を納める。村への帰属や年貢負担が小農自立に結びつく反面、個々の人々の生き方への抑圧も生じた。小経営はいつ破綻するか分からない脆弱なものであったが、公的に把握されながら（検地帳登録）、わずかな余剰を蓄えて経営維持に努めることを彼らの最大の使命としてきた。こうした人々の日々の営みの具現化が「家」なのである。

中世の段階で「家」は成立するが、小家族を基本とする近世的な「家」（家名・家業・家産を一体とする）は、一七世紀後半から一八世紀初頭にかけて地域差をともないつつ広範に成立した。祖先が築いた「家」を子孫に繋いでいくために、祖先祭祀を行い、代々の墓を建て墓参する。家系図を作り「家」の歴史を記録して家族や親戚が共有する。「女訓書」で繰り返される「三従七去」も、嫁への嫡男出産の重圧も、結局は人々がやっとのことで獲得した「家」を守るためにいかに必死であったかと表裏なのである。

高群は、家父長制は氏族員である個々の男子が私有財産を確保して氏族団の共有関係を拒絶し、個々に独立的に営む私的生産組織を独占することに発生するとし、それは女性の無産者化・奴隷化の過程と照応すると理解している(『女性の歴史』三二一頁)。また、室町期に成立した家父長奴隷制家族は近世初期の変容を受けながら継続し、小農民の家は拡大された家父長家族の一部分として維持されたとみている(『女性の歴史』四〇五頁)。そこでは小農民の劣悪な生活の下で、女性の無権利・奴隷状態が確立すると考え、究極の「屈辱時代」という評価となっている。高群説の当否は置き、従来の無権利・奴隷的地位の継続・強化・固定という論旨である。

ではなぜ、江戸時代の家長は男なのか。ここに近世的家父長制の問題があらわれる。

江戸時代における男性優位性の特徴は、近世固有の要因を考えなければならない。私見は次の通りである(6)。

まず、一世紀にわたる戦国の世を終結に導いた織豊政権と徳川幕府をその総仕上げとして位置づける。織田信長や豊臣秀吉らの土豪層に対する武器の強圧的徴収や一向宗、比叡山延暦寺など宗教勢力の殲滅や、戦国大名や惣村への苛烈な戦いによる残虐性を強調するのではなく、彼らの天下統一への戦いは荘園制崩壊後の秩序の空白を整序するための不可欠な段階であり、民衆の希求する平和や生産力安定の実現や保障に沿ったものである。でなければ、民衆の凄まじい抵抗にあい、近世への移行は成し遂げられなかったであろう。

また、天下統一をほぼ手中にした秀吉は、次に朝鮮半島への侵攻を試みたが、太閤検地や身分統制令は朝鮮侵略のための兵士確保が目的の一つでもあった。江戸時代初頭はまだ体制の安定にはほど遠く、大坂の役以後(元和偃武)を待たなければならない。その際、政権は臨戦態勢にあって、兵士を徴集するために各戸の陣夫役を掌握・確保するのは必至であった。権力の把握する台帳(検地帳・宗門人別改帳)に必要なのは、いざというときに確保できる男なのである。その男を「家」の代表として、経営の責任者とするのが至便であった。徳川政権では長らく平和であっても、基本的には臨戦態勢や夫役徴集に即応できねばならない。このため「家」代表者を男性とする制度や、「家」統括責任者を男性とする社会が作られたのではないだろうか。そして、その体制を維持・補強する装置として儒仏による女性蔑視の「教え」が喧伝されていく。

一方、女性が財産相続に与れない、高群説でいえば女性の無産者化により、嫁取婚では女性が性奴隷・家事奴隷化する点であるが、江戸期の法制上、妻の持参財産のうち諸道具類は何事があろうとも所有権は妻にあった。また、離婚時には諸道具類、持参金、妻名義の田畑は妻方に返還しなければならない。妻方からいい出した離婚の場合でも諸道具類は返還義務をともなった。くわえて夫は妻の同意を得ずにその衣装道具類を質入れすることはできず、それをもって妻方からの離婚事由にできたように、妻の持参品の処分権は夫にはなかった。(7)つまり、妻は一定程度の持参財産は所有しており、高群のいうところの嫁取婚によって無産者化することはない。また、妻名義の田畑の扱いについて、法制上の規定があることに留意しておきたい。

財産所有権や婚姻形態は女性の地位の考察上、重要な指標になりうるが、それを一時代全体の評価に繫げることには賛成しない。もちろん、家父長権の強さや嫁取婚の抱える負の側面を軽視するわけではないが、そこをもって江戸時代の女性が歴史上最低の地位にあったと私は考えない。従前の隷属民男女が「解放」された時代でもあったのだから。

「屈辱時代」に反する女たち

高群以降、近世女性史で明らかになった「屈辱時代」を見直す事例をいくつか紹介したい。

たとえば妻が男子を出産しない場合、みな離縁となるかといえばそういうこともない。確かに、武蔵国のある農村のデータでは離婚理由の筆頭は不妊であった。(8)しかし不妊であっても離婚はせずに終生夫婦愛をつらぬいた者たちもいる。

また、子どもが女子ばかりの家もある。その際は、女子に婿養子を取って家を相続させた。子がなければ子のいる非血縁の夫婦養子を迎える家もある。さらに北関東や東北地方では「姉家督」という初生子相続がみられる地域もある。男女を問わず第一子が家督相続者になるのである。ここでは後から弟らが生まれても長女が婿養子をとり、「家」の実質的な采配を握ることになる。(9)

「家」の相続は極貧農であっても、継ぐべきものがわずかでもあれば嫁に来てもらい経営に専念するが、嫁は離婚の形をとってすぐに「実家」に帰ってしまうこともある。また、夫に先立たれた妻は「後家」となり家督を中継相続し、年貢を納め、村役人選出の際には家を代表して入れ札をする。(10)ある気丈な後家老母は、放蕩息子が成人しても「家」を守ると主張し家督を委譲しようとしない。(11)

江戸近郊農村の名主家の老母は、息子からの小遣や旅費の残金を貯めておき、村内の百姓に貸金をしてそこから利子を稼いでいる。夫婦で、また女同士で連れ立って伊勢神宮や善光寺参り、物見遊山に出かける女性も少なくない。(12)

武士も同様である。娘に婿を取り「家」の存続をはかり、あるいは非血縁の他家の息子と養子縁組をすることもある。桑名藩の下級武士の事例では、飛び地の柏崎陣屋に家族で赴任した夫が、妻の出産や病気の際に、子どもの世話や食事支度をする様子が記録されている(13)。

こうした数々の研究成果をもって、江戸時代をつとめて明るく描こうとする意図はないが、特殊な事例として退けるべきでもないだろう。男尊女卑思想の蔓延する中、女が簡単にレイプ被害にあい、夫から理不尽に殺される事件が多発し、また性売買を余儀なくされた遊女たちの悲惨さは枚挙に暇がない。つまり史料を恣意的に扱うのではなく、支配制度や村社会の強固な慣習など体制的構造を考え、その成立と体制下で起きる矛盾を明らかにし、変化を生み出す胎動を感知することが、この時代の女性の地位や環境の解明に繋がるといいたいのである。

高群は史料や研究史を精査し、「屈辱時代」に生きた江戸期女性を描き出した。商品生産・貨幣流通が隆盛する社会では、男の買い物として女の性も商品化するが、私は同様に、この時代の「旅早乙女」などの田植え労働の商品化も女性の地位向上に結びつくものと捉えている(14)。室町期以降、「家父長的嫁取婚」が支配的となり、私的所有権の男性独占体制が女性の隷属化の要因になると突き止めたのは、高群の大きな功績の一つである。しかし、さらに多様な観点から性差別の実態を探究する必要がある。

江戸時代の女性を通史的に捉え直し、そこに絡まるジェンダー構造を、高群がいうように「筋道を立てて科学的に立証」していくことが重要であり、彼女を引き継いだ私たちに遺された課題でもある。

註

(1)『高群逸枝全集第一〇巻　火の国の女の日記』理論社、一九六六年。

(2)『本居宣長全集第九巻』(筑摩書房、一九六八年) 四九―五三頁。鹿野政直は『母系制の研究』の中に、宣長の「直毘霊」に影響を受けた高群の国学的世界観を読み解いている(鹿野政直・堀場清子『高群逸枝』朝日評伝選、一九七七年、二二一頁)。ことに『古事記伝』における古道説の真髄ともいうべき「直毘霊」から導かれる痛烈な儒仏批判と、高御産巣日神に続く伊邪那岐・伊邪那美の二柱大神から生まれ出でた天照大御神を高祖神とする天皇による統治こそ、天地とともに永久に動くことのない我が国の自然な国柄であり、中国・朝鮮など「異国」のように戦いにより統治者が変転するのとは違い、「水穂の国」は一貫しているなどの主張(『本居宣長全集第九巻』四九―五三頁) は、アジア太平洋戦争下における高群の天皇賛美の思考、『日本婦人』掲載読物での戦争鼓舞・賛美の論調に繋がるなど多大な影響を及ぼした。

(3)『日本婚姻史』至文堂、一九六三年。

(4)『高群逸枝全集第四巻　女性の歴史一』理論社、一九六六年。なお、「女性の屈辱時代」を含む「中巻」の初出は大日本雄弁会講談社、一九五五年である。

(5)ただし、高群は安良城が南北朝以前も家父長制期と規定することには批判している。これは南北朝以前を「族長奴隷制」とみる彼女の自説（『女性の歴史』二六〇―一頁）に合致しないからであろう。
（6）拙著『幕藩制社会のジェンダー構造』（校倉書房、二〇〇六年）三五八―七一頁。
（7）大竹秀雄『「家」と女性の歴史』（弘文堂法学選書4、一九七七年）一四五―七頁。
（8）森安彦「村人の一生」（『日本村落史講座』第七巻、雄山閣、一九九〇年）。
（9）柳谷慶子『近世の女性相続と介護』第五章「姉家督と女性相続」、吉川弘文館、二〇〇七年。
（10）青木美智子「近世村落社会における女性の村政参加と「村自治」」（『総合女性史研究』第二八号、二〇一一年）。
（11）大口勇次郎『女性のいる近世』第一章「農村における女性相続人」、勁草書房、一九九五年。
（12）註（6）拙著、第四章「近世後期における女性の行動の「自由」と家事労働」。
（13）真下道子「出産・育児における近世」（『日本女性生活史』第三巻、東京大学出版会、一九九〇年）。
（14）註（6）拙著、第二章「農村女性労働の質的変化の諸相―早乙女労働に着目して」。

乗り越えられるべき歴史、あるいは残された「遺書」

【近現代女性史研究における高群女性史の位置付けとその意義】

蔭木達也

●かげき・たつや　慶應義塾大学大学院経済学研究科単位取得退学。慶應義塾大学経済学部助教。専攻は社会思想史。論文に『神』と対峙する『天皇』のイロニー」（『思想』一一五八号、二〇二〇年一〇月）等。

一　高群近現代女性史に向けられるさまざまな関心

その夜、多くの人が新しい星を探して空を見上げた。しかし、夜空は雲がかかっていたし、肉眼で見るにはその星はあまりに小さいように思われた。しかしそれは、人類史におそらくもっとも大きな足跡を残した星であった。

その星の名は、スプートニク1号。一九五七年一〇月四日、ソ連が打ち上げた、人類にとって初めての人工衛星である。ハンナ・アーレントが、「近代の解放と世俗化が、今度は、空の下の万物の母である地球からもっと決定的に離れることによって終わろうとしているのか？[1]」と問いかけ、地球という制約すら突破した「人間」というものの本質を見極めようと『人間の条件』を書いたのは、その翌年の一九五八年のことであった。

高群逸枝が日本近現代女性史を描いた『女性の歴史』下巻・続巻が出版されたのも、同じ一九五八年である。後述するように、高群もアーレントと同じく、「宇宙」に飛び出した「人間」の問題を歴史の終着点においている。日本を舞台に、有史以前から現代まで上・中・下・続という四巻に渡って書き継がれた高群の『女性の歴史』は、当時大きなセンセーションをもって迎えられ、その後全集に収められたのはもちろん、文庫化もされ、一人の女性が一貫した視点から書いた日本女性史通史という以上の意味をもって、今なお参照されている[2]。

有史以前から江戸時代までの日本の女性史を対象とした『女性の歴史』前半部分（つまり原書上・中巻、全集第四巻「女性の歴史 一」、文庫版上巻）は、「社会経済史や生活史や人類学、文学をも統合する多角的な視野で女性史を研究した[3]」と評価され、半世紀にわたって繰り返し参照されてきた『母系制の研究』や『招婿婚の研究』など、戦前の一九三一年から高群によって取り組まれ、独自に築き上げられた女性史研究に基づく歴史叙述となっている。これについては近年改めて、新たな史料の公開や整理の進展を踏まえた再検討が進められていることは、本誌の他の論考が示している通りである。

これに対し、『女性の歴史』の後半部分（つまり原書下・続巻、全集第五巻「女性の歴史 二」、文庫版下巻）で描かれる、明治維新と開国以後の日本近現代女性史の叙述については、高群が戦後、新たな調査と分析の上で書き下ろしたものである。この部分については、前半部分の叙述とは異なり、それがまさに高群自身の生きた同時代に対する評価を含んだ歴史叙述となっていることから、単に歴史実証的観点からの評価にとどまらず、その論理構造や、歴史叙述のスタイルの問題、戦争との関係など、さまざまな観点から関心を向けられてきた。

それを歴史研究の視点からみる場合には、しばしば批判的評価が与えられてきた。例えば鹿野政直は、独自の歴史観が貫徹されている『女性の歴史』前半部分に比して、後半部分で取り扱われる近代以降については、「既成の枠組みを背景としての女性史の叙述という気配が濃厚となり〔…〕理想世界の招来への願望の強さゆえに、結論を急ぎすぎた[4]」といい、歴史把握の構造の独自性の欠如と分析の不足を指摘する。あるいは伊藤康子やウルリケ・ヴェールは、高群の近現代女性史叙述を井上清の『日本女性史』と対比し、「女性自身の力は評価されていない[5]」、近代の女性解放運動における「研究対象〔女性〕の主体性を無視している[6]」と批判し、歴史叙述の対象とする「女性」の範疇が偏っていると批判している[7]。

他方で、そこに「戦後の時代の共通課題であった日本的近代とは何か、という問い」があったとする西川祐子の分析は、それが書かれた思想史的背景に即して高群の近現代女性史の持つ独自の意義を明らかにしている。西川によれば、「八月十五日は「日本」にとって敗戦の悲しみの日、「女性」にとっては終戦であり解放の喜びの日であったという矛盾」という「戦後の最初の思想上の問題」に応えるため、高群は『女性の歴史』の後半部分において、一方では「原始的で「女性的な日本」を「封建的な日本」から切りはなし」、「他方ではアジアとの心情的な連帯を強調してあくまで西欧的近代と対抗すること」という二重の論理によって「矛盾を力業でねじふせた」のである。[8] 山下悦子は、高群近現代女性史の結論部分におけるこのような「原始的」なものへの志向と「日本」ないし「アジア」の特殊性の強調という二重の論理が、「古代回帰」ではなく「愛情本位の自然的共同性としての家族へ進化」する「生成として把握されていた」点が、高群の歴史叙述の特徴だと説明する。[9] つまり、鹿野のいうような「既成の枠組み」とは異なり、「仏教的な「空無」」を目的とする「生成論」的歴史叙述であったとして、その独自性と創意を一面では評価している。ただし山下は同時に、その「空無」を志向する思想にこそ、高群が太平洋戦争中、戦争に同調しそれを推進するイデオローグになりえた理由があるとも指摘している。[10]

さらに近年では、高群の『女性の歴史』を論じたアンドレア・ゲルマーの研究において、その世界史的意義に新たな光が当てられている。ゲルマーは、高群が第一派フェミニズムにおける主要な論客であったことを踏まえつつ、『女性の歴史』がその後の女性史研究者および第二波フェミニズムに与えた影響を論じている。その近現代史叙述についても、後半部分から歴史把握の構造が転換しているという鹿野の見解を否定しつつ、戦後民主主義の影響を受けた男女平等を目指しながらも、一方ではそれが高群の母性主義に従属する形で男女の本質的相違を前提とし、女性が主導的な立場になるような歴史構造に一貫して立脚していることを明らかにしている。[11]

他にも、個別の論点として「世界市民」「世界人民化」という発想に注目するヤスコ・サトウや、[12] 高群が近代史の中で自らを平塚の後継者として位置付けている部分から、両者の「種族」概念の相違をその植民地観に結びつけて参照するソニア・リャンの研究もあり、[13]『女性の歴史』後半部分から汲み出される論点は尽きない。

これらの議論を通観した上で、今なお高群の近現代女性史がなにがしかの意味を持つとすれば、それはいかような意味においてであるのかということを、女性史的側面と、高群の思想に即した側面から、それぞれ検討してみたい。

二　女性史における高群近現代女性史の位置付け

高群の『女性の歴史』全体をその歴史的区分と展開から概括すると、おおよそ次のようになる。前半部分では、一三世紀ごろまでが「女性中心の社会」（上巻篇名）としての母系制の遺制が残る時代であり、その後家父長制の強まりとともに女性の自由と権利が剝奪される一九世紀中頃までの「性の牢獄」（中巻篇名）の時代があったとされる。後半部分では、明治維新以後は家父長制が形を変えながら続いているが、それを乗り越えるためにさまざまな努力がなされている「解放のあけぼの」（下巻篇名）が描かれた上で、戦後の社会変革が「労働婦人の世紀」（続巻篇名）の到来を予感させる、という物語になっている[14]。

『女性の歴史』後半部分の近現代女性史の構造は、章立てによって五つに分けられている（章立ては前半部分からの続きで、四章から始まる）。明治期から昭和初期までが対象とされる四―六章は歴史叙述だが、戦後のことを扱っている七―八章は、『女性の歴史』が書かれた時代から考えれば歴史叙述ではなく同時代分析というべき性格のものだ。四章は明治維新と開国後の日本における社会の外面的な変化における女性の位置付けの変化を論じたもの、五章は福沢諭吉から婦選獲得運動までの女性解放運動の展開、六章は女性経済史ともいうべき女性労働の歴史叙述と労働運動の展開を描く。七章は戦後日本における女性と社会のあり方、終章にあたる八章はそれを踏まえた未来展望となっている。厳密ではないが、ここでは便宜上、四―六章を近代女性史、七―八章を現代女性史と呼称したい。

高群は近代女性史について、五章で法律の変更や参政権の獲得などさまざまな女性運動を論じており、六章で労働女性、無産階級の女性についても詳しく触れた上で、しかも「現象や法制上」の変化があったにもかかわらず、それでも十分な社会変革が果たされず、家父長制が残っていると分析している。「わが国でも現象的には、夫権単婚家族が明治ごろから、同権のそれが終戦後（とくに法制の上で）みられるようになったけれども、それは現象や法制上のことであって、原理的にはまだ嫁取婚の家父長家族の俗が払拭されてはいない[15]」。

その論述全体を見れば、伊藤やヴェールの批判するような「女性自身の力」の軽視が高群にあったわけではなく、結果としてそれが堅牢な家父長制の壁を突き崩すまでの力を有していなかったという現実を、高群自身の経験にも即しつつ、ありのままに書いているということがわかるだろう。

そもそもこのように、明治以来の近代日本において、経済においては資本制、家族においては半封建制としての家父長制が息づいているという見立ては、すでに一九二〇年代中盤から山川菊栄が階級対立的観点に立って繰り返し論じており、目新しいものではない[16]。高群の立論の特徴は、それを自身の婚姻史研究と接続し、封建制における家父長制から男女が対等だが経済格差のある資本制へ、資本制から解放へ、という発展段階論的な女性史的歴史区分の上に位置付けた点にある。

しかし、後年のジェンダー研究の進展はこのような発展段階論を無効化し、資本制と家父長制は排他的にどちらかが卓越し、歴史とともに解放へ向かって段階的に変化するのではなく、むしろ相互補完的関係にあることを示している[17]。このような理論を踏まえて、改めて近現代の家族のあり方、婚姻のあり方を日本女性史通史の上に位置づけること、そしてその上でジェンダー格差を乗り越えるための見通しがどのように得られるかを展望することが、高群近現代女性史を今日の女性史研究の水準から検討した場合の、一つの課題として与えられている。高群以後にもさまざまな日本女性史叙述が試みられていることは確かであるが[18]、一貫した女性史的視座から歴史全体を貫く構造を捉えた上で、解放への道筋を描くようなものは、いまだに現れていないようにも思える。これは「女性史論争」以後の近現代女性史研究自体が抱えている課題でもある。

また、高群が主軸としている日本の『女性の歴史』という枠組みが男性対女性という二項対立を自明の前提としており、多様なセクシュアリティを十分に論じておらず、「女性史」という枠組み自体が無効化されなければならないという批判もあり得よう。しかし、多様なセクシュアリティがあるからといって、男性対女性という二項対立の観点自体が無効化されたとまでは言えない。その意味で、『女性の歴史』はそれとして、その内部から批判的に乗り越えられるべき価値をまだ有している。むしろ、多様なセクシュアリティの中でなぜ男女という概念的枠組みのみが認知され、社会的に支持され続けてきたのかという問いが先鋭化されることは、女性史という方法論の意義を改めて証示するだろう。

三　高群の「遺書」としての近現代女性史

高群逸枝その人に関心を持ってこれを読む人にとっては、高群の歴史研究の中で、あるいはその思想全体において、この叙述がどのような位置付けを与えられるのか、ということが問題となろう。高群は『女性の歴史』続巻の「はしがき」に、「私はこの書をはじめから遺書のつもりで、いうべきこと、いいたいことを書いた。そして、いまいくらか満足して筆をおくことができたことをよろこぶ」と書いている[19]。高群が「遺書」として書いた『女性の歴史』続巻には、その遺言として新たな「宗教」が提起されている。

高群は、一九五七年のスプートニク1号打ち上げ成功により、人々の間で宇宙に対する認識の大きな変化があったとする。そして、「宇宙における人間の位置」を問題にし、それが「まったく局部的なものになってしまったといってよい」と指摘した上で、「個人が死の宿命を持っている泡沫に似た一存在物でしかない」ことへの自覚を促す[20]。

しかし高群はここで、山下の指摘するような「空無」の発想に止まったわけではない。高群はさらに議論を一歩進め、これからの時代が「宇宙時代」であるとし、「宇宙時代の宗教」について述べる。「宇宙時代の宗教は、あるいは、ふたたび、この母なる太陽崇拝のそれへとかえるのではなかろうか。かつての原始日本人がしたように、宇宙時代の大衆もまた峠のホコラから母なる太陽を遥拝し、宇宙の神秘に徹するひとときを毎朝夕もつことになるのではなかろうか。そこには、また、科学と宗教との一致する世界が高度な形で再現するのではなかろうか」[21]。

高群は「母」や「太陽」を、「生」の肯定に結びつけ、「母親の愛は、生命への愛である」といい[22]、「生命への愛は、ひいて共存の愛——ともに生きる愛——である。ともに生きる愛はただの一人をも洩れなく伴う愛であり、ただの一人をも否定しない愛である」と定義する。そして、「生命への愛」は「良心」に従って「歴史の流れ」に参加するという「生命の権利」を是認する。

このように、「泡沫に似た一存在物」の儚《はかな》さに対する諦念の先に高群は、しかしその「一存在物」が「母なる太陽」のもとで「宇宙の神秘に徹する」ことで、「生命への愛」のまったき肯定の上に立って「ともに生きる愛」を謳歌しうる未来として、「宇宙時代の宗教」に開眼するのである。一九五八年の高群の思想に、戦争に対する反省と、地球を離れて宇宙と一体になる人間の可能性に対する希望があったからこそ、「死」を追認するような「空無」の思想を超え、「生」の肯定に基づく未来を展望しえたように思える。高群の思想全体にこれを位置付けるとすれば、ここには最後の「出発」があった[23]。

『女性の歴史』終章八章で高群が描いた「宇宙時代の宗教」とそれを信仰する「宇宙時代の大衆」は、それが歴史的な流れの中で自然に実現されるわけではないことを暗示する七章の悲観的な現状分析を踏まえた上で、しかし「遺書」という形で楽観的にその到来を予言するという、アイロニカルな形で示されている。

それは、高群自身が生涯で果たし得なかった残された仕事をわれわれに引き継ぐために残された遺言であり、それを受けたわれわれは、それを単に高群の「願望」であるとして切り捨てるのではなく、「「現実」のきびしさをおもって、一瞬ふるえおののの[24]」きながらなお、歴史の先に高群が展望しようとした「ともに生きる愛」の社会の実現に向けた論理を、高群の歴史論を乗り越えたところで見出さなければならない。

それは、高群が自らの築いた歴史叙述をあえて最後に破綻させることによって——あるいは「〈歴史〉批判者[25]」としての自己を束の間取り戻して——われわれに遺した、唯一の希望なのであるから。

注

(1) Hannah Arendt, *The Human Condition*, Chicago: University Chicago Press, 1958, p. 2.（ハンナ・アーレント『人間の条件』

志水速雄訳、筑摩書房、一九九四年、一一頁)。

(2)初出は高群逸枝『女性の歴史』上・中・下・続、講談社、一九五四―五八年。本論では参照の便を鑑みて全集版から引用する。

(3)官文娜『日中親族構造の比較研究』思文閣出版、二〇〇五年、二七頁。

(4)鹿野政直・堀場清子『高群逸枝』朝日新聞社、一九七七年、三一四頁。

(5)伊藤康子「高群逸枝の近現代女性史」『歴史評論』四五五号、一九八八年三月、二九頁。

(6)Ulrike Wöhr, "Die japanische Moderne und die historische Frauenforschung in Japan", *Asiatische Studien: Zeitschrift der Schweizerischen Asiengesellschaft = Études asiatiques: revue de la Société Suisse-Asie*, 48, 1994, p. 454.

(7)ただし、女性史における階級闘争の構図を殊更に重視する井上や伊藤の視点は、村上信彦の生活史的視点からさらに批判されており、女性史における歴史叙述のあり方の問題は一九七〇年前後の「女性史論争」で詳しく議論された(古庄ゆき子編『資料女性史論争』論争シリーズ3、ドメス出版、一九八七年)。伊藤の高群批判は、そのような女性史学のヘゲモニー闘争を意識したものであることを前提に読む必要がある。

(8)西川祐子『森の家の巫女　高群逸枝』新潮社、一九八二年、二一五―二二四頁。

(9)山下悦子『高群逸枝論――「母」のアルケオロジー』河出書房新社、一九八八年、二二七―三〇頁。

(10)同書、二三四頁。

(11)Andrea Germer, *Historische Frauenforschung in Japan: Die Rekonstruktion, der Vergangenheit in Takamure Itsues "Geschichte der Frau" (Josei no rekishi)*, München: Iudicium Verlag, 2003.

(12)Yasuko Sato, "Takamure Itsue's Revolt against the West during the Asia-Pacific War: Japanese Antiquity and a Global Paradigm Shift", *U.S.–Japan Women's Journal*, 42, 2012, p. 52.

(13)Sonia Ryang, "Love and Colonialism in Takamure Itsue's Feminism: A Postcolonial Critique", *Feminist Review*, (60), 1998, p. 14.

(14)これを西川は「客観的な歴史記述というよりもむしろ、原始の母たちの高い地位から転落し、「家」に封じこめられながら、なおもしぶとく生きのこった女性集団の物語といった性格が強い」(西川前掲書、二一五頁)と表現している。とはいえ、ヘイドン・ホワイトの分析でよく知られている通り、歴史学は常に過去の無限の事象の中から何らかの論理に基づいて主観的に編成される「物語」でしかありえず、「客観的な歴史記述」というものを無批判に前提とすることもまた、別の「物語」の創造に過ぎないだろう(Hayden White, *Metahistory: The Historical Imagination in Nineteenth-Century Europe*, Baltimore: Johns Hopkins University Press, 1973)。むしろ問題は、そのような自覚を持たない過去の歴史学が、男性の観点から書かれた歴史のみを正当な歴史としてきたことにあり、だからこそ女性史が書かれる必要があった。

(15)高群逸枝「女性の歴史 二」『高群逸枝全集』第五巻、理論社、一九六六年、八〇一頁。

(16)山川菊栄「日本の家族制度における封建的遺習」(初出一九二七年一一月)、「無産階級運動における婦人の問題」(初出一九二六年一月)、「婦人部テーゼ」(初出一九二五年一二月)など。いずれも『山川菊栄集　評論編』第四巻、岩波書店、二〇一一年所収。

(17)例えば、上野千鶴子はシルヴィア・ウォルヴィの整理を援用し、「資本制的家父長制」という「統一理論」によって次のような説明がなされるという。「家事労働の非資本制的な性格は、資本制にとって矛盾でも非関与でもなく――したがってマルクス主義的分析にとってその外部でも挫折点でもなく――資本制が要請した当のものになる」（上野千鶴子『家父長制と資本制――マルクス主義フェミニズムの地平』岩波書店、二〇〇九年（初出一九九〇年）、一五〇頁）。

(18) 女性史総合研究会編『日本女性史研究文献目録 1868-2002』東京大学出版会、二〇一四年。

(19) 高群逸枝「女性の歴史 二」はしがき二―三頁。

(20) 同書、一〇五七頁。

(21) 同書、一〇五八―九頁。

(22) 同書、一〇三一頁。

(23) 「出発」が高群の生涯を規定する重要な概念であることは、堀場による高群の前半生の分析を参照のこと。鹿野・堀場前掲書、二三―八頁。

(24) 高群逸枝「女性の歴史 二」一〇五九頁。

(25) 丹野さきら『高群逸枝の夢』藤原書店、二〇〇九年、一八二頁。

Ⅳ 高群逸枝 新しい視点から

玄関左手に４坪の応接室（後年の書斎）

高群逸枝と長谷川時雨

【未収録資料『輝ク』を中心に】

尾形明子

●おがた・あきこ　東京生。早稲田大学大学院博士課程修了。日本近代文学、特に自然主義文学と女性文学を専門とし、長谷川時雨主宰『女人藝術』『輝ク』を発掘・研究した。東京女学館教授を経て、文芸評論家。主著に『女人芸術の世界――長谷川時雨とその周辺』（ドメス出版）『田山花袋というカオス』（沖積舎）『自らを欺かず――泡鳴と清子の愛』（筑摩書房）『華やかな孤独――作家 林芙美子』（藤原書店）他。

一　『女人藝術』と高群逸枝

高群逸枝と長谷川時雨（一八七九―一九四一）の関係は、時雨が『女人藝術』を創刊、幅広く女性作家・評論家を集めたことに始まる。

創刊号（一九二八年七月号）の巻頭に山川菊栄「フェミニズムの検討」、望月百合子「婦人解放の道」、神近市子「婦人と無産政党」と、社会主義、アナーキズム、マルキシズムの三本の評論を掲載した時雨に思想的なこだわりはない。『女人藝術』創刊の集いに「いい女人騎手のために駿馬たらんことをとおもふ」と言い切った時雨は、すべての女性の書き手に門戸を開いた。(1)

高群はさっそく一巻三号「新興婦人の道――政治と自治」（二八年九月号）を書き、「強権から自治へ」こそが人類最大の理想であるといい、もはや「無産政党」はブルジョア乃至小ブルジョア化している、と神近の「婦人と無産政党」を痛烈に批判した。「婦人非政党」の主張は高群の一貫したベースであり、アナーキストとしての思想・理論の展開はぶれることがない。

一巻五号（二八年一一月号）の巻頭に、高群の口絵写真が掲げられる。籐椅子に座り、白い帽子と洋装姿で頬に指をあてたお

『女人藝術』1928年11月口絵

しゃれなモダンガールである。下に「沈まば沈め／赤い日よ／では／灯りをつけよう／高群逸枝」とある。

　同じ号に中篇小説「村に生くる人々」が載る。「よごれる癖と共に物をこはす癖もある。着物には一つ残らずインキをつけてゐるが、それを鋏みきつてもゐる。書物といふ書物は棚から落とさないものがない。亭主はかういふ私を連れて、村から海へ、街へと引き移つてきた」夫婦の、東京での「幸福」と同時に「限りなく不幸」な日々を描く。さらに女主人公が育った「十年前の故郷の頽廃的な、絶望的な姿」を、若い日の両親の姿と共に「憂鬱に囚はれ」ながら描写している。

　二巻一号（二九年一月号）の巻頭に、長詩「恋愛行進曲――月漸く昇れり――」が載る。「世の恋人たちに此の詩をおくる。私は此の詩で、恋愛を遊戯視する近代的青年に対する若き女性の悩みと心の動きを描かうと試みた。」と断り書きを入れて、「序」を始める。

　二巻三号（二九年三月号）は、ギリシャ神話レダと白鳥をモチーフにした刺激的な表紙の「自伝的恋愛号」である。小金井素子、山田邦子、松田解子、生田花世、窪川いね子、三宅やす子、小寺菊子、林芙美子等々、中堅、新人女性作家二九名がそれぞれの恋愛を描き、あまりに過激だと賛否両論を巻き起こした。

　高群は「黒い恋」を書き、欧州戦争（第一次世界大戦）の頃、組合運動が盛んな西海の小さな山間の村で「燃ゆるやうなあるもの」をこころに抱いて生きる少女の姿を描いた。進歩的青年会のリーダーとしてだれもが認める青年が、少女に求愛する。しかし青年は「駐在所のお嬢さんのお仙さん」の恋人だった。少女が拒むと「あなたは古い」と男は言う。

少女は「題して黒い恋といったわけは、われらの黒い恋は、赤い恋に比べて、ごく地味であり、ごく目だたない、古い恋とすら見えるやうな、一見道徳的に見えるものであり、それが即ち恋のほんとうの、自然の姿であると信じてゐるが故で、あります」と記して、村を去る。当時流行したA・コロンタイの『赤い恋』から発した性の自由を讃えるコロンタイズムへの高群の批判なのだろう(2)。

二巻四号(二九年四月号)「櫟《くぬぎ》の家にて」(目次は「櫟林の中」)は、散文詩である。荻窪の家の日々が、季節の移ろい、時事評論、芸術論、「お婆さんになる」ことが一番嫌だった若い日のこと――とりとめなく詩と文とで綴られていく。魅力的なエッセイである。

長谷川時雨

二巻九号「小ブル藤森成吉に与ふ」(二九年九月号)、二巻一二号「お出でなさつた」(二九年一二月号)は、いわゆるアナボル論争の一環で、これをもって高群は『女人藝術』を去る(3)。『女人藝術』掲載の高群逸枝作品は七本、それに口絵である。が、復刻された『女人藝術』(龍渓書舎、一九八一年)には、これらの作品はすべて未収録である。高群逸枝の夫橋本憲三は一九七六年に亡くなったが、継承者となった橋本静子がその遺志を守った。当時から、拒否の理由として思想的なことがあげられていたが、八四年『婦人戦線』(緑蔭書房)、八八年『輝ク』(不二出版)の復刻がすんなり決まったことを思うと、思想的理由というのは説得力がない。

橋本憲三によって『高群逸枝全集』全一〇巻(理論社、一九六六―六七年)が編まれている。

「恋愛行進曲――月漸く昇れり」は、第八巻『高群逸枝全詩集　日月の上に』に収録され、橋本は解題に「この長篇詩は、長谷川時雨編集『女人藝術』一九二九年一月号の巻頭に発表されたものであるが、正確な制作年代は明らかでない。『家出の詩』が書かれた直前のあたり」と記している。作品集『黒い女』(解放社、一九三〇年一月)に収録された「黒い恋」も第九巻に収録されている。

「小ブル藤森成吉に与ふ」「お出でなさつた」の二本は、永畑道子編『わが道はつねに吹雪けり——十五年戦争前後』（藤原書店、一九九五年）に収録され、永畑によって解説が書かれた。七本の中「新興婦人の道——政治と自治」「村に生くる人々」「櫟の家にて」の三本が未収録ということになる。

橋本憲三がなぜ『女人藝術』復刻版に高群作品の収録を拒んだのか、私なりに推測しているが、その前に、『輝ク』における高群逸枝を追うことにする。

二 『輝ク』と高群逸枝

『輝ク』は一九三二年六月、『女人藝術』が五巻六号全四八冊をもって廃刊後、同じく長谷川時雨が創刊した、四ページからなるリーフレットである。総合文芸誌として「新人女性作家・評論家の発掘育成」「全女性の連携」を掲げた『女人藝術』とは比べようもないが、「着物の帯締めのようだ」（徳田秋聲）「後世に残すべき全女性の記録」（時雨）として、それぞれの時代をあざやかに映し出した。なによりも一九二八年七月から一九三二年六月まで全四八冊の『女人藝術』に対して、『輝ク』は、一九三三年四月から一九四一年一〇月まで全一〇二号にわたる。

やがて銃後の「輝ク部隊」を設立、インテリ女性の銃後運動の拠点となり、それゆえに文学史から消され、そこに集った女性作家からも忘れ去られた感のある『輝ク』だが、一九三七年七月日中戦争勃発前の『輝ク』には、当時の女性雑誌が失いつつあった国際性が豊かに贅沢にあふれていた。

第二号（昭和八年五月）「クラフチエンコ女史に聴く——児童読物その他について」、第四号「カナダ便り——田村俊子さんから」、第一〇号大石千代子「サンパウロより」等々、世界各地に滞在する女性たちが、その国や都市、村の様子を書いている。アメリカで不気味に盛り上がっていた排日運動の様子も、クリミア半島の様子も知ることができる。中国女性、アメリカ女性の通信も載る。当時としては、もっともインターナショナルでリベラルな誌面であったことは間違いない(4)。

①『大日本女性人名辞書』と『日本エンサイクロペテイア』

後年一九五三（昭和二八）年九月、河出書房から出版されたメリー・R・ビアード著、加藤シズエ訳『日本女性史』（*THE FORCE OF WOMEN IN JAPANESE HISTORY* by MARY R. BEARD）について、第四年一〇号（昭和一一年一〇月）『輝ク』二頁に石本静枝（加藤シズエ）「日本女性史エンサイクロペテイア」の稿が載る。

「日本女性史エンサイクロペテイア編纂会」と一息では云へないこの会の編纂室は、八月初めからは本郷帝大図書館内の研究室に引越しました。限りある予算の中から最大限の良い仕事を完成させようと云ふ意気込みは、遂に女性に門戸開放を渋つてゐた赤門内の学問の殿堂内に「女性史」と銘行《ママ》つた研究室が置かれるまでに進展しました。

この会の唯一の財産は三十幾つかの抽斗の中にぎつしりつまつた一万三千のカードで、神話伝説から初まつて有名無名の別なく、大和女性の名とその人物に関する資料の一切は克明にこのカードに整理記載され仕事の台本となつてゐます。編纂委員会はこの中から千七百余名の人物を拾ひ上げ、その重要性によつてＡＢＣの三クラスに差別して記述の際の語数を制限しました。各方面の最も代表的とみられる女性約五百名分の記述は英訳して国際本部に送る目的であり、英国にある本部では、世界各国の材料をまとめ英独二ケ国語で出版される予定である。

女性史観——と云ふ言葉はないかも知れませんが、そう云つた内容の上に立つ歴史の研究は無限に興味ある仕事でそれらのゆく手を照してみせるテレヴィシヨンなのです。迂遠な研究でもなく億劫な仕事でもありません。女性の進出を目ざすものに取つてはお米の御飯なのだと云ふことが私のやうな「学問歴史」には素人であり、実際的運動に體をつゝこんでゐる者にさへこの実感がもてるところにこの仕事の意義があるのではないかと思ひます。編纂会は外国行の分を送り出してしまつたら、今少し微に入つた内容で日本版を出すと云ふ野望にもえてをりますから、全女性の御鞭撻と御利用とを願つて止みません。

同じ号の三頁に高群逸枝が「大日本女性人名辞書に就て」の一文を載せている。

六年間、何や彼と皆様の御援助を頂いて居りました著作を、このたび漸く標題のやうな書名にて刊行の運びとなりましたについて、輝ク編輯部より何か書けとの御命令であります。さう云はれますと今更件の書の不出来なのが心配です。たゞ、女性の人名辞書は我国で最初のものであると云ふだけを、せめてもの御報告としたく存じて居ります。

此書は本来より申せば、別に執筆中の女性史から分岐して成つたものですが、其の始終は跋文に譲ります。さて女性人名辞書は、一言にいへば太古より現在に至る代表的全女性の事蹟を集大成したもので、差当り女性史を書いて居ります。私自身の座右の備本としても、また過去の日本女性を発展的に把握することによつて、今日及び明日の各種活動に備へんが為めにも、当然なくてはならぬ本であると考へて、私としては非常な苦心を拂つて漸く今日脱稿を見ました次第です。

従来私などは、苟しくも文筆婦人とか、有識婦人等と他称もされ、自称もしてゐながら殆ど歴史的に物を把握する素養を欠いて居ります。然し、これも亦一面無理からぬことであるといふのは、例へば女性と政治とか、女性と産業とか、教育とか等々、これらの現はれを一寸歴史的に調べて見ようとしても、それに資すべき纏つた本が一冊もないと云ひ切つても敢て過言ではない現状です。そこで是非とも必要とあれば、俄か仕込の研究者となつて、古事記、書紀、実録、古文書類以下無数の正史野史を漁り、そのバラ〳〵な資料の中から非常な努力や手続きを踏んで寄せ集めてくるより外は無い。さういふ努力は到底常人の耐へ得る処でも無し、ヒマも無いから、つい折角の思ひ立をも諦めて仕舞ふし、それなりにズル〳〵済んでしまふ。

女性史の方面に於てのかうした不便、無開拓、不整理等は、女性文化の向上の上から是非反省を要することであると思ひます。そこで敢て其才なりや否やは姑くお許しをねがつて、兎もあれ私が先づ此書を作つて見ました所以です。委細はどうか実物に就て御批判の上今後とも御示教、御援助のほどを切にお願ひ致して置きます。与へられた紙数が尽きましたから、余は次の機会に申し述べたく、以上取あへず御挨拶まで。

すでに長谷川時雨が、第四年六号（昭和一一年六月）一頁に「二つの便り」として「高群逸枝氏が、『大日本女子《ママ》人名辞典《ママ》』の著作に籠もられたのは、五六年前のことであつたと思ふ。いよ〳〵その成果熟して、その刊行も近からうときくは欣びに堪へない。しかも必然に「女性史」もそれに伴つて生れるであらうことは世界的女性史インサイクロペデアが、各国の婦人によつてまとめられるために、我我《ママ》もそれに参加して大日本女性史を編纂しつつあるをり、ことに独力でなされた高群女史の意気を、壮なるものと祝福慶賀する」と記している。

時雨が「大日本女性史」に関わっていたことは、前述の加藤シズエ訳『日本女性史』の「あとがき」に明らかである。

いまから十七年前、女性史の百科辞典を編さんしようという企てが、当時オーストリアのウイーンにいたアスカナージー女史によって始められた。これに呼応して我が国でも、岡本かの子、長谷川時雨、新妻伊都子、三島すみ江等の諸氏の御協力を得て、女性百科辞典の編さん委員会が設けられ、我が国の女性史に関する多くの資料が系統的に集められた。三井礼子夫人や遠藤元男氏も熱心に多くの時間をこの仕事に捧げられた。これらの資料が英訳されて、原著者ビアード夫人の所に送られたのは、大戦勃発の直前であった。（略）

まさに二つの日本女性史誕生である。加藤シズエ（石本静枝）とアスカナージ夫人を繋いだのが、アメリカの歴史学者メアリー・ビアードだった。(5)

時雨がどのような形で関わったのか、会議には出席していたのか等々、あまりに資料が不足しているが、時雨自身によるこの短文は、確かに関与していたことを示している。時雨終生の著である七冊の「美人伝」は、天照大神から時雨と同世代の女性までを評伝の形で網羅し、学術的ではなかったとしても、「大日本女性史」の中心に時雨がいたことをうかがわせる。折から最後の美人伝となる『近代美人伝』（サイレン社、一九三六年）がまとめられ、岡田三郎の装幀、梅原龍三郎の口絵とともに評判になっていた。徳澤献子とアメリカのローズ・マッキーによって、『ジャパンタイムズ』日曜婦人版に抄訳連載されてもいる。

さらに『輝ク』を追うなら、第四年一一号（昭和一一年一一月）四頁「通信」欄に高群逸枝が次のように書いている。

種々御高庇にあづかりました拙書「人名」けふ市場に出ます。貧しいもので申訳なく存じて居ります。然し、今後の修正によつて必ず立派なものとして、御高援に添ふつもりで御座います。このアト四五巻を以てかねての計画の通り「大日本女性史」完成までは、いかなる難関をも克服するつもりで御座いますから、此点は御休心下さいますやうまことに身勝手乍ら、倍加の御高庇を賜はりたく、伏してお願ひ申上げます。尚、辞書は私の生きてゐます間は絶えず増補をつゞけるつもりで御座います。就きましては本出来の上は一本奉呈の予定で御座いましたが、本屋の方で五部献本以外は八掛で売るといはれ、数多い推薦者の方々、その他義理ある分が相当数のため実に困り、さういふ方々の中、私の貧弱な力にても、何かお手伝ひの出来さうな處へは、事情をお打明けしてお許しを願う外はないと覚悟いたしました。私としては実はエンサイ御編纂会の方へも、また会に御委託して本部の方へも個人としての賛意と敬意とから一本奉呈したいと希望してゐましたが、右の都合で諦めて居ります。御覧のやうに拙著は御編纂のものとは、一寸聞いただけでは類似の書のやうですが、実は根本より態度や記述を異にしてゐると信じます。これは辞書であつて、叙述がありません。只、便に具へるだけの用途に外なりませんが、御編纂のものは叙述論賛を含むものではないかと嘱望して居ります。国際的女性史百科の日本部門としての使命に立つものとして最初の栄誉であり、意義であると思ひます時、これは自分達共同の大事業であると考へずにはゐられません。石本氏始め委員皆様方に心からの敬意を表します。併せて熱切なる声援を怠らぬつもりで居ります。

同頁の下段「消息欄」には「高群逸枝氏著『大日本女性人名辞書』厚生閣より定価五円八十銭（送料三十三銭）」と記されている。

高群の「通信」前半は、平塚らいてう、市川房枝、竹内茂代はじめ数多くの支援者への挨拶と思われるが、後半に「エンサイクロペデイア」との関係を明らかにしている。直接、高群は関与しなかったが、同じような仕事を同時代にしてきた研究者として、満腔の賛意と応援を表明する。おそらく『大日本女性人名辞書』は、参考図書に加えられ、編纂委員会によって何らかの検討がなされ、さらに戦後発刊された『日本女性史』に影響を与えたのだろうと推測している。

②時雨との交流と高群逸枝「女性史を編むに就いて」

高群と『輝ク』の関係をさらに見ていく。第四年一二号四頁に「輝ク会十二月例会」の知らせが載る。一二月一七日午後六時から九時半まで、芝増上寺向いの女子会館で、「本年度出版された女流の単行本及び、主な作品について総決算の意味で批評の会をしたい」と記される。松田解子『辛抱づよい者へ』時雨『近代美人伝』深尾須磨子『イブの笛』林芙美子『野麦の唄』等々二〇冊が紹介され、高群の『大日本女性人名辞書』も挙げられている。

第六年一号（昭和一三年一月）四頁の「新刊紹介」欄で、高群は一年ぶりに執筆し、北川千代『父の乗る汽車』をとりあげた。

今年のお正月には、北川千代氏の童話集「父の乗る汽車」を読ませて貰つて、久しぶりで心の余裕をとりかへしたやうな幸福を味はひました。まづ感謝であります。「父の乗る汽車」は、著者の二十年の収穫から粋を抜いて編まれたもので、十三話が収められ、巻頭の「世界同盟」はかつて故鈴木三重吉氏の推賞を受けて赤い鳥に発表され、北川氏が童話作家として立たれた記念すべき作で、氏が他の作家達と類を異にする創作精神を強く掲げてゐます。全巻を通じて、氏の作には翻訳臭い王子王女の話などは一つも出て来ません。氏の童話は、日本人の童話で、爺さん婆さんで親しまれてゐる昔噺の伝統を継ぐものと思はれます。前記「世界同盟」は、随分理想主義的薫りの高いものですが、その根底に伝統的な庶民精神を感じます。心打たれるのは貧乏な子供の心理をよくとらへて、その温い味方となつてゐられることです。著者が巻頭の言葉で、「日本の童話を見るならこれを見よ――さう云ひたい位の誇りは持つてゐます。」と云つてゐられるのは当然であります。

私達が子供の頃こんな童話がありましたなら、どんなにか幸福であつたらうと思ひます。最近の童話界における推奨すべき好著と信じます。

正月に童話をひもとき「伝統的な庶民精神」に共鳴する高群の表情が浮かぶ。

第六年五号（昭和一三年七月）の「消息」欄に「高群逸枝氏著大日本女性史厚生閣より、定価六円八十銭」とある。同号の三頁には、時雨が「私の頁」と題して「高群逸枝さんが、いよ〳〵『大日本女性史』第一巻「母系制の研究」を公にされた。いふまでもない大著、意義深い出版、その努力、その研究、篤学、壮挙、目ざましく忝なき思ひにみたされる。と同時に、今日の家庭婦人としてこの大事業に専心することを許された、周囲の認容が嬉しい。その点氏は恵まれた人だと思ふ。慶すべきかな」と記している。

輝ク会の運営、『輝ク』の発行、脳梗塞で倒れた夫三上於菟吉の世話、資金繰り――なにもかにもを背負って日々過ごしている時雨には、羨ましい限りであったのだろう。翌号二頁の「各地通信」欄には高群のおそらく時雨宛私信が載る。

大日本女性史の御紹介を感謝いたします。率直に申させていただきますならば大著云々の観点からでなく、一つの捨石としてお認めいたゞけましたならなほ有難かつたと存じてをります。これから次の巻にかかるつもりで居りますけれども、どうにも動きがとれず、心細い限りです。目下の気持はそれのみに囚はれ、悶々と楽しくない日を送つてゐます。

けれども仰せのやうに周囲の認容は何ともありがたい限りで、私としては報恩の方法が見付かりません。此上は思ひきつて甘えてしまふことにしてゐます。舅姑の慈愛がまづ第一の幸福、次に郷里の人たち、近所の者――この村は二十年前見すぼらしい格好で出京しました時以来のなじみです。然し何よりうれしいのは友人先輩諸氏の認容で交際の下手な私を容れて貰へてゐることはありがたいことです。

夫の橋本憲三への直接の感謝はないが、素直な感情がこもっている。第六年第七号三頁全五段の高群の「女性史を編むに就いて」は、時雨が依頼したのだろう。

一

私が女性史を編むに就いての心持は、女性人名辞書と、女性史第一巻母系制の研究の二書の跋文に書いてゐるが、ここに詳細を述べることは不可能である。たゞ、一、従来信頼すべき女性史がないこと、二、女性史の女性自身によつて書かるべき意義、この二点に就いての熟慮から、及ばずながら一身を捧げて、まづ草分けの仕事、一個の捨石たらんと心をきめて、今日に及んだわけである。よい女性史の必要なことは、今更いふまでもないが、この方面にまで男性の努力を期待することの困難であり、また、男性の認識は色盲的たるを避け得ない部分もあるであらう。それらの欠陥を補ひ、歪められた文化乃至生活を修正し、人類生活の福祉を進むるものは、女性の努力をおいて外にはない——これが私の信念である。

二

昭和五年の賀状に、婦人論三部作十年計画を附記して、知友の批判と援助を乞ふたのが実行への第一歩、女性史はその三部作中の一つであつたが、今では、この一つだけでも荷が重く、余命巻《ママ》許もないのに、果たして完成し得るかも自分ながら不安がないでもない。

第一巻の紹介文の中で、竹内茂代博士が、研究の間には難局に突きあたることがあらうと云はれた。これは、氏の貴い経験の言葉であらうと、特にありがたく感銘したが、事実最初の幾年かはシステムが立たず、其後と雖も難局また難局で、いかに多くの着想と試作を無駄にしたか知れない。これは何事にも附纏ふ困難であらうが、非力私の如き者にあつては、時々生死の問題であることもある。危く廃人たらんとした経験を、私は恐らく終生忘れ得ないであらう。

世田ケ谷の人寄りのない処を選んで、小さな家を建て、客を謝し、専心仕事を始めたが、始めはもつと手軽に考へてゐたのが、追々と事の容易ならざるに至つたのである。語をかへて云へば、歴史は殆ど女性において未開拓であるのみならず、時としてあまりに色盲的な偏見の存在を見せつけられる部分もないではない。かくて、私は、厳密な史実追求の上に、創造的に実證的な歴史を編むべく決心せざるを得なかつた。

そこではたと困つたことは研究費である。私は初め研究費のことを、大して問題にしてゐなかつたのであるが、今や徹底的な史実把握の上に、全く新しき通史を組み立てるといふことになると、その根本史料の蒐集費は、殆ど見当がつかないほどの巨額を要するであらう。読者よ、蟷螂の龍車に向ふの図をお考へ下さい。私の今日の姿がそれでないとは云へない。けれども、私は一面には、ある楽天家であつて、天命の前には極めて従順である。たゞ希望は私達人間に與へられた恐らく唯一つの自由であり、希望を堅持する時には、また自ら道が展けないといふこともいへまい。要は最善を尽して進むにあると思つてゐる。

私の家の生活費は、毎月三十円に限局し、余の収入は、あげて資料蒐集費にあてる鉄則を私は作つてゐるが、この鉄則は家主の同情によるものである。この仕事は、むろん片手間の仕事では出来ないので、爾来私は、所謂文筆的生活をすてたにひとしい。運命は何時も予期せざるにくるのであつて、第一巻の準備が漸く成つた頃、突然家主が失業したのは打撃であつた。この事情をご存じであつたかどうかは知らないが、二三の先輩知友から、後援の話があつたのは其時であつた。そして第一巻が初めて最近出来上がつたのである。

三

私の「大日本女性史」は次の五巻の計画である。

一、母系制の研究
二、招婿婚の研究
三、通史古代（神代から大化まで）
四、同　近代（改新から幕末まで）
五、同　現代（維新から現代まで）

第二巻までは研究である。この二巻がないと、どうしても通史の方が生きてこないのである。一巻を読んで、むつかしい〔と〕書いて寄越した読者——共同で購読してくれてゐる或る商事会社の若い女性達——があるが、それほどむつかしいものではない筈だが、内容が純学術的な表現を余儀なくしたものである上に、めんどうな系譜を主要材料としたため、目なれない感じがあるのではあるまいか。なほ注意したいと思ふ。精読して貰へれば、従来漠としてゐた古代女性生活の実相が、確実な知識の上に把握される点があるであらう。新拓の研究として特に批判叱正を乞ふ。

二巻の招婿婚の研究は、系譜ほどには考證の煩瑣なものがないので、それだけは読みよいものにならう。我国の招婿婚は、すでに常識としては普く知られてゐながら、歴史上の問題としてそれを重要視する処まで至つてゐない。然し、これは閑却すべき問題ではない。招婿婚が、上古の政治、経済、道徳、男女生活等にもつ意義は、なか〳〵少なくないのである。この研究には、約二千円の資料費が要ると思ふが、この費用をどうしたらよいかと頭を悩ませてゐる。今「遍路記」を書いて幾らか捻出したいと考へてゐるが、これも私にしてみれば窮余の一策である。

第三巻からは、通史として厳密に史実に即することは云ふまでもないが、一般に、容易に理解されるやう特に意を用ひたものを書いて行きたいと考へてゐる。

高群逸枝の女性史編纂への情熱と思い、個人では耐えがたいほどの重荷が率直に語られている。まさしくパイオニアの苦悩と栄光を一身に担って、困難な道を切り拓いていく高群に、時雨自身、心動かされたことだろう。『輝ク』への執筆は、基本的に原稿料は無料だったが、佐多（窪川）稲子、松田解子等々、生活と闘っている人たちへは、それぞれ五円、一〇円、一五円を、銀行からおろし立ての札を懐紙にきっかりと包んで渡していた、と編集者の若林つやから、かつて聞いた。高群にも払われたという。もちろんすべては時雨のポケットマネーである。

　第六年第九号（昭和一三年一一月）四頁に、時雨が「うれしくたのしき日」と題して、編集の若い女性たち、円地文子や岡田貞子らが、時雨の『一葉全集評釈』（冨山房百科文庫、一九三八年）出版のお祝い、三上於菟吉の快方を祝う会を開いてくれることの喜びを語っている。時雨の「どうか、わたくし一人の小さな会でなく、大規模なものにしておくんなさい」という注文にそって「昭和十三年の会」がもたれることになった。「本年度に著書ありし方々（板垣直子、宇野千代、岡本かの子、窪川いね子、杉浦翠、高群逸枝、中本たか子、林芙美子、長谷川時雨、細野多知子、松田解子、美川きよ、森田たま、湯浅芳子、吉屋信子の諸氏）の合同祝賀会」とある。一一月二〇日（日）午後二時から七時まで、東京婦人会館（日本劇場五階）で、会費二円で開かれた会は、盛況であった。

　次号（昭和一三年一二月）四頁には、出席者の名簿が載り、宮本百合子、宇野千代、岡本かの子等々を含めて六一名。高群は欠席だったが、一円の寄付を寄せている。寄付も多く、二〇七円の収入は、当日支払いの他は慰問袋の毛布購入、満蒙青少年義勇軍支援にあてられたとある。この会をベースに「輝ク部隊」の結成に向かったことがうかがえる。

　時雨の弟の急死、時雨の風邪で動きが遅れたが、第七年第六号（昭和一四年六月）四頁には、「輝ク部隊」会員募集が掲げられ、評議員には、林芙美子、岡田八千代、吉屋信子、宇野千代、宮本百合子、窪川稲子、円地文子、佐藤（田村）俊子ら作家を中心に、さまざまな分野で活躍する著名女性一一二名の名がある。高群の名前はない。「日課一〇時間の鉄則をたてて、おこたらず研究にしたがい」（『高群逸枝全集』五巻あとがき）というような執筆に励む日々に、関心を持ちようもなかったのだろう。高群が深い敬愛とともに語っている医学博士竹中茂代は、時雨と親しく、「輝ク部隊」を支えた主要メンバーだった。

三　高群逸枝と橋本憲三

①「二千六百年を寿ぎて」

時雨と高群の交流は続く。第八年第一一号（昭和一五年一一月）一頁に高群は「二千六百年を寿ぎて」を書く。全六段の頁の五段を占め、一段目には平塚らいてうの「わが神倭《カムヤマト》伊《イ》波《ハ》禮《レ》毘古《ヒコノ》命《ミコト》　大和の鳥見の山に霊時《まつりのにわ》をたて　皇祖大神に大孝をのべたまひてよりこゝに二千六百年」と始まる「紀元二千六百年頌」が載る。

　高群の全文を紹介する。

天祖大神《てんそおおかみ》天壌無窮《てんじょうむきゅう》の神勅をくだし、神武天皇国を建て給うてから悠々二千六百年。この十日をもつて式典があげられる。この機会に女性の歩みをかへりみて将来に資したいと思ふ。

上古の氏族的共同の生活をいとなんでゐたと思はれる時には、男女の生活は性別によつて甚だしい懸隔はなかつた。男尊女卑の思想もなく、家を中心とする点では、寧ろ御祖《みおや》としての女性の地位が高かつた。

氏姓時代は女性が男子と伍して活動したことが文献にもいちじるしい。神功皇后の御事蹟や、物部麁鹿火《もののべのあらかひ》の妻の夫を諌めた話などはこの期の女性の民族的気宇の大なることを示す。

大化の改新によつて近代的国家が生誕し、外には大陸文化の影響をうけ、内には氏族制度が解体し、唐制に模した「律令」などができて、女性は慚次家族制度の中に没し去ることになり、男が国家公事に鞅掌《おうしょう》すれば、女は家庭私事の切り盛りをするといふやうな二大分野が顕著になつて、政治の主動的勢力からは全く離れた。

奈良朝の女性は、なほ自然を呼吸し、闊達の精神を失はず、社会事業に貢献した仏教女性などもあつたが、平安朝には上流の女性は家内に垂れこめ、外出することもなく、わづかに一部の者が官女となり、また権門勢家に仕へ、粉飾的な生活を事とした。たゞ特筆すべきは、仮名文字の創造による女性文学の開花であつた。

この時代まではまだ嫁取りはなく、婿取りであつて、例へば藤原兼家は三妻をもつが、その何れとも同居せずに通つてくる状態で、妻は夫の任意的な仕送りを待つてゐるが、扶養の義務はまだ男にはなく、女自身はすでに生産からはなれ、悲惨な生活不安の上におかれた。

女流文学はこゝから生れたが、しかも泥中の蓮花のやうに、物のあはれや大和ごゝろの中に、女性の高い純化した精神をみるのはうれしいことである。今日の私共の心のなかにも、この平安朝女性の遺産が脈々と波うつて伝はつてゐることは、否定しがたいと思ふ。

平安朝の末期から中央の勢力が衰へ、荘園私有の上に地方豪族がおこり、平家の政権をへて源氏、北条氏の幕府政治がひらかれたが、女性にとつても意味ふかい変化がもたらされた。

御家人制度は、幕府を中心とする封建的主従関係を骨子とし、その家門を維持するためには、一家が結束して家長の統制に服する必要があつた。こゝに家督相続が厳しい意味をもち、ひいて嫁取り婚が絶対的なものとなつた。こゝに起つた道徳はいはゆる武士道であり、女子には婦道が要求された。

　頼朝の妻北条政子は、偉大な政治的女性であつたと共に、武家時代の女性の性格を、身をもつて発揮した女性であつた。彼女は夫の在世中はよく事《つか》へ家庭を守つた。夫の漁色をゆるさず一夫一婦の観念を堅持したのは、必ずしも大日本史がいふやうに嫉妬ではなく、家を思ふ結果であつた。

　総じて武家時代の初期には、夫の出征や留守中を守つて、家門所領を維持するのは妻であつたから、その地位は高く評価され、女性もまたそれに値する毅然たる精神をもつた。諸国の地頭に女性があつたのも自然である。「貞永式目」はこの女性の地位を反映してゐる。

　戦国時代になると、武将達の政略結婚に女性が物品のやうに扱はれ、江戸時代にはいると、全国に遊郭が続出し、あらゆる文化が売笑的色彩からのがれることが出来なかつた。

　鎖国江戸時代は、階級制が厳重で、百姓町人の女は服装を制限され、また武家に嫁しても正妻たり得なかつた。これと同じく一般の夫婦関係も階級的に規範づけられ、夫婦別に財産をもつことはなほ出来たが、離婚は一方的になされて、ある場合には夫は妻を私刑に処することも許された。

　おしならべて家庭女性には五障三従の儒仏の教へが徹底し、「女大学」「女今川」といふやうな女訓書が、私法的制裁力をもつた。この期に女性がたま〳〵公的な面にあらはれる場合には、幕府の奥、各藩のお家騒動にみるやうに、女性は家庭跼蹐《きょくはい》の結果としての救ふべからざる利己主義を示した。

　明治維新となつて階級制は廃され、女性の生活も急激に変化した。四年学制の発布によつて女性も就学することゝなり、十三年刑法、三十一年民法が公布されて、女性の地位も規定された。

　それには従来妻に準ぜられた妾が除かれたりして妻の地位は幾分向上したが、母の地位は律令や式目よりも低下してゐる。国学者鹿持雅澄が「皇国母を尊ぶ。父を尊び母をいはぬは漢国聖人のさかしら也。」といつたやうに、由来わが国は母を重んじてゐるが、維新後の女子教育にみるも、従順なるべき妻の教育に偏し、毅然たるべき母の資格の培育を怠つた観なしとしない。

　然るは昭和十二年から日支事変に入り、女性の各種生産面への参加や、銃後奉仕も活発に行はれ、われらは今や非常時を国と共に力強く生きようとしてゐる。女性の上にもあらゆる意味においての転機がもたらされるであらう。

　歴史を学ぶ女性の一人としていさゝか既往を追想した。つゝしんで盛儀を迎へたいと思ふ。

非常に手際よくまとめられている。が、膨大な女性史の編者・筆者にしてはあまりにも要領よくまとまり過ぎているのではないか。これまで追ってきた高群の筆致と微妙に手触りが異なる――などと、高群逸枝研究の門外漢が言い出すべきでないことは十分承知している。が、かなり気になる。

②橋本憲三の位置

『輝ク』は、一九四一年八月二二日の長谷川時雨の死を受けて、九月に「長谷川時雨先生追悼号」を出し、さらに第九年第一〇号（昭和一六年一一月）通巻一〇一号（実際はだぶりがあるため一〇二号）をもって終刊となる。高群逸枝の名前は、「二千六百年を寿ぎて」以降、『輝ク』から消える。女性文壇総動員の感のある追悼号にも名前はない。おそらく葬儀にも出席しなかったのだろう。「森の家」に閉じこもり、戦時下の不自由な日々をも執筆に余念がなかったのであろう。

　今、手元にある高群逸枝著『増補大日本女性人名辞書』（新人物往来社、昭和五五年三月）は、一九四二（昭和一七）年九月厚生閣出版から出された第三版を、堀場清子、鹿野政直の手によって復刊したものである。高群逸枝は跋「第三版について」で「本書第三版においては、前版迄に漏れたるものを索め、その後の物故者とともに、これを補遺其二として収め、再版に比して新しく百六十八名を増加しました。またこれにより、本書の収容人数は漸く二千を超えるものとなりました」と記している。

　すべての人の生没が皇紀に改められている等々、厳しい統制下の出版を思わせるが、この『大日本女性人名辞書』が、全集未収録であり、長らく復刊されなかったことについての堀場清子と鹿野政直の問に橋本憲三が答えている。堀場清子の復刊解説は臨場感にあふれている。

　つねに抑制的な橋本氏の語調は、その度合を強めたように思われた。「あの本は、出典をすべて書いてあるのが特色でしょう。もっとも多くは俗書です。そのため、今日の用には立ちません」。その後の、短い沈黙に続いて言われた言葉は、私達を驚倒させるに十分だった。「あの本の大半は僕が書いたのです。彼女は要約ということは出来ないひとなんですよ」。女性史の分野での高群逸枝の最初の大著が、実際は共著だった。橋本氏がそれを口外されたのは、この時がはじめてではなかろうか。

一九七四年九月のインタビューであり、橋本憲三は二年後の七六年に亡くなっている。その後、鹿野政直・堀場清子による『評伝・高群逸枝』（朝日新聞社、一九七七年）が書かれた。

　私自身、愕然としながらもインタビューに納得する。前述したように、高群の「二千六百年を寿ぎて」の文体の違和感は、他の『輝ク』原稿に比べるならあきらかである。

それでは、と私の空想が一気に膨らむ。『女人藝術』の復刊に橋本憲三が収録の許可を出さなかったのは、実は思想的なことなどではなく、『女人藝術』に書かれた七本の何本かが橋本憲三の手によって書かれたものだったからではなかったか。龍渓書舎からの復刻は一九八一（昭和五六）年であり、すでに橋本は亡くなっていたが、著作権継承者の橋本静子が兄の遺志を継いだのではなかったか。出版社との交渉は五年以上前から始められ、すでに橋本によって拒否されていた。

『婦人戦線』（緑蔭書房、一九八四年）、『輝ク』（不二出版、一九八八年）復刻版への収録も、橋本憲三が生きていたら難しかったことだろう。

『増補　大日本女性人名辞書』第三版「補遺其二」に長谷川時雨の項がある。

長谷川《はせがわ》時雨《しぐれ》　〔二五三九―二六〇二〕劇作家、美人伝記者。明治十二年十月一日日本橋通油町の代言人長谷川深造の長女に生れた。母は多喜、湯川氏。本名やす。源泉学校に学び、十六歳のとき下大崎の池田（侯爵）家に奉公した。夙く文事に憧れ、三年間の勤めを終へて帰家するや、佐佐木信綱に入門した。三十年十二月両国本町の水橋氏に嫁したが、その結婚生活は不幸に終つた。三十四年十一月『女学世界』増刊に小説「うづみ火」、三十八年十月『読売新聞』に戯曲「海潮音」を寄せて当選し、四十一年二月には「花王丸」が歌舞伎座に上演された。爾来脚本、小説等を書く傍ら劇評にも従ひ、森真如、岡田八千代らとともに歌舞伎の異色とされた。明治四十四年舞踊研究会を起し、また尾上菊五郎と狂言座をはじめて舞踊道につくした。大正四年、後の大衆小説家三上於菟吉と知つてともに精進し、『読売新聞』『婦人画報』に連載の「美人伝」「明治美人伝」等によつて、更に声名を得た。昭和二年七月『女人藝術』を創刊して女流文壇の興隆を図つたが、七年六月廃刊するや、ついで輝ク会を起してその倶楽部的存在たらしめた。支那事変後は更に輝ク部隊の名をもつて、銃後並に前線の慰問に盡すところがあつた。昭和十六年八月二十二日没、年六十三。その後、『長谷川時雨全集』が編まれた。
（現代婦人伝、輝ク一〇一号）」

『女人藝術』創刊年に誤りがあるが、過不足ない記述である。橋本憲三によって書かれたと思われるが、時雨に対する敬意も漂う。だからこそ『女人藝術』復刻への掲載拒否は、高群逸枝の執筆ではなかったからという私の空想も空想に終らないような気がする。今後の研究に待つしかないが、『女人藝術』『輝ク』

に高群の作品を追う作業を通して、才能あるすべての女性に門戸を開き、彼女たちを抱え込んだ長谷川時雨という女性の得体の知れない大きさにあらためて圧倒される。(6)

注

(1)尾形明子『女人芸術の世界——長谷川時雨とその時代』(ドメス出版、一九八〇年)。
(2)呉佩珍「女性解放と恋愛至上主義の間」(『女性と闘争』青弓社、二〇一九年)。
(3)飯田祐子「闘争の発熱——『女人藝術』のアナボル論争」(『女性と闘争』同、二〇一九年)。
(4)尾形明子『『輝ク』の時代——長谷川時雨とその周辺』(ドメス出版、一九九三年)。
(5)藤原書店で二〇一五年一二月から二〇一九年一〇月まで四二回、ほぼ毎月「メアリ・ビーアド研究会」をもった。メンバーは青山佾／市川元夫／上村千賀子／岡田孝子／尾形明子／河崎充代／川西崇行／鈴木一策／能澤壽彦／春山明哲／山下悦子他。中心となった上村千賀子によって『メアリ・ビーアドと女性史』(藤原書店、二〇一九年)が上梓された。
(6)尾形明子編著『長谷川時雨作品集』(藤原書店、二〇〇九年)。

「最後の人」橋本憲三と「森の家」

【望月百合子・高群逸枝・石牟礼道子――『最後の人 詩人 高群逸枝』を読む】

岡田孝子

●おかだ・たかこ 千葉県生。立教大学大学院修了。NPO現代女性文化研究所代表理事。戦時下の女性史・女性作家研究。主著に『聞き書き 風に向かった女たち』(沖積舎)『限りない自由を生きて 望月百合子集』(編著、ドメス出版)等。

一 「最後の人」と石牟礼道子

高群逸枝との出会い

雨の日は農村の女たちにとってはまたとない安息日だった。過酷な肉体労働に日々あけくれる村の貧しい女たちは、このときだけは大っぴらに労働から解放されるのだ。そうした雨の日に、村の女たちの一人であった石牟礼道子は高群逸枝と出会う。

水俣に徳富蘇峰が寄贈した淇水《きすい》文庫がある。そこの特別資料室に置かれていた一冊の本に、夕日がちょうど当たり、光輪がさしていた。手にとって見ると、高群逸枝の『女性の歴史 上巻』だった。二〇一二年出版の『最後の人 詩人 高群逸枝』で、石牟礼道子は一九六四年のこの運命的な出会いを回想している。一九二七年生まれの道子はこのとき三十七歳。

「つよい電流のようなものが身内をつらぬい」て、「説明のつかぬ不可思議な経験」をしたのだという。『女性の歴史』には石牟礼道子が味わってきたつらい農村の「嫁」という存在、「家」における女性の役割が歴史をたどりながら詳述され、長年抱きつづけてきた疑問への答えがすべて書かれていた。しかも著者は同じ熊本県の出身。貧しい農村の現実、今に引きずる女性た

高群逸枝亡き後、全集発行準備中の橋本憲三

ちの苦しみを肌で知っていた。

たとえば、「家庭は、男系・男権の象徴である」「何千年このかたの、かぞえきれない家庭争議」があり、「そこでは罪人は女とされることが原則」なのだという。そして「敵は夫ではなく、『家庭』であり、『家庭』を否定している夫婦であるほど、最善の家庭の持主でもあるといえよう。それは制度を超えた同志的な関係」であり、愛し合う夫婦の究極の姿が「一体化」なのだと『女性の歴史』は語っていた。

また、女性史とは、「すなわち女性奴隷史である。そして、女性奴隷史とは、性的労働の商品化を中心とするものである」。あるいは「結婚の目的は何であったろうか。夫の家の私有財産の相続者を生む性奴隷、および夫の家の私的経営の奴隷たるにあった」等々。どの言葉も彼女には納得することばかりだった。

「そのような出遭いが、水俣病問題とほぼ同じ時期におとずれて、わたしは、自分自身で名状しがたい何ものかに、突然変異を遂げつつあるのではないかと言えなくもないのだった」

その感動を伝えたくて、すぐに著者に手紙を送った。しかし、逸枝はその二カ月後、癌性腹膜炎により七十歳で生涯を閉じる。会うことは叶わなかったが、それをきっかけに逸枝の夫、橋本憲三との交流が始まる。逸枝の評伝執筆を志し、一九六六年、彼ら二人が三〇年以上住んでいた東京世田谷の通称「森の家」に道子は半年近く滞在する機会を得る。

大木が生い茂る白い洋館の「森の家」で、逸枝は一九三一年七月から一九六四年の死の間際まで、「面会謝絶、門外不出、一日十時間の勉学」の恐ろしいまでに厳格な規則をみずから課して『母系制の研究』『招婿婚の研究』『女性の歴史』など前人未到の女性史研究を成し遂げる。そして、その妻を支え育てたのが橋本憲三だった。

憲三はやはり熊本の出身で、一八九七年生まれ。逸枝より三歳年下の山村の小学校の教師をしていた。ニヒルな文学青年で、同人誌を介して逸枝と知り合い、一九一九年に結婚。長詩「日月の上に」で詩人として認められた逸枝を追い上京する。やがて平凡社に勤務。円本ブームの波に乗り、社の基礎づくりに貢献した『現代大衆文学全集』の企画をするなど、非凡な才能を発揮した編集者でもあった。一九三五年、平凡社の解散により失業。その後は逸枝一人のための編集者として彼女の書くものすべてに目を通し、生活のあらゆる面にも気をくばる「主夫」もこなしていた。逸枝没後は中途のままの『火の国の女の日記』を完結させ、『高群逸枝全集』全一〇巻（理論社）の編纂に心血を注いでいた。その時期に道子は長期の滞在をすることになる。

橋本憲三が撮影した
石牟礼道子（1927-2018）
1967年9月

「森の家」での日々

逸枝の存在がそのまま濃密に残る「森の家」には、至るところ彼女の匂いが立ち込め、息遣いまで聞こえてくるようだった。全集を編纂する憲三の傍らで、道子は全身に逸枝を感じながらノートにメモする日々を送る。それは代表作となる『苦海浄土』を『熊本風土記』に連載し始めて、作家として歩み出したころだった。

やがて憲三は「森の家」を引き払い、郷里の、姉妹が住む水俣に終の住処を求め、そこで『高群逸枝雑誌』を発行する。全集に入らなかった詩稿その他を軸に、関連の人々や研究者の投稿を載せた雑誌である。憲三の死去までの約一〇年間、三十一冊を発行し、石牟礼道子は創刊から憲三とこの雑誌づくりをともにした。終刊号の三二号は憲三の追悼号で、編集は道子の支援者、それこそ逸枝に対する憲三のように、献身的に支え続けた評論家の渡辺京二がしている。

石牟礼道子は創刊号から毎号、「森の家」での日々を土台にした「最後の人」を連載。これは逸枝を描きながら、実は彼女を媒介にして橋本憲三という「稀有」な人間を描いた作品で、日記体や憲三の独白スタイルもあり、石牟礼文学独特の世界を醸し出している。その後、三十年余を経て二〇一二年に他雑誌掲載の「『最後の人』覚え書——橋本憲三氏の死」や、「森の家日記」（取材メモ、未発表）、インタビューなどを含めて藤原書店

「森の家」玄関左手に
４坪の応接室（後年の書斎）

から『最後の人　詩人高群逸枝』（以後『最後の人』）として出版されている。

インタビューで、石牟礼道子は「最後の人」とは逸枝の夫の憲三のことだという。「こういう男の人はでてこないだろう」、そうした思いで「最後の人」と名付けたのだと語る。

私は本書を読む前、逸枝たち二人の「誓い」（『火の国の女の日記』）からタイトルを決めたのかと思っていた。つまり、遺された一人としての「最後の人」という意味である。逸枝の死の二年前、夫婦の「一体化」をめざした二人の愛の証ともいえる「誓い」を、彼等は日記に記す。

誓い

われらは貧しかったが
二人手をたずさえ
世の風波にたえ
運命の試れんにも克ち
ここまで歩いてきた
これから命が終わる日まで
またたぶん同様だろうことを誓う
そしてその日がきたら
最後の一人が死ぬときこの書を墓場にともない
すべてを土に帰そう

相見てから四十五周年／一九六二年七夕前夜

老いた夫婦が、このような「誓い」を文字として表わし残すとは、なんという幸せなことか。そんな「稀有」な夫婦の愛を、道子はおそらく憧憬の眼差しで見つめていたと思う。「一体化」を成し遂げたという夫婦の姿は、人それぞれ解釈はあるかもしれないが、それでもこの「誓い」には心打たれるに違いない。

「森の家」の住人、憲三

もうこれ以上の素晴らしい男性は出てこない、「最後の人」だと石牟礼道子にそこまで思わせた橋本憲三とは、どのような人物だったのか。

「憲三さんのような人、見たことないです。純粋で、清

潔で、情熱的で、一瞬一瞬が鮮明でした。おっしゃること
も、しぐさも。何かをうやむやにしてごまかすというとこ
ろが感じられない。言いたいことははっきりおっしゃる」

（『最後の人』インタビュー）

さらに、『高群逸枝雑誌』終刊号（一九八〇年十二月発行）の「朱をつける人」（『最後の人』所収）では、

「まなうらにあり続ける橋本憲三、わが恩師は、匂やかな含羞を湛えた典雅なお方であった。……このような美しい人柄に絶えて逢ったことはない。私事を書かせて頂けば、処女作『苦海浄土』のかなりの部分は、東京世田谷の朽ち果ててゆく森の家で、お励ましにうながされて書き進められた。当時そこしか、わたしの身を置く場所はなかった。逸枝の霊に導かれている気持であった。チッソ東京本社座りこみの心の諸準備も、森の家でなされた。はじめていうことである」

「そこしか、わたしの身を置く場所はなかった」とはどういうことなのか。夫の弘や息子のいる水俣の「家」は、彼女の居場所ではないのだろうか。告白めいたことばでもある。しかも、この後さらに彼女は「その後の著書はすべて『椿の海の記』に至るまで、師が最初の読者、批評者であった」という。逸枝に対してと同じようなことを憲三は道子にしていたことになる。

「森の家日記」の十一月六日のメモは、なかなか衝撃的でもある。

「晴れ　弘より手紙、ガックリ。内容空疎」

当時の彼女の心境が実にリアルに記されていてドキッとさせられてしまう。それに、その前の七月五日には「彼女の遺品――帽子とオーバー――着てみよとおっしゃる。そのとおりする。鏡をみてみる。よく似ているとのこと。感動」。

七月十一日の日記は、さらに読む者に戸惑いを与える。「木立の中の深い霧。私の感情も霧の中に包まれてしまう。しかしそれは激烈で沈潜の極にあるものだ。沐浴。今朝の私は非常に美しい、貴女は聖女だ、鏡を見よと先生おっしゃる。悲母観音の顔になったと見とれる」。

このような記述が随所にあり、また、道子は甲斐甲斐しく一人住まいの憲三の食事から身の回りの世話までしている。全体を流れる不思議な関係の、それもどこか悩ましささえ漂う雰囲気を私は感じてしまうのだが、これは考え過ぎだろうか。ちなみに十月七日のメモには、この日、谷川雁と会い、「森の家」に滞在していることを告げると、彼は複雑な表情をみせたとあ

る。彼女は何を思い、『最後の人』で伝えようとしているのか。

一体化のもたらすもの

石牟礼道子と逸枝の二人が限りなく同質の世界を共有していたのは疑いもない。「ちいさな逸枝とちいさな筆者が、もし時代をひとつにして出逢うことが出来たならば、たちまちふたりは気が合って、『変な同志』が満身創痍の身を直感しあったろうに」と記している。逸枝が『娘巡礼記』で出逢い、心寄せた人々は、道子の周囲にいた人々と同じ最下層の人たちだった。あの『椿の海の記』に登場する社会からの「はみ出し者」たちと同じ階層の人たちである。生まれ育った郷土、幼い日々を過ごした里山の風景も似ていた。時代は異なるものの、逸枝の中に自分を見出し、「森の家」では逸枝との一体化的なものを感じ、それがそのまま憲三との疑似的一体化さえつくり出していたように私には思える。もちろん、それはあくまでも疑似でしかないだろう。というのも、彼女はふっとこんなことを記すのだ。

「私が東京へ来ている意味は何だろう。星くずのように遠くで何もかも消滅する」「突然、道子さんがかわいそうだとおっしゃる。時々先生の顔はキリストのようにみえる時がある。人間は全部カワイソウですね、と申し上げる」（十一月十六日）

　思い惑い、何かを内部から打ち壊したい衝動が出口を探しあぐねているのだろうか。「森の家」滞在も間もなく終わる、そんな日のメモである。

　憲三の次の言葉も衝撃的だった。

　「僕は家庭破壊になにがしかの協力をしたという訳です。そこから人類との接点を僕なりにみようともしていた。日本の家庭は爆破しなければならないと僕は思っていますよ」

家庭を壊すとはどういうことなのか。「従前の家庭観、男女観でいうところの、内助をつくす女性の役割の単なる裏返しや変型や、異なるエピソードとして、男が妻に内助をつくしたとしか考えることができない認識力」、それらを否定し覆さなければならない。それが、彼の言うところの「家庭」を破壊することだった。かつては日本の男社会の典型的な「横暴な夫」であった憲三であり、ときに逸枝に暴力さえ振るった。彼自身の内部に巣くう家庭観、男女観を破壊することは必然のことだった。

「森の家」での五カ月間は「造山運動がはじまった、私の中で。火山が噴火するような、地殻変動が起きはじめた」、そんな大変化を石牟礼道子にもたらした。地殻変動はとめられない。「理解ある、良い夫」との離婚はとどまるものの、やがて熊本に仕事場を持ち、別居という選択をすることになる。逸枝が「森の家」に引きこもり、女性史研究に全力を打ちこんだのが三十七歳。道子が『女性の歴史』で覚醒したのも、同じ三十七歳だった。

「最後の人」憲三をめぐる評価

石牟礼道子に師と慕われた橋本憲三だが、彼への評価は意外なほど否定的なものが多い。もろさわようこの評伝「高群逸枝」(『文芸復興の才女たち』、『近代日本の女性史』第二巻)は、その一つに挙げられる。病状悪化した逸枝は市川房枝、竹内茂代ら支援者によって国立東京第二病院に入院。そのまま「森の家」に帰ることなく生を終えたが、その際の憲三の対応が市川らの怒りをかい、絶縁となった。窮乏を見かねて長年、経済的支援もしてきたはずが、おもいがけないほどの貯金を憲三がしていたことなど、金銭的なトラブルも根底にあった。

支援者の側から描いたためか、憲三批判を冒頭に置いた異例な評伝で、憲三の妹、橋本静子が怒りをあらわにした文章を『高群逸枝雑誌』終刊号に載せている。一九五二年、初めての出会いの時、もろさわようこの目に映った憲三は「膝のつきでた古ズボンをはき、ちびた下駄をせかせか」と鳴らしながら歩き、「都会人のダンディズムはみじんもなく、野の少年のひねこびたなれの果てといったおもむきの人」だった。十年余の後、病院で再会したものの、「大人の男の気配を相変わらずその身に宿してはいなかった」し、「おもいを妻に密着させ、他者への配慮を欠く憲三の自己中心的な態度」「偏屈な男」等々と描写していて、石牟礼道子が描く憲三像とはあまりにもかけ離れている。道子は「一人の妻に『有頂天になって暮らした』橋本憲三は、死の直前まで、はためにも匂うように若々しく典雅で、その謙虚さと深い人柄は接したものの心を打たずにはいなかった」と記しているのだから。

二 望月百合子と逸枝、『婦人戦線』をめぐって

逸枝との出会い

一九二一(大正十)年三月二十五日付『読売新聞』の「よみうり婦人欄」に、高群逸枝のインタビュー記事が掲載されている。前日の「文藝欄」にも「百七十枚の長詩を発表する——新しい女流詩人 高群逸枝さん」と紹介があり、二日続けての新聞掲載は、それだけ逸枝の登場が文壇に大きな反響を呼んでいたからだろう。

インタビュー記者は望月百合子。山梨県の出身で東京の成女女学校卒業後、読売新聞社に入社しまだ二十歳。逸枝は「娘巡礼記」を『九州日日新聞』に連載してまもなくの頃。憲三と結婚したもののうまくいかず、一人で上京していた。

見出しは

「南国の野に咲いた/それは今年十九の乙女/詩に生きる高

群逸枝さん／――百七十枚の詩を新小説に――」

本文を少し引用しよう。

「高群逸枝とかう書いた丈では名を知らぬ人が多いでせうがそれは十九の乙女、そして女詩人です。四月号の新小説はその三分の一の頁を彼の女の百七十枚の詩で埋めると聞いて、府下世田ケ谷村の仮寓を訪れました。逸枝さんはかりそめのいたつきに、もうやがて二た月も床に就かれて居るさうで、物静かに

……武蔵野を渡る春風の音を懐しんで居る處でした。「去年九月に突然、本当にそれは突然に、南の国の熊本から知る辺もなく上京し、十月からあの詩を書きはじめました。

望月百合子
(1900-2001)

四日許り前新小説へ送つた處です。その詩は形式に捉はれてゐない

……抒情詩です、興が湧けば一昼夜でも書き続ける私ですから百七十枚はそんな大作でもなんでもありません、今も山林の乙女といふ様な純な小説を書かうかと構想しています。

（略）人は苦闘とか苦行とか云つても私は何時も享楽して居ます。でも私の標語は「我々はやがて死ぬがまだ死んでは居ない」といふことです、享楽の為めにはこれは誤られては困りますが名が欲しいとも思ひます、我が名を人に知られるといふことも私の享楽の一つです、私が国を出たのは平凡に苦しかつたからです、これから自分の運命がどんなに転回して行くかも興味を持つて居ります」

「我々はやがて死ぬがまだ死んでは居ない」の標語はよほど気にいっているのだろう、逸枝はその後も折々使っている。

望月百合子は読売新聞社を退社後、国費留学生としてフランスに留学。帰国後はアナーキストとして女性解放・人間解放をめざして論陣を張った。逸枝とは『女人芸術』『婦人戦線』でともに活動している。その百合子が後に逸枝について回想している。

当時、「新聞社に流された情報は一九歳の少女の作というこ

とであったが、実は二六歳の若妻の作であった」ことを戦後になって知り、自分より七歳も年長だったことに驚いたという。

それら逸枝の思い出を一九七六年に「逸枝さんの印象」（『埋もれた女性アナキスト　高群逸枝と「婦人戦線」の人々』以下『埋もれた女性アナキスト』）で書いている。この七四頁の冊子は『婦人戦線』で逸枝と同人だった城夏子、松本正枝、望月百合子、八木秋子らによって発行されたもので、「座談会『婦人戦線』同人のころ」をはじめ、それぞれが当時の思い出を寄せている。

『婦人戦線』をめぐって

『婦人戦線』は『女人芸術』での逸枝や八木秋子、松本正枝らによって繰り広げられたアナボル論争を引き継いだかたちで、一九三〇年一月無産婦人芸術連盟を結成、三月に機関誌として創刊された。逸枝が主宰し、平塚らいてう、住井すゑも参加しての画期的な女性によるアナキズムを旗頭にした雑誌で、憲三が経営から企画・編集まで全面的にかかわっている。「経済的破綻」を理由に翌年六月に一六号を出して廃刊。一年三カ月の短命に終わったが、「強権主義否定！」「男性清算！」「女性新生！」を創刊宣言に掲げ、「家庭否定」「性の処理」「無政府恋愛」「都会否定」「無政府道徳」「性の経済」など毎号特集を組んでいて、その企画の斬新さ、先進性などあらためて評価する価値があるだろう。

創刊号では逸枝は「婦人戦線に立つ」、望月百合子は「紫外線を万人へ」を執筆。逸枝は時にはいくつもの別名を使い、評論をはじめ埋め草用の原稿まで執筆する打ちこみ方だった。にもかかわらず、転居を理由に一五号で発行者を降りて一六号は城夏子が引き継ぐ。その城夏子はもとより同人にとっては寝耳に水の「突然の廃刊」で、創刊も廃刊も憲三が決めたことだった。

望月百合子の回想に戻ろう。逸枝の死後、憲三が彼女のアナキズムの思想を否定したことに対して、百合子は疑問を投げかけている。

すでにアナキストとして活躍していた百合子は、長谷川時雨が一九二八年に発刊した文芸誌『女人芸術』創刊から参加。時代はマルキシズムが社会を席巻し、誰もがボル陣営に走り始めていた。そんな時、『女人芸術』誌上で「逸枝さんが敢然として旗色を明らかにして、私達と同じ思想を堅持する人であることを知」る。「強烈な個性から叫び出す声、怒り、人間本来の生きる姿への希求が、あの天才的なひらめきとなり、ペンにこぼれることの心強さを私は何よりも喜んだ」のだという。仲間たちが次々と転向していく中で、「高群逸枝さんは信念のままに微動だにしなかった」。にもかかわらず、逸枝の死後、憲三が編纂した『全集』からはアナキストの面はそっくり除かれている。この事実を百合子は秋山清から聞き、「天才の秘められた才能を引き出し世の光に輝やかせるための高群逸枝操縦ならまことに結構で立派だが、その人の本骨頂である思想まで勝手に操つることは、たとえ夫君であろうと許されてよいものであろうか。しかも死後に於て。人並みすぐれた才能を持ち賢明な橋本憲三氏に私は敢えてこの点を問いたい」と厳しく批判している。秋山清はこの件について、『自由おんな論争　高群逸枝のアナキズム』（一九七三年）で詳述しているが、直接憲三に会い、質したところ、憲三は「あれらを書いた時期、まだ彼女は未成熟だった」と答えたという。

しかし、『全集』には「無政府主義の目標と戦術」「無政府恋愛を説く」など「無政府主義」「無政府」といった言葉がある評論は収録されず、「階級道徳と無政府道徳」（一九三〇年一一月号）は収録にあたり、タイトルを「階級道徳と自然道徳」に書き改められているし、本文も「無産者」「無政府主義」をカットしたり、アナキズムの観点からの論を展開している章が、そっくり削除されていたりしている。つまり、「アナキスト高群逸枝」を消すことを意図しての改ざんといわれても仕方がないだろう。『全集』にはアナキズム関係以外に戦時下の翼賛的なものも未収録だが、その取捨については、憲三は折々語っている。「彼女の雑文はたくさんあるのです。しかしあれはクズだ」「彼女に言わせれば紙クズ、いわば彼女によって否定されたものを全集にとりあげることは、彼女をはずかしめ、僕もはずかしめを受けることになるのです」（『最後の人』）。

逸枝自身が否定していたという形をとっているが、憲三が個人的に良しとするものだけを集めた『全集』というべきだろうか。

なお、『女人芸術』が一九八一年に龍溪書舎より復刻された際、評論のみならず小説類に至るまで著作権継承者の了解がえられず、逸枝のページだけが空白のまま復刻されている。

逸枝の恋愛と「森の家」

逸枝の「婦人戦線」時代の恋愛についても望月百合子は「逸枝さんの印象」で触れている。アナキスト仲間である松本正枝の夫、延島英一との恋愛である。延島英一は一九〇二年生まれ。逸枝よりかなり若いが「ずば抜けて頭がよく、理論家でテキパキとした実行家」であり、「独学であらゆる学問を身につけいくつもの外国語にも通じていた」青年だった。発覚しこの恋は終わる。百合子は松本正枝からじかに聞いたそうで、しかも、松本正枝も『埋もれた女性アナキスト』に当事者として原稿を寄せている。延島夫妻と逸枝・憲三ら四人が話し合い、それぞれの元の鞘に収まることになったが、このとき憲三は、「逸枝は私と一緒でなければ生きてゆけぬ女だからと泰然としていた」という。

この恋愛をもう一歩、踏み込んでいるのが八木秋子で、『婦人戦線』の短命の原因を逸枝の恋愛ではないかと推測している。その時期、瀬戸内晴美が『文芸展望』に「日月ふたり」を連載。この恋愛を取り上げていたが、途中で断念している。それまで「毎月懇切な批評や、誤りの訂正をして下さった」憲三が、「俄然神経質になられて異常なほどしつこく、延島未亡人の正枝さんが、逸枝の手紙を秘蔵しているのではないかといって来られた」「憲三氏のしだいにヒステリックになる追求をもてあまし気味になり」、また「怨念をこめて延島夫妻を悪くいわれた」りしたために連載を続ける意欲をうしなったのだという(『人なつかしき』)。

八木秋子はだれもが傷ついたが、もっとも傷ついたのは当の逸枝ではないかと見ている。その理由として、

「日常のどんなささいなことにも、どんな思念のちいさな断片でも日記なりノートなりに書きとめずにはいられなかった高群氏のこの膨大な著作の、どこの片隅にもついに書かれることなく終った事件である。ペンをとって記そうとしても、おそらく空しいことであったかもしれない」

たしかに『火の国の女の日記』はもとより、その他の日記類をみても延島英一との恋愛は出てこない。八木秋子の指摘どおり、どうにも不自然さが感じられる。ただ、憲三から膨大な聞き取りを鹿野政直とともに行った堀場清子によると、松本正枝自身が語った話には、矛盾があり疑わしい部分もみられるととらえている。真相はどうなのだろう。

「森の家」への逃避

『わが高群逸枝』は堀場清子が「おたずね通信」として憲三に手紙で七〇五問の質問をし、憲三の答えにさらに解説、資料、年譜などを加えて、一九八一年に憲三との共著で出版。上下二巻の詳細な記録である。

その書の中で、次の箇所には思わず目が釘付けになった。『婦人戦線』創刊直前の年賀はがきに、逸枝は今後は女性史に力を注ぐと宣言している。それは逸枝の長年の望みではあったが、実は憲三からの強引な提案だったというのだ。

「最初の三部作が計画されたときのことを、昭和四十九年の秋、橋本氏は水俣の編集室で語られた。『これだって、私が決めて押しつけたのです。そうしなきゃ、何時まで経ったって、決まりゃ、しないんだから!』と、まるで逸枝その人が眼前にいるかのように、舌打ちせんばかりの激しさが印象的だった」

かつて逸枝が「日月の上に」で華やかにデビューをした直後、

憲三が攫うように強引に東京の文壇から郷里の熊本の漁村へ連れ帰り、しばらく二人だけで過ごした時期がある。その辺の状況を『火の国の女の日記』で次のように逸枝は書いている。大正十年五月のこと、Kは学校の茶摘み休みを利用して逸枝に会いに東京に来て、そのまま「私を略奪する気になったらしく、故郷の南の海岸にいって一年くらい二人だけでのんびりくらしてみないかといい出した」のだという。みんなから止められたが、

「Kは強引に実行に移してしまった。そうなると私は例のように優柔不断となり、曲従するのだった。(略)……新事態に順応することに生き甲斐をみつけだそうとするような生活のしかたをしてきた。この曲従癖は、感情革命をへても、やはりその場になると変わっていないことが実証されたのだった。まして、彼にあえば曲従を通りこして一体化の理想が目をさまし、その理想の前には名誉も地位もあったものではなかった。

(略)彼はそもそものはじめから本箱秘蔵の日記(手記)にあるように、私を一生涯つかんではなすまいとしていたらしい。(略)彼の私への毒舌や説得等も、その角度からのもので、それは私を劣等感におちいらせ、蛇ににらまれた蛙のように、彼の支配下から身動きできなくしようとする潜在意識からきたものらしくさえあった。彼は私に醜い覆面をかぶせつづけ、それによってあますところなく私を独占し、その独占の枠内でだけホイットマンの『草の葉』にある孤独なつぐみの歌のような歌をうたわせようとするものらしかった」。

さらに逸枝は続ける。

「Kは、私をあらゆる関係から断絶することを希望しているもののようだった。(略)私は覚悟をきめて、だまってKの心にまかせきる態度をとった。(略)

(それは)私が最初からもとめていた一体的夫婦愛の成就でもあったからだ。思えばKのエゴイズムも、私の曲従も、そのほとんどが必至的に行動されたもので、その主たる動機は両者の不離の愛——それは宿命ともいえる——にあることが考えられてよかろうと思う」

この引用の中に、逸枝と憲三との関係が見えてくるのではないだろうか。「日月の上に」の時には逸枝は新進の詩人として脚光を浴び、生田長江からは好意を寄せられていた。そして、今度は延島との恋愛があった。「森の家」での生活も憲三主導で、逸枝は曲従に終始していた。

たとえば、憲三が留守のときは玄関のカギをかけ、「昼の食事を除く間は二階の書斎で仕事をすること、私（憲三）が帰ったあいずをしないうちは決して書斎を出ないこと」を約束させ、「私のきげんをわるくしないために、彼女はあいまいに、承認」するのだと堀場清子に語っている。また「私が主導権をもてば彼女はなすすべがありません。了解はなく、押しつけのみがあったのですが、二人に愛があれば、押しつけ」とはいえないとも。

ところで、逸枝の恋愛観とはどのようなものなのか。憲三によれば、

「二人が心の相愛のチャンスがあっても、（その人に）夫なり妻なり恋人などある場合は決して霊的にも肉的にも結ばれてはならず、すでに夫、妻、恋人があるということが絶対的で、たとえ一時の不和がおこっ（たとし）ても努力すること、一生をかけて一体化をとげること、しかし決定的に不可能とわかれば協議絶縁すること、それは相手がそのことで不幸にならない保障があるときにのみゆるされる」

（『わが高群逸枝』）

延島との恋愛が、いわゆる霊的なものにとどまったのかどうかはわからない。少なくとも妻の松本正枝はそれなりの成熟した大人の恋愛であったと見ている。

「森の家」での研究生活の始まりに際して、逸枝は「火の国の女の日記」では、一九五九年に出した『今昔の歌』をそのまま引用している。「新聞雑誌社をはじめ知友には来訪をことわり、自分も過去のいっさいのグループから離れ、文筆生活からもわかれることを明らかにした」。これらの「あらわな非常手段をとったことについてはくわしいことはいつかまた語る機会もあろう」と具体的なことは何も記されていない。『今昔の歌』は逸枝六十五歳の時であり、三〇年を経てもなお言いづらいことであったのだろう。それとともに、瀬戸内晴美に対しての憲三の対応と重ね合わせると、恋愛事件が想像以上に重く「一体化」を遂げたはずの夫婦の背後に隠されていたように思える。

逸枝の「孤独」

八木秋子は逸枝の「孤独」についても言及している。

「わたしは高群氏のみずからを表現する「孤独」という言葉を信じない。孤独を愛するもの、孤独のなかにしか住むことのできない者が、ことに女性にあって、夫婦で共有の日記をもち、それにペンを走らせて満ち足りている、などというその心の平静さが、ほんとうに理解できないのだ。日記を書く、ということは、自分自身しかふみこめない世界であり、自分であり得る全部なのだと思う」

逸枝と憲三は一九四五年一月一日から「共用日記」を書き始める。二十四時間、二人だけの生活であり、しかも日記さえも、まるで十代の少年少女のようである。

「彼女の同伴者『K』氏はうすうす彼女の孤独の本質を探りあてていた。森の家といえども家であるかぎり『家』『イへ』、家父長婚の単細胞の形をまぬがれえない。この二人の共同生活は、あきらかに幻の共同体であり、晩年に至るにつけ、二人とも言葉に出して『われわれは今がいちばんしあわせですね』とたびたび確認しあっていた」と石牟礼道子は『最後の人』で記す。憲三への思慕を抱きつつ、作家・石牟礼道子の視線は「森の家」の奥深くを見つめていた。そこに逸枝の本当の孤独があったのではないかと。

鹿野政直、堀場清子の共著『高群逸枝』のあとがきで、憲三の亡くなる前日の会話が紹介されている。

「なにもかもおみせした。『路地裏の記』も、『共用日記』もおみせした。三分の二がたは、ぶちまけた」。

「まあ！　まだ三分の一も、とっていらっしゃるんですの？」

一座の笑い声がひびく中で、氏はいわれた。

「人には誰しも、他人にみせられない恥部があります。……必死の防衛だ」。

恥部として隠しておいた三分の一の中にアナキストであったこと、『婦人戦線』時代の恋愛、そして「森の家」への遁世の真相は当然入っていたに違いない。

憲三がいなければ高群逸枝という偉大な女性史家は生まれず、その大著を私たちは手にすることはできなかった。また、逸枝は幼児が母親を求めるように憲三を死の間際まで求め、全存在をゆだねていた。まさに、逸枝にとって永遠の「最後の人」そのものだった。私の想像をはるかに超えることだけれども、それらの事実は、そのまま認めるしかないだろう。しかし、『婦人戦線』の最終号、「森の家」に閉じこもる直前に掲載された短編「みぢめな白百合花の話」は、当時の逸枝の心境を物語っているように、私には思えてならない。

「これは童話といふよりも、幼な心の記録とでもいふべきものです。幼な心には色々な悲しみがあります。みぢめな境遇にある子供は、えてかうした頼りない心の悲しみを味はふものです。おお、わたしはほんとうにそんな子でした。そして今も」

メアリ・R・ビーアドと高群逸枝

【女性史創造の世界同時性】

上村千賀子

●うえむら・ちかこ　一九四二年富山県生。一九七八年東京大学大学院博士課程退学。群馬大学名誉教授。専門はジェンダー史。主著に『メアリ・ビーアドと女性史――日本女性の真力を発掘した米歴史家』（藤原書店）『女性解放をめぐる占領政策』（勁草書房、第三回平塚らいてう賞受賞）等。

高群逸枝（一八九四―一九六四）は、『婦人戦線』廃刊後の一九三一年に、世田谷町に研究所を建て、女性史研究に没頭する研究生活に入った。高群が最初に選んだテーマは「母系制の研究」で本居宣長の『古事記伝』をてがかりに、母系制の遺存を系図によって論証した。研究結果は『母系制の研究』（厚生閣）として七年後の一九三八年に刊行される。これは母系から父系への転移過程を系譜的にとらえたもので、それは原始共同体の崩壊過程に照応するものであった。その後、三九年から婚姻史の実証的研究に入り、『招婿婚の研究』（講談社）を一九五三年に出版し世に問うている。民間の学者として驚異的な努力で研究条件の悪化を乗り越えての業績である。

高群が日本女性史の研究に没頭した一九三〇年代は、世界で女性史研究の機運が興隆した画期的な時代である。米国の歴史家メアリ・R・ビーアド（一八七六―一九五八、メアリ・ビーアドまたはメアリと表記）は、一九三一年に、『女性を理解することについて』(*On Understanding Women*, New York: Longmans, Green and Co.) を著し、初めて女性の視点から歴史の再構築を提案した。ついで、一九三五年には、ニューヨークに世界女性アーカイヴセンターを設立し、世界の女性関係資料の収集を開始する。同じ年に、ヨーロッパでは、ウィーンを本部として、各国の女性が、自国の女性史エンサイクロペディアを編纂するチームを編成し、その成果をもち寄って「世界女性史エンサイクロペディア」を編纂する、という壮大な計画が構想され、メアリ・ビーアドは、その企画書作成に関わった。日本でも、石本（加藤）シヅエを日本チームの代表として、「日本女性史エンサイクロペディア編纂会」が設立され、三九年まで、女性史の研究が行われている。

1940年代頃、ニュー・ミルフォードでのメアリとチャールズ

メアリ・ビーアドと高群逸枝はともに鋭敏な感受性と知性を兼ね備え、米国と日本で本格的に女性史研究に取り組み、歴史の新しい境地を切り開いた先覚者である。女性史創造の同時性の観点から、二人の奮闘に着目し、その女性史観を比較・考察することは興味深い重要なテーマである。本稿では、メアリ・ビーアドの女性史創造への努力について述べるが、それはおのずから、高群逸枝の女性史観の特質の一側面を浮き彫りにすることになるであろう。

一　女性の視点からの歴史の再構築

メアリは、一九三一年に『女性を理解することについて』を出版したのに続いて、一九三三年に『女性たちの目からみたアメリカ』(*America Through Women's Eyes*, New York: Macmillan)、一九四六年に代表作『歴史における力としての女性――伝説と現実の研究』(*Woman as Force in History – A Study in Traditions and Realities*, New York: Macmillan)、一九五三年にはその姉妹編ともいえる『日本女性史――日本史における女性の力』の日本語版が加藤シヅエの訳で河出書房から出版され、続いて英語版 *The Force of Women in Japanese History* (Washington, D. C.: Public Affairs Press) を出版している。

メアリが生涯を通して唱え続けた主張は、女性はこれまで歴史学において無視されてきたが、実際はどの時代においても常に真の力（force）をもって、歴史を主体的につくりあげてきた存在である、という命題である。メアリは、女性の貢献は社会にとって重要であり、生命とケアー（care）に対する女性の第一義的な責任は、漸進的な社会変化を規定する潜在力との間に直接的な関係があると考えた。そして長い歴史において女性は単に支配され、抑圧されてきたのではなく、「一つの力」として歴史を動かしてきたと考えた。ところが、このような歴史的事実は、歴史家やフェミニストたちに理解されなかった。それは彼らが男性の活動を価値基準として人間の行動をみてきたからだとして、「女性の目から（through women's eyes）」歴史を再構築することを主張したのだった。

メアリは言う。女性が不可視の存在とされているのは、単に男性によって歴史が書かれたためではなく、また女性が不可視であったからではなく、専門職の女性やラディカルなフェミニストの多くもまた、男性と同様に、男性の支配的な社会（community）に関心を集中させてきたからであると。また、戦闘的なフェミニストは絶対的男女平等を求めるが、そこでは、女性の集団（community）がもつ権力（power）と威力（force）が否定されており、女性が築き上げてきた独自の文化の存在も価値も否定する結果になってしまっていると。

メアリによると、女性が抑圧され従属の状態にある性であるという神話は誤りであるだけではなく、生産的でない。むしろ女性は、女性自身の力あふれる創造的な歴史を発見し、新しい社会関係を創りだすために知識を使うことによって、イデオロギー的な束縛から自由になることができるのだった。そして、女性史の創造という自分の知的な仕事は、あらゆる女性にまで及び、彼女たちに、女性が過去において力をもっていたこと、将来も力をもつことができることを信じこませる政治的な仕事であるのだった。

しかし、メアリは、全体史から分離した女性史の構築を究極の目的としたわけではなかった。一貫してメアリがもち続けた命題は、女性の物語が描かれなければ歴史は完全なものにならないとして、女性の概念を歴史叙述の主流に包含する「統合的な歴史」を構築することであった。そして「歴史叙述はあらゆる事柄が他の事柄（政治、経済、生活様式と労働、思想的学派、宗教、権力、階級、社会、家族、芸術と野望、性の生物学的・文化的諸相）と相互に関連する社会全体の織物であり、女性のより糸がなければ織りあげることはできない[1]」と主張して、歴史叙述の基本を具体的に示したのである。

二　メアリ・ビーアドの著作

具体的にメアリの著作をとりあげて、その女性史観を見てみよう。

一九三一年、五十五歳の絶頂期に世に問われた『女性を理解することについて』はメアリの最初の単著で、有史以前の女性の貢献に関する文化人類学上の発見と日本、中国、ユーゴスラビアへの外国旅行での知見を踏まえて、文明の始まりと発展における女性の基本的な力を提示したものだった。

メアリは、この著書で、「叙述された歴史――人間社会の主な出来事に関する知識の源――は、部分的で断片的であり、人間の世界を構成する半分の人間（女性）を無視している[2]」とし、「均衡を取り戻す唯一の方法は、歴史の物語が再び開かれ拡げられて、戦争、政治、ゴシップや経済と同様に文明の全過程がとりいれられることである[3]」と主張した。

メアリは、歴史的アプローチのありかたを理論化しただけではなく、記述された歴史における女性の貢献について、具体的な書き直しの作業に取り組んだ。女性が推進した定住社会の起源に関する論評に始まり、ヨーロッパ文明の標準的な歴史の頂点（ギリシャ、ローマ、封建的中世、啓蒙主義、帝国主義のヨーロッパ）に焦点を当て、これらの歴史のどの場面においても、女性とその活動が、社会的・政治的生活と文明の過程の中心に存在していたことを明らかにしたのである。

生命の維持と文化創造という女性の役割が公式には理解されていないのは、歴史家たちが階級分化の発生の分析に傾注して、分析カテゴリーとしてのジェンダーを無視し、女性の描写を欠落させてしまったからである。しかし女性は現実に存在していて、しかも世界の進展のあらゆる事柄に関わり、それぞれの階級内で責任と特権を有していたことを、メアリは明らかにした。このことによって、女性は常に抑圧される存在であり歴史上存在しなかったと主張して男性支配を強調する、フェミニストの歴史観の前提を真正面から否定して批判した。

メアリの全著作を通して、二つの女性観がみられる。すなわち、養育的素質は女性の属性であるとする女性観と、男性に見られるあらゆる種類の善と悪の特性を、女性もはっきり示しているという考えである。『女性を理解することについて』では、前者が前面に出て、女性世界の同一性、生命の存続・維持と文化創造という女性の重要な役割を強調している。

次の著作、『女性たちの目からみたアメリカ』（一九三三年）は、女性の作品から抜粋した斬新なアンソロジーで、大恐慌の時代の作品にふさわしく、ブルジョアジーの蓄財に対して、鋭い刃を突きつけたアメリカ史の物語である。『女性を理解することについて』と異なり、この著書では、両性が活躍する一つの世界の存在を主張し、女性と男性が協力して歴史をつくってきたことを強調している。

この本でメアリは、「女性たちの目でみると歴史は異なって見える」という前提で、「アメリカ社会の発展に対する女性の貢献――女性の活動と労働――についての彼女たちの考えや、女性たちが書いた歴史についての考え[4]」を描こうとした。アメリカ独立革命や荒野への定住、社会改革、南北戦争、資本主義や帝国主義の時代に、男性と共に女性が生産的な経済変化をもたらす行為者であったことを繰り返し強調し、男女間の対立よりも歴史的なパートナーシップを記録しようと試みている。

三 「世界女性アーカイヴセンター」の設立

十九世紀後半から二十世紀初頭にかけて、アメリカの女性たちは団結して参政権実現のために闘った。しかし、一九二〇年に参政権を獲得した後、若い世代の多くの女性たちは女性の団結よりも個人的な成功に関心を向けるようになった。メアリは、それは学校教育における男性向きの教育のせいであり、女性の大学人が「男性的」な思考と行動をとるようになったのは、彼女たちが女性の歴史を知らないからだと考えた。そして、歴史における女性の貢献を男女に教授する「平等教育」を広めるキャンペーンに乗り出したのである。しかし、女性が記録から欠落しているならば、どのようにして過去と未来を結びつけて理解させることができるであろうか。このような問題意識から女性の記録の収集方法を模索していたちょうどそのとき、絶好の機会が、ハンガリー生まれのユダヤ系の平和主義フェミニスト、ロシカ・シュワイマー（一八七七―一九四八）によってもたらされた。一九三五年のことである。

ロシカ・シュワイマーは、ハンガリーでフェミニスト組織を設立した世界最初の世界連邦主義者で、婦人世界平和自由連盟の副会長であり、一九二一年に平和主義活動のために合衆国に亡命していた。彼女は、十九世紀初頭のヨーロッパの参政権運動や平和運動で活躍した女性の資料を保存するためのアーカイヴ創設のアイディアをもって、メアリのところへやってきたのである。メアリは彼女の計画を見て、これこそ女性たちが公的生活において、想像力に富んだ女性の活力を取り戻す有効な方法である、と考え提案に賛成した。そして、一九三五年十月十五日に「世界女性アーカイヴセンター」（World Center for Women's Archives, WCWA）の組織委員会を立ち上げ、センター長としてその運営に熱意をもって臨んだ。

メアリは、アーカイヴセンターをクリアリング・ハウス（資料の所在情報を共有し、資料を利用できるようにする仕組み）として機能させる、という長期的展望をもって、婦人有権者同盟、有職婦人クラブ、大学婦人協会、エレノア・ローズヴェルト（一八八四―一九六二）、全国女性党創立者アリス・ポール（一八八五―一九七七）など参政権運動時代の友人に企画書を送付して、スポンサーと寄贈者を獲得した。アーカイヴセンターは、全国女性党のイネス・ヘインズ・アーウィン（一八七三―一九七〇）を委員会の議長に選出し、全国レベルの組織と各州に支部を設立した。

メアリの構想は、アーカイヴセンターを、単なる古物収集や博物館プロジェクトにとどめるのではなく、より広範囲のプロジェクトに発展させて、世界の女性のあらゆる種類の資料を収集するとともに、そこから女性たちの抗議行動や社会的リーダーシップが生まれる場にしようという壮大なものであった。

そして、それは「真の女子大学の中核であり、女性のシンクタンク、女性研究センターで、毎週セミナーが開かれ自己教育の場」(5)である、と述べ、フェミニズム理論と活動をむすびつける場所としてアーカイヴを構想した。

アーカイヴセンターの標語として彼女が選んだのは、「資料がないところに歴史は存在しない」というフランスの歴史家フュステル・ド・クーランジュ（一八三〇―八九）の言葉である。歴史の枠組みを広げて、過去に実存していた女性を生き返らせる、というメアリの目的にとって、資料は唯一の証拠であり、資料だけが新しいビジョンの基礎であった。彼女は黒人女性の論文を収集するために女性アーカイヴのプロジェクトに参加していた、ハワード大学の司書ドロシー・ポーターに気持をこめてつぎのように書いている。「論文、資料、これらを備えなければならない。資料がなければ、歴史はない。歴史がなければ、記憶はない。記憶がなければ、重要でない。重要でなければ、女性の発展はない」(6)と。

一九三六年にエレノア・ローズヴェルトが支持を表明し、アーカイヴセンターは、ニューヨーク市のロックフェラー・センターにオフィスが設置され、三七年十二月十五日に正式に発足した。蒐集された資料は、有名な個人の資料（ハリエット・ビーチャー・ストウの書簡、組合組織家レオノラ・オレイリの文書、ブロンテ姉妹の著書など）、各種婦人団体の資料（アメリカ婦人参政権協会の*Woman's Journal*や大学婦人協会のドキュメント）、オーストラリアのメルボルン議会資料、医学史の原資料、日本女性の伝記、書かれた資料だけではなくオーラルな資料、美術品、魔女の薬も含まれた。アーカイヴセンターは、クリアリング・ハウスとしても機能し、議会図書館や古文書館などと連携して、展示会やラジオ・トークが開催された。

このように、世界女性アーカイヴセンターは一九三八年に絶頂期に達した。しかし、次の二年間は、収集方針をめぐる争いという苦難の道を旅し、財政的支援を得ることに失敗した。資料の蒐集が始まると、シュワイマーはアーカイヴを国際フェミニスト・アーカイヴとして位置づけて、蒐集の範囲をフェミニストの平和関係資料に限定するよう主張した。しかし、メアリは、長い歴史における女性の力を著すすべての資料、女性が自己主張をするようになったのはセネカフォールズ会議以降である、とするフェミニストの言説を打ち破る資料の蒐集を主張した。さらにさまざまな女性、「力」をふるった残虐な女性も含まれるべきだとした。このような資料蒐集をめぐる方針の違いから、二人は対立するようになった。また黒人などエスニック・グループの資料の蒐集も企画したが、これは白人の会員の反対で実現することが出来なかった。

一九四〇年七月、メアリはセンター長の職を辞し、九月にはプロジェクトは閉鎖に追い込まれた。資料の蒐集方針の違いに加え、戦争勃発による資金不足が大きな原因であった。

世界女性アーカイヴセンターの閉鎖は、メアリをひどく落胆させた。しかし、アーカイヴセンターの活動は、短期間であったが、のちに合衆国で女性史研究所が発展するきっかけとなったのである。センター長の職を辞任した後、メアリは資料の管理人として、一部の資料を所有者に返却し、その他の資料は全米各地の大学に分散して送った。そして、これらの大学に女性アーカイヴの設立を働きかけるとともに、男女平等教育のカリキュラム開発に力を注いだ。

メアリの地道な努力の結果、資料保存の重要性が次第に認識され、資料はスミス・カレッジやラドクリフ・カレッジなど大学図書館で所蔵され、今日のスミス・ソフィア・コレクションやシュレジンガー・ライブラリー・コレクションなど、主要なコレクションの基盤となった。なかでもメアリが深く関わったラドクリフ・カレッジとスミス・カレッジは、メアリの助力により、世界女性アーカイヴセンターから多くのドキュメントを譲り受け、その精神を継承した。

四　世界女性史エンサイクロペディア編纂計画

(一) 日本女性史エンサイクロペディア編纂会

一九三五年、「世界女性アーカイヴセンター」設立に漕ぎ着けたメアリのもとへ、女性史に深い関心をもつウィーンのフェミニスト思想家アンナ・アスカナジー（生年未詳）から、「世界女性史エンサイクロペディア」編纂計画に賛同してほしいという依頼がきた。それは各国（ロンドン、ベルリン、ウィーン、ジュネーブ、ワシントンなど）の女性が、自国の女性史エンサイクロペディアを編纂するチームを編成し、その成果をもち寄って「世界女性史エンサイクロペディア」を完成する、という壮大な計画である。メアリは直ちにこれに同意して企画書を作成するとともに、日本チームの責任者として石本（加藤）シヅエ（一八九七―二〇〇一）をアスカナジー夫人に紹介したのである。

この趣旨に共鳴したシヅエは、劇作家・小説家で『女人芸術』を創刊した長谷川時雨（一八七九―一九四一）や、職業婦人運動家の新妻伊都子（一八九〇―一九六三）らに声をかけて、一九三五年十二月「女性史エンサイクロペディア編纂日本委員会」を立ち上げた。翌三六年一月十五日付で『婦人運動』誌に投稿された、参加者募集のための広報「国際女性史編纂委員会より――石本静枝」は、会の設立の経緯や目的を示して協力者を募っている。[7] 見てみよう。

〈経緯・目的〉

大和島根のをみな達――と云えば奥ゆかしき特異な存在の如く言葉は輝くが、今日の我々の生活は意識するとしないとに拘はらず世界の女性の生活に密接な関連をもち、欧米その他の国々の女性の活躍或いは沈滞は、私たちが好むと好まぬとに頓着なく直接間接にその波紋を我々の生活の上に及ぼしてゐる。……中略……

今や「世界の日本」とは単なるジャーナリズムの大見得ばかりではない。女性の問題を我々の今後の動向を知る上にも、「世界の日本女性」としての国際的展望の重要性が痛感せられるのである。……中略……

女性の動きを幅広く丈長く見ることの必要性を唱え、具体的な哲学的検討の方針と綱領が先頃米国における女の歴史家および婦人問題研究の権威として知られ、わが国でもなじみ深いメリー・ビアード夫人によって書かれ、米国の大学出身婦人協会の手で廣く世界の婦人運動者および世界の運動家や共鳴者に配布され、女子大学の教室或いは婦人クラブの集会等でこの手引きによる討議が盛んに行われてゐるこの刺激が一つの動機となってこのたびの国際女性史編纂委員会の企てとなって現れたのである。……中略……

ロンドン、ベルリン、ウィーン、ジュネーブ、ワシントン、東京と云ふ風に世界の要所に一群の有志が或いは図書館に日参し或いは編纂室に立て籠もって孜々としてこの事業は約三ヶ年で完成し、英獨二ヶ国語で出版されることになっている。

〈方針と組織〉

①女性史エンサイクロペディア編纂日本委員会の編集方針は、神話や説話に現れた女性から現代までを網羅し出典を明らかにし、女性の立場を明らかにした文化意識を高揚すること、そのことにより、女性に自信を与え自覚を喚起することとする。

②組織として、会の方針決定・運営に当たる理事会と、人名の選択と資料に基づいて叙述された原稿を検討する編集委員会、男性の歴史専門家のアドバイザーを置く。

③編纂本部では一二月から事務員による資料整理のためのカード作りがすでに進められており、将来日本版を出版する計画である。

一九三六年六月に、シヅエは新たに三井禮子（一九〇五―八九）

を加えて、長谷川時雨、新妻伊都子の四人をメンバーとする「日本女性史エンサイクロペディア編纂会」を正式に設立した。しかしこの任務を実行に移すのは容易ではなかった。一つは、これを引き受ける女性の歴史家がいないこと、二つには、研究のために必要な資料を備えた図書館が女性に開かれていなかったからである。そこで、リベラルな男性の歴史家で東洋史学者三島一（一八九七―一九七三）とその弟子、日本女子大学校で女性史を教えていた、古代から近世に至る職人史研究者の遠藤元男（一九〇八―一九八）、元津田英学塾教授で西洋中世史の研究者三島すみ江（生年不詳）、正規のメンバーではなかったが、三井禮子が師事していた、唯物史観の立場から日本母系制の研究にとりくんでいた渡辺義通（一九〇一―八二）の助けを借りて仕事を進めた。また東京帝国大学図書館がこの目的を実現する最適な場所であったので、その一室を研究室として使うことに決めた。当時は大学の一室を女性が借りることができなかったので、遠藤元男の名義で研究室を借り、本の貸出しを依頼した。シヅエは当時の状況を「図書館へ行きたかったが、女性は聖なる敷居をまたぐことが出来ないと言われました。だから参考文献を調べたいときは男性に頭を下げ、私たちの参考文献を見つけてくれるようにお願いしなければならなかったのです」[8]と述べている。

編纂会では、エンサイクロペディアの内容について議論を重ね、古代から近代までの日本女性を百人選ぶことにした。その際、今までの歴史とは違った見方で、隠れた存在であってもその時代を象徴している女性を探し出すことに決めた。三井禮子は、後世の出版物からの孫引きではなく、古文書に直接当たらないと意味がない、と主張して、多額の資金を出して『群書類従』全巻など多くの古文書を購入して参考にした[9]。それは計り知れないほど役に立った。

資料の編纂が終わったときには、日本はファシズムへの道へ邁進し、国家政策に反する事実を扱う歴史はすべて禁止された。多くの著名な学者が裁判にかけられた。このように歴史を書くこと自体が危険な行為とみなされるようになっていたので、日本語の原稿を全部英語に訳した。翻訳作業はほとんど三井禮子が行った。

(二) 人民戦線事件による検挙と日本女性史エンサイクロペディア編纂会の解散

一九三七年十二月十五日朝六時、突然私服の刑事が四人やってきてシヅエは逮捕され、家宅捜索を受けた。人民戦線派といわれた日本無産党、日本労働組合全国評議会、社会大衆党などの左翼労農派を、治安維持法違反で一斉に検挙・拘留した、第一次人民戦線事件である。逮捕者の中に加藤勘十（一八九二―一九七八）、山川均（一八八〇―一九五八）、荒畑寒村（一八八七―一九八一）、鈴木茂三郎（一八九三―一九七〇）が含まれていた。

女性はシヅエとプロレタリア作家の平林たい子（一九〇五―七二）の二人である。シヅエは日本無産党のシンパ、勘十の支持者として参考人召喚されたのである。英国のジャーナリストで『ニューヨーク・タイムズ』紙の特派員、ヒュー・バイアス（一八七五―一九四五）が書いた記事「日本のサンガー夫人逮捕される」は、『ニューヨーク・タイムズ』紙で大きく報道され、アメリカで釈放のための請願運動が起きた。シヅエとアメリカの友人たちとの強い絆は、斎藤博駐米大使（一八八六―一九三九）を動かした。彼はマーガレット・サンガーらと共に、請願書を提出した。これらの請願運動の結果、シヅエは二週間の拘留の後、十二月二十九日に釈放された。シヅエはサンガーに勾留の理由を次のように報告している。

「検挙は、リベラル派と組合労働者がマルクス主義を掲げて平和を乱したという警察のでっち上げによるものです。私は友人である加藤勘十が合衆国に派遣されたとき、彼の手助けをしました。また日本無産党が産児調節プログラムを党の政策として採用しましたので、私は党首である加藤勘十を選挙で応援しました。このことから、日本無産党と合衆国の共産党日本セクションが連携しようとしている証拠を、私がもっているのではないかという嫌疑をかけられて、家宅捜索されたのです。当然のことですが、当局の予想は外れて、証拠となるものは何も発見されなかったのです。[10]」

ニューヨーク、パリ、ウィーンなどの新聞はシヅエの投獄を栄誉の記録として称賛した。

しかし、日本では、シヅエの親族や運動の同志からメディアに至るまで、彼女に対する世間の風当たりは強くなった。

三八年二月一日の第二次人民戦線事件では、検挙の範囲は大内兵衛（一八八八―一九八〇）、有沢広巳（一八九六―一九八八）、美濃部亮吉（一九〇四―八四）などリベラルな大学人にまで及び、シヅエの大学の出入りが危険な状況になった。シヅエたちはエンサイクロペディア編纂の仕事を急ぎ、二月十六日「大和女性を世界の舞台に出陣させる事業」を完成させた。そして三月三日にエンサイクロペディア編纂会を解散した。

(三) 日本女性史エンサイクロペディアの原稿をメアリ・ビーアドへ送る

一九三九年二月に、シヅエは日本女性史エンサイクロペディアの原稿が完成したことをメアリに伝えた。折り返し彼女から届いた手紙には、アスカナジー夫人にふりかかった悲しい出来事が書かれていた。一九三八年に、ドイツ軍がオーストリアに侵攻し、ウィーンの自宅が銃撃を受けて夫が悲劇的な最期を遂げ、蒐集されたエンサイクロペディアの原稿が、全部没収されて焼失してしまったこと、その直前に亡命したアスカナジー夫人は行方不明だというニュースはいたくシヅエの心を打った。次第に戦争の機運が色濃くなって、日本でも同じことが起きるのではないかという不安に駆られたシヅエは、編纂会のメンバーの了解を得て、英文の原稿を最後の交換船浅間丸でメアリに送った。日本語のオリジナル原稿は三井禮子が保存した。三井はその後もずっと専門的に歴史研究を続け、戦後、一九四六年に民主主義科学者協議会内に婦人問題研究会を発足させて、女性史の共同研究の中心的な存在として活躍する(11)。

一九三九年四月十四日メアリから返事が届いた。二月末に送った手紙と原稿を受け取ったとあった。それには、原稿を興味深く読んだこと、女性史編集の仕事は決して無駄ではなかったこと、「イギリスもフランスもちっともやらないし、アメリカも一向に作業が進んでいない。日本だけがまじめに研究に取り組んで完成させたのは立派で、敬意を表します(12)」という賞賛の言葉とともに、原稿は世界女性アーカイヴセンターに資料として納められるであろうと書かれていた。シヅエはこのことを知ったとき、肩の荷が下りた思いであった。

五　憎悪の包囲網の中で
――代表作『歴史における力としての女性』

総力戦体制下で戦争に反対し、平和主義に徹する行為を貫くために、メアリとシヅエは孤立無援の状況に打ち勝つ強靭な精神を求められた。メアリは、アーカイヴセンターに対する取り組みと同じ熱心さで、合衆国のヨーロッパ戦争への参加を阻止するという結局無駄に終わってしまった仕事に、歴史家である夫チャールズとともに深く関与していた。メアリは、女性たちに「文明の建設」という歴史的役割を理解させて、戦争に反対するように懸命に働きかけた。しかし一九三〇年代終わりまでには、女性に平和的傾向を期待する、という彼女の希望的信念は打ち砕かれた。

チャールズがローズヴェルト大統領の政策を、米国の日米開戦に至った原因の一つに挙げて論じるようになると、人々は祖国に対する背信行為だと責め立て、かつての友人たちは彼のもとを去った。メアリは政治世界における米国の立場について夫と意見を共有したために、主流の女性グループは彼女から離れていった。

憎悪と敵意に囲まれる中で、メアリは、『歴史における力としての女性』を一九四六年四月に出版した。七十歳の時である。この本は初期の著作のアイディアやテーマが発展させられ、深められた彼女の代表作である。メアリは、男性への女性の従属という「ドグマ」は、全人類の歴史において他に例を見ない、根拠のない神話であると主張し、メアリ・ウルストンクラーフト（一七五九―九七）やジョン・スチュアート・ミル（一八〇六一七三）、アウグスト・ベーベル（一八四〇―一九一三）などの十九世紀の女性の権利主張者や、「従属理論」を受容する後継者を、以前にもまして、容赦なく激しく非難した。

メアリは、フェミニストたちの誤りの原因を、英国の法学者ウィリアム・ブラックストン（一七二三―八〇）の思想までたどり、彼の女性抑圧の思想が十九世紀のフェミニストによって定着させられた、という斬新な主張を展開している。その論拠となったのは、ブラックストンの『イギリス法論評』（*Commentaries on the Law of England* 一七六九年）である。彼の慣習法の注釈では、結婚によって市民としての女性は消滅し、既婚女性の法的地位は全体的に夫の地位に依存する、というものであった。メアリは、アメリカのフェミニストたちが、ブラックストンの法的な従属理論を技術的に誤読して、「女性は男性に従属してきた」という彼の断言を、一八四八年のセネカフォールズ会議の「所感の宣言」の基礎として採用したと指摘して、女性たち自身が（男性の歴史家と同じように）女性の真の力を隠蔽してきたと批判する。そして、彼女たちによって使用されたこのフレーズの解釈に、次のように挑戦している。ブラックストンは比喩的にこれを使っているのであって、文字通りに解釈してはならない。彼がいう法律上とは、イギリス法の一部である慣習法を意味しており、慣習法で認められなかった女性の権利は、正義のもとに特別裁判所で衡平法によって認められることになる。また、ここでは既婚女性のみについていっており、女性一般が視野に入れられていない。このほか、滅多に法廷に持ち込まれることはないが、一般的な日常の事柄を規定している男女間の私的な約束事があると述べている。(13)

メアリは、衡平法に関する研究を誇りに思った。それは、重要な示唆に富むものであった。しかし、著者の名前がチャールズであろうとメアリであろうと、姓が当時米国中から忌み嫌われている〝ビーアド〟であることがわかったときに、彼女の著書は、歴史の専門家や一般の人々の視野から消え去り、期待したほどの高い評価を得ることができなかった。

人気を博することができなかった二つ目の要因は、強い「反フェミニズム」の論調にある。メアリは、初期の著作で、フェミニズムの「正統な不満」と「名誉の闘い」を認めたが、この著作では、「フェミニズム」の意味を男性に敵対する矮小な個人主義として狭く解釈し、十八世紀以降のフェミニズムは、「女性のイニシアティブ」ではなく、「男性の模倣」へと女性を導いたと批判した。さらに、第二次大戦中の女性たちの産業分野、軍事サービス、行政職や専門職への華々しい進出は、女性が公的生活の中心において、平等に管理する社会的な力であるという彼女の主張にとって良い例だったので、これまでにもまして遠慮なく、女性は選択の自由を得たこと、女性の男性への従属という考え方は、「幻想的な」虚構でしかない、と強調した。

このように彼女の絶頂期の著作は「反フェミニズム」と呼ぶにふさわしいトーンを帯びている。

しかし、メアリの生涯の目的から見ればそれは正確ではない。戦後のアメリカで急激に高まる女性の家庭復帰への風潮の中で、メアリは、女性の目をふたたび家庭内の暖炉に向けさせる主張を擁護する戦後の論評者に対して好意的ではなかった。女性の歴史的な使命は「養育」ではなく、「世界建設」にあると主張し、これまでの著作以上に女性の公共的役割を強調した。

第三に、豊富で詳細な事柄の叙述を説明するための理論的モデルの提示に成功していないとして、彼女の歴史の構成概念には重大な理論的な欠点があると指摘されたことによる。この批判に対して、メアリは、歴史家の仕事は歴史の理論化を行うことではない、多様な出来事をすべて描き出すことであると主張して反論した。

社会学者鶴見和子（一九一八—二〇〇六）は、本書の婦人論の論旨を明らかにするために、反対の立場に立つアウグスト・ベーベルの婦人論と比較検討した上で、メアリの歴史観は、女性の経済的・政治的・法律的地位に対して均等の価値を付与して、その中のどの要素が決定的であるかを評価しない「歴史的多元論」であると指摘し、それは戦後の婦人運動の方向性を考える上で貴重な論点であるという、興味深い論評を展開している。(14)

鶴見によれば、メアリの立場は、さまざまな分野のいずれかの面において女性が活動していれば、それらはすべて「女性は歴史をつくる力であった」という命題を例証することになる。これは経済的な地位を決定的な指標とする唯物史観とは異なっている。「歴史的多元論」の立場は現象把握の仕方において、あらゆる可能性をつかみ出そうとする努力である、として鶴見は一定の評価をしている。

六　占領下の著作

『日本女性史——日本史における女性の力』——日米の女性の「鏡」として

一九五三年に、メアリは、『歴史における力としての女性』の姉妹編として、戦争で引き裂かれた日本とアメリカ、さらに世界の女性たちのゆるやかな連帯を築こうとする明確な意図をもって、『日本女性史——日本史における女性の力』を刊行した。日本語版は加藤シヅエ訳『日本女性史——日本史における女性の力』（河出書房）、英語版は *Woman's Force in Japanese History* (Public Affairs Press) である。この本は、戦前、シヅエたちによって収集された一〇〇人の日本女性の素描が、海を渡り、戦争を経て、メアリの手で血と肉を与えられて蘇るという、実にドラマティックな過程を経て生み出された。英語版と日本語の翻訳を対比すると、日本語版には誤訳や歴史的記述の誤りが散見され、両版とも取り上げられている人物に偏りがある。しかし、それは、日本女性史エンサイクロペディアの編纂が、国策に反する歴史研究が禁止された戦前期におこなわれたこと、メアリの執筆時期が、情報統制が行われた日本占領下で、資料収集が困難な状況にあった、という二重の障害を反映している。現在のところ、シヅエからメアリへ送られた英文の原稿の所在が不明で入手できないために、三つを比較検討することができない。ここでは、著作の綿密な分析と評価を別の機会に譲り、メアリの書簡を手がかりに本書の刊行の目的と内容上の特色を述べる。

メアリが『日本女性史』を刊行した意図は、日本女性に歴史における女性の力を認識させることによって、彼女たちに民主主義社会建設への貢献に必要な尊厳と力を備えていることを自覚させることであった。同時に、この本が、女性の歴史に対する知識や感性を完全欠落させてしまっている、アメリカの女性たちの「鏡」としての役割を果たすことを期待した。メアリは、「女性が社会形成に貢献することは『自然な』ことであり、長い歴史の中で自然であることが、新しいよりよい方向へすすむようにしむけられなければならない」[15]と考えたからである。

本書の構成は、序、第一章「日本人の女神崇拝」、第二章「一夫一婦制度以前の性関係」、第三章「女帝が国事を司る」、第四章「影響力のある婦人の生涯」、第五章「戦国時代までの女性」、第六章「婦人が町民の利益と企業を拡張する」、第七章「武家政治か王政か——この決定に与って力があった婦人」、第八章「王政復古当時の婦人実業家、女医並びに女流教育家」（英語版ではこの部分が欠落）、第九章「女優、詩人、小説家並びにその他の文筆家」、第十章「文明か戦争か——それぞれを支持した婦人達」、第十一章「敗戦が婦人に参政権をもたらす」、「訳者あとがき」からなっている。

各章の概要については、拙著『メアリ・ビーアドと女性史——日本女性の真力を発掘した米歴史家』（藤原書店、二〇一九年）の第八章を参照されたい。ここでは本書の内容上の特色をあげるが、それは高群女性史と比較する上での視点を提示することになるであろう。

（一）歴史観の提示

メアリの歴史観はつぎのように述べられている。

「今までの男女も現代の男女と同様に、人類始まって以来の各時代時代における経済的、社会的、政治的、宗教的、教育的な活動の実行家であり思索家であった。彼等は、その手を、その頭を、使ってきた。彼等が感情を爆発させることもしばしばあった。彼等はまた反対に非常な冷静さを示したこともあった。その冷静さは人間生活の価値に対しても、現実的な価値に対しても、潜在的な価値に対しても、至極敏感であった。歴史を作る力となった男性、女性の姿は、シェークスピヤの「世界中が一つの舞台であり、すべての男女はその役者である」という言葉に最も簡潔に述べられている。……中略……

この本は東洋という舞台で演じられるあらゆる大きなドラマにおける日本女性の主役、脇役について書いてある。[16]」

(二) 天照大神と日本人の女神崇拝

最初に、天照大神を世界のさまざまな宗教における女神の一つとして位置づけたうえで、日本人の女神崇拝の特徴に言及している。次にそれをキリスト教のマリア崇拝と重ねて論じ、人々は常に慣れ親しんでいる母の思いを求めて女神を選んだと述べている。そして、有力な宗教がどれもそうであるように、この宗教においても、太陽の女神崇拝が確立するうえで、巫女による女神崇拝（シャーマニズム）が大きな役割を果したこと、「一柱の国の神である太陽の女神と歴代天皇との相互関係が一貫して近代まで続いているのは、日本においてのみである」というエー・ユースティス・ヘイドン教授の言説を引用して、太陽の女神が朝廷を確立したと説明している。

メアリが本書の構想に着手した一九四六年は、天皇裕仁が「人間宣言」を行い、GHQが神話を教科書から排除するよう指令を出した年である。このような、終戦直後の日米の時代的風潮にあって、あえて、第一章に「天照大神」を登場させ、日本人の女神信仰を論じたのは、「日本史における女性の力」の起源を示したい、というメアリの強い意思の表れである。

それは、高群の女性史と同じように、婦人運動のよりどころとして日本女性たちによって受け継がれてきた平塚らいてうの人間解放の宣言、「元始女性は太陽であった」を引き継いでいると考えられる。

(三) 国事を司る女帝を描写

西暦四世紀の中頃から十世紀まで、多くの女帝たちが、自らの意思で国事を司ってきたことと、その権力掌握過程を類型化して説明している。義江明子は、古代女帝論が古代史学会の主要なテーマになったのは、一九九〇年代以降であると述べている[17]ることから、一九五〇年代はじめに、歴史に女帝の力を描いたことは先駆的な取り組みとして注目される。

(四) 女性の隷属性の教義に対する異説

高群は、室町時代以降に女性の隷属がみられ、古代ギリシャの女性観と酷似しているとしている。メアリは女性の隷属に異論を唱え、中世の女性たちは男性とともに勇気と豪勇さをもって軍功や攻撃や防御に腐心していたと述べている。メアリはGHQ／CIE（民間情報教育局）の女性問題担当官エセル・

ウィード（一九〇六―七五）への書簡において、封建主義に関する歴史的な見方に内在するドラマについての彼女の考え方を、次のように説明している。

「六章、七章、八章全部を検討してもらえれば、おそらく、封建主義についての歴史的な見方に内在するドラマについて、私がどう受け止めているか、お分かりになるでしょう。すなわち、それは、その政策と防衛に女性たちが大きく貢献した（両性化した）全体主義体制あるいは「文化パターン」であると同時に、最終的には彼女らはその破壊にもおおいに貢献し、次いでは、厳しい闘争によって駆り立てられたものであったとしても、個人的人格の実現のような実験に向かって、突き進んでいったのでした。

女性の隷属性の教義に対する私の異説は、ルース・ベネディクトのような女性の社会学的・文化人類学的見解や、多くの男性の同じような見解に従って、女性たちをもろもろの社会的パターンの単なる反映とするのではなく、日本の歴史全体において力をもっていた女性にします。そして、今やその伝統を、日本における抜本的な新しい秩序の中で、力を誇示してみせているのです。」(18)

メアリは、女性が過去において、いかに世界の富、芸術、美術、科学、技術に貢献してきたかを知ることは、単なる平等を求める叫びよりも価値のある手段を女性に与えるであろうと考え、女性の自意識、自信、自己認識の発達を阻むものは何であろうとも、きっぱり否定した。だから女性の従属という否定的な言説を最も低く評価したのである。

（五）敗戦後の日本女性が努力すべきこと

最終章で、戦争と敗北の後に、参政権運動や、個人的な自由・平等・友愛の維持だけではなく、合理的な社会の建設へ向けた、日本女性の希求と努力について概略次のように論じている。

戦争によって征服された国民が、彼らの行使しうる選挙権をもって、アメリカの指導のもとに民主主義文明の建設に着手するよう強制された。日本女性は、「人権」という基本的概念をもつ民主的理想を高く評価して、それを適用する機会を得た。女性たちは長い歴史をつくるうえで力があった日本古来の女性の伝統を受け継いで、依然として根強い力をもっていた封建的秩序から、個人的自由という人権を基盤とする秩序への移行のために心血を注いだのである。しかし、外国占領軍からのこの贈物は、「色の心髄から輝き出る虹色の光線を四方八方に放つ巨大なオパール」のようなものであり、この虹色の光を発する贈り物を受けたものは、不断の研究と実験によって、はじめて、それをどのように使用するか、どうしたら「無差別」というような面を通じて、それを享受できるかを、学びとることができるのである。

メアリは、『日本女性史』において、今まで評価されることがなかった日本女性の力を顕在化させ、占領期の日本女性の公共性の拡大に強い期待を寄せたのである。

七　総力戦体制下の高群逸枝の女性史

総力戦体制下での高群の著作の命運は、アメリカへ避難を余儀なくされた日本女性史エンサイクロペディアの原稿のそれとは大きく異なっていた。

高群は女性史研究の副産物として、一九三六年十月に『大日本女性人名辞書』(厚生閣)を出版している。江戸時代以前の一切の歴史文献を読破して、系譜および婚姻記事を執筆する作業の傍ら、副次的に女性人名カードをつくり、それを活用して人名辞書にまとめた大著である。これには同郷の歴史学者徳富蘇峰の推薦文が付され、多くの好意的な書評に恵まれた。この出版を契機に、平塚らいてうと竹中繁子の発議で「高群逸枝著作後援会」が組織された。発起人には、平塚らいてう、市川房枝、吉岡弥生、山川菊栄等と共に長谷川時雨や新妻伊都子も名を連ね、高群の研究を支援した。高群は日本女性史エンサイクロペディア編纂会には直接関わらなかったが、『大日本女性人名辞書』は編纂会のメンバーが参照した重要な情報源の一つであったであろう。

高群は、『女性二千六百年史』(厚生閣、一九四〇年)第二部「道遠し」に、日本女性史エンサイクロペディア編纂会と当時の女性史の研究状況を、以下のように述べている。

「女性史
新妻伊都子氏のおたよりによると、世界女性史エンサイクロペヂャの日本部の編纂が完了したといふ。また、全国高等女學校長會の日本女性文化史も、近く第一巻が出るといふ。
この両者は、単に女性史あるひは文化史の編纂といふ以外に、世界女性史の一部としての国際的意義や、広く教育的意義をもつところに、一層の期待がかけられる。[19]」

なお本書第一部「女性二千六百年史」において、日本の歴史の特質について記述しているので、その要点を紹介しておこう。
①日本の歴史は天照大神に始まり、古代には女性の優秀な能力が発現したが、以後女性の能力は低下し、現代になり男女同権論や女性の自覚が見られた。
②建国には二つの型があり、一つは他族を征服して彼らを奴

隷としそのうえに建てるもの、もう一つは他族を包容して血縁的に建てるものであるが、日本の建国は後者で、天照大神の一系のもとに異族を血の結合によって解消した。

③古代の男女の生活においては、女性の地位が高く、教養の程度と内容において男女差はなかった。その後中世思想の影響により、跛行的な女性観が生まれた。

④女性文化は健全な保守性、伝統の保存と発揚、愛郷、愛国、日本文化の特有の観照的な優美な特性を培った。女性の男性に対する寛容の特性は被虐者としての習性ではなく固有の日本文化の教養、遺産からきた特性であり、一方男性は進取性により他の文化を摂取した。

本書は、異族の血の帰一、愛郷、愛国といった、戦時体制下の時代の思潮を反映しており、女性を銃後の活動に動員するうえで大きな役割を担ったとされる。

続いて一九三八年に刊行された『母系制の研究』は、「発禁」の公算が大きかったが、巻頭に付された徳富蘇峰の序文が本書を発禁から護った。戦後刊行された『招婿婚の研究』は「高群逸枝著作後援会」から資金援助を受けている。多くの先行研究[20]によって明らかにされているように、戦前、戦中、戦後を通じて、日本の女性指導者たちは高群の著作に、運動の方向性とよりどころを求め、高群はその期待に応えて、女性たちを鼓舞し続けたのである。

他方メアリは一貫してアメリカの参戦に反対して主流の女性指導者から距離をおき、孤立無援の中で『歴史における力としての女性』の執筆に専念した。

高群は、戦後再版された『母系制の研究』(一九五三年、講談社)の第一編「緒論」で、女性史を、「女性の立場による歴史研究の学問である」[21]と述べている。また、「例言」では、「著者〔高群〕は、この仕事においては厳密には学問的寄与をこころざすものにすぎないが、とはいえ、仕事への情熱そのものは、このこと——女性史の闡明——によって、女性解放への歴史的根拠をあきらかならしめ、男性中心の歴史観を訂し、人類進歩の正常化に役立たせたい」[22]と述べている。高群は、日本史において、古代ギリシャやローマにみられるような女性の被抑圧が生じたのは、室町時代以降の父家長制家族の成立によるとして、女性史の目的を、そのような被抑圧状態からの女性の解放に求めている。

メアリは「女性の視点からの歴史の再構築」を主唱して、男性主導の歴史に挑戦するが、女性史の目的を女性解放に求めない。メアリは、女性も男性と同じように、封建主義の理念を受容して封建体制の定着に主体的に寄与したとしている。「抑圧史観」に依拠して女性解放をめざす高群の女性史と異なり、メアリの女性史は「歴史的多元論」に基づいて、歴史における女性のさまざまな力を描いて、戦後の新しい時代の歴史をつくりだす女性の自意識と自信をかき立てようとしたのである。

注

(1) Mary R. Beard, *On Understanding Women*, New York: Longmans, Green, 1931, p. 33.
(2) *Ibid.*, p. 17.
(3) *Ibid.*, p. 32.
(4) Mary R. Beard, *America Through Women's Eyes*, New York: Macmillan, 1933, p. 9.
(5) Barbara K. Turoff, "mary beard feminist educator," *Antioch Review*, 37: 3 (Summer 1979): p. 287.
(6) Mary R. Beard to Mrs. Dorothy Porter, March 31, 1940 (Box1: folder 1, series 4, National Council of Negro Women Records, Beard Papers, Sophia Smith Collection, Smith College).
(7) 石本シヅエ「国際女性史編纂委員會より」『婦人運動』第一四巻二号、一九三六年二月、一八頁。
(8) ウィードからブラッシュへの書簡（一九四九年六・七月）(Box 1, folder : 15, Beard Papers, Sophia Smith Collection, Smith College).
(9) 加藤シヅエ『ある女性政治家の半生』ＰＨＰ研究所、一九八一年、八八頁。
(10) 石本シヅエからマーガレット・サンガーへの書簡（一九三八年一月十一日）(Box 58, folder: 545, Margaret Sanger Papers, Sophia Smith Collection, Smith College).
(11) 三井禮子「揺籃期の女性史研究――私の歴史研究」『歴史評論』四四三号、校倉書房、一九八七年、一〇五―一一九頁。
(12) 前掲書、八九頁。
(13) Mary R. Beard, *Woman as Force in History – A Study in Traditions and Realities*, New York: Macmillan, pp. 88-105.
(14) 鶴見和子「『婦人論』批判――ビアド『歴史における婦人の役割』」『デューイ・こらいどすこおぷ』未來社、一九六三年、二一五―二二七頁（初出『世界評論』一九四九年六月号）。
(15) メアリ・ビーアドからエセル・ウィードへの書簡（一九四七年三月三十日）(Box 1: Folder 15, Beard Papers, Sophia Smith Collection, Smith College).
(16) メアリ・R・ビーアド著、加藤シヅエ訳『日本女性史――日本史における女性の力』河出書房、一九五三年、三―五頁。
(17) 義江明子『日本古代女性論』塙書房、二〇一七年。
(18) ビーアドからウィードへの書簡（一九四八年四月三日）(Box 1: Folder 15, Beard Papers, ssc).
(19) 高群逸枝『女性二千六百年史』厚生閣、一九四〇年、二五七―二五八頁。
(20) 鹿野政直・堀場清子『高群逸枝』朝日新聞社、一九七七年。西川祐子「戦争への傾斜と翼賛の婦人」女性史総合研究会編『日本女性史　第五巻　現代』東京大学出版会、一九八二年、二二七―二六四頁。西川祐子「一つの系譜――平塚らいてう、高群逸枝、石牟礼道子」脇田晴子編『母性を問う――歴史的変遷（下）』人文書院、一九八五年、一五八―一九一頁。比較家族史学会監修・田端泰子・上野千鶴子・服部早苗編『ジェンダーと女性』早稲田大学出版部、一九九七年。
(21) 高群逸枝『母系制の研究』講談社、一九五三年、四頁。
(22) 同右、二頁。

『大日本女性人名辞書』は世界初の女性人名辞書か

【メアリ・ビーアド著、加藤シヅエ訳『日本女性史』(一九五三年)との関連で】

山下悦子

●やました・えつこ 本書一〇頁参照。

一 世界の女性史の動きより早かった高群逸枝の『大日本女性人名辞書』

「今から十七年前、女性史の百科辞典を編さんしようという企てが、当時オーストリヤのウィーンにいた、アスカナジー女史によって始められた。これに呼応して我が国でも、岡本かの子、長谷川時雨、新妻伊都子、三島すみ江等の諸氏の御協力を得て、女性史百科辞典の編さん委員会が設けられ、我が国の女性史に関する多くの資料が系統的に集められた。三井礼子夫人や遠藤元男氏も熱心に多くの時間をこの仕事に捧げられた。これ等の資料が英訳されて、原著者ビーアド夫人の所に送られたのは、大戦勃発の直前であった。こういうわけで、我が国においては勿論のこと、米国においても戦争のために、辞典の出版は中止しなければならないこととなった。」

(メアリ・ビーアド『日本女性史』河出書房、一九五三年)

訳者加藤シヅエのあとがきの言葉である。このあとがきの内容はかなり重要なので、もう少し詳しくみてみよう。(『日本女性史』はメリー・R・ビアード著と表記されているが、本稿ではメアリ・

ビーアドと表記する。）一九三〇年代は世界的に女性史の大きな動きがあり、一九三五年にメアリ・ビーアドは「世界女性アーカイブセンター」を設立、一九三六年ニューヨーク市のロックフェラー・センターにオフィスが設置され、一九三七年一二月に正式に発足した。メアリのもとに女性史に深い関心をもつアンナ・アスカナジーから「世界女性史エンサイクロペディア」編纂計画に賛同してほしいという依頼がきて、メアリは、加藤シヅエ（離婚前、石本シヅエ）をアスカナジーに紹介した。ロンドン、パリ、ウィーン、ジュネーブ、ワシントン等々の女性たちが自国の女性史を編纂するチームを編成し、その成果を持ち寄って世界の女性史をまとめるというものであった。加藤シヅエはその趣旨に共鳴、一九三五年一二月に「女性史エンサイクロペディア編纂日本委員会」を立ち上げた。そしてその主旨を一九三六年一月、『婦人運動』誌に掲載した（上村千賀子著『メアリ・ビーアドと女性史』参照）。

日本委員会の編集方針は、神話や説話に現れた女性から現代までを網羅し、出典を明らかにし、女性の立場を明確化した文化意識を高揚すること、そのことにより、女性に自信を与え、自覚を喚起することであるとした。古代から近代までの日本女性百人を選び、古文書にあたり、三井礼子は多額の資金を出して古文書を購入、資料の編纂を行い、日本語の原稿を全部英訳した。一九三九年、加藤シヅエは完成した原稿をメアリに送った。一九三七年、治安維持法違反で加藤シヅエが逮捕され、二週間拘留された。迫りくる戦争の足音の中で、女性史研究所（加藤シヅエの自宅に置かれた）が設立され、三井礼子も関与したのだった。

一方こういった流れよりも五年も早く、日本の女性史研究の元祖であり第一人者である高群逸枝は、一九三一年七月以降、念願だった女性史の研究に専念、世田谷の森の研究所（「森の家」）に籠った。

「年があけて昭和十一年になると、私はKの協力をえて『女性人名辞書』の成稿を急ぐことにした。私のこれまでの主たる作業は、江戸時代以前の一切の歴史文献を片はしから読破して、系譜および婚姻記事を抽出することが中心であったが、副次的に史上の女性人名をカードにとっていた。いまそれを拡張活用して人名辞書としてまとめたら、今後の長い自己の仕事にとっても何彼と便利であるし、何より出版による印税収入が期待されるのであった」

（『火の国の女の日記』）

江戸時代以前の一切の歴史文献を読破し、女性人名をカードにする作業に四年以上かかっている。その間体調をくずしたほ

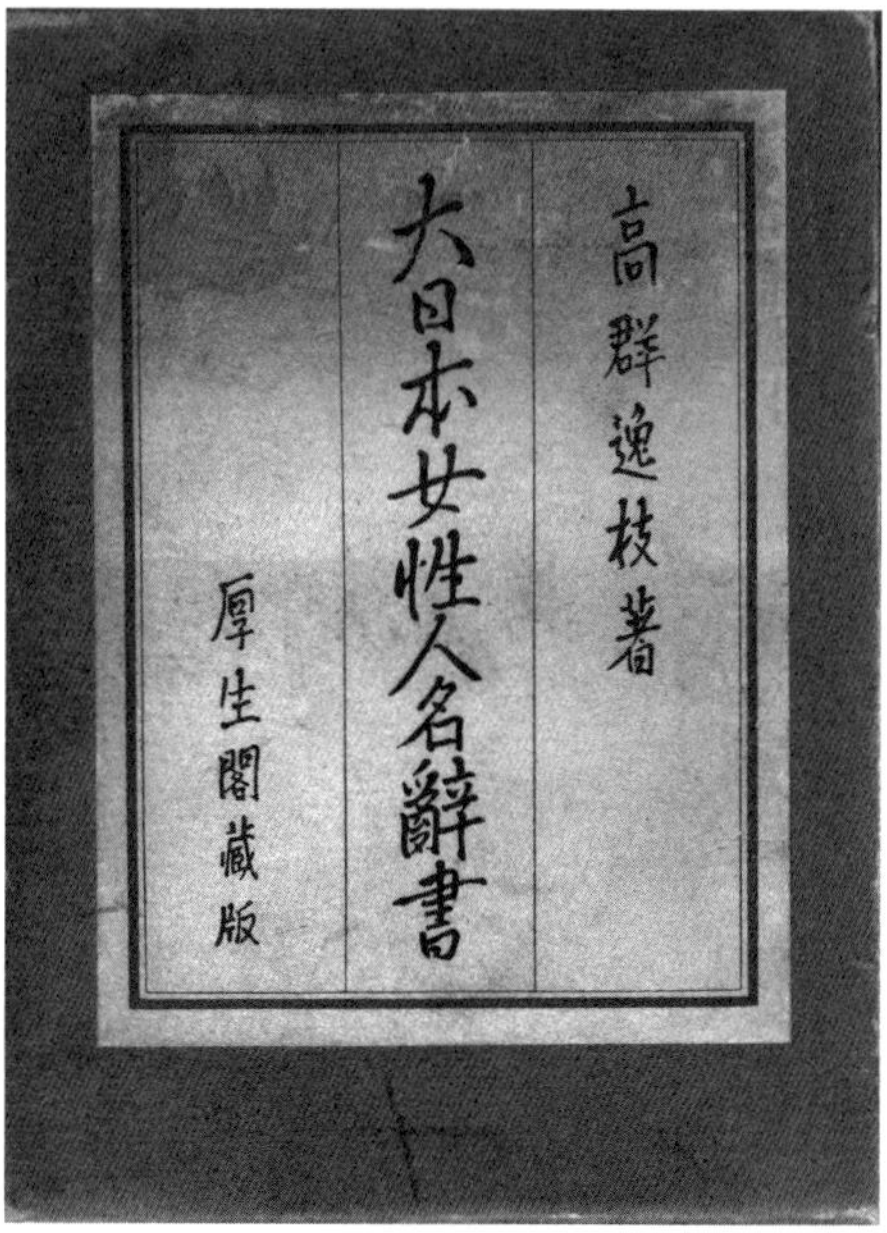

どだ。橋本憲三はこの頃平凡社で一日の大半をすごしていた時期にあたる。それを元に半年以上かけて辞書にまとめた。「夫の協力」は、橋本憲三が平凡社を失職してからの数カ月ほどである。文献の読破、カード作りといった重要な作業はすべて高群がひとりで行なったのだった。高群は一九三六年一〇月一六日には『大日本女性人名辞書』(厚生閣、以下『辞書』と略称)を、一九三八年六月四日には『母系制の研究』を刊行した。加藤シヅエたちが「エンサイクロペディア編纂日本委員会」を立ち上げようとした時にはもうすでに『辞書』ができあがっていたことになる。これはすごいことである。つまりこの『辞書』は、日本初の辞書であると同時に、世界でも最初の女性人名辞書ということができる。高群は、古今の女性一八五二名にのぼる名を掲げた。皇祖、名流妻母、遊女、不祥事、毒婦、社会運動にかかわった女性たちを同列に配置した。一九三九年一〇月七日第二版で六五名を追加、一九四二年九月一三日三版で一六八名を加え、二〇八五名、総ページ七〇〇頁を超える大著となった。高群は『辞書』のあとがきで、列伝(女性の人物伝)と女性史の方法論の違いを明記し、先駆的な女性史を掲げ、それらはみな列伝式であると批判した。

「当地に引きこもりましてより足かけ六年、その間専念致して参りました著述の一部を『大日本女性人名辞書』と題しまして、刊行の運びとなりました。」
「女史なる文字は早くよりもちいられてはおりましても、女訓、女教、女子の読本等という程の意味で御座いまして、適確に女性の歴史を指すものでは御座いません。日本で女性史と申しますものが書かれはじめましたのは、明治以後のことで御座いまして、それまでは歴史との関係においては書かれず、要するに教訓式の列伝であった」(あとがき)

高群は、明治以後にやや改革されたものの依然として列伝式が中枢をなしているとし、公にされている先駆的な女性史を数冊紹介している。須藤求馬『日本女史』(一九〇一年)は上編に神代、国造時代、中編に公卿時代、下編に武家時代が配列され、各時代ごとに代表女性を列伝し、それへ制度、風俗、思想等を綴り、明治以後現在までの女性史の型を創《はじ》めた、としている。

久保田竜彦『日本女性史』一九一四年、中川一男『日本女性史論』一九二五年、龍居松之助『女性日本史』一九三三年、白柳秀湖『大日本閨門史』一九一三年、下田歌子『日本の女性』。高群はこれらの本は列伝の支配下にあり、全体の構成から見れば幼稚であると述べている。そして列伝と女性史の違いについて明記する。

「列伝の部分を女性史より切り離すことが、女性史を単なる教訓としてではなく、まして単なる読物としてでも無く、近世の文化科学としての歴史学（或はそれに準ずるもの）として理解せんとする上において、最初にとるべき方法の一では無いかと考へるに至った次第で御座います。同時に女性史より切り離した列伝分子は、これを独立せしめて人名辞書の範疇に入れる事に依り、それ自身をして最も自然、且つ実用的であらしめるものと私は確信致しましたので御座います。それ以来私の致しております仕事は、女性史を書きます事と、辞書を編みます事との二途に分岐し、今漸く其の一途を完了致しましたのが即ち此書で御座います」

まずは『辞書』を仕上げ、もう八分通り進んでいた女性史『母系制の研究』（一九三八年六月四日）の完成に向けて邁進したのであった。

二　エンサイクロペディア編纂日本委員会と高群逸枝との接点

『大日本女性人名辞書』の反響は大きく、高群は「ほとんど予期しなかった好意的書評にめぐまれた」（『日記』）と述べ、徳富蘇峰、新妻伊都子、金子しげり、福島四郎、窪川稲子等々の名をあげている。そのほか平塚らいてう、長谷川時雨らもそれぞれ紙上で吹聴してくれたとしている。また平塚らいてうと『東京朝日』の竹中繁子との発議で「高群逸枝著作後援会」（発起人六四名）が発足したが、市川房枝、神近市子、かつての論敵山川菊栄のほか長谷川時雨、新妻伊都子という加藤シヅエのエンサイクロペディア編纂日本委員会のメンバーが名を連ねていた。特に新妻伊都子は高群逸枝に手紙で、自分たちの活動内容を報告していた。

「新妻伊都子氏のおたよりによると、世界女性史エンサイクロペヂヤの日本部の編纂が完了したといふ。また、全国高等女学校長協会の日本女性文化史も、近く第一巻がでるといふ。この両者は、単に女性史あるひは文化史の編纂といふ以外に、世界女性史の一部としての国際的意義や、広く教育的意義をもつところに、一層の期待がかけられる。」
（『女性二千六百年史』一九四〇年二月）

また長谷川時雨は、『輝ク』に高群の文章をのせるなど高群と良好な関係を築いていたことが尾形明子「高群逸枝と長谷川時雨――未収録資料『輝ク』を中心に」（本書所収）で明らかとなった。同時代を生きながら高群とエンサイクロペディア編纂日本委員会との接点がみえてこなかったのだが、それが新資料の提示により明確になったのだ。

この頃、高群逸枝は女性史の第一人者としての地位を築きつつあったのだが、エンサイクロペディア編纂日本委員会に直接かかわってはいなかったものの、その存在に対し賛意を示していたこと、また長谷川時雨や新妻伊都子は高群の『辞書』を高く評価していたことがわかったのである。ただメアリ・ビーアド『日本女性史』（一九五三年）の叙述に、明らかに『辞書』を参考とし、引用して書いていると思われる箇所が多々あるにもかかわらず、高群逸枝の名前も、引用文献として『辞書』の名前も掲げられていないのはなぜなのか。日本にはすでに女性史家高群逸枝がいるよという話を、メアリ・ビーアドに伝える人がいなかったのはなぜなのか。加藤シヅエは自分がやろうとしていた仕事をすでに高群逸枝が行ってしまったことに、先を越されたという思いがどこかにあったのではないか。加藤シヅエと市川房枝の関係が良好ではないという話があり、高群逸枝著作後援会に、その市川房枝が名を連ねていることも影響していたのではないか、と私は考えている。また高価な古文書をどんどん買い集める財力のあった三井礼子も、エンサイクロペディア編纂日本委員会に関与していたが、高群はそのことについて次のように述べていた。「あの方々」というのはエンサイクロペディア編纂日本委員会の人たちをさす。高群は資料収集にお金がかかるので常に苦労していた。本の印税や原稿料で資料代をまかなっていたからだ。

「唯困るのは、私の方の仕事で、これには書物が要ります。いつか新妻様（伊都子）の新聞（「女性と家庭新聞」あるいは「家庭新聞」）に、あの方々のご参考の書がでてゐましたでせう。あの御参考書は、みんな高価なもの揃ひで、一つの種類のもので五六百円から致しませう。泣きたくなります。／然し、主人がいまに買つてやるから泣くなと申して呉れますので、」
（『母系制の研究』の作業中かと思われる書簡草稿から、堀場清子・橋本憲三『わが高群逸枝』下）

一九三〇年代には、日本に二つの女性史の潮流があり、その筆頭である加藤シヅエと高群逸枝が直接交流することはなかった。そこに横たわっていたものは、男女の格差以上に階層格差があったことは考慮する必要がある（三井礼子は生家が麻布で一万坪の敷地に部屋数が八〇もある家で育った。自分の部屋から玄関まで二百メートルもあったという。『歴史評論』一九八七）。著作後援会が発足し、『母系制の研究』が刊行されると高群は、二つの学術研究助成財団から研究助成金をもらえることとなり、そのほかにも助成金が与えられた。計一万数千円は、当時としては大金で、『招婿婚の研究』に要する大部分の資料を蒐集することができた（当時古書は暴騰していて品切れも多く、『大日本史料』が公定三千円したという。高群家の一カ月の生活費が五〇円だった）。

ところで三井礼子は戦後十数年たってから、高群の「森の家」の「女性史学研究所」を訪ねている。「一九五八年一〇月二三日には三井礼子さんらの女性史研究グループの人たちの訪問を受け、自主的基礎的研究の必要性などについて談話」と『火の国の日記』第五部に記されている。第五部は高群の死後、橋本憲三が執筆しているので、これだけにとどまるが、高群が生きていればもっと詳しく書いたであろうにと悔やまれる。高群が女性史の第一人者としての不動の地位を築いていた時期に、三井礼子は高群に会っているわけで、もっと早く会うことはできなかったのか、なぜメアリ・ビーアドに日本の高群逸枝を紹介ないしは著作を献本しなかったのかと残念に思う。

メアリの『日本女性史』は、高群の『招婿婚の研究』と同じ一九五三年に刊行された。ただ『日本女性史』は一見すると高群が批判した女性列伝風の構成で、登場する各時代の女性たち百数名は、ほとんど高群の『辞書』にある人物と重なる。また明らかに『辞書』を参考にした形跡があるのだ。内容的にも多々問題点がある。

ただ、戦勝国であるアメリカの女性が、敗戦国日本の女性の歴史をどのように描いたのか、高群逸枝の女性の歴史とどこが違い、共通点はあるのかということを研究することは大変に興味深い。高群の構築した壮大な日本女性史とメアリの描いた『日本女性史』を比較検証する作業は、今後の重要な課題である。

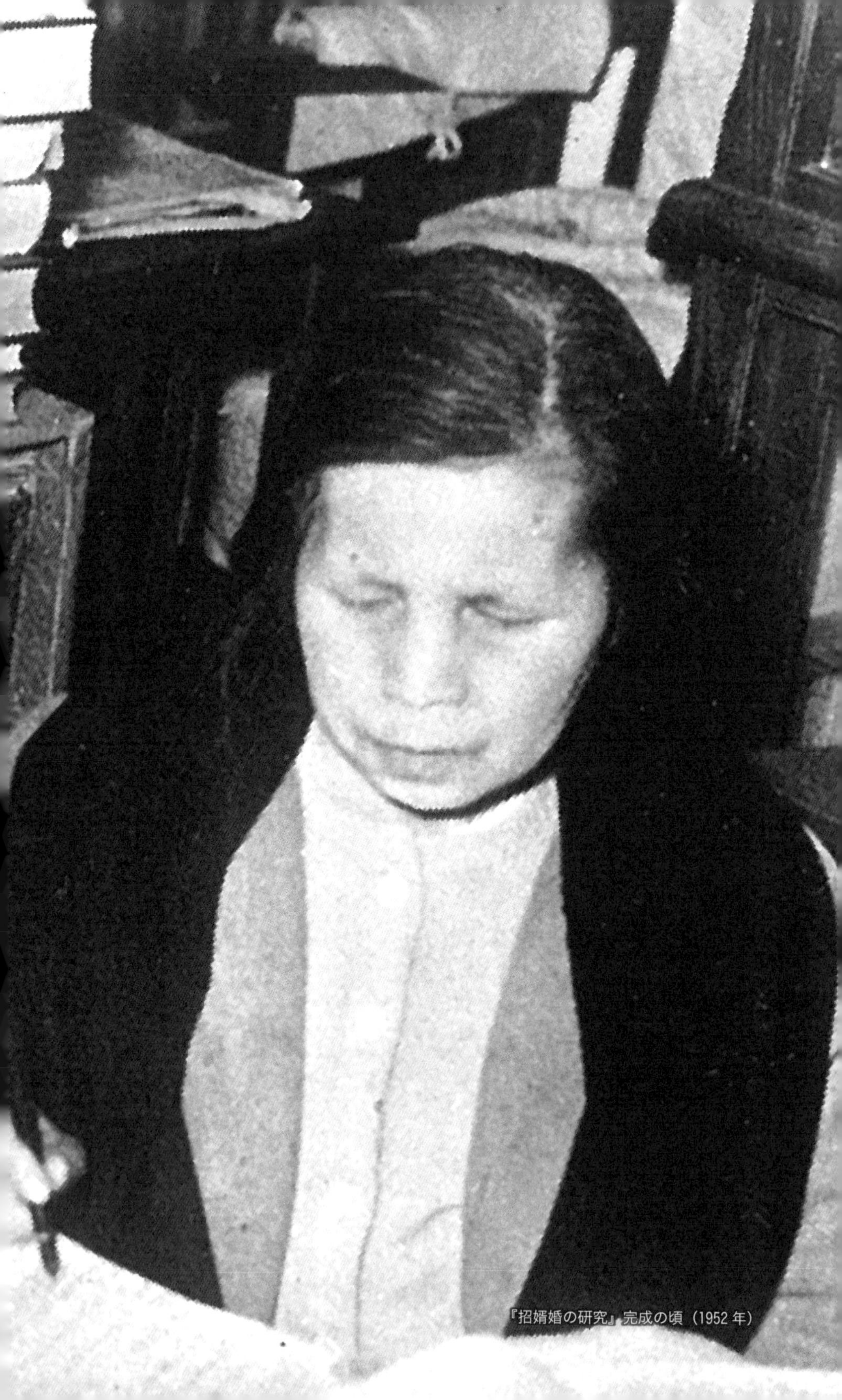

『招婿婚の研究』完成の頃（1952 年）

V　高群逸枝は今、どう読まれているか

本章では、高群をどう読むか、どう読んできたか、という問いに対して、国内外から多くの文章を寄せていただいた。

高群の思想や研究を、どのように読み、理解し、位置付けるか。棚沢直子氏は、フランスにおける西洋中心の「一元的普遍主義」が高群を無視してきたことを批判しながら、日欧比較、特に日仏比較の視点から高群の思想の世界的意義を論じる。過去にボーヴォワールと高群を対比して論じた高良留美子氏も、母系制研究を批判的に継承する形で世界的な思想史的文脈における高群の新たな意義を見出そうとしている。これに対して、ドイツで高群の女性史を研究したゲルマー氏は、高群のジェンダー的視点からの西洋思想批判の先駆性を認めつつ、それが他方で「日本」を軸にすることによる本質主義に立っていることとの問題を指摘する。西川祐子氏の高群研究者に対する批判も、「日本」や「女性」の理想化に対する警鐘である。いずれも、高群の日本における読者である私たちに対して、高群の思想の抱えていた問題を、自らに置き換えて反省的に捉え返すことを求める。あるいは、中国の中日比較文学研究者である李煒氏は、戦時中の高群の行動の背景にあるメカニズムから高群を理解しようとするという。政治的自由の少ない社会の中でどう書くかという問いに、当事者として向き合う切実さがそこにはあると考えるのは、憶断に過ぎるだろうか。

高群の思想の位置付けをめぐって議論が絶えないのは、高群自身の書いたもの、そして送った人生の有様が、多くの人を惹きつけてやまないからである。海外で早い時期から高群を論じていたロフタス氏は、高群の自叙伝研究に取り組むきっかけとなった堀場清子・鹿野政直との関わりに触れながら、高群の自叙伝に描かれている彼女の強靭さへの驚嘆を語っている。米国で研究に取り組んでいる佐藤泰子氏は、高群の思想の巨大で透徹した視点に感銘を受けたことを述べ、いまだ解決ないまま残されている高群の問いに取り組んでいると語る。

これらの他にも、木村信子氏によるフランス語での紹介、高柳聡子氏によるロシア語での紹介などがあり、高群は言語や文化の壁を超えて今なお多くの人々の関心を呼び起こしている。高群の思想をどのように解釈するかということは、それ自体いまも議論の対象となっている。しかしそれぞれの論者がその先に見通しているのは、さらにその先にある、高群の、そして高群を引き受けた自らの思想の可能性ともいうべきものであろう。言葉では指し示すことのできないその部分にこそ、高群がいまなお読まれる理由があるような気がしてならない。

（蔭木達也）

高群逸枝『母系制の研究』との出会いから縄文の母系制の本を書くまで

高良留美子

●こうら・るみこ　一九三二年生。詩人・評論家・作家、女性史研究者。一九六二年、詩集『場所』でH氏賞、八八年、詩集『仮面の声』で現代詩人賞、二〇〇〇年、詩集『風の夜』で丸山豊記念現代詩賞。その他の著書に『高群逸枝とボーヴォワール』『見出された縄文の母系制と月の文化』他。二〇二一年十二月死去。

一　高群逸枝『母系制の研究』と出会う
——焼け跡に囲まれた家で

私が高群逸枝の著書と出会ったのは、ようやく切符が買えて縁故疎開先の新潟県塩沢から超満員列車に詰めこまれて帰ってきた、敗戦の年の一九四五年秋のことだった。私は今でいう中学一年生で、一三歳弱の年齢だった。それから四年半余り、私たち一家は父が神経症の医院を開業していた妙正寺川沿いの武家屋敷風の母屋と、病室用の小家屋の一つに住んだのだが、母屋の欅《けやき》張りの幅広い縁側のつきあたりの本棚に『大日本女性史　母系制の研究』が入っていたのだ。下から二番目の棚だった。これも疎開先から戻ってきたものだ。川向こうにも家の左右にも焼け跡が広がり、五〇年六月に朝鮮戦争が始まる前の、日本が最も貧しい時代だった。

この本は今も私の本棚に入っているが、背表紙の厚みが四センチ半もあり、字が大きいのでとても目立った。しばらくこの縁側に食卓を置いていたため、父がつくり私たちが石臼で挽いた小麦粉や、進駐軍放出のメリケン粉のパンなどを食べながら、私は毎日この本を眺めていたことになる。

序文の徳富蘇峰は国家主義者として知られていた。しかし国家主義と母系制とは結びつかないので、あるとき本を開いてみた。すると日本に存在した母系制を研究した本だということが大体わかった。そのころ母の高良とみから、高群逸枝という人の猛烈な勉強ぶりの話を聞いた。母が「高群逸枝著書後援会」の会員であることを、のちに知った。

二 戦争にコミットした〝母〟への拒絶反応
――〝逆コース〟の中で彷徨する

〈女であること〉の生理的・社会的事実に直面したのもこの時代だったが、私はその悩みを母系制と結びつけて考えることはしなかった。戦争中、母たちは〝靖国の母〟の美名のもとに利用され、動員されたのであり、日本の〝母性〟は戦争にコミットしたのだ。私は〝母〟と名のつくものに拒絶反応を起こしていた。実際の母との関係もよくなかった。

その後、朝鮮戦争がもたらした〝逆コース〟の中で、私は彷徨した。女には一人前になる道が基本的に閉ざされていることを感じながら、民主主義を実現したギリシアの女性や、ルネッサンスやフランス革命を経た西欧の女性の地位の低さを知って失望し、ギリシア喜劇『女の平和』を読み、大学では学生の雑誌『希望《エスポワール》』に参加して女性の問題などを討論した。

また女性論や女性史を一生の仕事にすることを密かに考えて、高群の本も含めて古今東西の女性論を読んだ。翻訳され始めていたボーヴォワール『第二の性』は、男の支配権の原因を体力的優位に求めているため、解放への目途がはっきりしないのが不満だった。強い体力を必要としない生産技術の発達と、せめて男と同じようになることによってしか女は〝解放〟されないことになりかねない。

しかし当時の私はまだ自分の立場をつくることができなかった。マルクス/エンゲルス『ドイツ・イデオロギー』とエンゲルスの『家族・国家・私有財産の起源』、ミシュレの『魔女』とグレーヴスの『ギリシア神話』、そして『ギリシア悲劇全集』が心と本棚に残った。

三 ウーマン・リブ運動が始まる
――『高群逸枝とボーヴォワール』を書く

結婚、出産、子育て経験を経た一九七〇年ごろから、日本でもウーマン・リブ運動が始まり、高群逸枝やボーヴォワールが〝理想的な〟カップルを生きた女性として注目された。若い女性たちの集まる講座で、生き方も結構だが仕事の内容を研究するべきだと主張していた私は、亜紀書房の依頼を受けて『高群逸枝とボーヴォワール』(一九七六年)を書くことになった。

目の前の庭を眺めながら、私は百合丘の家にこもって原稿を書いた。買い物と夕食の下ごしらえはパートの方に頼み、ひと月余りのあいだ家から一歩も出なかった。そしてそれまでに感じ、考え、勉強したことのほとんどすべてをこの本に書きこんだ。編集の野中文江さんに渡すと、予想に反して原稿は印刷所へ直行した。

リブからフェミニズムへ、家族史・婚姻史の隆盛時代への過渡期に出たこの本は、女性たちにかなり読まれたと思う。

四 浜田糸衛と高良真木の「森の家」訪問
――高群の長者制研究の意義を推測

高群逸枝はすでに一九六四年に世を去っていた。のちに知ったのだが、高群に師事していた女性運動家の浜田糸衛《いとえ》は、私の姉の画家・高良真木《まき》と共に、夕食持参でしばしば高群の「森の家」を訪れていた。二人は高群のお通夜にも参列している。

浜田に続いて高良真木が二〇一一年二月に死去すると、浜田と高良宛の手紙や、平塚・高群・浜田についての高良の記録を私が引きつぐことになった。二〇一九年刊の『浜田糸衛　生と著作』下巻（ドメス出版）に、私はらいてうの手紙四四通と高群の手紙一六通を収録した。そして解説の後半で、高群が最後の仕事『続招婿婚の研究』のために行なっていた長者制の研究の意義を、『火の国の女の日記』の記述などから推測した。

五 高群の母系制論は逆風の中に
――日本には母系制社会があったに違いないと考えていた

一九七六年ごろから家族史や婚姻史の研究が盛んになり、高群の仕事も研究されていたが、まもなく加納実紀代や西川祐子による高群の戦争協力への批判が始まった。それは必要な批判だったが、やや行き過ぎた面もあったと思う。

高群の母系制論は、依然として逆風の中にあった。詳細は別稿にゆずるが、国際的にも国内的にも原始母系制論は否定されていたのだ。高群に最も近い立場にいた関口裕子も、日本における母系制社会の存在は認めていない。歴史学では双系制論が盛んになっていた。

しかし私は次にのべる理由と、自分なりに日本の基層文化を研究した結果、日本に母系制社会が存在したに違いないと考えていた。

アイスキュロスのギリシア悲劇『慈《めぐ》みの女神たち』では、母を殺して父の仇《かたき》を討った青年オレステスの裁判がアテナイのアテナ女神の社《やしろ》で行なわれる。母殺しを最大の罪とする古い母系の伝統と、父の仇を討つことを称揚する新しい父系制の立場との対決である。市民たちの審判は同数だったが、最後に父系制の立場に立つアポロン神が、〝腹は借り物〟的論理を展開してオレステスを弁護し、アテナ女神がそれを採用するのである。

ギリシアに母系制が存在したことは明らかだと思われた。

いっぽう吉田敦彦は『ギリシア神話と日本神話』（みすず書房、一九七四）で、日本神話にギリシア神話の影響がみられるとのべている。これらのことは、母系制が何処からか、何らかの経路で日本に伝わっていたことを示しているのではないだろうか。

一九九四年、栗原弘の『高群逸枝の婚姻女性史像の研究』（高科書店）が出版され、高群への批判はその『招婿婚の研究』にまで及んだ。それは高群の研究への決定打となったようにさえ思われた。

六　DNAから母系集団が発見される
――高群の直感が考古学的に根拠づけられた

その間、私は坂田千鶴子が始めた月の信仰文化の探求をしながら、日本人はどこからきたかという問題を考えていたが、あるとき篠田謙一『日本人になった祖先たち――DNAから解明するその多元的構造』（NHK出版、二〇〇七）を読み、茨城県・中妻遺跡の人骨のDNAから母系の集団が見出されたという事実を知った（北九州の弥生遺跡の人骨からも母系の集団が発見された）。本はすでに二〇一六年発行の第一七刷だった。

いっぽう春成秀爾は従来の方法で、縄文時代に妻方居住の可能性が高い時代が長かったことを明らかにしていた。現代の考古学によって、高群の直感が根拠づけられたといえるだろう。

重要なのは、妻問婚などの諸現象を母系制の遺制と考えた高群の認識の正しさが明らかになったことである。

私は山田康弘『縄文時代の歴史』（講談社）も読み、思考と勉強を重ねて『見出された縄文の母系制と月の文化』を書いた。言叢社から二〇二一年六月に出版している。

七　縄文の母系制社会に個人の自由はなかった
――高群における〈母性〉の理想化と〈他者〉の欠如

縄文土器には一つとして同じものがない。その点で制作者個々人の個性は自由に発揮されていたと考えられる。しかし土器の形式には時代や地域によって一定の決まりがあった。土器は女性が、石器は男性が作るといった男女の性別分業も厳密に定められていたようだ。

縄文の母系制社会には限界があり、個々人が自由意志で職業を選び、自分の可能性を追求する自由はなかったのである。現代社会が越えようとしているこの限界を、未来社会に持ちこすことはできない。

高群が共同体における個人の自由や自立の問題を考えていたことは疑いないが、その考察は充分だったろうか。『高群逸枝とボーヴォワール』での私の批判から、やや厳しすぎる指摘を除いて、いくつかの論点をあげたい。

「個々人の自由が保障されなければ、つまり職業を自由に選ぶことができなければ、真の女性解放はありえない。」

「共同体にたいする個人の自由は、歴史的一現象としての西欧個人主義と同一視してだけ考えられてはならない。」

「彼女のいう『自主性』（略）には、共同体にたいする個の自立の思想が、ふくまれていなかったとは思わない。しかし高群はこの問題をつきつめてはいない。」

「高群の女性のイメージも、つねに共同の母であることを中心として描き出されている傾向がある。」

「高群の思想は、たたかいのなかから生まれる個の自覚の論理や民主的な集団の論理を欠いているように思われる。」

これらのことは、高群における〈母性〉の理想化と〈他者〉の欠如と関連があると思う。

八　縄文の女性たちは土地を私有しなかった

——生産手段の共有は未来社会の基礎

『ドイツ・イデオロギー』は、「要するに分業と私有財産とは同一のことを表現する言葉である」とのべている。たしかにギリシアでは、女性に代わって農業に従事した男性が農地を私有し、私有財産制度に基づく家父長制（父権制）社会を形成した。西欧社会はそれを受けついだ。

いっぽう縄文の母系制社会では、男性は農業に参加せず、もっぱら農業に携わった女性たちは農地を私有しなかった。その所有は共同体所有の枠内での占有にとどまったのである。だがこのことは、その後日本列島に渡来した天皇の種族が、共同体所有をまるごと国家所有に替えて、アジア的な専制国家による支配を実現することを可能にした。

現代の課題は、資本主義を成り立たせている生産手段や主要産業の私有制を、社会主義国が行なって失敗した国家所有ではなく、「民主的に共有されて管理される社会的な富」としての〈コモン〉[1]に替えることだと思う。それが自由意志による分業に基づく、高群の願った差別のない未来社会の基礎となるに違いない。

注

（1）マルクス・ガブリエル、マイケル・ハート他著『未来への大分岐——資本主義の終わりか、人間の終焉か？』集英社新書、二〇一九年。

「呼び合う魂」の軌跡

【平塚らいてうと高群逸枝の接点】

米田佐代子

●よねだ・さよこ　一九三四年生。東京都立大学卒。山梨県立女子短期大学教授（～二〇〇〇年）。専攻は日本近現代女性史。現在、NPO平塚らいてうの会会長兼「らいてうの家」館長。著書に『平塚らいてう』（吉川弘文館）『満月の夜の森で』（戸倉書院）他。

「みちたりて枯れけむ花」の心

信州上田市郊外の平塚らいてう記念施設「らいてうの家」には、高群逸枝の俳句を配した二曲仕立ての小屏風が展示されている。一九六四年の高群没後に表装されたものと思われ、「みちたりて枯れけむ花の心ぞも」という句には晩年の高群（一八九四—一九六四）の心境がうかがえる。らいてう（一八八六—一九七二）が喜寿を前に「毎日、平和平和と、老いとやまいの身をむちうたずにはいられない」自分を顧みつつ、「いつなんどき死がやってきても心の用意だけは早くできていますけれど」（「世界の婦人の祈り」一九六三年、『平塚らいてう著作集』第七巻所収）と書いた心境にも通じるように思われる。

平塚らいてうと高群逸枝が、一九二〇年代から高群の亡くなるまで親交をむすび、「（あなたの）精神の娘」（高群）、「魂の奥深いところで、血を分けあったきょうだい」（らいてう）と呼び合ったことは、らいてう自伝『元始、女性は太陽であった』第四巻（戦後編）に記されている通りであり、「女性の魂の底に潜むものの、ある偉大さ」に深く感動した（『自伝』三巻）とも記されている。

やがて一九三〇年、高群が無産婦人芸術連盟を設立したとき、らいてうも誘われて参加した。その後高群が「森の家」にこもって女性史研究に没頭し、『母系制の研究』（一九三八年）から『招婿婚の研究』（一九五三年）に至る著作を発表したときも、一九四〇年刊行の『女性二千六百年史』にも、らいてうは讃辞を贈り、著作刊行会の立ち上げにも力を尽くした。戦後も市川房枝や浜田糸衛、高良真木らとともに、高群を支援する。現在平塚らいてうの会が保存するらいてうの遺品の中にある、一九六二年故郷熊本県松橋町に建立された高群の「望郷子守唄の碑」の除幕式挨拶の草稿にも、「彼女の未来に限りない希望と期待をかける」とある。

こうした二人の「呼び合う魂」ともいうべき絆の拠りどころは、どこにあったのだろうか。

平塚らいてう（1886-1971）

「母」という体験と「協同自治社会」構想

一九一四年、らいてうは奥村博（のち博史）と法律に拠らない結婚を実行、二児の母となる。その子は、らいてう（平塚明）の戸籍に「私生子」と記載された。一九一八年を中心にらいてうや与謝野晶子たちの間で交わされた「母性保護論争」で、らいてうは女性が働くことを否定したのではなく、「父」である男性に頼らない「私生」の子を持つ母親は「駄馬のように働いても」生活できないとして、今でいう児童手当などの保障を訴え、「子どもの権利保障」としての「母性主義」に近づいたのであった。

さらにらいてうは、クロポトキンの『相互扶助論』に触発され、「（資本主義の）経済組織そのものの根本的立て直し」を、「争闘によらずもっぱら女性の掌中にある最も日常卑近な台所の消費生活を相互扶助の精神により共同の基礎の上に建て直す」平和的な運動に求めると書いた（「婦人戦線に参加して」『婦人戦線』一九三〇年四月号）。昭和の初め、らいてうは東京成城の地で「協同自治社会」実践の場として消費組合「我等の家」を設立、自ら組合長を務めている。

一方高群は一九二二年に最初の子を死産、それが契機となって「母性主義に開眼」し、「新女性主義の提唱」（『恋愛創生』）

に至る。高群は、母性は「権利」ではなく「自然」であると説くと同時に、現在の社会を「強権社会」と呼び、「婦人が婦人として自覚した時、それは必然に強権社会への闘争」となり、「婦人の自覚は常に母性本能の自覚、従って子供の自由及び権利に対する自覚を伴ふ」と断言する（高群逸枝「婦人戦線に立つ」、前掲誌一九三〇年三月号）。そこから高群は女性の性と生が正当に評価される「母子保障社会の必然性を歴史的に実証しよう」と女性史研究に進んだ。

　両者の「母」体験には違いがあるが、そこから出発して自主的な相互扶助に基づき、母と子の権利が保障される「協同自治社会」構想を共有したといえるだろう。

らいてうと高群の「戦中」から「戦後」

　戦時中、らいてうと高群はアジアに対する日本侵略戦争を「アジア解放のため」と見誤る錯誤に陥った。ここでその内容を論じる紙数はない。戦後を生きた彼女たちがどのようにしてその誤りから立ち直っていったのかについて考えてみたい。

　らいてうも高群も、戦中の発言ではしばしば天皇のために命をささげた戦死者を「神」とたたえた。しかし、現実の日常生活の中では、二人とも戦場に赴くものの安全を願い、戦死者を悼む思いを抱いていたと思われる。例示に過ぎないが、一九四〇年刊行の『女性二千六百年史』に収録されたエッセイ「出征」には、出征した知人に残された家族は「女ばかり」とあり、「勅なればいともかしこし冬去りて／春きたりせば帰りませ君」という一首が添えてあった。『婦女新聞』昭和一二年一二月二六日付からの引用であるが、単行本収録にあたり「この人遂に還らず。一年後北支の病舎で逝かれた」と追記されている。

　高群が与謝野晶子の「君死にたまふことなかれ」を「痴愚」と非難したのは数年後の一九四四年（『日本婦人』一九四四年七月号）である。この「変容」を、かつて加納実紀代氏は「（高群の）神の子としての半身が、人の子としての半身をねじ伏せた」と指摘した（加納実紀代「〝神の子〟逸枝の死と再生」『高群逸枝論集』一九七九年）。

　一九四五年、高群は敗戦の報に呆然自失、「ただ泣き哭くのみ」であったという（鹿野政直・堀場清子『高群逸枝』一九八五年）。では「ねじ伏せられた」〝人の子〟は、戦後どのようにして自己回復していったのだろうか。そのあまりにも早い「平和」への意思表示とパートナー橋本憲三主導による戦時下の文章の抹消が、高群の「回心」に疑念を抱かせたことも知られている。その検討もここではできないが、らいてうとのかかわりでだけ私見を述べたい。

　らいてうも一九三七年日中全面戦争開始直後、「皇軍兵士」を「生死を超越した」と讃える文章（「皇軍慰問号を読む」『輝ク』

一九三七年一一月一七日）を書くが、一九四三年六月五日付で走り書きされた日記ふうのメモには、この年五月のアッツ島玉砕の後、同じ運命かと心配されたキスカ島で知人の子息が「頑張っているとの便り」があり、「ご両親共愁眉を開き」と書いている（拙稿「「戦争の時代」とらいてう」『平塚らいてうの会紀要』七号、二〇一四年）。

一九四二年三月「早すぎる疎開」を果たして以後は、ほとんど戦意高揚的な文章を書かなくなった。戦争が生活の中でいのちを脅かすものとして立ち現れてきたとき、らいてうは一九三一年満州事変以後の「動揺と、迷いと、もがきの一〇年」（奥村直史「平塚らいてうと一五年戦争」同『紀要』六号、二〇一三年）を経て、もはや自分に「戦争に反対する力がない」（『自伝』四巻）ことを自覚、市川房枝らと共に行動した戦時活動から「緊急避難」したのである。

「いのちの自然」から「いのちの平和」へ

戦後のらいてうに対しても、「戦争責任を自覚していない」という批判があるが、そうではないことが、未発見の資料解読も含めて解明されつつある（拙稿「平塚らいてうの戦後平和思想とその実践」、同『紀要』八号、二〇一五年）。敗戦後沈黙して平和問題を学習し、世界連邦思想に出会ったことが、自ら立ち直る契機になった。一九五〇年以降「大衆的婦人運動の列」に加わったらいてうが、中国の「抗日」を理解できなかった自分を「愧じ」、「中国に対する加害責任」を繰り返し発言していること、そこから「主権を得た女性」の手による「戦争のない平和世界」構想に行きつく過程の解明は、二〇一九年公開された「平塚らいてう『戦後日記』（一九五三―五八）」及び二〇二一年に紹介された『一九四八―五〇年日記』（二〇二二年全文公開予定）の検討を含めて、これからの課題である。

そのらいてうの後を追うように、高群は一九五〇年代以降「上」「中」「下」「続」の四巻に及ぶ『女性の歴史』を書いた。一九五八年刊行の最終章「平和と愛の世紀へ」は、「母親の立ちあがり」という見出しで「母親の愛は生命への愛である」と表現される。『力』の世紀」であった「父親の世紀」に、原爆投下を頂点とする戦争の惨禍を経験した母親たちは、一九五四年のビキニ事件を契機に、原水爆禁止運動や世界母親大会に立ち上がったと書き、社会主義の優位を説く。

あまりにも楽観的ではあるが、これを戦中の反省なしに戦後の時流に乗ったとみるだけでいいだろうか。高群は死産から三三年後の一九五五年、雑誌に掲載された幼児の写真をみて「憲平ちゃんにそっくり」「お前がいきていたらよかったろうに」と感慨に沈んだという（『火の国の女の日記』、一九六五年）。彼女はその愛惜のなかから「ただの一人をも否定しない」という「生命への愛」を発見していったのだと思う。

『女性の歴史』終章で、一九五七年ソ連の人工衛星打ち上げを「宇宙（時代）への出発」とみた高群が到達したのは、「かつて日本の原始時代、わが大衆たちは峠のホコラで太陽をまつり、星を拝み、そのことによって限りなく宇宙の神秘に思いをはせる宇宙人」であったこと、「宇宙時代」には大衆はふたたび「母なる太陽を遥拝し、宇宙の神秘に徹するひとときをもつ」だろうという展望であった。同じとき、らいてうも日記に人工衛星によって「月世界旅行も夢ではなくなった」と肯定的に書く。かつてらいてうも『青鞜』発刊以前の一九〇八年、信州に滞在中、人間は「日輪、山岳、大洋、大河、森林などに対して我知らず跪いた」としてその「自然崇拝」を「人間本来の純粋相」と呼んだ（「高原の秋」、『青鞜』一巻三・四号、一九一一年一一・一二月）。自然のすべてに「いのち」があり「神が宿る」というアニミズムともいうべき自然認識である（奥村直史「平塚らいてうとアニミズム」、同『紀要』一一号、二〇一八年）。

こうした宗教性を帯びた宇宙観が、戦時下にあって天皇を神とする言説に抵抗感をもたず、「皇国史観」に同調するような発言を引き出したことは事実である。らいてうのばあい、それは「戦争容認」ではなく、人間と自然が一体化して戦争のない平和世界をつくるという認識の原点でもあり、戦後も放棄されなかった思想でもあった。前掲の『戦後日記』には、らいてうが国際民婦連など国際的な女性運動に参加し、世界連邦思想に共鳴して湯川秀樹らとともに原水爆禁止の平和運動をすすめる一方で、母の葬儀を神式で行い、神道思想に関心を持ち、「祖霊をまつる」儀式に力を入れる記述があることは、そのあらわれといえるだろう。

しかし、日本の中国侵略を「平和のため」と見誤った責任は問われなければならない。らいてうは戦後一貫して中国にたいする戦争を止めることができなかったことを、日本の女性の責任として問い続けた。戦時中女性は無権利で、自分で考え、自分の意志で行動することができなかったが、戦後日本国憲法の下で主権者となった。「今、戦争をやめさせるのは女性の責任」と書いている。人間と自然の一体化を信じ、その「自然」を「いのちを産む性」としての女性の「権利」として再定義することで「女性がつくる平和」構想に発展させ、だからこそ平和運動に熱中したのであった（「平塚らいてう『戦後日記（一九五三―五八）』」、同『紀要』一二号、二〇一九年）。

「呼び合う魂」が生み出したもの

高群の『女性の歴史』終章は、らいてうへのオマージュといってもいいほど、国際民婦連による世界母親大会などが詳しく記述されている。それを裏づけるように、一九五七年一二月二一日付のらいてうにあてたハガキには、執筆中らいてうの著書を読み「ともに楽しく、ともに辛らく……あなたとごいっしょに歩いた気がしました……もしあなたの存在がなかったとしたら、『女性の歴史』の女性の自覚の一章は、貧しいものになったでしょう」と書かれている（前掲「らいてう遺品」より）。ここに戦後らいてうが模索し、自力でたどりついた平和思想のあゆみが投影されているのではないか。らいてうと高群の「呼び合う魂」の交流が、高群の〝人の子〟の回復を呼び起こした、と推測しても不思議ではない。

二〇二一年は、高群没後五七年、らいてう没後五〇年であった。この半世紀、「すべての戦争のない平和世界」はまだ実現していないが、「ただの一人をも否定しない」平和への動きは前進している。二〇一五年、「だれの子どももころさせない」と安保法反対デモをしたのは、若い母親たちだった。らいてうと高群の「こころざし」は、こうして女性たちに受け継がれていると考えるゆえんである。

（二〇二〇年二月成稿。二〇二一年一二月補筆）

私は高群逸枝をフランスで発見した

棚沢直子

●たなさわ・なおこ　神奈川県北鎌倉生。東京大学文学部フランス語フランス文学科卒業。パリ・ソルボンヌ大学一七世紀フランス文学博士課程DEA取得。東洋大学名誉教授。著書に『日本とフランスのあいだで』（御茶の水書房）『女たちのフランス思想』（編著、勁草書房）『フランスから見る日本ジェンダー史』（編著、新曜社）他。

高群逸枝と私――『日本婚姻史』をフランスで発見する

もう数十年も前のことだ。日本の高度経済成長に興味をもったフランスの国立テレビ局が、「日本の思想」と題して番組を組み、当時滞仏中の私に女性の話をしてくれと要請してきた。私は、簡単にまとめて話せるほど深い知識がなかったので、東洋語学校の図書室に行き、一冊だけあった高群の『日本婚姻史』を借り出した。テレビ放映は散々で、浮世絵を背景に時代錯誤した日本女性について語る私など見たくなかった。

浮世絵の話をもうひとつ。女性解放運動華やかなころ、運動内の「女性出版社」が『源氏物語』を高く評価し、その抄訳を出版した。表紙が浮世絵によくある着物姿の女性になっている。私は抗議に出向いた。その答えは「私たちは日本の時代のちがいなど気にしないのよ」だった。当時の私は「フランス女性の服装の時代考証がメチャクチャで異国で出版されたら、あなたたちは、どうせその国をバカにするでしょ」と、「逆さまの世界」を見せつけて論争に挑むほど、フランス語に強くなかった。

私は『日本婚姻史』を一読して感心してしまった。母権制や母系制など存在しないというのが当時フランスで流布していた通説だったのに、高群は日本に母系制や母方居住の史料が豊富にあると力説している。

帰国して日本に永住する決心がつかず、自分の思想的なルーツを手探りしていた私は、ある日「これから住井するゑさんに会う」との親しい編集者のことばに、「私も行く」と飛びついた。ラジオできいた「どこに住んでも地球の一角」という彼女のことばに救われた思いをしていたからだ。牛久の家で日光を浴びた彼女が「美しい！」と見とれているうちに講話が終わって、別室で紹介していただいた。

私がフランスで高群を発見したと興奮して話すと、するさんから反論がきた。「高群の仕事のすべては夫が書いた」「ほっぺたに真っ赤な紅を真ん丸につけて」云々。私は果てしない悪口に不意打ちを食らい、一言も発することなく、帰りの電車に乗りこんだ。親しい編集者に悪口の内容の是非よりも、『青鞜』の流れをくむ女たちはすごーい、年とっても情熱をもってひとの悪口がいえる」と頭がボーっとしたまま言い、彼女たちの生々しい情熱に私も連なりたいと思った。

私は『日本婚姻史』を訳してフランスで出版しようと決意した。先達のフランス研究者に声をかけ、翻訳が始まった。ところが、彼女の方は順調に進んでいくが、私の方は実力のなさで全く進まない。そのうちに、彼女から「せっかく高群への情熱が再燃したのに、あなたの遅さにうんざりした。終わりにしたい」と審判が下されてしまった。

母系・母方居住に対するフランスの疑問

この話にも続きがある。その一。例の「女性出版社」の一行が一九八三年に来日して、私に「日本女性についてフランスで出版したい本はあるか」と質問してきた。そこで、私は高群の業績を説明し、「私自身は翻訳しないけど」と前置きして、『日本婚姻史』が手始めにいいと述べた。翌年滞仏してこの出版社の貴賓室に入ってみると、『高群逸枝全集』全一〇巻が原書で並べられていた。この企画は優れた翻訳者が見つけられず実現しなかった。

その二。私はフランスへの高群紹介が諦めきれず、編集委員の大半が女性という歴史雑誌に友人とともに論文をふたつ送った。友人の論文が高群の短い評伝で、私の方が高群の業績から見た日本女性史の紹介である。掲載は拒否された。「この内容は歴史でなく文化人類学の分野にふさわしい」がその理由だった。

フランス女性歴史学者の大半は、母系制や母方居住の史料が豊富にあることに疑いの目を向けている。これはボーヴォワールの一九四九年出版『第二の性』の頃と大して変わらない。彼女はその「歴史」の章で「女が自分の氏族のもとにとどまる……例は、ごく稀である。たいていは、女の方が男の家に住みに行く」とし、「オリエント、インド、中国の女の歴史は、長く変わることのない奴隷状態の歴史だった」と述べて、日本女性史を無視している。私は、一九九九年『第二の性』出版五〇周年パリ国際シンポジウムの発表で、これらのボーヴォワールの文章を引用して、日本女性史への言及なしでは世界史の見方が十分でないと訴えた。大きな階段講堂の発表者五人のうち、質問は私に集中した。「あなたはフランスが世界に人権を広げた国であるのをどう思うか」「日本女性のあり方がフランスより進んでいる例を挙げてくれ」など。当時の私は、司会もかねるほど、フランス語に上達していたから、これらのずれた質問に対しまくしたてて、ずれを指摘した。

その三。二〇〇〇年日仏女性研究シンポジウムを、パリ日本文化会館大ホールで、「権力と女性表象——日本の女性たちが発言する！」の題で開催した。三五〇人の来聴者で盛会だった。直接的な高群紹介は企画しなかったが、最初の発表では「古代の政治権力と女性」の題で、奈良時代六人八代の女性天皇へ言及がされた。会場から人類学者と名のる女性がまず発言した。「フェミニズムがないころに女性が解放されていたなんて聴いたことがない」「人類学で母系制と女性の権力との結びつきは否定されている」と。

日本からフランスへ発信する

こうした体験を経て、私は次のように思った。たしかに、私はフランス思想の普遍性への自負に多くのことを学んだ。しかし、この普遍性が、「歴史を見るのに典型例としてフランスを中心にする」とのボーヴォワールのことばにも似た、西欧中心の「一元的普遍主義」に裏打ちされるなら、外部からの修正を受けつけない「思想の自己充足性」に陥るのではないか、と。これは、西洋の進歩史観を、高群の時代に「一元的進化」論と呼んだことに通じる。この表現はフランス語にはない。あまりにも当たり前だからだ。この思想によって諸歴史の変遷を「進んでる」「遅れてる」の基準で分類してしまうのだ。

フランスの日本研究分野では、女性が主題の研究も多くある。たとえば、与謝野晶子研究、幸田文研究など。しかし、これらの研究には今のところフランス思想の修正を迫る視座はない。高群研究もない。だからこそ、私は、フランスでいくつかのシンポジウムの企画と発表、継続した日仏共同研究、日仏共著の書籍出版、フランス思想雑誌への掲載などをして、日本から発信し続けたのだ。その結果は、文字通り「およばずながら」だった。

私はうんざりしてきた。主力を日本語の発表に注ごうと思い、戦争突入期の一九三七年文部省思想局発行『国体の本義』を選んでテキスト・クリティックし、西洋の普遍性に対する日本の特殊性の分析を試みた。この公定本には戦前・戦中の高群の思想と通じる部分がある。

その間に日欧比較とくに日仏比較のさまざまな方法論を探求し続けた。そのなかで、「逆さまの世界」の延長上に考えた方法がある。二〇〇〇年パリのシンポジウムを本にしたときに、編者解説でこれを使用した。本の題名も『フランスから見る日本ジェンダー史』にした。これは、『第二の性』で「主体が男・他者が女」の固定化を断罪したボーヴォワールが、「相互逆転性」を提唱した方法に通じる。編者解説では、「フランスから見た日本ジェンダー史」を検討し、「日本から見たフランス・ジェンダー史」も概略した。視座を逆転させれば、日仏で当たり前として表現されなかったところが見えてくる。

私にとって高群逸枝は、日本女性史の先駆者で今なお第一人者のひとりだが、日本女性には稀な思想家でもある。その西洋理解は時代の制約を被り不十分で、理論的な表現には稚拙なところが多い。彼女の日本女性史研究には、現在からみれば、批判すべきところも多くある。しかし、彼女の恋愛の見方や「母性我」の表現には、西欧では思いも及ばない発想がある。思想家としての高群研究はこれからである。

そのさい、彼女の戦中の思想は避けて通れない。誰でも、むろん私でも、戦前教育の洗礼を受け、戦中プロパガンダを押しつけられれば、頭がおかしくなる。だからこそ、今後の自分のためにも、戦前・戦中・戦後を通じて、高群の思想の変遷を、〈冷徹に〉見極める必要がある。

私は、日本の『青鞜』から始まった女たちの情熱を、今も継承したいと思っている。『日本婚姻史』も含め、高群の業績は今後とも大いに批判してもらいたい。しかし、彼女の思想と情熱には批判・継承すべきものがある。高群逸枝自身もまた日本女性史のなかに確固として存在している。

主な参考文献（年代順）

棚沢直子編『女たちのフランス思想』勁草書房、一九九八年。

シモーヌ・ド・ボーヴォワール『決定版　第二の性』、『第二の性』を原文で読み直す会」訳、新潮文庫、二〇〇一年、I 一五〇頁、五三二頁。

Delphy, C...., "*Cinquantenaire du Deuxième Sexe*", Paris, Syllepse, 2002. 私が発表したパリのシンポジウム。この訳は東洋大学紀要『言語と文化』第三号、二〇〇三年、一〇九―一一五頁、にある。

Bihr, A, et Tanasawa, N., "*Les rapports intergénérationnels en France et au Japon*", Paris, L'Harmattan, 2004.

棚沢直子他編『フランスから見る日本ジェンダー史』新曜社、二〇〇七年。

Raison Présente, nº 192, 2014, pp. 73-78.

棚沢直子『日本とフランスのあいだで――思想の軌跡』御茶の水書房、二〇一七年。本稿の出典の多くはこの本。『国体の本義』読解の論考も所収。

『シモーヌ』現代書館、創刊二〇一九年秋、一八―二五頁。

V　高群逸枝は今、どう読まれているか

世界からのメッセージ

蔭木達也編訳

思い出の高群逸枝

Remembering Takamure Itsue

ロナルド・ロフタス（アメリカ／近代日本史）

高群逸枝、この日本女性史の先駆的な研究者については、その素晴らしい点をいくつも挙げることができる。彼女の『母系制の研究』は記念碑的な地位を占めているが、彼女はそれに加えて、詩人であり、研究者であり、フェミニストであり、アナーキストであった、というように、信じられないほど強靭なひとであった。とりわけ、橋本憲三との激しやすく不安定な結婚生活を独特な方法で乗り越えようとした、情熱的な女性でもあった。

高群について私が最も感服する点は、彼女が絶え間なく自分自身に試練を与えているということだ。四国において八十八ヶ所の寺を巡った彼女の一九一八年の巡礼の旅はもとより、日本において女性史に身を投じた最初の研究者となるあいだずっと、歴史的主体を明らかにするため、そして独自の言説空間を構築するために、彼女がどれだけの苦闘を強いられたかということを思い起こしてみよう。彼女が為したことは、並大抵の人間には能《あた》わないようなことであり、それが彼女が先駆者と称されるに値する理由なのである。

どのようにして私は、高群と出会ったのか。私は田岡嶺雲《れいうん》（一八七〇―一九一二、評論家）を研究していたのだが、彼女は一度、田岡に助言を求めて手紙を書いたことがあった。しかしそれだけではない。まだ私が駆け出しの頃に、私は堀場清子とその夫の鹿野政直にお会いするという貴重な機会を得ることができた。堀場は卓越した詩人であると同時に果敢なる女性史家で、『わが高群逸枝』(一九八一)という非常に重要な本を出版している。この本は、堀場が橋本憲三に宛てた七〇〇を超える質問に対する、橋本の回答を収録した貴重な二巻本である。

加えて、私が堀場の夫、鹿野政直先生に学んだことは、非常に大きな光栄であった。彼は私の指導者であり、助言者であった。堀場と鹿野が共同で高群の伝記を出版した時には、私はそれを深く読み込んだものである。そこでは、二人の卓越した学者が、ある一人の研究者、学者について研究し執筆しているのである――なんと偉大な協業であろうか! そんなわけで、高群逸枝とその著作に対する私の関心と評価は、堀場清子と鹿野政直の二人にその相当を負っているのである。

高群の『火の国の女の日記』に出会った時、私は日本の女性自叙伝に関心を抱いていた。私は、彼女が大いなる情熱を持ってそれを書いたこと、そして全ページから滲み出る強度、力強さというものに注目した。自叙伝の中で、彼女は「家出事件」の尋常ならざる物語を説明している。「家出事件」とは、橋本憲三が彼女を身体的暴力によって虐待し、彼の妻でいることを耐え難く感じさせていたことから、高群が橋本のもとをドラマチックに去った、という話である。重要な点は、この事件が夫橋本をして目覚めさせたであろうということ、そして彼が、女性を愛し尊敬する術を学んだ人間という、全く新しい人格へと彼自身を変身させたということである。彼が高群のために家事を引き受けたおかげで、高群は日本の母系制についての先駆的な研究を行うことができるようになった。それは、二つの人生の間に築かれた深遠で非凡な愛の形についての、感動的な物語であった。

私は次のことを認めるべきであろう、すなわち、戦中の「天皇制」に対して高群が賛美しているように思えることを、一体どのように理解するべきか、いつも苦労してきたということを。高群は自己の独立を打ち立てるため懸命に戦ってきたのだから、彼女が国家中心的なナショナリズムに自分自身を没頭させたいと思うような理由がどこにあるというのか。彼女はフェミニストで、詩人で、芸術家で、アナーキストだった――私が学んできた限りでは、彼女のような人が、他国への侵略や戦争協力を開けっぴろげに支持することなどあり得ないことだ。そう、私が理解しているところでは、彼女の古代日本観は非常に理想的であり、彼女が未来に夢想していた世界は、疑いもなく圧政的で不平等で独裁主義的な戦時下の日本とは、大きく異なるものであった。高群の日本に対する理想は、社会的存在の共同体、平等主義を特徴とした田岡嶺雲や石川三四郎の立場と類似したものであっただろうか。それはつまり、彼らのように、完全に国民国家というものを拒絶したということにならないだろうか。

フェミニストとして、彼女は国民国家が本来的に父権制的かつ家父長的だということを正しく理解していた。高群はいつも、女性が古代において自治的であった前の時代と、女性が服従を強いられ抑圧にさらされた後の時代、という日本史における二つの時代の間の完全な断絶について書いている。彼女が近代国家の父権制的なイデオロギーに対して強く反対する立場に立っていたということに、何か疑義をさしはさむ余地があるだろうか。

だからこそ私は、彼女の理想と、一九三〇年代後半から四〇年代にかけて彼女の周りの世界で起こっていたこととの、そのあいだにある差異を彼女が理解していた、と思いたい。私は、彼女が抑圧的な「良妻賢母」イデオロギーに対抗するものとして「母性」と「母性愛」のような概念を参照し、女性の解放を支持したということを信じている。このことは私にとって、彼女の戦時中の態度を理解することの手助けになる。とはいえ私は他方で、これは私がおそらく決して理解することのできないような彼女の人生と世界観の一部分なのかもしれない、とも感じている。

●Ronald P. Loftus　ウィラメット大学名誉教授（日本語・東アジア史研究）。一九七五年、クレアモント大学院大学において近代日本史の博士号を取得。以来、女性自身の手によって書かれた自叙伝や回想録についての研究など、著作多数。高群を取り上げた研究として、"Female Self-Writing. Takamure Itsue's Hi no Kuni no Onna no Nikki", *Monumenta Nipponica*, 51(2), 1996, pp. 153-70がある。

自文化主義的な論理は審問に付される

The need to interrogate culturalist logics

アンドレア・ゲルマー（ドイツ／日本研究）

高群逸枝の研究へと私を駆り立てたものは何であったか、と問われれば、その答えはいたって簡明である。一九二〇年代の高群の無政府主義フェミニズム思想、近代の状況に対する明快な批判でもあるようなその思想に、私は強く惹きつけられたのだ。高群の叙述は、単に日本の事象にのみ当てはまるものではなく、私自身のような、そのころ男性中心的な学界で勉強していた若い西洋の女性をも、ある面で代弁するものだった。高群が、一九二〇年代に、古典哲学や二〇世紀前後の西洋哲学者たちの女性蔑視を鋭く告発したということに、私の興味はそそられた。なぜなら、欧米のフェミニズム哲学がそのような体系的批判を繰り広げるのは、一九七〇年代以降のことだからだ。高群は、歴史的に想像されたものとしての、今日までの女性たちの状況よりもよりよく生きられるような、もう一つの過去、秩序、社会、そして未来に向けた可能性を指し示す、「知の生産へのジェンダー的検討」を開拓した。高群の男性支配に対する文化的批判は、日本の女性たちにも（Germer 2016を参照のこと）、世界中の女性たちにも共鳴を呼び起こすものであった。

私は当初、高群が古代日本や農村日本に依拠した自民族中心的かつ本質主義的な立場から近代社会へのジェンダー批判を構築したことには、それほど構わなかった。いずれにせよ、政治的主体性を提起し、権力構造から疎外された人々が発言できるようになるためには、なんらかの語り手の立ち位置というものが必要だからだ。また、一九三〇年代以降、高群は女性という立場から、「History」つまり男性中心の大文字の「歴史」を書き換えるという大胆な仕事に取り掛かった。それが一九七〇年代以降のフェミニスト的な歴史の概念化と女性史（her-story）的批判とよりはるかに先立って創出された、革新的な方法論だったことも私を魅了した。それゆえ、高群の歴史研究について博士論文を書き、それを日本および西洋における女性史叙述の系譜の中に位置づけた（Germer 2003）。

博士論文を下敷きにした私の本では、高群の戦時中の著作における「高群にまつわる問題」について述べたが、より深い理解を得たのは、その後だった。戦時下日本のフェミニズムに関する論文（Germer 2013など）において、高群のファシストとしての立場を民族的ナショナリズムの産物として議論した。確かに当時、日本のさまざまな党派のフェミニストたちが戦時体制に積極的かつプラグマチックに協力したことは、ベス・カッツォフなどが明快に論じている通りだ（Katzoff 2000）。それでもやはり、男性支配をするどく批判していた高群が、熱烈に、戦時日本の軍国主義を支持したのは、いったいなぜなのか。西川祐子の開拓的な研究（1990）の中で論じられているように、高群の思想的変化の中で「日本」は不動の地位を占めていた。「日本」、あるいは日本主義、民族中心的で本質主義的な立ち位置が問題だったのだ。それによって高群の戦時中の熱狂的な執筆活動は、その最悪の結果をもたらしたのである。

だが、日本主義は過去のものとなったわけではない。それは戦後においてさえ温存され続けており、日本の社会的・政治的活動のほとんどすべての分野において、見かけ上はより無邪気な形で増殖している。「日本」という立ち位置から何かを語ることについては、ほとんど何の疑問も呈されておらず、まるで自然なことのように（実際にはそうではないのに）扱われており、そして、私はあえて言うが、不問に付されたこの立ち位置こそ、今日までも日本の学界を貫いているようだ。高群を特集テーマにするこの雑誌ですらも、日本国籍を有する「高群」研究者たちは学術論文を書き、他方「外国人」研究者は、研究対象に高群の著作を選んだそもそもの動機についてコメントを寄せるだけ、という構図を潜在的に形作っている。今の時代の高群の著作の意義は、彼女の仕事を貫き、また現代の日本のさまざまな知的言説に広く浸透している、自己オリエンタリズム的・自文化主義的な論理を審問に付し、脱神秘化する必要がいまなおあることを突き付ける点である、と私は思う。

参考文献

Germer, A. (2003) *Historische Frauenforschung in Japan – Die Rekonstruktion der Vergangenheit in Takamure Itsues „Geschichte der Frau" (Josei no rekishi)* [*Women's History in Japan – The Reconstruction of the Past in Takamure Itsue's "A History of Woman" (Josei no rekishi)*]. Munich: iudicium.

Germer, A. (2013) Japanese Feminists after Versailles: Between the State and the Ethnic Nation, *The Journal of Women's History*, 25, 3 (fall), pp. 92-115.

ゲルマー・A (2016)「アジアとの関係を中心におくこと」高雄きくえ編『被爆70年ジェンダー・フォーラムin広島「全記録」――ヒロシマという視座の可能性をひらく』ひろしま女性学研究所、三四三―六六頁。

Katzoff, B. (2000) *For the Sake of the Nation For the Sake of Women: The Pragmatism of Japanese Feminisms in the Asia-Pacific War (1931-1945)*. Ann Arbor: UMI.

西川祐子 (1990)『高群逸枝――森の家の巫女』第三文明社。

●Andrea Germer　ハインリヒ・ハイネ大学デュッセルドルフ教授。二〇〇一年、ルール大学ボーフムで東アジア研究（日本研究）の博士号を取得。ジェンダー、セクシュアリティ、大衆文化、メディアなどの観点から二〇世紀の日本を研究し、そのアジア、世界における位置付けを論じている。*Historische Frauenforschung in Japan – Die Rekonstruktion der Vergangenheit in Takamure Itsues „Geschichte der Frau" (Josei no rekishi)* は高群の歴史研究について論じた大著。

高群の「苦悩」と「聖業」を受け継ぐ

佐藤泰子（アメリカ／日本近世・近代思想史）

私は高群逸枝と同じ熊本県（肥後）の出身で「火の国の女」です。高群が死去した年に生まれ、高群生誕百周年の年に留学先のシカゴ大で、初めて彼女の著作を読みました。戦時中の出版物でちんぷんかんぷんでしたが、余りに衝撃的だったので、私は高群を研究するために生まれて来たのかもしれないと思うくらい、運命的なものを感じました。今では、高群の全貌を分かりやすく世界に紹介する本を英語で出版することを、私の使命と考えています。

　私の確信する限りでは、高群の提起した問題を抜きにして、女性問題の解決など絶対に有り得ないということです。高群の論点が余りに核心を突いているので、そういう厖大な問題に正面切って立ち向かうには、途轍もない勇気が要ることは確かですが。

　高群の言葉の端々にまで、宇宙的な規模の思想を読み取れるようになれるまで、十年程かかりました。高群を読みこなすと、物事が驚異的に「見える」、つまり理解が出来るようになります。政治経済文学文化宗教哲学等、人間社会の営みの全てに関して、女性という観点から、神懸りと言える程の巨大で透徹した視点を提供してくれます。

私にとって高群は、人生の教師でもあります。道に迷った時高群を読むと、どうしたらいいか最善の道を必ず教えてくれます。高群の著作がこれだけ実人生に密着し、与えてくれる示唆が度肝を抜く程的確、かつ限りなく奥深いのは、彼女の人生が探究活動と完全に融合していたことに他なりません。堀場清子が指摘しているように、高群は自分がどん底の苦しみにのたうち回った恋愛という問題を通して、女権どころではない、全世界をひっくり返すような女性解放の構想を打ち立てました。主観が客観に見事に転じた例で、私の研究生活にも革命的な影響をもたらしています。

高群にのめり込んだおかげで、自分のような変人はいないのではというくらい、感化を受けました。高群の研究などに手を染めたおかげで、頭と要領さえ良ければ成功を約束してくれそうな学界の正論にも、無縁になりました。高群の「苦悩」は、亡くなる一年前にも馬鹿にされ続けて見通しが付かないことで、自分の全てを賭して成し遂げた「聖業」の行方は、不可知な神を信頼することでしか納得のいくものではありませんでした。惨めさに負けないで不屈を貫いた高群に私は言いたいです。あなたの仕事は、人類と文明に滅亡の危機が迫る状況下、私達がきっと甦らせるのだと。それが神の目的なのだと。

●さとう・やすこ　テキサス州ラマー大学歴史学科准教授。二〇〇二年にシカゴ大学にて博士号を取得。米国ラマー大学において、世界史的な視野から日本近世・近代思想史研究に取り組んでいる。*A Woman from the Land of Fire: Takamure Itsue and Japanese Antiquity*（研究書）と*Toward an Ancient Future: Selected Writings of Takamure Itsue, Japanese Feminist*（翻訳集）を刊行予定。

なぜ高群逸枝を研究しているのか

李 煒（中国／中日比較文学）

中国の中央財経大学に所属している李煒です。専門は中日比較文学ですが、「皇国史観と高群逸枝の帝国フェミニズム」という論文を書いたことがあります。「研究」と言えるほどのものではありませんが、自分が何故高群氏に「出会った」かについて、簡単に説明させていただきます。

私の博士論文のテーマは「日本文学における天津表象」でした。日本の文学作品の中に、中国の天津を舞台にしていたものはそれほど多くありませんが、大田洋子の『桜の国』（朝日新聞社、1940）、森三千代の『あけぼの街』（昭和書房、1941）はその代表的な作品といえます。二人の女性作家を研究しているうちに、二人とも長谷川時雨主宰の『女人芸術』という雑誌に文章を載せていたという共通点に気づきました。『女人芸術』はどんな雑誌なんだろう、という好奇心から、その雑誌の概況や、関係する人物について色々調べました。その時、初めて高群氏に「出会った」のです。しかし、最初は彼女について研究しようとも、論文を書こうとも思いませんでした。ただ『女人芸術』の初期に活躍していた女性評論家の一人だと思っていました。

二〇一五年あたりから、私は「戦時下の日本女性文学」をテーマに研究を始めました。先行資料として、『女たちの戦争責任』（東京堂出版、2004）という本を手に入れました。その中に、大越愛子氏が書いた「天皇制イデオロギーと大東亜共栄圏――「帝国のフェミニズム」を問う」という論文が載っていました。恥ずかしながら、その時はじめて「帝国のフェミニズム」という言葉を知りました。また、もう一つの収穫は、高群氏に「再会」したことでした。「帝国のフェミニズム」は一体どういうものだろう、高群逸枝は戦時下どんなものを書いたのだろうと、そんな疑問を抱きながら、高群の作品や、高群に関する研究著作を調べました。幸いなことに、高群氏に関する本は、北京の日本学研究センターの図書館や、清華大学図書館には数多く所蔵されています。それで橋本憲三編『高群逸枝全集』や、山下悦子『高群逸枝論――「母」のアルケオロジー』、河野信子『火の国の女・高群逸枝』といった研究書を借りて読み始めました。二〇一六年には訪問研究員として日本に行くチャンスを利用し、戦時下の雑誌に載っていた高群氏の文章を出来るだけ集めてきました。

現在の立場に立って戦時下の人の行動をただ批判するのではなく、その行動表象の裏に隠れていた複数かつ重なり合っていた「原因／ルート」を探り出すのが、研究者としての役割の一つだと私はいつも思っています。そのため、「皇国史観と高群逸枝の帝国フェミニズム」という論文では、先行研究を参考にしながら、高群逸枝の帝国フェミニズムの「形成メカニズム」を中心に分析していました。でも、論文を書いていた時、高群氏に「お前のような素人に私の何がわかるのか」と怒られるのではないかという「心細さ」にずっと囚われていました。

高群氏は『大日本女性史　母系制の研究』（厚生閣、1938）をはじめ、数多くの女性関係の本を残しました。一九六六年には、『高群逸枝全集』（全一〇巻）も出版されました。彼女の著作には時代色が残っているものの、二一世紀の現在においても、より多くの人に読まれ、より多くの人に研究される価値が充分あると、私は思っています。

●リ・ウェイ　中央財経大学外国語学院教授。二〇一四年、北京師範大学において比較文学・世界文学研究で博士号を取得。日中の比較文学研究を主たるテーマとし、論文や日本文学の中国語訳を多数発表。ここでも触れられている「〝皇国史観〟与高群逸枝的〝帝国女性主義〟」『外国文学評論』二〇一七年第二期は、中国で初めて高群の戦時中の思想を主題にした論文であろう。

魅力的な女性
An Intriguing Woman

スーザン・テナント（カナダ／翻訳家）

一九八九年に、私は徳島での仕事を得たのですが、その時の私は四国について何も知らなかったため、その島について何か読む本を見つけようと、地元の図書館へ駆け込みました。私が見つけられたのはただ一冊、オリバー・ステートラー（Oliver Statler）の『日本の巡礼』(*Japanese Pilgrimage*)で、私はそれを端から端まで読みました。ステートラーはその本の中で、一九一八年に高群が企てた巡礼についてわずかなページを割いていました。その部分は私を興奮させ魅了し、気づけば私は、その驚異的な女性についてもっと知りたいと欲していました。

女性が一人で旅することのない時代に、高群は一〇五本の旅行記を新聞に連載するという約束をして、九州から四国へと旅立ちました。彼女は大胆な女性で、私が彼女に感服するのもその点です。とはいえ彼女は、彼女についてくると言い張った七三歳の老人の無知など、旅に伴う辛苦についてたびたび愚痴をこぼしています。私が『娘巡礼記』を訳した時、私は、彼女の絶え間ない泣き言は鬱陶しいけれども、同時に、彼女の会った人々や見た情景についての生彩に富んだ記録には説得力があることを見出しました。彼女は非常に印象的な書き手だったのです。

高群は時代を先取りした女性、今日の女性でも共鳴しうるような女性でした。彼女の出発は、単身の巡礼だけにとどまりません。彼女は他の分野でも同様に、多彩な人生を歩んでいます。彼女はロマンチックで、聡明で、勤勉で、豪快な女性で、私がぜひ会いたかった女性です。高群逸枝は日本の外でも知られるべき女性です。それゆえ、私は『娘巡礼記』を翻訳しました。

●Susan Tennant　英語教師・翻訳家。日本に十一年、うち五年間を四国にて過ごし、自らも四国巡礼を経験する。テナントが手がけた『娘巡礼記』の英訳書 *The 1918 Shikoku Pilgrimage of Takamure Itsue: an English translation of Musume Junreiki* (Bowen Island: Bowen Publishing, 2010) は、お遍路の地図や高群の略伝なども収録し、広く英語圏の読者に高群の魅力を伝えるものとなっている。

『娘巡礼記』と映画「さすらい人　高群逸枝」
The Shikoku Pilgrimage of Takamure Itsue and The Traveler Takamure

ジン・ニウ（アメリカ／映画監督）

ロサンゼルスを拠点に活動する中国系アメリカ人の映画監督のジン・ニウです。一〇年ほど前、学校の図書館で仏教の棚を眺めていた時に、高群逸枝の『娘巡礼記』のことを知りました。

この作品は、私の人生を本当に変えました。

肉体的な面でも感情的な面でも、高群の遍路行に、そしてあの時代に単身の女性が巡礼に乗り出したことには、その時も驚きましたし、今なお驚嘆します。彼女の言葉は私の芸術を鼓舞し、私の生き方に大いなる影響を与えました。

二〇一六年、高群の遍路行からおよそ一〇〇年が経ったとき、私は彼女の足跡を辿って四国巡礼の旅に出発しました。私は彼女の映画を、つまり彼女の足取りを辿った私の日本への旅についての映画を作りました。その映画、The Traveler Takamure（邦題「さすらい人　高群逸枝」）は、アメリカのいくつかの映画祭で上映されましたが、まだオンライン公開はしていません。日本の観客に向けたオンラインでの公開のベストな方法についての提案があれば歓迎します。この映画は、一六分のショートフィルムです。

私は、高群が人々を結び合わせ続けてくれるところが大好きです。若い女性の人生を高群が書くその描き方が、私を高群の詩に惹きつけたのでした。彼女の物語は今日なお説得力があるもので、彼女の著作と、彼女の自由への熱望に私は共感します。

●Jing Niu　映画監督。デューク大学にて美術学修士号を取得。『Wired』誌に勤務したのち独立。あえてナラティブ（物語／語り）に挑戦するような物語の創造を試みる制作技法を特徴とする。英訳『娘巡礼記』をもとにした映画 *The Traveler Takamure* は、ロサンゼルス・アジアン・パシフィック映画祭をはじめ、米国で複数の著名な映画祭で上映された。

高群逸枝をめぐる世代を超えた対話

西川祐子
蔭木達也

●にしかわ・ゆうこ　一九三七年生。京都大学大学院博士課程修了。専門はフランス・日本の近現代文学、女性史・ジェンダー論。著書に『森の家の巫女　高群逸枝』（新潮社、第三文明社）『私語り樋口一葉』（岩波書店）『古都の占領』（平凡社）他。
●かげき・たつや　本書一七一頁参照。

高群逸枝受容史——対話のまえに——

西川祐子

二〇一九年にわたしは蔭木達也氏から、西川祐子『森の家の巫女　高群逸枝』（新潮社、一九八二年、『高群逸枝——森の家の巫女』と改題して第三文明社、レグルス文庫、一九九〇年）を批判する論文を二通つづけてうけとっていた。論文には、意見をききたいという著者からの手紙が添えられていた。おりしも藤原書店からは、二〇二〇年春刊行予定であった別冊『環』「高群逸枝特集号」にたいする寄稿依頼があった。私信の往復ではなく、特集号という開かれた場における対話という形で執筆したいという希望を述べたところ、蔭木さんと編集部の承諾があった。編集部からは、時空をこえる対話のためには、高群逸枝とその各時代の読者たちの歴史的背景を説明する文章が必要ではないかという趣旨の示唆をいただいた。

そこでまず、「高群逸枝の読者たち　一九二〇／一九七〇／二〇二〇」と題して、高群逸枝受容史を短くまとめる。高群逸枝は一九二〇年代から、同時代の読者にたいする発信を始めた。高群逸枝の死後、橋本憲三編集の『高群逸枝全集』全一〇巻（理論社、一九六六、六七年）が出版されたことにより、一九七〇年代以降にもういちど高群逸枝の読者層が形成された。今回の別冊『環』の「高群逸枝特集」が、二〇二〇年代の読者形成の機会となるだろうか。

続く「概念は観念だが、現実に働きかけ、現実に現実を変える実体性をもつ」と題する文章が、わたしの、先におくられてきた藤木さんの二論文にある西川批判にたいする応答である。

さらにその次に「思想史のなかの高群逸枝」と題する藤木さんの西川にたいする再応答が置かれる。

藤木―西川の世代をこえた対話は、最後に置くわたし西川の「新たな問いへの応答」で、いったん終わり、対話は本特集号の読者へと引き継がれるであろう。

高群逸枝の読者たち　一九二〇／一九七〇／二〇二〇
――高群逸枝の発信と、読者の受信発信と、その批判的読解の行方

1　一九二〇年代の高群逸枝の読者たち

大きな社会変動のさなかにいる個人が変動を感知し、その意味をとらえて言葉にすることは、難しい。しかし誰かが始めると、その言葉に応答する言葉もまた出現してゆく。在野の古代史研究者となって巨大な仕事を残した高群逸枝であるが、彼女は一九一八年に『九州日日新聞』というメディアをとおして四国巡礼のルポルタージュ『娘巡礼記』連載の形で同時代にたいして発言をはじめた。一九二〇年には、高群逸枝は熊本から東京へ向かい、以後、新聞、雑誌、そして大著の出版という時代の先端メディアを通しての発信を行った。まずは詩人高群逸枝として、ついで評論家ないしは思想家高群逸枝として、そして歴史家高群逸枝として発信し、読者大衆によって受信され、反響に応えてさらに書き続けた。

詩人、思想家、歴史学者像を創出したのは、高群逸枝自身の発信とパフォーマンス、彼女の生涯の伴侶であり、編集者であった橋本憲三の演出、そして読者の反応、さらには願望であった。社会変動は個々人をいやおうなく巻き込むと同時に、個々人の選択と行動がしばしば社会変動の方向性や大きさを左右する。

作家の中でもとくに同時代にたいして敏感に反応した高群逸枝を理解するには、高群をその読者たちとともに把握する必要があるだろう。

詩人、思想家、歴史家は、高群逸枝にあってはそれぞれが別なのではなく、不可分である。思想家のなかには詩人が、歴史家のなかにも詩人と思想家が終始生きていたところに、高群逸枝の世界の独自性がある。長詩『日月の上に』(叢文閣、一九二一年)、『放浪者の詩』(新潮社、一九二一年)、『美想曲』(金星堂、一九二二年)、歌集『妾薄命』(金尾文淵堂、一九二二年)、長詩『東京は熱病にかかっている』(附「家出の詩」萬生閣=平凡社、一九二五年)は、戦後に編まれた『高群逸枝全集』第八巻「全詩集日月の上に」(理論社、一九六六年)に収められた。巻末の解題には、高群逸枝みずからの解説を引用して、高群の詩の特徴は「叙事詩をかねた抒情詩」とされている。抒情詩は個人本位だが、叙事詩は集団本位であって、詩のジャンルとしては相反するはずなのだが、高群逸枝にあっては両立が可能であった。両立の理由は、高群逸枝の一人称単数の発語がしばしば集団を代表する一人称複数として、発信者にも受信者にも意識されたからであった。

詩人高群逸枝は一九二三年、都会を憎みながらも東京でその日暮らしの底辺流浪生活を送るほかに術がない「ボロ仲間の歌姫」として、長詩『東京は熱病にかかっている』を書いた。関東大震災直前の世相が生々しく描写されている。首都東京は、すでに二十世紀の初めから木造長屋がひしめく借家都市であった。景気が上向けば、長屋の建築ブームとなり、不景気が襲うと空き家がふえる。労働力として農村地帯からひきだされた次男、三男、そして娘労働力は、不況で工場の操短、閉鎖があるたび、故郷にかえって父親ないしは長兄が家長である「家」家族の庇護の下でなんとか食いつなぎ、好況によってふたたび都市へ引き出される、を繰り返していた。

都市と農村を循環する人口は、しかし農村の疲弊もあって、しだいに都市へ沈滞、「ボロ仲間」同士、夫婦ふたり、あるいは子連れの夫婦、つまり形のうえでは夫婦とその子どもで形成される「家庭」家族を形づくる。スキャンダルとなった高群逸枝自身の家出事件をあつかった『家出の詩』の家出は、父の「家」からではなく、夫との「家庭」からの家出を描いている。歌姫は「けれどもいまこそいおう。わたしのしたあらゆることは、わたしら女のしなければならないあらゆることであると」とうたう。歌姫の一人称単数言説は、こうして一人称複数言説となり、これに唱和する読者もまた出現した。

つづけて出版された『恋愛創生(記)』(平凡社、一九二六年)は全集解題によれば「四六判五八四頁、全文章節をもたない書き流し論文」、であった。巻頭に「婦人問題の経路は、女権主義、女性主義、新女権主義、新女性主義」と要約されているように、内容は叙事詩的文体で書かれた壮大な女性解放思想の通史と呼ぶことができようか。日本社会の急速な産業化、近代化、都市化は一方で、工場の女性労働者、教師、看護婦、タイピスト、電話交換手などの職種を生み、新聞雑誌書籍の読者層は厚みを増していた。高群逸枝はやがて論文を書く評論家、反近代の立場と平塚らいてうを継承する新女性主義を唱える思想家となって論壇に登場、アナ・ボル論争をへて、一九三〇年には、女性アナキストをあつめた雑誌『婦人戦線』を主宰した。『婦人戦線』は、都市だけでなく自分たちの出身地でもある農村にそそぐ視線と、エスペラント語をとおして地球規模の労働者運動、農民運動と交流する側面をもっていた。

そして、高群逸枝の近代婚と近代家族のあり方にたいする批判は、その根拠をもとめて婚姻と家族の歴史を考えることを自分に課す歴史家高群逸枝の出発点となった。満州事変がはじまる一九三一年、『婦人戦線』主催を辞退して世田谷に建てた「森の家」に女性史研究所の表札をだして面会謝絶の研究生活に入った。高群逸枝は、橋本憲三および「森の家」を遠巻きにして援助をつづけた高群逸枝著作後援会の人々に支えられて『大日本女性人名辞書』(厚生閣、一九三六年)、『母系制の研究』(厚生閣、一九三八年)の大著を刊行した。やがて日中戦争を包括するアジア・太平洋戦争における大日本帝国の敗戦、第二次世界大戦の終結まで、いわゆる十五年戦争のあいだの高群逸枝とその読者がこの大きな社会変動とどのように向き合ったかを戦後の読者が知ることになるのは、高群逸枝が『招婿婚の研究』(講談社、一九五三年)、『女性の歴史』(講談社、一九五四〜一九五八年)、『日本婚姻史』(至文堂、一九六三年)によって歴史研究を完結させ、一九六四年に死去した後のことであった。

2　一九七〇年、『高群逸枝全集』の読者たち

詩人、思想家、歴史家である高群逸枝を一九二〇年代と同様に一九七〇年代の読者大衆に出会わせたのは、先述の『高群逸枝全集』および橋本憲三が熊本県水俣市に隠棲しながら妹静子の協力をえて、死の直前まで編集発行をつづけた『高群逸枝雑誌』全三二号(一九六八年〜一九八〇年)の力が大きかった。『高群逸枝雑誌』には、一九七〇年代、八〇年代に輩出した高群逸枝論のほとんどすべての著者がかかわっていた。作家、歴史家だけでなく、大学の卒業論文に高群逸枝をとりあげようとする学生からの通信文も多く掲載されている。橋本憲三がそれぞれの読者に『高群逸枝雑誌』に書くことをすすめたテーマは「高群逸枝とわたし」が多かった。わたしもその題で書いたひとりである。橋本憲三はライターと読者とを同時に育てるすぐれた編集者であった。

そして一九七〇年代の読者には、高群逸枝の言葉に動かされる理由があった。おりしも急激な高度経済成長期のただ中に

あった社会には、列島改造論による交通網の整備、太平洋沿岸に石油コンビナートの林立、公害問題が続々と表面化する現実があった。集団就職列車が若い労働力を農村から工業地帯へ運び、都市への人口集中に拍車がかかり、物価上昇と賃上げ闘争がせめぎあうが、住宅ローン、子どもの教育費、自家用車の購入などの支出はつねに収入を上回った。女性の進学率が男性と肩をならべる状況がありながら、言葉を得た女性の、しかし職場進出率は低かった。戦後民法においては、一夫一婦の制度化と夫婦とその子どもを内容とする「家庭」家族の大々的な実現があった。都市内部、郊外、工業地帯にも、核家族とも呼ばれた「家庭」家族の容器であるnLDK設計の集合住宅がたちならび、そのひとつひとつの部屋に家事労働と家計補助労働の二重負担をひきうけた専業主婦たちがいた。高群逸枝の『東京は熱病にかかっている』と『家出の詩』が市民講座などで熱心に読まれた。高群逸枝の婚姻と家族の歴史から、制度はつくられるものであるから、変えることもできることを読み取った。各地にうまれた女性史研究会の多くは、自分たちの母や祖母の歴史から考えはじめ、自らも書きはじめた。

『高群逸枝全集』と『高群逸枝雑誌』が、読むだけでなく自分たちも書く積極的な読者を育成したことは一方で、編集の意図しなかった結果を生んだ。積極的読者たちは、戦後に編まれた『高群逸枝全集』が削除していた戦前の高群逸枝のアナキスト時代の活動と、戦中の高群逸枝と高群逸枝著作後援会とが翼賛体制に組み込まれてゆく過程、そして「建国二千六百年という歴史的な挙国祝典の日」を記念して出版された高群逸枝著『女性二千六百年史』、あるいは『日本婦人』誌上の高群が執筆した長期連載を、つぎつぎと発掘し、読んだ。自分の目を疑い、発見に途方に暮れながら読んだ。

女性史研究にとっては、十五年戦争のあいだの生活のすみずみまでを覆いつくした国民統合のための思想弾圧の徹底、日々の生活を覆った経済統制、国民総動員体制の記憶は生々しかった。先駆者たちの女性解放運動とその思想の歴史を考えるうちに、解放運動とその思想が翼賛体制と呼ばれた強権的な国民総動員の仕組みに組み込まれてゆく経過を掘り起こしてしまった衝撃は、数年間の失語的状態をまねくほど大きかった。各方面からの、クリティカルでリフレクティヴな再読作業がはじまった。禁忌がとけたこの時点から、高群逸枝研究と彼女の仕事にたいする批判的継承がはじまったのではないか。時間はかかったが、批判的で反省的ないしは内省的な視線を得てからは、数々の高群逸枝論が生まれた。

失語状態からの回復は、女性史研究世代と女性学研究世代の対話によっても行われた。女性学世代がはじめた「差異/平等」論争は、状況のなかで変化しながらくりかえされた戦前のアナ・ボル論争「女性主義/女権主義」、あるいは「再生産本位/生産本位」論争に他ならないという、女性史と女性学が協同して獲得することができた歴史認識があった。女性学が女性史研究から歴史軸をうけとったとしたら、女性史世代は女性学世代から、同時空間を、ジェンダーだけでなく、階級と人種（文化）他の複数要素をふくめて分析を行う視野を受け取った。両者は協力して図式化された叙述からはぬけおちる細部の現実、複雑に錯綜する全体を整理しながら、複雑を複雑として分析するやり方と叙述を工夫した、と当事者のひとりであるわたしは考える。

3　二〇二〇年に高群逸枝をどう読むか

次の章で引用する論文を書いた蔭木氏は、『森の家の巫女高群逸枝』の著者に手紙を送ったのだが、返事を書くわたしは、四〇年後の二〇二〇年を生きながら、この文章を書いている。

二〇二〇年四月現在、この特集号の執筆者たち、読者たちは、一九二〇年代、一九七〇年代とおとらぬ大きさの社会変動に直面している。環境破壊、疫病拡大、医療崩壊、多数の死の報道の中で、暗喩として直喩として、軍事用語、戦争用語が頻繁に使われている。第三次世界大戦は過去の二つの大戦とはちがう形でおこるという言説はすでにあったのだが、これがそうなのか、という声さえきこえる。戦争はどの国においても、かりそめの精神共同体をつくり、「われわれ」と「かれら」を分断する。世界をおおう疫病は共通の敵とみなされると同時に、この機に国境の、あるいは文化共同体の壁は、一気に高く築かれつつある。疫病報道のかげに見え隠れしながら、比喩ではなく現実の軍備拡大、軍需産業の成長が進む気配がする。

この後にくる社会再編成の動きがどの方向に向かうのか、今ほとんどだれひとり、予測できないでいる。誰にも脱出が約束されない行き詰まり状況のなかでの個々人の弱さをかみしめながら、それでも自分で考え、他人の声に耳をかたむけ、たがいの自由をできるかぎり尊重するにはどうすればよいか。不安だからといって、みんないっしょに偽りの救済をとなえる精神共同体に雪崩れ込むことのないように、協力して、出来事をひとつひとつ検証する必要がある。

悠長にきこえるかもしれないが、こういうときだからこそ、過去の社会変動の歴史を伝えたい。自分が生まれてもおらず、経験していない時代になされた先人たちの苦悩、選択、犠牲、そして廃墟の記憶を忘れずにいたい。

概念は観念だが、現実に働きかけ、現実に現実を変える実体性をもつ
——蔭木達也さんへの返信

西川祐子

1　高群逸枝著『母系制の研究』という対称軸

論文二編、蔭木達也「高群逸枝『母系制の研究』と「血の帰一」思想」（『総合女性史研究』第三六号、二〇一九年）、同「高群逸枝における「母性」概念の成立と展開——差別否定から「ともに生きる愛」へ」（『社会思想史研究』第四三号、二〇一八年）の恵送に感謝します。論文には西川とは違う見解を提起したので、意見をきかせてほしい、という趣旨の手紙が添えてありました。蔭木さんからは論文の形で問いかけがあったので、わたしも、開かれた場で対話する言葉で返信を書くよう、こころがけます。

蔭木第一論文には、高群女性史学だけでなく、女性史一般についての出発点でもあるとして高く評価される『母系制の研究』は、他方で戦争協力の論理を提供した書であるとして厳しい批判にさらされた、とりわけ批判者のひとり西川祐子は『母系制の研究』は、「「婚姻和協」の論理で女性主義と日本主義を接続したと分析した」（前掲、二九頁）、と書かれている。西川祐子『森の家の巫女　高群逸枝』（新潮社、一九八二年、『高群逸枝　森の家の巫女』と解題して第三文明社レグルス文庫186、一九九〇年）の第五章「女性史学事始め『母系制の研究』」を指すと思われる。

蔭木論文の結論として、「階級闘争、国体批判、単一民族の否定を目標とした母系制研究は、初版『母系制の研究』の原稿までは、出版によってその目標を達成する見通しがあった。にもかかわらず、なぜ出版された時には戦争協力として読めるように改変されてしまったのか。研究が研究者の手をほぼ離れた後の修正、改変、あるいは、その執筆者とは切り離された文章そのものが帯びる政治性、そしてその受け手の政治性、さらにはその評者の政治性があらためて総体的に問われなければ、真の「戦争責任」の問い直しにはならない。」（蔭木、二〇一九年、四三頁）と書かれている。

蔭木さんのこの結論部分を、わたしは全面的に支持します。わたしの前記著書では、初版本『母系制の研究』に「血の帰一」を言う最終章が書き加えられ改変された事情と状況、著者高群逸枝だけでなく「受け手」つまり読者、なかでも出版を実現させた高群逸枝著作後援会のメンバー構成、後援会結成の政治的な目的とその後もつづく支援の内容、そして後年の評者すなわ

ちわたし自身を含む高群逸枝を論じる者の立ち位置を、できるだけ「総体的に」問うている。では、蔭木さんとわたしは、どこが、どう違うのか。

2　変化自在な「血の帰一」

わたしは、わたしの高群論に書き落としがあったのか、それとも蔭木さんが読み落としたのかを確かめるために、蔭木論文と並行して、自分の著書とそれを書いたときの資料類を読みなおしました。『森の家の巫女　高群逸枝』第五章につづく第六章「森の闇」には「著作後援会の発足」、『母系制の研究』と人垣」、「戦時下へむけて」、『女性二千六百年史』」、「戦争協力の『日本婦人』連載」などを見出しとする節がある。

わたしはこの第六章で、蔭木さんが言われる書き手だけでなく「受け手（読者）の政治性」について論じている。これに加えて、西川祐子『近代国家と家族モデル』（吉川弘文館、二〇〇〇年）に収めた「総力戦と女性――戦争への傾斜と翼賛の「婦人」たち」と、「反戦決議から皇軍感謝決議まで――全日本婦選大会と時局婦人大会決議案のテクスト分析」の二つの論文を参照されたい。高群逸枝著作後援会の主要構成メンバーは、全日本婦選大会と時局婦人大会に集まった市民的女性運動各グループを代表する人々であった。

わたしはこの二つの論文で、女性参政権要求を中心におく市民的女性運動が、一九三〇年の第一回大会では「婦人参政権、婦人公民権、結社権」を要求するとともに「反戦決議」をするが、その後の年次ごとの状況変化にしたがって、決議文の内容と文体を変化させ、一九三七年には初回とは真逆の「皇軍感謝決議」をするにいたる苦悩の過程を分析している。運動内部における自己説得の論理は、欧米女性はすでに第一次世界大戦において、銃後のまもり、戦争協力を積極的にして、その見返りとして参政権を得たのだから、日本女性もまた新しい戦争に協力して女性の地位を高めよう、であった。

日中戦争開始以後、市民的女性運動は日本婦人団体連盟として集合、愛国婦人会、大日本国防婦人会と共に大日本婦人会に統合され、全国民を臨戦体制に総動員する大政翼賛会の傘下に入った。二十歳未満をのぞく全女性は、大日本婦人会に入会義務があり、年額六〇銭を納め、月刊機関誌『日本婦人』は大日本婦人会の市町村支部へ一班一冊の割合で配布され、検閲が厳しく、紙の配給が極端に制限された戦争中に発行されつづけた数少ない読み物であった。高群逸枝はこの雑誌に著作後援会の人々から推薦されて「日本女性史」「歴史随筆日本婦道記」を連載、女性の力重視、女性も参加する愛国主義と血族守護から、さらには神国護持、殉死、戦死する夫や息子と共に死ぬことを、日本人女性にたいする「救済」の論理として、書き続けたのだった。

蔭木さんは、戦後の女性史研究者は、戦争反対を言ってさえいればよかった、それは高群逸枝の本質とは関係なく単純、あるいは安易にすぎるとお考えですか。蔭木さんは『母系制の研究』の根底にある婚姻和協は、もともと戦争推進ではなく、和平思想である、とされる。敗戦直後の高群逸枝はじっさい、そのように戦争中の日本主義の論理を戦後民主主義へと倒立させた。

敗戦後最初の元旦、一九四六年一月一日付け『朝日新聞』投書欄「声」に、古代の婚姻制度を研究していると自己紹介している「東京・高群逸枝、作家」は、妻問婚の時代のさらに向こうには、いわゆる母権というよりは母愛を基礎におく平和な母系社会があった、古典をとおしてうかがい知ることのできる上代に、日本的民主主義の伝統の源をもとめるべきだとしている。しかし中央貴族が地方豪族の女酋長に妻問して生まれる子が父につくことによる国造り婚姻和協は、氏族間の力関係の差があるからこそ成立したはず。歴史研究なら、古代の婚姻和協に権力関係を見ないわけにはいかないのだが、高群の投書はそれには触れていない。

蔭木論文が「婚姻和協」を世界平和、すなわち普遍的「思想」として歴史から解放しようとするとき、一九四六年元旦の高群逸枝自身の投書とほとんど同じ文言になってはいないか。「婚姻和協」を、もう一度、一九二〇年代、三〇年代の現実の中に置いてみることが必要ではないか。そのとき異族同化をいう婚姻和協思想とは、海外あるいは内地植民地を帝国に統合するイデオロギーであり、植民地イデオロギーは、帝国民には天皇の赤子としての平等が賜下される、という偽の論理を提供したのではないでしょうか。

3　内在的論理追究に落とし穴はないか

蔭木さんの第二論文「高群逸枝における『母性』概念の成立と展望——差別否定から『ともに生きる愛』へ」を読みながら、わたしは蔭木さんの方法を理解しようと努力しました。概念の成立過程を理解し、概念を定義することなくして議論は成立しないと蔭木さんは言う。異議ありません。蔭木さんは、テクスト批判と内在的論理の分析を重視される。わたしも高群逸枝の概念をくりかえし分析し、内的論理をも追求した。

『母系制の研究』にもどるなら、蔭木さんが読み込んだ三つのテクスト、①手稿、②戦前版『母系制の研究』、③戦後の全集版のうち、①を通読する機会は高群論執筆当時のわたしにはありませんでした。②と③の違いはおおまかにいえば、②の最終章が③には無いことです。それが外在的理由、つまりは検閲を逃れるためであったことは、わたしもそう書いた。

しかし蔭木さんが内在論を言うのであれば、高群自身が書いた三つのテクストの比較だけでなく、『母系制の研究』の研究対象である『新撰姓氏録』の史料批判もまた必要なのではないか。高群逸枝の『母系制の研究』『招婿婚の研究』あるいは『日本婚姻史』の後、古代史研究の専門家が蓄積した膨大な批判的継承研究が存在する。『母系制の研究』については、研究対象である『新撰姓氏録』はもともと氏変によって高位の氏についた結果としての、各氏の皇室との血縁距離を記述し、皇室の万世一系と民の天下一統、高群の言う「血の帰一」を証明するために編まれた書であり、国体明徴運動の一環として刊本となった。この事実と『新撰姓氏録』に内在する論理を踏まえるのでなければ、高群逸枝の『母系制の研究』を同時代の他の歴史家の仕事と比較研究することはできない。

高群逸枝の他の歴史家とは違う独自性は、高群が、各氏が高位の氏につくために系譜を偽ったことを積極的にみとめ、むしろ擬制、フィクション、あるいは偽造の論理とその精密構造を明らかにしてみせたことにある。父系的統合は、母系相続と母所婚つまり「母系制」あってのこと、という論理は、戦前の『母系制の研究』、戦中の『日本婦人』連載、戦後の『招婿婚の研究』『日本婚姻史』に一貫して存在する。それぞれのテクストが接したそれぞれの同時代の現実を除去、あるいは別問題とするなら、エンゲルスのいう母権の世界史的敗北以前の、文字記録に残されることの少なかった母権・母系制の痕跡を文書から洗い出した功績が残る。そこから批判的継承研究が行われることが可能、じっさい行われている。一方、同時代の現実との接触を重視するなら、「血の帰一」という概念は、植民地イデオロギーや玉砕の思想となり、その一方で一九四六年元旦の高群逸枝や、現代の薩木さんが言うように世界平和の理念ともなる。

4　高群逸枝の準拠集団「女性」と「日本」

薩木さんの第二論文の結論は、高群逸枝が示した「母性」とは、「すべての人がありのままにその生命を肯定されるという論理を透徹するような新しい社会の核となるものとして、高群が生涯をかけて打ち立てようとした概念であった」（薩木、二〇一八、一三六頁）です。「女性解放に留まらない普遍的な意義をはらんでいたといえる」（同上）、「差別を否定し、自由に生きるということ、生命というものをそのまま肯定するための論理を創造しようとした」（薩木、二〇一八年、一三五頁）という文章もある。

ところがそこに注84が付されていて、「西川は高群が『一足先に〔戦争〕協力の論理をきづいていた』（『森の家の巫女』一六一頁）というが、戦争がどのように始まるか、展開されるかは予知されえないのだから、高群が日本女性史研究から導きだしていた論理を、国家が戦争のために援用したというべきであり、その逆ではない。むしろ高群は、歴史研究をもとに天皇を歴史的に位置付けてその神性を奪いつつ、神の位置を「母性」で置き換えることで実体的なものへと落としこもうとしていたといえるのではないか。この点については、今後の課題としたい。」（蔭木、二〇一八、一四一頁）と書かれている。

　ですが、戦争は年表に記される年月日に始まるのでしょうか。国と国はたえず、今も、植民地や領土をめぐる確執、経済制裁と報復の連鎖、互いにする国境の壁の強化、国民統合のための思想と言論の統制、そして軍備の強化、増大をおこなう。グローバル軍需産業の巨大化は見えないところで進行してゆく。その体制が強まり、国民総動員体制となり軍事行動に雪崩れ込んだとき戦争となるが、戦争協力体制は平時から準備される。

　そして近代国家間の戦争は、主体的に参加する国民の形成がなければ行うことができない。当事者研究である女性史研究は、高群逸枝を単なる研究対象として分析したのではない。経済統制、思想統制が徐々に、やがては生活のすみずみまではりめぐらされる年月のなかで、ほぼ同じ時間をかけて構築された女性の国民化と戦争協力の自己説得論理、その呪縛を自分で解くのでなければ次へ歩むことができないから、女性史研究は他人事ではなく我が事として、女性の戦争協力の論理を研究対象としたのであった。

　高群逸枝は戦前アナキズム、戦中の日本主義、戦後の彼女のいうところの日本的民主主義と二度の転向を行い、三つの顔をもつ思想家であった。しかし、彼女の内的論理においては転向、変節とは意識されない。なぜなら高群逸枝の所属意識、「準拠集団」は「女性」と「日本」であって、彼女は準拠集団とともに曲がり角を曲がったがゆえに転向の意識はなかった、と解いたのがわたしの『森の家の巫女　高群逸枝』であった。二つの準拠集団のうち「日本」を扱ったのが女性の戦争協力を論じた各章である。

　そして高群逸枝のもうひとつの準拠集団「女性」をその後も、反省的に、くりかえし考え続けているのがわたしの女性史研究である。蔭木論文が研究対象にする「女性」や「母性」は大きすぎる概念、普遍的定義をするよりも、概念にこめられる内容の多様性と変化を追求するほうが有効な概念ではないか。蔭木さんの「ともに生きる愛」や「世界平和」理想は、万人にとっての理想、普遍的概念の代表のような概念であろう。わたしには「女性」や「母性」を理想概念に結びつけるのは論理でなく、蔭木さんの、他者にゆだねる願望であるように見えてならない。当事者研究であるがゆえに、わたしは自分にその飛躍を禁じざるをえません。

5　他者たちとの対話

　当事者研究には当然、その限界があるでしょう。女性史研究、女性学、ジェンダー研究の研究者たちはそのことを考え続けてきました。行為によって他者に働きかけるわたし、他者たちとの折衝や関係によって変化するわたしの自覚は、自分に責任をもつがゆえに頑なであったわたしの一人称単数記述を外部へと開いてきた。相互が変わるのでなければ対話は成立しない。

「母性」を「次世代育成役割」と言い換える動きがあった。生命再生産活動の各段階に積極的に参加する男性世代が現れた現実に対応していた。次世代という概念は子どもを他者として切り離し、役割とすることによって男性を生産だけでなく、再生産活動へ参加させる。もっと遡ると、高群逸枝が主催した『婦人戦線』一周年記念号（一九三一年三月）は、自分たちの一年間の討議内容を「生産者本位説及び労働全収権説にたいする婦人の抗議」と「生殖（恋愛、妊娠、出産、育児、教育等すべて）の自然に対する婦人の主張」とまとめている。わたしはこの文章を、一九六〇年代後半のある日、ある大学の図書館書庫で古い雑誌の頁を繰っていて見つけました。

直前、わたしは研究会で「家事労働は労働だ」と発言して、「剰余価値を生まない働きを労働とは呼びません」と即、撃退されていた。半世紀以上前のことである。研究とアルバイトと家事育児におわれている最中だったわたしの実感を口走ったのだが、孤立無援。わたしは反論できなかった。その数年前から『マルクス・エンゲルス全集』の翻訳の出版があり、わたしも読書会をしていた。初期作品から出版年代順に読むという気が遠くなるような読み方で、ようやく『資本論』第二巻まできて、わたしはここでも商品価値の理解に挫折しそうになっていた。

もうひとつ、当時のわたしは社会主義にはマルクス主義だけでなくいろいろな主義主張があるのではないか、という漠然とした疑問を持っていた。わたしの祖父の古い本棚にエスペラント語入門書と並んで堺利彦、大杉栄、伊藤野枝、石川三四郎の本がならんでいたという記憶があったせいかもしれない。しかし、戦後には大正時代にくりかえされたアナ・ボル論争が話題にのぼることはほとんどなかった。そういったモヤモヤが、『婦人戦線』の「生産者本位説及び労働全収権説にたいする婦人の抗議」を目にした瞬間、アナ・ボル論争を女性問題で考えるとこうなるのだ、と解けた。概念で組み立てられた観念的文章だが、観念に血が通い、概念がわたしの現実に生き返ったと感じた。「生産／生殖」は「生産／再生産」と置き換えたほうがわかりやすくなるかもしれない、など、わたしはここから考えはじめた。「高群逸枝と『婦人戦線』」（『思想』岩波書店、一九七五年三月号）がわたしの最初の論文であった。

その後もたびたび『婦人戦線』に最初に出会った初心にたちかえり、自前の言葉で「営利本位でなく生存本位の社会を模索」（『森の家の巫女　高群逸枝』新潮社版、一二〇頁）と、あるいは「生産本位社会に対して再生産本位の立場がする抗議」（佐藤文香、伊藤るり編『ジェンダー研究を継承する』人文書院、二〇一七年、三一二頁、第一三章西川祐子参照）と、言い換えてみる。この図式を手がかりにすると、目の前の政治、経済、思想の諸問題を具体的に考えることができる。

蔭木さんは概念とその定義から、思想史に取り組んでいる。概念が現実に接するとき、概念が受け入れられたときから概念が現実を変えると同時に、概念の消費もはじまり、その変質、空洞化が進行する。わたしは概念よりも、概念と現実の接触に関心をもってきた。蔭木さんが社会思想史を名乗られるときの「社会」とはどんなリアリティなのでしょう。わたしの感じるリアリティとはどう違うのだろう。

若者と高齢者は同じ空間を生き、同じ社会現象を目にする。しかし互いに異なる記憶をとおして現実を見るという違いは大きい、と今更に痛感します。それでもなお対話によってお互いが変わり、理解がふかまる可能性があるはず。それが言葉の力ではないでしょうか。

思想史のなかの高群逸枝

蔭木達也

まだ駆け出しの研究者である自分に、大御所の研究者から丁寧な批判を頂戴できたこと、しかも「対話」という開かれた形での問いかけとして頂いたことは、大変畏れ多いことです。また、編集部からはこのように返信の機会を設けていただき、過分のご高配に深謝致します。現代において高群をどう読むことができるのか、という可能性を読者の皆様に示すことも念頭に、西川さんへのお返事をしたためたいと思います。

西川さんの僕に対する批判の論点は多岐にわたりますが、大まかに次の三点についてお答えしたいと思います。第一点は、『母系制の研究』における高群の「婚姻和協」の思想が一九二〇—三〇年代の現実の中では、「植民地を帝国に統合するイデオロギー」として機能した、という点が十分に論じられていないこと。第二点は、『母系制の研究』の内在的理論の分析のためには『新撰姓氏録』の史料批判を行う必要があること。第三点は、「女性」や「母性」を、「ともに生きる愛」「世界平和」といった普遍的概念に結びつけることは、「他者にゆだねる願望である」と見えること。西川さんのお手紙は、これらの批判の先に異なる「記憶」を持ち、異なる「リアリティ」を生きる他者同士が、しかし「対話」を通じて理解を深め合う可能性を信じる、と締めくくられています。

第一点の論点についてはまさに今、植民地からみた「帝国」の「知」についての研究ということで、アジア各地の研究者とともに取り組んでおります。一方では同時代の状況の中で構築された高群自身の思想を、他方ではその思想が表現された文章が同時代の中でどのように機能したかという点を、それぞれの側面から相互に照射していく。ここから同時代の高群の立ち位置がより明確になるのではないか、という考えでおります。

第二点も当然の指摘であると思います。これは国体明徴運動というより、それまでの国史研究の蓄積があり、さらに高群が『招婿婚の研究』の序論で整理しているように、本居宣長以来の国学の系譜を踏まえて論じないといけませんから、相応の年月をかけて取り組んでいく所存です。

第三点は、しばしば提起される問題です。西川さんは、自らが「女性」の「当事者」であるということを強調されつつ、高群の概念を「普遍的」な概念に結びつけることは「論理ではなく」、僕が「女性」や「母性」という「他者」に「ゆだねる願望」であって、その解釈は西川さん自身の「当事者」性を根拠に「禁じる」という。ここで西川さんが、僕のことを「母性」や「女性」の「他者」と定義しているのは、西川さんの生きてきた時代背景を考えれば肯首できることです。焼け跡から高度成長を経て男女の役割分業が強化され、生物的な性に基づいて社会的な性が強固な規範として形成された時代を生きた西川さんは、「女性」「母性」を西川さんと同じ生物的特質を有する人が独占する性質として定義している。この場合、生物的に「女性」ではない、子供を産めない僕が、「女性」「母性」を普遍的な概念として取り扱うことは、生物学的な性が「女性」「母性」であるような「他者」に、その普遍的な「願望」を「ゆだねる」ことを意味します。

しかし、高群のいう「母性文化の社会」は、子を産める女性だけの社会という意味ではありません。それは高群もいう通り、「母性」を核とした価値観に男性をも来たらしめるような社会を意味しています。そこでは老若男女問わず「母性」を有するべきである。高群の定義に基づけば、僕自身も含む誰もが「女性」「母性」の主体でありうる概念として、そこに「普遍性」を見出すことができ、そのような読みを「禁じる」べきと西川さんがお考えになるような動機は解消するのではないでしょうか。

最後に触れておきたいのは、「加害」の問題についてです。高群の目線から見れば、僕はいかに多くの事柄について「加害者」であることか。肉体労働者でないこと、生物的に男性であること、農村ではなく都市に住んでいることなど、僕のあらゆるあり方、行為に加害者性が問われうる。僕はまだ、自らの存在自体がそうした「加害者」であることを、どう克服しうるのかという問題について、確固たる答えを出せないままでおり、それが高群を読む動機にもなっている。

西川さんは自らのうちの「加害者」性をどうお考えなのでしょうか。「研究が研究者の手をほぼ離れた後の修正、〔…〕文章そのものが帯びる政治性、その受け手の政治性、さらにはその評者の政治性」を問うべきという僕の提起に対し、西川さんが「受け手の政治性」の研究のみをもって、これをすでに「総体的に」問うたと述べ、「評者」たる西川さん自身の「当事者」的な政治性があまり言及されていないこと、「戦争協力体制は平時から準備される」と書きながら、西川さん自身がその一端を担うような加害の主体であることについての言及がないために、僕は西川さんのお考えを十分に拝察することができておりません。戦時中の高群の言説を戦争協力として批判するのであれば、同時に、敗戦以来米国の強大な軍事力の傘に護られた先進国で暮らす私たちが、まさにそのことゆえに、朝鮮戦争以来世界各地で起こっている戦争に何らかの形で協力する立場にある、ということを自己批判しないわけにはゆきません。高群の戦争協力に対する批判の先駆者として、「概念と現実の接触」の中で最も切実にその問題を考えてきたであろう西川さんにお考えをご教示いただけたら、僕のような後進の研究者は、大いに学ぶところがあろうと愚考する次第です。

新たな問いへの応答――西川祐子

蔭木さんのお書きになった第一点、第二点については、わたしが概念は観念だが、現実に働きかけ、現実に現実を変える実体性をもつ、としたことを受け止めて、今後ご自身の研究を発展させるという決意表明をなさったと理解します。とくに国際的な共同研究の成果に期待します。共同研究は同質集団のなかで行うよりも、所属や立場を異にする研究者集団で行うほうが有効だからです。

第三点については、わたしは概念用語の場合とくに、意味内容の変更や取り替え、改ざんを行うのでなく、新しい用語を協力して創出するほうが望ましいと考えます。これまでも母性にかえて「生命再生産」、「次世代育成役割」などと考えられてきましたが、用語としてはまだ未成熟です。これからのジェンダー研究に期待します。

蔭木さんの最後の問い「自らの加害性」の「自己批判」にた

いするわたしの回答は、最近に出版した『古都の占領』（西川祐子著、平凡社、二〇一七年）です。わたしは高群逸枝論を書いて、研究者の道を歩みはじめました。蔭木さんへ回答した先の文章のなかで、わたしは「女性の国民化と戦争協力の論理、その呪縛を自分で解くのでなければ次へ歩むことができないから、他人事ではなく我が事として、女性の戦争協力の論理を研究対象としたのでした。」と書いています。蔭木さんがとりあげた『森の家の巫女　高群逸枝』をわたしが書かなければならなかった理由の一つでした。では、四〇年前のわたしに対する蔭木さんの問いに、現在のわたしが回答します。

研究者はテーマごとに資料を渉猟、分析の方法論を開発、検証をかさね、叙述を工夫して、生涯、生長あるいは生長の努力をしながら、その軌跡によって自身でありつづける。わたしが女性解放運動の尊敬すべき先駆者たちの戦争責任を問うたのだとすれば、自分の問いにたいする責任が、四〇年後のわたしに『古都の占領』を書かせました。「戦争協力体制は平時から準備される」は、この本のなかにあります。占領期は非軍事化とあらたな軍事化の交差する時代だったという発見が、わたしの戦後責任の自覚です。

高群逸枝とゆかりの人びと

「壇上に立てるは中止刹那の高群逸枝氏」

コラム

生田長江（一八八二―一九三六、文芸批評家・翻訳家）

【詩人・高群逸枝のデビューを支援】

生田長江はニーチェ『ツァラトゥストラはかく語りき』（1911）を訳し、「我々は一切のことを今一度東洋的に考えなおして見る必要があるのである」（「婦人解放の希薄さ」1924）と述べ、近代の超克を唱えた。生涯をかけてニーチェ全集を翻訳した。「元始女性は太陽であった」という創刊の言葉で有名な平塚らいてう主宰の文芸誌『青鞜』（1911）の名付け親かつ仕掛け人でもあった。『青鞜』という名前は、一八世紀イギリスのロンドンのモンタギュー夫人のサロンに集まって文学を論じていた女性たちに対して嘲笑的に用いられていたブルーストッキングという言葉からきていた。日本語では「紺足袋党」と訳されていたものを生田が『青鞜』と訳しなおしたといわれている。

生田は女性のための文学講習会閨秀《けいしゅう》文学会を開いた（1907）。青山菊栄（後の山川菊栄）、平塚らいてう等が受講していた。その縁で平塚らいてうと親交があった。講師には生田のほか与謝野晶子、戸川秋骨、相馬御風、森田草平が無報酬で引き受けていた。平塚らいてうは、郷里に妻子を残し、妾と暮らしていた森田草平と文学を介しての交際となったが、最後までプラトニックなものであった。しかし心中未遂事件――塩原事件をおこした。この事件の後始末には夏目漱石が深くかかわっていたことは、平塚らいてう著『元始、女性は太陽であった』の中で詳しく語られている。森田草平は事件後、夏目家で謹慎していた。生田が夏目漱石の使いとして平塚の家を訪問し、父親に面会を求めた。生田は「森田がやったことに対しては、平塚家ならびにご両親に十分謝罪させる、その上で時期をみて平塚家へ令嬢との結婚を申し込ませる」と伝えた。父親は娘の考えは自分にはわからないから、直接娘に聞くようにと無愛想に扱った。結婚という処理の仕方を口にする生田の話を聞いた平塚らいてうはひどく失望した。結局塩原事件は、森田草平により小説『煤煙』として『朝日新聞』に連載されることとなった。平塚は「なんの注文も期待ももたなかったが、作品としては価値あるものであってほしい」と願った。平塚らいてうは「世間的な意味での挫折感はまったくなかった」と自伝で述べたが、心身ともに疲労が増し、再び禅の修行に励むのだった。彼女が『青鞜』創刊の言葉を書く直前まで座禅を組み、禅の影響を受けていたこと、生の哲学、創造の哲学などといわれるニーチェの思想に共感していたことはよく知られている。生田とのかかわりは、公私にわたって深いものがあったといえるだろう。

詩人高群逸枝をデビューさせたのも生田長江であった。「母の突然の死は異郷にある私を打ちのめした」(『火の国の女の日記』)とあるように、夫橋本憲三と別居して東京に一人暮らしている時に、母が突然死去(一九二〇年一二月)し、「それから寝込みがちな日がつづいた。そのなかで、『民衆哲学』という論文を書いて、生田長江さんに送った。生田先生は、わざわざこの遠い家まで、春陽堂の『新小説』の編集者といっしょにこられ、押し入れに投げ込んでいた『日月の上に』も、おもいがけなく日の目をみることになった。大正一〇年早春のことだった」(『火の国の女の日記』)。『日月の上に』は『新小説』四月号に掲載され、六月には業文閣から出版された。生田は『新小説』四月号に「日月の上にの著者について」という推薦文を書いた。高群逸枝はその文を『火の国の女の日記』に掲載して生田に感謝の辞を述べている。

「高群逸枝さんは、まだ二十歳にも満たない婦人です。最初にその『民衆哲学』という論文原稿を拝見した私は、単にそれを拝見しただけでも少からず驚かされました。現代の日本において、これだけしっかりとした推理と、これだけ鋭い直観とをもった婦人が、はたして幾人あろうかと思いました。けれどもその後、彼女の長編詩『日月の上に』を拝見するにおよんで、私は彼女が単に婦人として稀有の人であるのみならず、あまねく文壇思想界におけるほとんど如何なる人々に比べても此の遜色を見ないほどの天才者であることを知りました。特に詩について いえば、彼女の詩には何らの空虚な衒学も、軽浮なジャアナリズムも、不自然な苦吟のあともなく、すべての言葉から言葉へ、行から行へ、流れる水が自らにして爽やかな音を立てるように移って行きます。しかも、つねに噴出の機会をねらっている地の底の火熱に近いものを感じさせないではいません。かくの如き本当の詩人を推奨することによって私は、私が今の詩壇を軽視しているほどに、詩そのものを軽視しているのでないことをもって証拠立てたいと思います。」

『日月の上に』が発表されると『放浪者の歌』も新潮社から出版され、高群は、「訪問者のない日はほとんどなかった」というほどの売れっ子となったのだった。高群はこの時、二七歳だったが、メディアでは一九歳ということになっていたらしい。『九州日日新聞』に一九一八年六月六日から一二月一六日まで一〇五回にわたり掲載された『娘巡礼記』（岩波文庫、二〇〇四）に「『いくつになるかなお年歯《とし》は』『名は何というの』なんて矢継早《やつぎばや》に。『花枝と申します。十八になります』やっときりぬけて深い吐息をもらす」とある（四大津より）。また「『貴方は十八?』と聞かれて『ええ』と云ってきた事なのだ。仕方がない、行先々十八で通さねば不都合を来す事になってしまった。ああいやだ。この上は彼の往昔《むかし》の尾藤金左氏の気狂いのように自今郷里に帰ってからも矢っ張り十八で通して行こう」とある（二十六　怪美人）。

名前も「花枝」と答えていることから、巡礼の旅の途上で見知らぬ人から聞かれたことに正直に答えるつもりもなかったのかもしれない。また若い娘の巡礼の旅はめずらしく、人目をひいたことと、高群逸枝自身が年齢より若くみられたということも一因したのではないか。だがその後、この連載記事が話題を呼び、ヒット作となったのだった（ただ本になったのは一九七九年であり、高群自身この本を見ることはなかった）。「娘巡礼記」から三年後、東京にて生田に見いだされ、詩が二冊本になるとは予想もしていなかった。今だったら年齢詐称などといわれるのかもしれないが、きっちりと管理された時代ではなかった故、「まだ二十歳にも満たない婦人です」ということになり、その後、大きな問題にもならなかったのだろう。

生田長江は高群が暮らしていた軽部家と、武蔵野の自然が気に入り、「それからもたびたび散策の足を伸ばしてくださった」（『火の国の女の日記』）。生田はハンセン病に犯されており、高群のもとに訪れていたころには、病状がよくなかったといわれている。堀場清子『わが高群逸枝』によれば、「友人には厭がられ芸子には嫌われ、又後妻に来てもない」（文芸風聞録）といったようなゴシップ記事がでていたという。ハンセン病は、当時伝染するというデマが飛び交い、人々に忌み嫌われた病気である。その時三九歳の生田は、高群に恋愛感情を抱いていたという橋本憲三の証言もあるが、高群は、病気を背負った生田に対し、微塵も忌み嫌うようなことを自伝にも書いていない。高群は遍路の旅で乞食遍路や病気で苦しむ遍路、盲目で耳の聞こえない女遍路、狂女等をたくさんみてきたし、不幸な遍路たちとコミュニケーションをとろうと努力した経験がある。多分彼女のそういった感性ややさしさが生田にも伝わり、散策の足を伸ばしたのではないか。だが高群は世話になったこととは別に、生田の論文「家庭論、断片」(『婦人公論』1926・8)に対し、「生田長江氏の家庭論を難ず」(『婦人公論』1926・9)で「生田先生の家庭論は、ともすれば社会の進歩的な精神を否定しようとする保守的精神の象徴である」と批判した。力あるものに決して媚びないあり様も、高群らしさといってよいだろう。

生田長江の死去について、高群は「つつしんでここにご恩を謝しておく」「生田先生の逝去は私を鞭打つものがあった。先生はたえがたい病苦をしのいで、最後まで毅然としていられ、名作『釈尊』をのこされた。先生を私は『不遇』とはいいたくない。先生の精神はそれから高く超越していたのだから」(『火の国の女の日記』)と記した。平塚らいてう、高群逸枝といった日本の代表的なフェミニストを世に出す手助けをした生田は、このことだけでも大きな功績を残したといえる。

また近年、生田長江最後の弟子の児童作家、浜田糸衛と高群逸枝の手紙一六通を含む子高良留美子、高良真木、吉良森子編『浜田糸衛　生と著作』(ドメス出版、二〇一九年十一月)が刊行された。それによると、入門したての糸衛に「高群君は女性史の研究に入ったようですね」という生田の言葉を聞いていた。また糸衛は一九三六年一月に死去する直前まで生田の家に通い続けたが、生田は「最近高群から手紙をもらった」と糸衛に話したという。高群は『大日本女性人名辞書』の成稿を急いでいる時期で、生田のことを気にして手紙を書いたが、それが間に合ったということを糸衛から聞き、「先生はよろこんでそれを話題にのぼせてくださったという」(『火の国の女の日記』)。

高群は晩年まで生田のことを恩師として思い続けた次のようなエピソードがある。

「高群逸枝が国立東京第二病院に入院した一九六四年五月一二日、高良真木は救急車で彼女を運ぶため、担架をもった救急隊員二名と一緒に初めて二階寝室に入った。高群のベッド枕元の祭壇めいたところには、新聞を切り抜いたと思われる赤茶けた生田長江の顔写真が貼られていた。その前に彼女は高群から、『私は生田長江先生には何のご恩ほどきもしていない』という言葉を何度か聞いていたが、このとき高群の生田に対する深い思いをみたという」

(『浜田糸衛　生と著作』)

生田にあともう少しで女性史の研究成果たる『辞書』や『母系制の研究』等を見せることができたのに、という思いが高群の中にあったのではないか。

(山下悦子)

下中弥三郎（一八七八―一九六一、出版人・教育家）

【平凡社を興し、万生閣で『東京は熱病にかゝつてゐる』を出版】

高群逸枝は、年齢でいえば伊藤野枝の一歳上であったが、伊藤が虐殺される関東大震災のころには、まだアナーキズムとの直接的な関わりをもっていなかった。それは、下中弥三郎の導きが重要な契機となっている。[1]

高群が下中弥三郎と面識を持ったのは、下中が経営していた平凡社の社員である志垣寛の妻志垣美多子が、高群の熊本女子師範学校の同窓であり、高群が一九二〇年に上京するころから継続的な交友があったことに始まる。[2]高群の夫橋本憲三は、高群に続いて一九二三年に上京した時、志垣寛の紹介によって平凡社に就職し、下中のもとで企画、編集、宣伝の仕事に携わった。

当時の平凡社は事業拡大期であり、一九二五年頃から従来の教育図書や実用図書の他、文芸図書の出版が企画され、万生閣という新ブランドが立ち上げられた。高群の上京初期の主要な作品である詩集『東京は熱病にかゝつてゐる』(1925)と評論『恋愛創生』(1926)は、この時に出版されたものである。後に高群は、「『恋愛創生』は、平凡社で万生閣をつくったとき、下中さんからすすめられて書きました」と語っている。[3]

また、一九二四年ごろには下中が発行人であった啓明会の雑誌『文化運動』に寄稿し、[4]同じく啓明パンフレット第六冊として『婦人からの抗議　主として共産主義者に対する』(1926)を発行。その後、下中や渋谷定輔、中西伊之助らによって設立された農民自治会に、婦人部部長として所属していた。それまで詩人として活動していた高群は、『恋愛創生』の執筆や農民自治会での活動などを通じて、アナーキストとしての旗色を鮮明にしていく。

下中がここまで高群に注目した理由は、『東京は熱病にかゝってゐる』に寄せられた下中の推薦文に現れている。

「逸枝さんの詩は、哲学であり、文明批評である」「詩人、哲学者、文明批評家をかねた種類の女性の中には今のところ私は逸枝さんをそのもっともすぐれた一人としてあげるに躊躇しない」。

このような高い評価は、高群の問題意識がその時代を生きるあらゆる人に通底する普遍的なものだという下中の理解がある。

「逸枝さんは近代人の悩みのすべてを悩んでをる」「東京が熱病にかゝつてゐるがやうに作者自身も熱にうなされてゐること勿論だが、大衆と共に呼吸する逸枝さんのそれが特色である。高いところで見物する遊山気分の毛頭ないところに逸枝さんの本領がある」[5]。

長編詩という形をとりながら、三〇〇頁以上に亘って様々な角度から現状に対する疑問、批判をぶつけたこの詩のもつ力に、下中は圧倒されたのだろう。そして下中は、啓明会や農民自治会の活動に高群を呼び込むことで、その才能を遺憾なく発揮させようとしたのであった。

これに対し、高群は「下中さんの男女観は、率直に云えばわれわれとは次元を異にしています」[6]と書いており、実際のところ下中とは相容れないものがあったようだ。とはいえ、詩作や新聞のコラム書きを中心に取り組んでいた高群が、萬生閣での出版と啓明会、農民自治会との関わりを通じて評論へと進むことで、一九二〇年代後半のはなばなしい著作活動をなし得た裏には、今われわれが知ることのできる以上にいろいろな下中の差し金があったことだろう。

下中が、社交とは程遠い性格の持ち主であった高群を、様々な人々との関わりに導き、それによって高群が女性アナーキストとして、今日まで揺るがぬ評価を得たことは、オーガナイザーとしての下中の面目躍如たるものがある。

注

(1)橋本憲三・堀場清子『わが高群逸枝』上、朝日新聞社、一九八一年、三九九頁。
(2)渋谷定輔「平凡社・人脈記(2)」『芳岳』一九六三年五月号、二七―二九頁。
(3)高群逸枝「私へのおたずね」『芳岳』一九六一年一一月号、六頁。
(4)高群逸枝「ある人に」『文化運動』一四二号、一九二四年一月、五三―五頁。
(5)下中弥三郎「読んで下さい――〔序にかへて〕」『東京は熱病にかゝつてゐる』萬生閣、一九二五年、三―五頁。
(6)高群逸枝「私へのおたずね」『芳岳』一九六一年一一月号、六頁。

（蔭木達也）

山川菊栄（一八九〇―一九八〇、女性運動家）

【婦人運動・恋愛論争、女性アナ・ボル論争】

二重の隷属からの「無産婦人」の解放を主張した山川、「母性」「恋愛」の視点からの解放を論じた高群

高群逸枝と山川菊栄は、直接の交友関係はなかったようであるが、一九二八年にこの両者が雑誌上で論を戦わせたことはよく知られている。

その嚆矢となる論文は、高群が書いた「婦人運動の単一体系の新提唱」で、一九二八年一月の『婦人運動』誌上に掲載された。高群はそこで一九二五年一二月の『婦人運動』に掲載された山川の論稿「無産婦人の組織問題」を槍玉に挙げ、「婦人」の問題に取り組む運動がそれぞれの党派性により分立していることを批判している。そこでの山川の主張は、「吾々は、能ふ限り、性別本位の組織を避けることに努めねばならぬ」というもので、山川はむしろ「婦人」問題だけに絞った運動を行う女性だけの団体は不要であると考えている。

これは「婦人」運動の方向性の違いから始められた論争であったが、その究極的な内容は、両者が何から何を解放したいのか、という点にある。山川は、資本を持ったブルジョアのみが自由に振る舞うことのできる近代社会において「ブルジョア階級」に隷属する「無産階級」であるとともに、何をおいても男子の長子に権利が与えられる封建的家族制度において「男子」に隷属する「女子」、という「二重の隷属状態」にある「無産婦人」を、その「二重の隷属」から解放させること、これを目的にしている。

だからその解決方法は、革命によって資本家と労働者の別をなくし、かつ家族において男子女子、長子とそれ以下、という差別をなくすことであり、誰もが自由な経済主体になること、平等な個人となることを理想とする。

これに対して高群が問題にするのは、「性行為」を「排泄的」にしか見ない「無責任」な男子に翻弄される「妊娠」「出産」「育児」を担う「母性」と、「生産機械としての卵としての赤ん坊」しか望まない「支配階級」に抑圧される「恋愛」、という二つの「本能」が抑圧されている「婦人」を、その二つの「本能」において解放する、ということが目的である。山川のように「無産婦人」を解放したとしても、なお「排泄的」な性行為や「生産機械としての卵」として子供を見る考え方が変わらない限りは、「婦人」の解放はもたらされない。これが高群の主張であった。

ハイコンテクストな激突

山川は高群がマルクス主義を誤解しているように論じているが、これは山川のレトリックである。高群はベーベルやラッパポートを読み込んで、「婦人」に関するマルクス主義者の理論を十分理解した上で山川を批判していた。山川はその批判を回避するため、戦略的にベーベルやラッパポートへの言及を避けつつ、ブハーリンとレーニンを引くことで、論点を「婦人」問題ではなく足元の「階級」運動へと変えようとしている。

逆に高群は、「階級」運動の持つ意義そのものには触れず、それを論じる山川自身のあり方や個々人の利害の特殊性を問うことで、「婦人」問題に論点を引き戻そうとする。この辺りの、お互いの高い知的水準を理解しつつ、表向きは粗野な言葉で嘲弄する、という同時代のハイコンテクストな激突こそ面白い。

高群がマルクス主義を誤用していると山川が言い、山川の論述は揚げ足取りだと高群が言うといった、揶揄の応酬をそのままに捉えては、この論争を理解することはできないのである。

社会主義と女性のあり方への重要な問題提起

山川と高群との間に繰り広げられたこの論争は、のちに「婦人運動・恋愛論争」「女性アナ・ボル論争」などと呼ばれ、社会主義運動における女性のあり方をめぐる重要な問題提起として読まれてきた。高群はこの論争を通じて、それまで掘り下げてきた「母性」の解放はいかにすれば実際の社会において実現しうるか、という問いに向き合うことになった。

あるいは、伊藤セツの研究によれば、山川自身にとっても初めて「マルクス主義」の「学説」を論じることになった契機となったのが、この高群との論争だったという。

一九一〇年代の後半に行われた、産むこと・産まれることの権利・自由が論じられたいわゆる母性保護論争においては、社会全体の改革の方向性についてまでは十分に展望し得なかった。

それから一〇年経ち、一九二〇年代の様々な社会主義文献の受容、翻訳を経た高群・山川の論争は、女性を無視した社会に女性をどう位置づけるかではなく、女性の立場から社会をどう作るべきか、そこに男性をどう来たらしめることができるか、という方向へ議論を発展させたのであった。

この論争がなされた後、高群は一九三〇年の年初に、「思想の共同確立」(『大地に立つ』一九三〇年一月)を著し、三月には『婦人戦線』を創刊。山川も共産党から距離を取りつつ評論活動を続けていた。

激しさを増す弾圧、言論統制の中で、社会全体の改革の方向性を自由に論じ戦わせられるような環境は相当厳しいものであったにもかかわらず、両者はともに現実の圧制をうまく避けながら、巧みな言論を駆使しつつ執筆・研究を進め、別々のルートではありながらも、ともに自らの信じる女性解放に向けて思想を深めていった。

(蔭木達也)

石川三四郎（一八七六―一九五六、社会主義者）
【ともにアナーキズムから出発】

日本のありとあらゆるアナキズム関係資料を収集し保管している、アナキズム文献センターというところがある。ここは年末になると、アナキズムに関連するテーマでカレンダーを発行するのだが、二〇一七年は「石川三四郎とルクリュ」がテーマであった。これは、石川が立ち上げた共学社の設立九〇年を記念してのことだ。

共学社は、石川が「土に還れ」の土民生活の実践を目指して、千歳村八幡山（蘆花公園の近く）に建てて住んだ家を中心としたコミュニティである。一九二七年に石川と親しい人々二〇人ほどの集いから始まった共学社は、『ディナミック』の発行や新旧の同志の訪問など、石川を中心とした人々の交流の拠点であり続けた。

石川が一九五六年一一月二八日に没した後には、養女としてその晩年を共にした石川永子が、共学社を継いだ形で、ほぼ一周忌にあたる一九五七年一一月二三日に『不盡』という冊子を作り、「石川三四郎追悼号」として世に送り出している。

高群逸枝はここに「船橋のお宅のことなど」という追悼文を寄せ、それは『石川三四郎著作集』第一巻の月報にも収められている。その冒頭で高群は、「私には石川さんとの面識はない」と言っている。高群のアナーキズム時代を知る人にとって、これはやや意外に感じられるかもしれない。というのも、石川は一九二九年から三四年まで『ディナミック』を発行し、高群は一九三〇年から三一年まで『婦人戦線』を主催し、両者とも同時代にアナーキズムの論陣を張っていた主要な論客だからである。

住居も高群が上荻窪六二一九（荻窪駅の北西）におり、石川の共学社とそう離れていない。歩きでも一時間ほどの距離であって、高群は一度だけ徒歩で共学社を訪ねたが、あいにく留守で面会せずじまいだったという。

さらに高群は一九三一年、共学社により近い世田谷町満中在家五六二（世田谷区桜二—七—三、現在公園になっている）に建てられた「森の家」と呼ばれる一軒家に転居する。そこは「石川さんのお宅のように、やはり一軒家で木立が深く、二階の書斎の窓からはおなじような方角に富士がみられた」そうだ。

高群は石川の「主著とおもわれるものは、たいがい読んでいる」と書いているけれども、高群の書いたものの中に直接石川に言及する文章はほとんどなく、せいぜい『大地に立つ』二巻一号の「思想の共同確立」において、農村アナーキズムの一例として触れているものが見出される程度である。自治コミューンの提唱や農村への傾倒など、同時代のアナーキズム思想家としての共通点は有しているが、その中で石川と高群の間に何か特別な思想的接点を挙げようとすると、これが案外難しい。

むしろ興味深いのは、アナーキズムに出発した二人が、その後も接点はないままでありながら、共に東洋的な、あるいは日本的なものに着目し、それを歴史的な研究によって辿り、最終的に天皇賛美へとたどり着いている点である。アナーキズム論客であった高群が、一九三一年に『婦人戦線』を手放して歴史研究へと進んだこと、そして太平洋戦時中から戦後までを通じて、明らかに天皇制支持者であったことは、『日本婦人』を始め高群の書いたものによく現れている。

石川も三カ月の中国旅行から帰国した一九三四年に『ディナミック』を廃刊して東洋史研究へと没頭し、敗戦後すぐに書いた「無政府主義宣言」（未発表、著作集四巻収録）で「我が清純高雅なる今上天皇を我等無政府主義者が敢て擁護せんとするは、実にこの天則、自然の憲法に基く」として天皇を擁護している。

このような二人の同時代的な遷移の共通は、転向の有無、近代の超克の視点、戦後の天皇制など、様々な観点から論じることができそうである。しかしここで詳しく論じる余裕はないので、とりあえずその共通点を指摘するにとどめたい。

昭和初期に見出した東京郊外の一軒家から一度も転居することなく生涯を全うした点でも、二人は共通している。両者の思想には、当時の自然豊かで牧歌的な武蔵野の台地が与えた具体的な生活実感が、共通の基層をなしていたのかもしれない。

（蔭木達也）

柳田國男（一八七五—一九六二、民俗学者）

【柳田「聟入考」と高群『母系制の研究』】

一九二九年に柳田國男が「聟入考」という論文を発表したことは、婚姻史研究者にはよく知られている。この論文は、「聟入」の「風俗」、婚姻に際して婿が嫁の家に行き嫁の両親と対面するという儀式を分析し、古代の婚姻儀礼が「聟入」と「嫁入」のペアでできていたこと、つまり過去の婚礼は男家でのみ開催される儀礼ではなく、男女両方の家で一回ずつ開催するものだったことを明らかにしようとしたものである。

しかし、この論文に「史学対民俗学の一課題」という副題が付せられていることはあまり知られていない。この副題や、やや挑発的な柳田の文章の中には、歴史学において十分に取り上げられてこなかった「婚姻風俗」の問題に、民俗学の視点から切り込むのだ、という気概が込められている。

「前代の社会生活、殊に家族組織の特質を尋ねて見ようとする者が、直ぐに起す疑問の一つは、日本の婚姻風俗は今と昔と丸で変つて居るが、それが何時から変つたか、又如何なる事由に基づいて変つたかといふことである。此様な大切な、又何人も知らねばならぬ歴史問題は、夙くにも一言を以て答へられる様になつて居るべきであるが、自分の知る限りに於てはまださうなつては居ない[1]」。

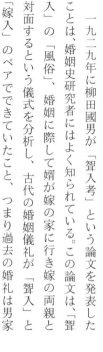

一九三八年に高群逸枝から『母系制の研究』を献本された時、柳田は「貴著は早速拝読し」た、「私のもつ材料は何でも利用に供します」と好意的な手紙を高群に出し、早速『婚姻習俗語彙』（民間伝承の会、1937）を贈った。ただ、高群の研究内容に詳細な応答をすることは、柳田にはできなかった。

一九二八年から三八年に至る一〇年の間に、唯物史観の広がりなどを背景として日本の歴史研究は飛躍的に進歩していた。高群以外にも、渡部義通や中川善之助らの研究が、柳田の問題提起した課題に対する歴史学上の研究水準を大幅に塗り替えていたのだ。同時に柳田の仕事は、大間知篤三や有賀喜左衛門が引き継ぎ、中川らとの学問的応酬のなかで発展させられていた。「聟入考」が再収録された『婚姻の話』（岩波書店、1948）では、「史学対民俗学の一課題」という副題が削除されている。初出の一九二八年から二〇年を経たこの頃の柳田は、もはや「両学の対立を余り意識していなかった」[2]との宮田登の推測は、妥当であろうと思う。

注目するべきは、婚姻氏研究における高群の柳田民俗学に対する貢献である。柳田の婚姻研究はよく知られていたとはいえ、歴史学においては依然、興味深い事例を歴史研究の素材として提供してくれるに過ぎないもののように扱われていた。その柳田民俗学を、婚姻史という歴史学の系譜の中で正当に位置付けようとしたのが、高群であった。

一九五三年に出版された『招婿婚の研究』において高群は、「明治初期の横山説とその発展である昭和初期の柳田氏説が、江戸期の儒学側にきざした絶対的方法論をそれぞれのかたちで踏襲したものとおもわれる」[3]として、柳田の立論は横山由清の議論の系譜に位置付けられうるものであり、しかもその議論はひいては江戸期の「儒学」的方法論を引き継いでいるものだ、という史学史的整理を行う。「招婿婚」を立証しようとしていた高群と、「招婿婚という語は私は賛成しません」と高群に書き送って母系制を否定する立場にあった柳田とは、当然ながら相容れない見解を有していた。

しかし高群は、だからといって柳田の研究を無視することはせず、その見解の立脚点の研究史的背景を明らかにすることで、学問上の相違点を明示したのだ。広範な資料の読み込みとそれらの研究の一つ一つに対する高群のリスペクトが、ここに現れているといえよう。

村上信彦は『高群逸枝と柳田国男――婚制の問題を中心に』（大和書房、一九七七）で、民俗学からの高群に対する再批判のないことを問題視しているが、むしろこの高群の整理によって、柳田は自らの研究の歴史学における位置付けを教えられたのであって、その整理が正当だからこそ、応答の必要がなかったと見るべきではなかろうか。高群の整理は、両学を対立から補完的な関係へと転化したのであって、その先の両学の相補的な発展は、後学である私たちに委ねられている。

注

(1) 柳田國男「聟入考――史学対民俗学の一課題」大塚史学会編『三宅博士古稀祝賀記念論文集』岡書院、一九二九年、五七二頁。
(2) 宮田登「解題」『柳田國男全集』第一七巻、筑摩書房、一九九九年、七二一頁。
(3) 高群逸枝『高群逸枝全集／第二巻　招婿婚の研究一』（初出一九五三年）理論社、一九六六年、一六一一七頁。

（蔭木達也）

家永三郎（一九一三―二〇〇二、日本史研究者）

【高群婚姻史への評価】

「高群逸枝という女性である女性史研究者と私とのかかわりは直線的ではなく、はげしい起伏に富んでいる。もともと私はこの人とは別世界に生きてきたのであって、後述のとおりその晩年に文通する仲になったけれど、ついに一度も会う機会無く幽明堺を異にしてしまった」。

高群逸枝没後、二十余年後に家永三郎氏が記した「高群逸枝について」の一文である。[1] 家永氏が最初に高群著書を手にしたのは、一九四七年の『日本女性社会史』で、日本読書新聞からの依頼を受けて「わざわいするモルガン的色眼鏡　高群逸枝著　日本女性社会史　女性史に立つ」[2]の短評を書いたが、「モルガン＝エンゲルス学説のひき写しであることを、あんまり同情のない筆で指摘」[3]したという。高群は「家永三郎氏の書評に答う」と応答している。[4] この家永‐高群の応答は、栗原弘氏が活字にされている。[5]

家永氏の高群への評価が大きく変わったのは、一九五三年刊行の『招婿婚の研究』だった。奈良時代までは他民族からの類推が多く、婚制推移段階の設定などには同意できないものの、平安時代以降の膨大な公家日記の丹念な実証研究は、家父長制大家族学説をくつがえすに足りる独創的研究で感銘を受ける。家永氏は戦時中から、性的結合としての結婚を中心に家族関係を見てきており、高群を評価する蓄積があったからという。なお、『招婿婚の研究』跋に掲載された「高群逸枝著作刊行後援会」発起人二百名の中に家永三郎氏の名が見える。

その後、家永氏は高群婚姻史を積極的に取り入れ、一九六一年の「古代人の結婚生活と性道徳」では、マルクス＝エンゲルスを必読する進歩的歴史学者さえも看破できなかった日本の婚姻生活を、女性である高群逸枝が画期的研究を大成した、と高く評価している[6]。

しかし、その後の『女性の歴史』には、史料・史実の収集、先行研究成果の吸収等で『招婿婚の研究』とは比べものにならないほどの見劣りを感じる。そのために、御自身の著書を贈ったところ、高群から自己批判と「あなたの御業績全般からまだ多くのものを学びとるべきであったとの切実な悔恨」の返書をもらい、高群の学問に対する真摯な態度に敬意を表されている[7]。家永氏の『女性の歴史』への見解は、筆者も含めた多くの日本史研究者の認識に近い。

家永氏は、「高群逸枝について」の最後に、一九八三年に刊行された鷲見等曜氏等の高群批判に対し、「女性史専門家の具体的見解を聞きたいとの念切実である」と締めくくられている。私事で恐縮だが、女性史を学ぶために東京教育大に学士入学した筆者の卒論は、直接には和歌森太郎先生に指導していただいたが、都留文科大学学長で東京教育大では非常勤講師だったため、書面上の指導教員は家永三郎先生だった。三十余年後の今、本書の編集にたずさわる機会を得て、「女性史専門家」として、鷲見等曜・江守五夫・栗原弘各氏等の高群婚姻史批判に対し、史料に即した実証的な反批判を本格的にスタートすることができた。

栗原弘氏は、高群意図的誤謬説・捏造説を展開し、「高群は女性史に理解のある家永氏を傷つけた」[8]とされるが、栗原氏こそ高群と共に家永先生までも傷つけたと筆者は考えている。家永先生への学恩に少しでも応えることができる様、人生最後の仕事として、高群婚姻史を史料に即し、批判的に継承していく決意を固めたところである。

（服藤早苗）

注

(1)家永三郎「高群逸枝について」（『歴史評論』四五五号、一九八八年）。
(2)『日本読書新聞』四二五号。
(3)家永三郎「高群逸枝について」五九頁。
(4)『日本読書新聞』四二七号。
(5)栗原弘「家永三郎と高群逸枝」（栗原弘『高群逸枝の婚姻女性史像の研究』高科書店、一九九四年）二六—七頁。
(6)家永三郎『歴史家のみた日本文化』文藝春秋新社、一九六四年、初出は一九六一年。
(7)家永三郎「高群逸枝について」六一頁。
(8)栗原弘前掲書、二四頁。

徳富蘇峰（一八六三―一九五七、ジャーナリスト）

【『大日本女性人名辞書』『母系制の研究』に推薦文、序文】

日本近代言論界の巨人・徳富蘇峰（一八六三―一九五七）は、高群にとって同郷の偉大なる庇護者であり後援者だった。高群の歴史研究が著作という形で実を結ぶ時、陰に陽に姿を現すのが蘇峰である。

高群が一九三六年に刊行した『大日本女性人名辞書』に蘇峰は推薦文を寄せて、高群を「先登者」と称え、紹介記事では次のように書いた。『大日本女性人名辞書』を、独力にて編纂しつゝありとの企を聞き、心私かに其志を壮なりとし、其の成功を祈っていた。同時に白状すれば、物になるかと、聊か危んでいた」。「然るに今や案頭に本書を閲して、実に望外の感がある。それはたゞに物になりているばかりでなく、立派に物になりているからだ」。そして、「孤立無援の一女性の作物」として、女性のために「大に気焔を吐くに足るものがある」と評し、「心から此書の刊行を祝福するものだ。祝福せざるを得ぬものだ」（『東京日日新聞』夕刊、一九三六年十一月三日）と結んでいる。

『大日本女性人名辞書』に続いて世に出た『母系制の研究』（一九三八年）には、蘇峰の序文が冠せられた。出版にあたって蘇峰の存在と力がいかに大きかったかを示すのは、高群の次のようなメモである。「私が戦時中に母系制や辞書を書いたとき、皇室の婚姻については、ふれてはならぬときつい通達があった。とくに母系制に皇室をだしにつかうなど以てのほかだったらしい。しかし学術研究にそれをぬきにしては成り立たぬので、蘇峰先生の序文をもらって、そのかげにかくれてどうやら発表ができた」（橋本憲三・堀場清子『わが高群逸枝（下）』朝日新聞社、一九八一年、二四六頁。『子守唄ノート』中の「今昔の歌」メモより堀場が採録）。

一八六三年、熊本に生まれた蘇峰は、同志社に学ぶが退学して帰熊、大江義塾を開く。一八八六年『将来之日本』を刊行、上京して民友社を設立し、総合雑誌『国民之友』を創刊した。ついで『国民新聞』を創刊して平民主義を唱えたが、日清戦争後は国家主義に接近、一八九七年に第二次松方内閣の内務省勅任参事官に就任した。日露戦争開戦時には桂太郎首相の意を受け戦争に向けて世論の統一を担うが、一九一三年桂が死去したのを機に政界を離れる。関東大震災で全壊の被害を受けた国民新聞社は、経営立て直しのため東武鉄道の根津嘉一郎の出資により窮地を脱するものの、根津との不和から、蘇峰は一九二九年に国民新聞社を退社した。『国民新聞』創刊から、約四〇年後のことである。

　蘇峰が『大日本女性人名辞書』『母系制の研究』に序文や推薦文を寄せたのは、国民新聞社を退いて『大阪毎日新聞』『東京日日新聞』の社賓となり、『近世日本国民史』やコラムを連載していた時期である。『母系制の研究』刊行年時点で高群は四四歳、蘇峰は七六歳。高群はその後一三年余をかけて『招婿婚の研究』を完成させるわけだが、その長い道のりの出発点近くで高群が蘇峰に宛てた書簡がある。そこで高群は蘇峰から写真をもらい受けたことにふれ、「まのあたり拝顔の心地せられ ありがたく〱 永く棒持してお恵みを仰ぎたいと存じます」（一九四〇年五月六日書簡）と感謝の言葉を綴り、さらに、写真だけでなく書をもと願い出ている。「先年 お恵み賜はりました 御尊影を朝夕拝して 精進いたして居ります 更に 先生の 御書を 掲げたいと切に〱願って居ります」（一九四一年一二月一五日書簡）。鹿野政直が「逸枝には、父嵋泉が空しくくちさせた志をとげた人物として、蘇峰への傾倒がかなり深かった」（鹿野政直・堀場清子『高群逸枝』朝日選書、一九八五年、一九八頁）と指摘しているように、蘇峰への高群の思い入れ、そしてその切実さを物語る書簡である。

「先生の御書を掲げたい」と高群が蘇峰に書き送った翌年、蘇峰は大日本言論報国会の会長に就任し、言論思想分野における戦意高揚を主導していく。同じ頃高群は、記紀にみえる神功皇后の朝鮮半島出兵譚をとりあげ、「現下の聖戦と対照しても深い意義をもつ」ものと位置づけたうえで、日本神道を「愛と知恵とに充ちた人類救済の理想」と言祝《ことほ》いで、日本と半島の一体化という侵略と征服の構図を「秩序の回復」という論理で糊塗していった（「神功皇后」高群逸枝論集編集員会編『高群逸枝論集』JCA出版、一九七九年、二二一―二三〇頁）。

　戦後、一九五三年の『招婿婚の研究』出版にあたって蘇峰から寄せられた祝詩が、高群の自伝『火の国の女の日記』に載せられている。「辛苦修成三十春／紅顔謝尽白頭新／世間

才媛似雲湧／篤学如君有幾人／高群女史大著成／卒賦二十八字／聊表祝意／同郷老書生」（三七二頁）。

こうして、蘇峰は高群の歴史研究を見守り、常に高群の傍にいた。高群は蘇峰の写真と書に見守られ、蘇峰を伴走者として研究人生を駆け抜けたのである。立場の変遷や思想のふれ幅の大きさという点で両者はともに近代日本の歩みの体現者であり、その大志と躓きと教訓をもって、現代を生きる人々に向けて国家や歴史をめぐるアクチュアルな問いを発信し続けている。

※杉原志啓・富岡幸一郎編『稀代のジャーナリスト・徳富蘇峰　1863-1957』（藤原書店、二〇一三年）の各論考及び米原謙『徳富蘇峰——日本ナショナリズムの軌跡』（中公新書、二〇〇三年）を参照した。新聞記事からの引用は旧字・旧仮名遣いを新字・現代仮名遣いに改めている（ルビは省略）。
※高群の蘇峰宛書簡は（公財）徳富蘇峰記念塩崎財団所蔵。閲覧の便宜を図っていただいたことに記して謝意を表します。

（丹野さきら）

折口信夫（一八八七—一九五三、民俗学者・国文学者・歌人）

【『死者の書』における「郎女」、または高群の転生譚】

民俗学者、国文学者、そして歌人として知られる折口信夫（一八八七—一九五三）は、高群と世代が近く、婚姻史・婚姻論への関心も共通していた。両者に関しては、折口のまれびと論と高群の婚姻論をめぐる発想の相似性や、「血統の自然性」に対する異議申し立てという共通項について論じたことがあるので（「再生する神々」『現代思想』第四二巻七号、二〇一四年）、ここでは別の角度から両者の接点を探ろう。折口の小説『死者の書』に着目し、『死者の書』に登場する人物に、もう一人の高群としての輪郭を与えてみたい。

『死者の書』は、折口が生前刊行した唯一の小説である。奈良・当麻寺に伝わる伝承をもとに、八世紀後半の奈良時代を舞台として藤原仲麻呂、大伴家持など史実上の人物を登場させつつ、折口が自由に趣向を凝らして作りあげた作品である。主人公は、藤原氏繁栄の基礎を築いた藤原四子のうち南家・武智麻呂の血を引く少女、郎女《イラツメ》。ある「俤《オモカゲ》」をおって当麻寺にやってきた郎女は曼荼羅を織りあげ、この世にとどまっていた死者の「執心」を浄化して新しい生命を与える。

高群と折口の接点を見いだすうえで注目されるのは、「才《ザエ》」（勉学）に対する郎女の情熱である。

「なかなかの女博士《おなごはかせ》での」（『死者の書』一〇九頁）とは、郎女の叔父である藤原仲麻呂の言だが、周囲の人々から不審の眼を向けられながらも、郎女は勉学への執着を押し通す。小説ではそれとなく、「上つ方の郎女《いらつめ》が、才《ざえ》をお習い遊ばすと言うことがおざりましょうか。それは近代《ちかつよ》、ずっと下《しも》ざまのおなごの致しはじめたことと承ります」（八一頁）という姥たちの控え目ながらも断固たる非難、また、「南家には、惜しい子が、女になって生れたことよ」（五五頁）という帝の言葉によって、身分や性別による格差が仄めかされている。こうした社会において郎女という存在がもつ象徴的意味を、折口は次のように表現する。「磨かれぬ智慧《ちえ》を抱いたまま、何も知らず思わずに、過ぎて行った幾百年、幾万の貴い女性《にょしょう》の間に、蓮《はちす》の花がぽっちりと、莟《つぼみ》を擡《もた》げたように、物を考えることを知り初《そ》めた郎女であった」（九一頁）。

大宰府にいるという建前だが、実は政争に敗れ難波に隠居している父から称賛浄土経を贈られた郎女は、千部手写の発願をし、来る日も来る日も写経に明け暮れる。次第にやつれていき、「昼すら何か夢見るような目つきして」（四九頁）、侍女たちとの会話すら厭うようになる。そのようななかで迎えた春分の日、部屋から西側に見える二上山の二つの峰の間に現れた、「ありありと荘厳《しょうごん》な人の俤《おもかげ》」。さらに半年後の彼岸中日、「雲は火となり、日は八尺《はっしゃく》の鏡と燃え、青い響きの吹雪を、吹き捲《ま》く嵐――」（五〇頁）。そして鮮やかに浮かびあがるその姿を、郎女は再び眼にする。この出会い、そして「俤」への思慕が、郎女を二上山のふもとにある当麻寺へと駆り立てていく。

折口がこの小説を発表したのは、一九三九年である。それは、高群が世田谷の森の家で女性史研究を始めてから八年が経過し、『母系制の研究』を刊行した翌年にあたる。この前後の記述を高群の日記でおってみると、「ツマドヒ」や「ムコトリ」という婚姻語の推移が婚姻形態の推移を示していることに気がつき、「招婿婚研究の勝利感」をおぼえて「確信のもとに白熱化し、寝食を忘れた猛烈なものとなった」（『火の国の女の日記』二九〇頁）研究の様子が記されている。「鉄の規律」を自らに課し「面会お断り」の札を掲げ、扉を閉ざしたままで研究に没頭する高群の姿は、「現代の郎女」と形容できるかもしれない。

高群のこのような研究スタイルに対しては批判もあり、その「実証」内容に関する検証も進んでいる。現代の研究者を取り巻く厳しい環境において、高群のような生き方を手本や目標にすることはごく少数の人々を除いては現実的でないし、ひきこもって研究を続けることが時には悲劇を招きもするだろう。だが、折口と高群の思想的共鳴という点で興味深いのは、折口が描く郎女の姿が、もう一人の高群の生きざまとして、希望を湛えていることである。『死者の書』の主要人物の一人でありナレーターとしての役割をも担う大伴家持は嘆息する、「おれは、どうもあきらめが、よ過ぎる」、と（『死者の書』六九頁）。「大伴氏の旧い習しを守って」（六三頁）、氏の重苦しい歴史を背負わねばならないにも拘わらず、どこかそれに徹しきれないところのある家持は、学問への情熱と「俤」への想いを手放さなかった郎女とコントラストをなすことで、郎女の静かなる強靭さを際立たせる。最後まで諦めず己の意志を貫いた郎女という人物を主人公に据えた折口の『死者の書』から、学問に身を捧げた高群へのエールが聞こえてくる。それは、微かだが決して途切れることのない響きである。

※折口信夫『死者の書』は『死者の書・口ぶえ』（岩波文庫、二〇一〇年）から引用している。文中の出典表記では『死者の書』と略記した。

（丹野さきら）

村上信彦（一九〇九―八三、女性史研究者）

【戦後一六年間の往復書簡が語る「相互扶助」的交友の一面】

高群逸枝（一八九四―一九六四）と村上信彦（一九〇九―八三）は、敗戦直後から高群の亡くなるまでの一六年間、書簡だけの交友を続け、全一二五通の往復書簡を残した。これらの書簡を生資料で読むと、高群の筆圧の強い文字や村上の読みやすい達筆の紙背から、二つの個性が戦後の世相のなかで絡まり合ったであろう光景が生き生きと立ち上がってくる。

村上は東京生まれの東京育ち、にもかかわらず、日本の敗戦が決するとすぐ、那須の原野に「開墾百姓」として家族をつれて入植[1]、昼間は開墾の肉体労働に励み、夜だけ執筆する生活を選んだ。その那須の僻地から、村上は高群が長年蟄居する世田谷へ初めての手紙（一九四八・三・一〇）を書く。

すでに高群は、大著『母系制の研究』（一九三八・六）をもつ女性史学の第一人者だった。面会謝絶で学究一筋をつらぬくストイックな生き方も含めて、村上は高群を深く敬愛していた。村上が第一信で両者の接点として最初に挙げたのは、「アナキズム時代のあなたを知っている私」、という思想基盤の共有である。つづいて、自身の長年の抱負が服装史の観点から女性史をまとめることだと述べる。つまり、高群と自身の接点を、アナキズムと女性史研究の二点に絞って自己紹介しつつ、後輩としての礼を尽くして書簡での交際を申し入れたのである。

敗戦後の目まぐるしく変わる言論界に高群は逸早く参入し、二冊の本（『日本女性社会史』一九四七・一〇と『女性史学に立つ』一九四七・一二）を出していた。村上もまた、『女について　反女性論的考察』（一九四七・一二興風館）を出版したばかりだった。当時の文壇では、ＧＨＱによる女性「開放」的な空気の中、古谷綱正や式場隆三郎など男性陣による口当たりのよい女性論がブーム化していて、村上はいまこそ本ものの女性解放論が求められていると考え、自著『女について』を上梓した。村上の主張は、長い歴史を通じて女の自由を奪ってきたものは、洋の東西を問わず、女の身体を拘束する衣服であったという観点に立っていた。村上は高群に第一信を出す以前にその本を別途献本していた。

高群は、村上の第一信と著書とを受け取ると、ただちに精読し、早くも二日後には、はがきで礼を述べ、「ふかい感激を与えられました」と書いた（一九四八・三・一二）。次の返信と併せれば、この言葉はけっしてお世辞ではなかった。その二つ目の返信（同・三・三一）から読みとれるのは、高群が自分の直感を確信する人であり、またそれを長く信じる念の勁さ・情の深さにおいて格別な女性だったということである。高群は、「（村上の）女性史についての御高見は、私の考え及ばぬところ」（第二信。傍点、江種。以下同じ）と率直に認め、「衣服史」の「御大成を切望いたします」と励ました上で、さらに「今後ともなにとぞ『相互扶助』をお願い申上げます」と述べ、若い村上を自身と同等の学究として敬したのである。

「相互扶助」は、クロポトキンのアナキズムの真髄をなす。そこには実践が求められていることも周知のところ。村上は先の第一信で、もとアナキズムの女闘士だった高群逸枝への親和感を告白していた。高群はそのことを心にとめていて、村上に「相互扶助」の交際を提案したにちがいない。一六年間の交友には、時には村上の若さゆえの焦燥感から、生活の見通しもなく急きょ那須を引きあげて上京し、音信を途絶するなど、数回の断続はあったものの、その都度村上を高群の方へ引き戻したのは、高群のさりげない配慮であった。

じつのところ、村上の本は当時の論壇の女性論レベルでは時期尚早だった。東西の衣服史を解明する視座として、今では常識となっている文化としての性規範（ジェンダー 注、江種）の問題を早くも提示していた。まだボーヴォワールの「第二の性」（一九四九）さえ登場していないうえに、後年の第二派フェミニズムは影さえ兆してない。本が売れなかったのは当然である。そんな中、高群という最高の同志的読者に恵まれたのは奇蹟というほかない。

一九五三年に高群は『招婿婚の研究』を講談社から出版し、再版を出すほどの成功をおさめた。心に余裕ができると、かつて村上の『女について』が提起した女性論が埋没するのを惜しみ、同じ講談社からそれを新書版として改造出版する計画を、村上と編集者の双方にはたらきかける。村上自身は、脳髄が軋むほどの格闘を重ねたあげく、『ゆがめられた性』（一九五四）と改題し、わかり易い啓蒙書に生まれ返らせることができた。

扉には高群への謝辞を呈し、帯には当時新進気鋭の評論家平野謙が、『女らしさ』とは『父権制社会の落し子』にすぎないことを証し（た—江種補記）この痛烈な批判の書はまさしく革命的とさえいえる」と、最上級の推薦文を寄せた。新書版は版を重ね、評論家村上信彦が論壇に確かな座を得る礎になった。

本稿は、高群の提案した「相互扶助」が、高群の側から村上を扶助した一面を紹介するに留まった。

（江種満子）

注

（1）村上信彦の那須への入植をめぐる考察として以下の拙論がある。江種満子「小山いと子の村上信彦宛敗戦後書簡——反文壇的共闘と村上の長編小説『霧』の批評をめぐって」（『日本近代文学館年誌・資料探索』14、二〇一九・三 所収）。

●えぐさ・みつこ　一九四一年広島県生。一九七二年東京教育大学大学院修了（博士）。文教大学名誉教授。日本近代文学・ジェンダー研究専攻。主著『有島武郎論』（桜楓社）『大庭みな子の世界——アラスカ・ヒロシマ・新潟』（新曜社）共編著『女が読む日本近代文学——フェミニズム批評の試み』（新曜社）など。

市川房枝（一八九三―一九八一、女性運動家）

【高群への惜しみなき援助】

市川房枝は愛知県中嶋郡明地村の農家に生まれた。愛知女子師範を出て、教員、新聞記者をへて上京し、一九一九年平塚らいてうの「新婦人協会」結成に参画した。らいてうと二人で、実践面では主役を務めて、日本の婦人参政権運動を主導した。戦後は政治家（参院議員）として八七歳で死去するまで現役を貫き、活躍した。

高群逸枝は『女性の歴史』の「婦選運動と市川房枝」という項目で次のように述べた。

「平塚らいてうを信念の人、山川菊栄を言論の人とするなら、市川房枝においては実践が先行し、そのうえに言論がめばえ、信念が固められるといってよい行動過程がみられる。」

市川房枝は高群の女性史研究に有形無形の援助をしたことでも知られる。高群が一九三六年一〇月『大日本女性人名辞書』を刊行した時、「高群逸枝著作後援会」が生まれた。平塚らいてう、『東京朝日新聞』の月曜会を主宰していた新聞記者竹中繁子との発議で六四名の発起人が名を連ねたが、その筆頭に市川房枝の名があった。長谷川時雨、新妻伊都子、金子しげり、吉岡弥生、神近市子、野上弥生子、円地文子、山川菊栄、平林たい子、福島四郎、下中弥三郎、窪川稲子、高良富子、守屋東等々が名を連ねている。

一九四八年、竹内茂代が市川房枝とともに森の家を来訪した。市川ははじめての来訪だった。市川はこの時、公職追放の身だった。『日本女性社会史』『女性史学に立つ』の売り捌き金や土曜会の寄付金を、市川らの「婦人問題研究所」を通して送られるようになった。土曜会の寄付金は年額一万五千円ほどで十数年つづいたという。

さらに『招婿婚の研究』が脱稿する頃、まだ出版社がきまったわけではなかった。平塚らいてう、市川房枝、竹内茂代、山高（金子）しげり、志垣寛らで構成される「高群逸枝著作刊行後援会」（一九五二）が出版元を探したのだった。この後援会の代表は市川房枝で、発起人は二百名ほどいたという。出版社との交渉は市川があたり、岩波書店、平凡社にことわられ、講談社が引き受けることになった。初版本八〇〇冊のうち半分にあたる四〇〇冊を著作刊行後援会が引き受けた。発行部数の半分を買いとるというのは本当にすごいことだし、高群にとっても大変にうれしいことだったに違いない。

一九五七年三月にはアジア財団から市川房枝の紹介、山本まつよの好意で『女性の歴史』にたいして研究費一〇万円が贈られ、翌年も引き続き同額が贈られた。市川は高群の健康にも気を使い、女医竹内茂代とともに診察に何度も来訪したし、心温まる生活用品や食料などの物資の援助もした。

一九六四年一月、高群は古稀七〇歳を祝ったが、身体はガタガタで『火の国の女の日記』は口述で『第三部　与えられた道』にすすんだ。春になると病状は悪化、五月一一日午後二時に「市川さんら見える。竹内さんの選択、市川さんの厚生省を通じての配慮で、国立東京第二病院決定」（『火の国の女の日記』）とあるように、市川房枝と著作刊行後援会の人たちが、高群を入院させるなどなにかと世話をした。

共同部屋を嫌がる高群に個室を病院側に斡旋したのも市川房枝だった。橋本憲三が個室にこだわり、それが実現した後、面会謝絶にしたことは市川や刊行後援会の人たちの感情を曇らせてしまった。六月七日高群逸枝が息を引き取った後の葬儀の方法等をめぐって、橋本と市川らとの対立が深まり、自宅でおこなわれた葬儀には市川らが参列しない事態になってしまった。もろさわようこの「高群逸枝」（『近代日本の女性史』第二巻、集英社、一九八〇年）によると、橋本と市川の対立は次のようなものだった。

「祭式は中クラスでいいのではないかとする市川に対し、憲三は最上のクラスを主張してゆずらなかった。市川は当惑して言った。わたしはそんなにお金をだせませんよ、と。市川は主宰する婦人問題研究所を通じ、昭和二十四年（一九四九）から昭和三十六年（一九六一）末まで逸枝の研究に対する物心両面での援助をつづけていた。そして、逸枝の入院に際しても、先立つものはとおもいやり、まず、とりあえず五万円を憲三に渡している。そのなりゆきから、葬式の費用一切も彼女は負担する覚悟でいたのだ。ところが憲三が言った。金なら数百万円の貯《たくわ》えがあるのだから、と。驚きの声が市川らとともに居合わせた人びとから洩《も》れた。高群夫妻の清貧生活はつとに名高く、経済的心くばりをその身辺に寄せていた人びとのうち、憲三が言ったほどの貯えは、そのおおかたの人びとが持っていなかったからである。そのため歯に衣《きぬ》きせないもの言いをする市川が、むきつけに憲三へ言った。それだけの貯えがあるなら、人からの寄金はもらうべきではなかった、と。憲三も憤然と言った。ならば返します、と。」

シビアなやりとりである。一九六四年当時の一〇〇万円は現在の四二〇万円ほどにそうとうする（消費者物価指数約四・二倍から換算）から、数百万ということは、少なくとも一千万円前後かそれ以上もっていたと考えられる。橋本は投資信託や貸付信託によって貯金を運用しており、都心の証券会社に時おり通っていたことで知られる。投資上手だったともいえる。戦後は高度経済成長の時代であるから、財を築くことができたのだろう。

一九五五年、高群は森の家の土地二〇〇坪を彼女の印税と水俣（橋本憲三の妹橋本静枝）の援助で地主から購入している。「森の家」の名義は高群ではなく橋本憲三となっていた（このことについては本書所収の「小伝・高群逸枝」で詳しくふれた）。東京オリンピック開催もあり、東京の地価はかなり値上がりしていたことを考慮すると、「森の家」の所有権と現金や金融資産をあわせて、相当な財産を築いていたことになる。

橋本憲三の強気な態度はこういう事実に裏づけされていたのではと思う。寄付するものと寄付されるものの心理的ズレや軋轢に言及、寄付された側の心理的負荷を考慮して、高群・橋本夫妻の肩をもつ高群研究家もいるが、「数百万円の貯えがある」という橋本の言葉は、寄付した人々の善意を傷つける傲慢なものだったと思う。こういう形で市川房枝たちと決裂したことを、高群は悲しんでいるのではないか。

（山下悦子）

高群逸枝の作品から

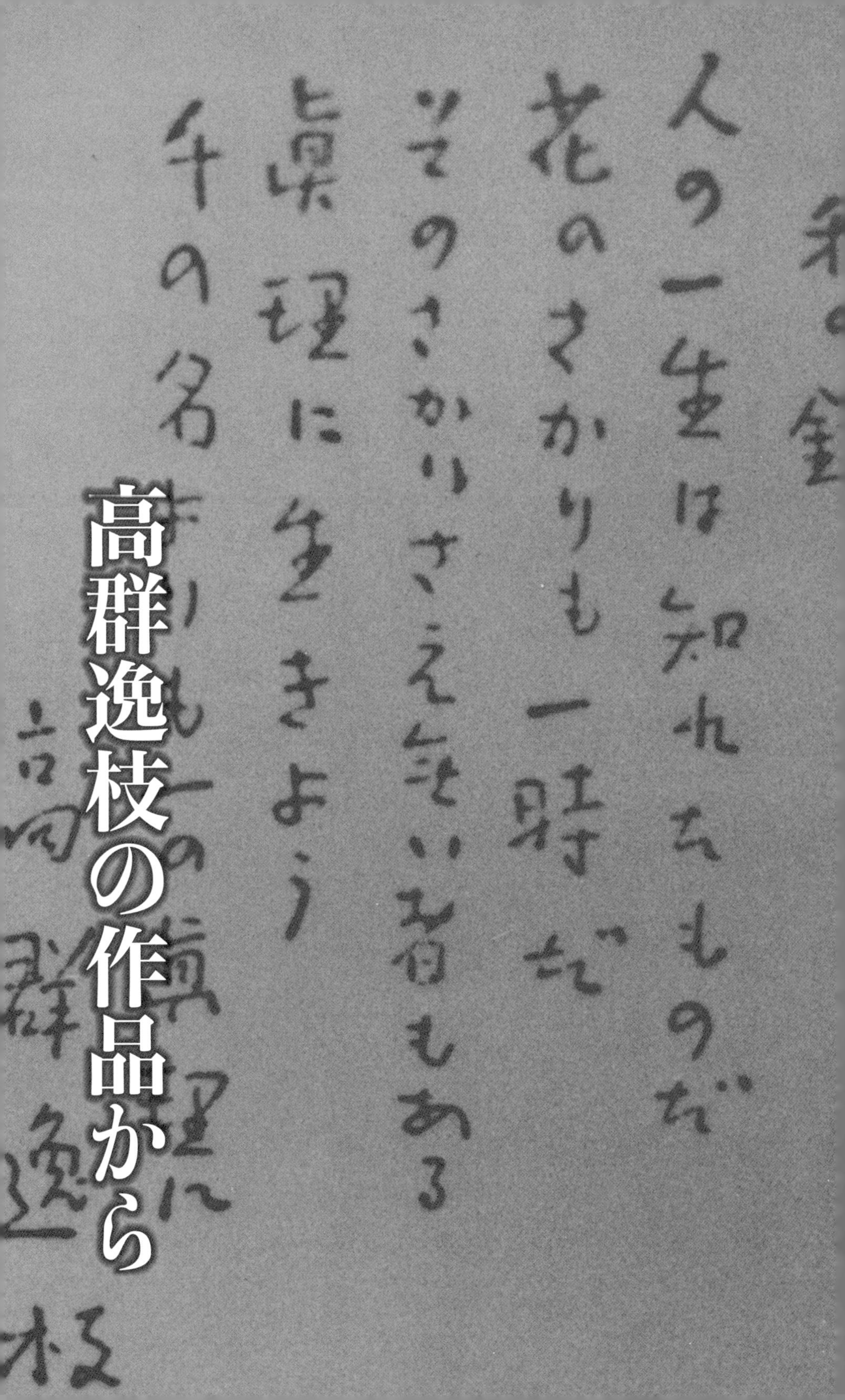
人の一生は知れたものだ
花のさかりも一時だ
そのさかりさえ無い者もある
真理に生きよう

『娘巡礼記』（一九一八年新聞連載）

山下悦子＝選・解説

四十三　遍路のさまざま

若い女の遍路では二十四になるというのがいた。色艶《いろつや》もない髪の毛を櫛巻《くしまき》にして目は凹《くぼ》み頬は落ち身体は痩せて歩く度に倒れそうな、惨《いた》ましい姿。どの点を見たら若い血潮が香っているかと私は、静かに注意したが駄目であった。ただ声だけは枯（嗄）れているが幾分か若いようだ。郷里は伊予の温泉郡だそうで、十八の年から痼疾《こしつ》に取りつかれ、どんなに手を尽して見ても治らないので、お大師様に御願をかけて巡拝しつつあるのだという。

南無大師南無大師南無や大師の遍照尊……。

声を枯らして熱心に捧ぐる御和讃は、さすがに可憐《いじ》らしく聞かされた。まさきかれ君よ。

もう一人は十三の娘、汚れて真っ黒になった浴衣《ゆかた》の上に、縄のようによれた帯を締め、髪は、赤ちぢれて根元には累々たる瘡《かさ》が食《は》み出ている。きたない指でかきむしるとその瘡ぶたが剝げて中から青赤い濁り汁がドロリと流れ出る。その臭気は実に耐えがたい。

その子は生れ国も母の顔も知らない子で父といっしょに歩いている。

父というのは五十四、五、見るから白痴のようで何をきかれてもヘイヘイといっている。これは外の人の話しであるが、この男ある時なぞは警察署へ修業に行って巡査から叱られ、警部から餅を二つ貰い喜んで食べながら出て来たそうな。

「貴女はいつもお父さまと歩いてるの？」

娘のそばに行ってそっと問いかけると、白眼でジロリと見返しながらなかなか返事をしない。

「ね、どうしたの」

優しく手を肩にかけてやっても決して動くじゃない。おしまいには私の方が顔を赧《あか》らめて俟《ま》った。

「では、さよなら」その子が門を出ていく時、私はそこまで見送ってこういうとさすがに彼女もニッコリした。

まあ、嬉しい。私はしみじみなつかしく思って姿が消えてなくなるまで見送った。

雨はいつまでもやまない。お寺の傘を借て蓮池の畔《ほとり》を歩いているとこれも遍路の六十二、三のお婆あさんが、近づいて来て手紙を書いてくれという。そこで本堂へ行って差出された紙に鉛筆でかいてあげる。曰く金送らぬと取殺すとかいて下さい。また南無大師のお兼よりと署名して下さい。酷いお婆アさんだと思って種々《いろいろ》いってみたが駄目であった。そこで「どうぞ送金してくれ」という意味を書いて読んで聞かせると、お婆アさんは聞き分けが出来ないので自分がいった通《とおり》にかいた事だと思って大機嫌である。曰く、

「とり殺されちゃ大変だと思うじゃろ」

四十五　遍路の墓

そこここで遍路の墓というのを見たが、そのいずれも遍路道に近く面して立てられ新しいのは杖や笠などまで置かれてある。

こうして遠く旅に来て、死に行く人の運命を思うと、寂しいような、悲しいような、また仄《ほのか》な夢路を歩くような、微《かすか》な愁いにそそられる。

この庵《いおり》から数町とは離れてもいまい。つい近くの草径《くさみち》の傍《かた》えにも、一つの古い寂しい墓標が立っている。福岡県福岡市重松某と仄によまれた。あわれ巡礼が繊弱《かよわ》き供養を受け給えとて、露草《つゆくさ》の花を手向け水を注ぎ暫くその前に額《ぬか》ずいた。

ちょうど夕方で入日は赤く附近の山々谷々を染め、いうばかりない静謐《せいひつ》は恐ろしいまでに四方《あたり》の空気を厳粛ならしめた。

あゝ遍路の墓――何という懐かしい美しいこの墓の姿であろう。永久に黙然《もくねん》として爾来《じらい》数知れずその前を通り行く遍路の群を眺めて立っているのだ。

(きけばお爺さんの祖父にあたる人もこの土佐の国を遍路中亡くなられたそうな。それでこれからあてもなくその墓をたずねていくつもりである。)

人間である以上生物である以上、何所で死ぬかは分らない。こう書いてる私自身も、巡礼の姿のまま、はかなくならぬとは限られない。

先日は四万土《しまんと》河(十川)のわたしで四十人の遍路が死んだそうな。その中には大分県の人も六人いたという。

その四万土川は、私のこれから行くべき路に当っている。

請う、四万土川よ波静かなれ。私にはまだ私をいつも心から案じて下さる両親がある。私は死んじゃならない。でも遍路の死……それは実になづかしい。暫らくその墓の傍《かた》えの草の上に座し墓標に手を置き、じっと落日を眺めながら色々な事を考えた。

自由！　私は突然跳《おど》り上るようにして心に叫んだ。自由な生、自由な死……然《しか》り、自由は放恣《ほうし》じゃない。真の孤独に耐え得る人にして始めてそこに祝福された自由がある。

自由の色は、血の色だ。若かれ！　高かれ！　尊かれ！　よし、私は、あらゆる障害、あらゆる脅迫と力戦しつつ、私の血の如き火の如き若き生命を、厳粛な自由の絶対境に樹立せしめねば熄《や》まないであろう。

ちょうどこの遍路の墓が郷里を離れた遠い旅路の草原に独り黙然と佇立《ちょりつ》せるが如く私もまた寂しい荒涼たる生死の草原を永久に辿り辿らねばならぬ。

その時夕陽は血の如く赤く私のその独旅《ひとりたび》を照らすであろう。遍路のみ墓よ、さらば静かにおわせ。生より死へ……有為《うい》より無為《むい》へ……道は一路であるものを。ああ大悟徹底とは大なる諦めである事を今に及んで知る事が出来た。

四十八　狂瀾怒濤

七《（八）》月二日伊豆田《いずた》越えの難を抜け四万土《（十）》川の渡船場《とせんば》に至る。評判ほどに大きい川じゃない。船を下りて行く事数里、道々幾人かの遍路に会う。同類項は仲が好い。双方から多年間の知己のように馴れ馴れしく話し合ったり笑ったりする。遍路の大方は順ばかりだ。私たちのように逆にまわる者は非常に少い。入野《いりの》とよぶ小宿駅を過ぎるや遠雷の如き音響を耳にす。お爺さんを後に一散に海岸に出ると、

快絶！　白浪《はくろう》高く天に躍りて飛沫濛々《もうもう》雲煙の如し、何ぞその壮絶なるああ何ぞその――。

暫く無言、わが身直《ただち》に狂濤《きょうとう》に接す。あわや！　足《あし》土を離れて飛ばんとす、その間髪《かんはつ》をいれず、

「何を？」お爺さんに引止められ愕然として我に帰る。ああ何という恐ろしい事実――いま思っても戦慄を禁じ得ない、恐ろしい事実であった。お爺さんは色々と仔細《しさい》を訪ねる。しかし私には何ものもない。ただ私の魂が彼《か》の狂波怒濤と一致したのだ。それだけだ。私は急に恐ろしくなって駆け出した。でもそれは無駄な事だ。行っても行っても海岸の道は続いている。「ここに泊りましょう」私はとうとうある木蔭の草原

に疲れた身体を横にしてしまった。そして凝乎《じっ》と海の光景をしみじみとした瞳で眺めまわした。夕方である。この辺り波が烈しいので飛沫が銀の煙をなし濛々と立ち罩《こ》めているため水平線も判然《はっきり》とはわからない。

すぐ足の下に浪が狂っている。

闇は次第に迫る。白い闇だ。見る見る視界は狭められ見る見る真っ白な闇が幕のようにたれ下る。その闇の上に星が浮かぶ。お！　天《あま》の川！　行く方も分らずその白いもののドン底になだれ落ちそうだ。お爺さんは早や横になってしまって居る。最初は私を気づかっていたがもう安心なすったらしい。

海と夕やみと、七十三の萎《しな》びた老人の亡骸《なきがら》の寝姿と――私は静かな落ちついた心で「死」を考えた。

●作品解説

若き日の高群逸枝二四歳の時に書かれた連載記事。事実上のデビュー作。橋本憲三の手が入らない数少ない作品で高群逸枝を知るための必読書といってよい。『高群逸枝全集』には未収録。汚辱の沼を脱出して漂泊の旅を続けることによりいかに生くべきかの問題を解決したいのがこの旅行の願いだった、と高群は『火の国の女の日記』で語った。死装束を意味する白衣に身を包み一杖一笠、十円の稿料以外は無一文という状態で「生も死も天命である……ただ私の有りのままなれ」といった心境を抱きつつ、逆うちという厳しいコース八十八ヶ所を歩き続けた。半年の連載記事は若き日の高群の初々しい感性に充ち溢れていたせいか、かなりの反響があった。高群は『恋愛創生』でエレン・ケイ批判を行ったが、エレン・ケイに潜む優生思想に相容れないものを感じていたようだ。病苦や障害を持つ遍路や様々な苦難を背負っている遍路を目の当たりにした巡礼の経験が、優生思想批判に結びついたのではないか。

高群は橋本との結婚生活での引っ越しの際に、切り抜きを失くしてしまったため、生涯自分の連載記事を手にすることはなかった。熊本在住の方々が筆写して橋本憲三に連載記事を送ったため、橋本は最晩年（一九七八年五月死去）に連載記事を読むことができた。橋本は堀場清子に「あれは未熟で、評判倒れのものでした」と語ったという。ここにも高群と橋本の感性のズレがある。堀場氏をはじめ多くの人々の努力により「本」という形で蘇ったのは、一九七九年一月だった。実に貴重な一冊である。（一九一八年六―一二月、『九州日日新聞』（現『熊本日日新聞』）一〇五回連載。朝日新聞社、一九七九年一月）

（底本＝岩波文庫、二〇〇四年）

長篇詩『日月の上に』（一九二一年）

芹沢俊介＝選・解説

風は吹いていた。
月は暮れていた。
谿には木の根が
蒼ざめていた。

山の上には娘がひとり、
目をさらし、
耳を傾けた。
真っ赤な螢が飛んできた。

お化けの行列が、
うしろを通り過ぎた。
皿ほどの目をもった怪しい犬が、
這い上がってきて尾を垂れた。

だが娘は、
空を仰いで佇んでいた。
佇みながら夢をみていた。
白い川の夢をみていた。

夜の幕が真っ白にそまり、
天の星が一時に崩れ落ちた。
川の夢は中心を失い、
地平線へと傾いた。

神隠しとしか

思えませんねと、
翌《あく》る日みんながいった。
娘は昏睡《ねむ》っていた。

この子は観音さまから
いただいた子でございますからね。
信心ぶかい母親は、
こういって涙を拭いた。

（『日月の上に』一）

●作品解説

高群逸枝の詩は、どれも長編であり、自伝的である。『日月の上に』は、自伝的長篇詩の最初のものである。ここに引いたのは、その書き出しである。高群逸枝は、自分の人生の発端に、幼年のころ、無意識が経験した神隠し（夢遊病）という出来事があることを、母に告げられて知った。

母は、神隠しにあいやすい、夢遊病的な資質がもとで、娘はやがて、女としてたくさんの困難にぶつかるに違いない、そう直観していた。けれども同時に、娘がどんな危地に陥ろうとも、観音様が助けてくれるであろうとも信じていた。

詩の冒頭を読んで以降、高群逸枝と柳田國男（一八七五―一九六二）は、その資質においてそっくりだと感じてきた。二十歳も年下であり、男女の違いがあるものの、神隠しにあった子ども時代を共有している。共に詩人としての恵まれた才能を捨て、一方はこの国に女性史を本格的に拓くべく一人ひきこもり、他方は常民を視点に、この国を生きてきた庶民の暮らしの部厚い層をたずねて、民俗学を拓くべく各地を歩き始めたのである。こうした未明へ向けての転身は、ともに、神隠しにあいやすい、資質のもたらしたものであったのではないか。

柳田國男は、『故郷七十年』という素晴らしい自伝で、四つの年、あやうく神隠しにあい、失踪するところだったというエピソードをいきいきと語っている。昼寝からさめて、「神戸に叔母さんがあるか」と聞き、母親が「ある」と答えると、急に起き上がって、外に出た。小一里もある遠方をとぼとぼ歩いているところを、たまたま隣家の親爺さんが見つけ連れ帰ってくれなければ、それっきりになっていたに違いない。――

夢は、目覚めた後にも続いていたのだ。この資質は、新体詩人柳田の作品にもくっきりと影を落としていた。「うたて此世はをぐらきを／何しにわれはさめつらむ、／いざ今いち度かへらばや、／うつくしかりし夢の世に、」（「夕ぐれに眠りのさめし

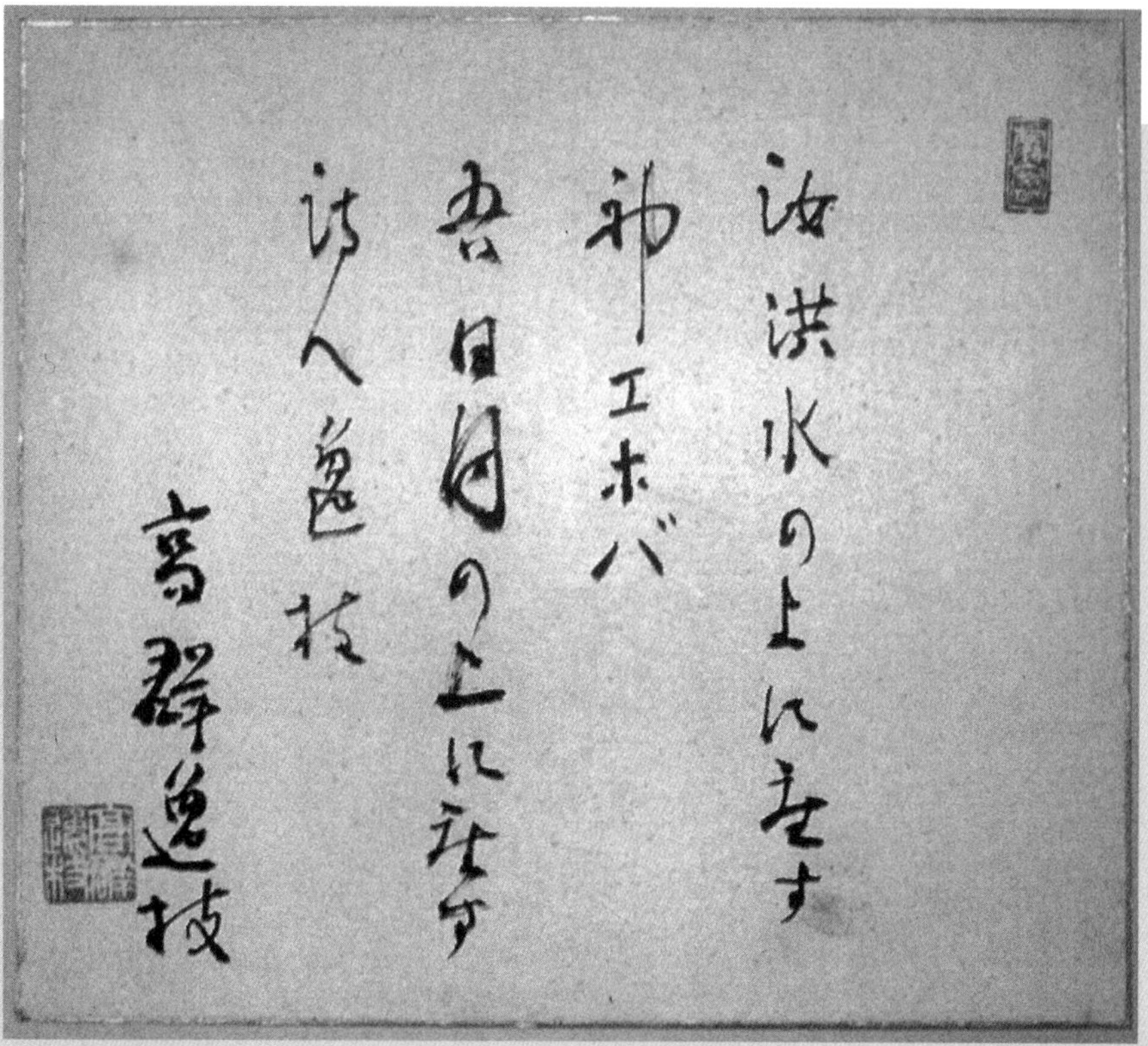

時」）。

　覚醒よりも眠り、現実よりも夢へと引き込まれていく、この傾向なくして、常民などという壮大なモチーフは、生まれようがなかったであろう。

　高群逸枝もまた、他の人の目には決して見えないものを、月明かりだけをたよりに暗い夜空の向こうに透視しようとしていた。眠りながら目覚め、目覚めている時でも夢見がちな彼女を悩ませたものは、この現し世に女として生まれ落ちたことが強いてくるさまざまな現実であった。『日月の上に』は、それをうたおうとしたのであった。

（底本＝『高群逸枝全集8 全詩集 日月の上に』理論社、一九六六年）

長篇詩『東京は熱病にかかっている』（一九二五年）

丹野さきら＝選・解説

私は私のつたない詩のいたるところで、時事を歌うことによって、懐疑もしくは生みの苦しみ、こうした渦巻の中にある「あるもの」を見ようとした。その「あるもの」がなんであるかは、この詩を読んで下さる諸子とともに静かに考えたい。たとえば、燈火親しむべき秋の夜などに。（…）

私はぽつねんとして座っている。こうした時に私の胸を満たすものは、荒涼たる感情である。私は満たされることもなく、われと自ら沙漠のようなところへ足を踏みこもうとする誘惑から放たれないでいる。／私はなんの慰めもなく、ただ墓場のようでもあれば、悲しくもある。「すべての妄想は、どの現実よりもいっそう実際的である」私はこの信仰から脱れることができない。（…）

なんという暗い生存、私は私の個人的告白としてなら、こういう言葉で瞞着するよりほかに術を知らない。／瞞着、この最後のスフィンクスに祝福あれ。

（「序」）

＊

黒の日本。白の日本。赤の日本。黄の日本。／日本は廻る。転《ころが》る。射《さ》す。虹の輪が空にかかる。／社会がなんだろうという気になる詩人に、／天の栄光と、花の祝福と、もろもろの嘆きとあれ。

（第二節「黒の日本」）

＊

わたしの言葉は都会の文法のために、／はからずも原始性をうしなってしまった。／いやな憎い東京、わたしは東京を侮蔑する。／わたしはそこにみなぎっているあらゆる風潮を憎む。またすべての人間、男、女、金持、貧乏者を、／雨となって打ち流し、洪水のなかに溺れしめたい。／生活のきずながわたしをさえぎり阻んでいる。／もくもくとした、物悲しの極みなる人生よ。

（第二節「黒の日本」）

＊

帝都は午睡時。法律事務所の扉《どあ》の照り日は、／道行く人の三角形の額の、／矢を放つ光の断片と一致している。雨と降る光をかぶった真っ暗な目玉。／その駆除法を追及している役人たち。／おお、治警第十七条。汽車の汽笛は思想を突きさす。／その底には蟻地獄がうごめいている。／暗い牢屋。青ざめた窓。

天は虐政の霧にて蔽われ、血はどぶのなかに塗りこめられている。／汽車は轟き行き、虚偽は太陽のなかで安息している。／午睡時の帝都。

（第三節「午睡時の帝都」）

＊

天地暗澹として、大東京は、絶え入るばかりの美しき、／血と飛沫との時刻とはなりぬ。／迷故三界城。悟故十方空。／本来無東西。何処有南北。／東西の涼風に浸されたる柱の数をよんで、／脳のぶつぶつの泡、妄語の泡を、／誰かは打ち払うらん。

（第九節「共産党事件大学事件」）

＊

リズムは熔炉である。事物。物象。涙。廻転椅子。／驚くべき線、点、誤謬をさえも、大胆不敵に熔かしのめらせる。

（第十九節「ブルジョア文士を嘲る歌」）

＊

諸君、迷うな。／血を血で洗う。血。血。ブローカー。／ひやめし喰い。

あれはアナとボルだ。／飛《と》っ沫《ば》。／悲憤。もがく芽生え。風は吹く。吹く。

暗夜。星。木の根。彼方は明るい。／アナ行け。ボル退け。／時代も歴史も。／自由。悪夢。行け。行け。利己心。正義。

（第二十一節「アナとボルとの話」）

＊

労働者

オレたちが長い時間働くほど、資本家はオレたちを余計搾るのだ。／そして失業者を多く出すのだ。／長時間労働は結局オレたちの共喰いに終わる。／不景気は資本主義の必然の産物だ。／儲からないとてオレたち労働者を飢餓にさらすのは、／資本主義の墓穴にオレたち労働者を打ち込むのだ。

オレたちは長い時間の労働にオレたちの力で抗議し、／不必要な失業にオレたちの血で抗議しよう。／だが兄弟、オレたちはさらに進んで、／失業のない社会、飢餓のない社会の建設のために根強く戦おう。（第二十二節「五月の花祭」）

「家出の詩」より

いつまで眠っているか男たちよ。／また女たちよ。／世間並みの道徳から、／いつまで目をさまさないのか。

長の年月私は悶えた。／所有被所有の雰囲気に。

この雰囲気は、遺伝の法則によって、／わが夫をも、／私自身をも支配した。

＊

私は私自身にぜったいの、／自負と自信とをもち、／私自身を自然の使いだとしている。

なぜなら、無限の叡知で、／そこは泡立っているから。／私はどんな学者がきて挑んでも、／みごとにうちかつ。

これは女の本能である。／女の自覚である。／本能と自覚にまさる、／権威がどこにあろうか。

ひとは女には、／同情を惜しまない。／けれども女の感情と、／その必然とを知らない。


所有被所有の雰囲気は、／この社会の社会的雰囲気の中心。

／労働者は資本家に。／小作人は地主に。／妻は夫に。

＊

識者らよ。自覚せよ。／現在の不合理な社会を、／根底から打破するには、／不合理な家庭、／家庭のなかの不合理な雰囲気を、／このままにしておいてはならない。

雰囲気とはなに。／たとえば妻のする仕事を夫がしたり、／加勢したりするのを、／恥じるような。／たとえば妻に対しては傲然としていなければ、／男らしくないとしているような。

＊

この雰囲気。この雰囲気。／夫婦はこの雰囲気のなかで、／ひたすら世間並みであろうとしてもがいている。

世間並み、この言葉、呪われてあれ。／この不合理な、俗悪な世間を、／彼らは最高のものとしているのか。

＊

人はいつまで結婚という形式に執着しているのだろう。／たとえば私有財産という制度に、／執着しているのと同じに。

私有財産制度の不合理は、／無産者が痛感する。／結婚制度の不合理は、／女が痛感する。

女の真の自覚は、／結婚制度の改革などでなく、／結婚制度の撤廃を要求する。
まだ真の自覚をした女を見ないこんにち、／このことは男たちの手でうやむやなものになっている。
結婚に重大な意味をおいて考える習慣は、／所有被所有、支配被支配を原則として成り立っている、／社会の泥の習慣である。

＊

無産階級の男たちよ。／祝われてあれ。／つぎの時代の男たちよ、／真の意味の民衆よ。
個人的にも、社会的にも、／徹底的に所有被所有の観念および制度を排斥すべく、／選ばれた民よ、祝われてあれ。／女は、かく語る、血をもって。

●作品解説

「地平線は赤くて、風さえ熱病にかかっている」「妖怪の進行曲」「極彩色の空虚なシャボン玉」――詩人・高群が骨太な筆致で描き出す帝都。時は一九二二―三年、関東大震災前夜。目次が詩の遠大な世界観を物語る。

「1徹底唯物思想序曲／2黒の日本／3午睡時の帝都／4地租委譲進行曲／5真理は汝の名を呪う／6バスチーユの再現／7高尾平兵衛／8桑木博士の教育哲学観／9共産党事件大学事件／10あるアブサン党と長谷川如是閑／11お葬いの夜のボロ仲間／12文士有島武郎／13揺れる吊燭架特権階級の地下室／14おおこよなかりしよスタール夫人／15牢屋の壁の干割るる時／16地獄の看護婦／17大倉喜八郎脱税の賦／18大蒜《にんにく》の臘腸《ちょうづめ》軍事研究団／19ブルジョア文士を嘲る歌／20端唄／21アナとボルとの話／22五月の花祭／23基督教抹殺論／24袂を上げて連山に問う／25糸を紡ぐ老媼の物語」。

ここにあるのは、虐げられた者たちに沈痛なまなざしを注ぐ詩人による、不条理への絶望の記憶と断固たる抗議の記録である。詩人は自由と自然を謳い、新たなる社会の扉を開こうとした。一世紀の時を超え、今日的熱病のなかで現在するその扉の向こうに、読者は何を見いだすだろうか。

付録「家出の詩」は「世間並み」を排撃し、自らを家出へと追い詰めた結婚制度の撤廃を叫ぶ。

（底本＝『高群逸枝全集8 全詩集 日月の上に』理論社、一九六六年）

『恋愛創生』（一九二六年）

丹野さきら＝選・解説

一、一体主義は、恋愛の究極を、一体と見る。一体と感じた恋愛において、生殖し、人類における男女両性の一体化、男女両性の消滅期へまで、子孫を一体的過程の上において維持する本能。

一、一体主義は、ゆえに恋愛に肉欲の随伴するものであることを主張する。

一、一体主義は、恋愛と肉欲とを、おのおの別個の目的をもつものであると見る。恋愛は一体への目的、肉欲は盲目的に生殖する目的。

一、一体主義は、頭の恋愛に足の肉欲の伴うものであることを主張する。頭の恋愛の目的地へ、足の肉欲が子孫を生むことによって、辿っていくのである。

一、一体主義は、恋愛をも、肉欲をも、ともに自然のからくりであるとする。

一、一体主義は、科学上の地球の冷却説に順応して、人類の自然消滅を予想するものである。一体主義を、いま本書で説く。

（「巻頭に」より）

＊

私の考えでは、恋愛と生殖とは、ちがった二つのものである。恋愛は個体の消滅の未来を約束しているが、生殖は盲目的に生むだけである。盲目的に生む生殖意志を、よい具合いに調整しつつ、ついに自らの目的地へ導こうとはかっているのが恋愛意志である。ここに恋愛の進化過程はある。恋愛意志は彼と彼女とに「一体」になろうという強烈な意欲をおこさしめて、目的を果たそうとする。が、そう早く一体になりうるものではない。一瞬間の一体から破綻へ、破綻からさらにいっそう進んだ一体へ、また幻滅へと、恋愛意志の神さまによって、たえず引きまわされている。それを進化と名づけている。

＊

恋死が偉大なる恋愛の究極であると、彼〔エミル・ルカ〕は考えている。／彼は、女の心理を知らない。彼女が真に、恋において解放され、自然を代表したとき、彼女は、永遠にわたって不死である。少なくとも、生そのものである。彼女は孤独におどろかない。

＊

ギリシャ時代の天才たちの考えは、二様の意味をもっている。／一は、彼ら自身「性欲」の低級を示すものであるという意味。二は、婦人の恋愛の自由を間接に呼びさました最初のものであるという意味。／ギリシャの天才たちの考えでは、性欲なき恋愛、性欲を感じない恋愛が至高の恋愛である。この考えは、純潔至高な精神的恋愛に裏づけられた自然の抱擁の経験をもたないものの考えである。

＊

ダンテによって代表される文芸復興期の恋愛思想の高潮は、中世期の礼譲慇懃に代えるに、貴き聖き心情、神格化せる霊魂への憧憬をもってする。／婦人崇拝は、ここに絶頂に達するのである。

彼〔ダンテ〕はまさしく、ヨーロッパの恋愛思想の最高潮であると見るべきであろう。そは、心霊のいみじきあたりに、分け入ることをえた、ヨーロッパのすぐれた知的男性の、あこがれの空しき霊、その華であったから。彼らは地上の女性そのものを見なかった。あるいは、見るにたえないからであったかも知れない。ギリシャ以来、男たちは、ただ恋愛の空華を、空中へ虹に作った。／男たちは、こうして、男の恋愛の寂寥を告白し、地上に圧伏されている女性を、地上へ覚醒せしめる機縁を作った。

＊

エレン・ケイは、始め至高の心霊的な恋愛観をかかげた。が、彼女は、心霊的な恋愛、生殖のための恋愛、このふたつの恋愛観をもっていた。だから恋愛の詩はいたずらに詩で、いざ恋愛であるとき、もうどこにも詩の見えない、打算的な夫婦関係になった。／彼女は、恋愛結婚の主張者ではあるが、それは、結婚意識を根にした恋愛論者であった。／彼女は恋愛を信用しない。彼女は結婚でその恋愛を制限しようとする。

＊

ヴァイニンガーは、がんらい、女性の本性は、性欲があるだけであるから、記憶の場合においても断片的に回想することのできるのは、性欲および生殖に関することで、たとえば求婚者、結婚の夜、小児と人形、舞踏会でもらった花、自分の考えている男の顔、一生の中にうけた阿諛の讃辞等に過ぎないといっているが、これは天才にもあてはまる。ヴァイニンガーがあげた、求婚者、結婚の夜、小児と人形、花、阿諛や讃辞、こんな記憶は、天才の最も得意とする記憶である。／理屈や、計算、解剖、こんな記憶は、女性や天才の耐えがたいものである。／ヴァイニンガーは女性を陥れようとして讃め上げている。陥れるものは讃め上げるものであることを記憶しなければならない。

＊

近代思想は、恋愛をむちゃに解している。女性の個性の認識されていないことは、おそろしい疑惑、絶望の因になる。／まして、こうしためちゃくちゃな恋愛現象を、真として、それが種族の命令によるものであると、こじつけるショーペンハウアーのごときは、詭弁論者の最大な者であろう。／ショーペンハウアーの恋愛論は、生殖意志にどこまでもこじつけて考えたものだけに、いたるところで破綻している。

＊

フロイトはつまり、阻止された性欲ないし衝動が、あらゆる精神的な愛情となる。しかし無意識界には原始的の性欲の流れが存在しているというのである。／彼の恋愛観―性欲昇華―も、ここに基づいている。ショーペンハウアーが恋愛は種族が個体をいっそう都合よくあやつるために組み立てた妄想であると見たのに対して、これは阻止された性欲の精神化だと見るのである。

＊

もちろん、恋愛と生殖、恋愛と性欲が異なるものであるという立場に立つ私どもからこれを見れば、すべての精神的現象を性欲から出たものであるとする説のごときは、一種の妄想であると評するほかはない。

＊

どこまでも信頼している、とはいっても執着とはちがう。／信頼は、愛の直覚の上に立つべきで、大国主命に須勢理媛に対する愛と、その純潔とがじゅうぶんあり、またありうることを直覚した媛であって、はじめて嫉妬も、信頼も、意義があったのである。／この点、恋愛はあくまで相対的で、相互のものである。／愛は征服する、愛は強いる、という近代的な恋愛は、もはや愛ではない。

＊

女性は恋愛の選択者である立場と生殖者としての立場の、この二つの立場をあわせもっていることによって、二つの秘密の鍵を握っているから。／恋愛論の最後の解決、最後の審判は、女性が王となってこれを支配し、女性が光となって明らかに照らし出さねばならない。

＊

種族というものを発見し、また性欲というものを発見した男たちが、理想のために、また反偶的享楽（耽るという意欲）のために、女性という自然を蹂躙したことを記憶せよ。現在においてすら、「種族のために」という標語ではじまるすべての恋愛論や、性欲意識を謳歌するすべての詩歌や風潮が、明らかに女性という自然を、蹂躙するものであることを認めよ。

●作品解説

この書は恋愛讃歌である。恋愛の原理を説き、恋愛の自由を讃え、恋愛の未来を描く。「新女性主義」の立場から恋愛の自然を妨げる結婚制度の廃絶を唱え、恋愛を国家や種族といった大義に従属させる古今東西数多の思想家たちに対して舌鋒鋭く批判を繰り広げる。

論敵は例えばプラトン、ダンテ、ショーペンハウアー、オットー・ヴァイニンガー、エレン・ケイ、フロイト、厨川白村。高群が提唱する新女性主義の何たるかはそれらへの批判の総体として示されていく。

新女性主義の眼目として母子保障社会を掲げ、同時に人類消滅説を唱える高群の理路は複雑怪奇ともいえ、読者を迷路に誘い込むようでいて、高群にとっては自身の問いと夢に向かって走る一直線の道である。

刊行時には「来らんとする女性時代を示唆する異常なる叡知と情熱の溢るゝ…大著述」（『東京朝日新聞』一九二六年四月一三日）と喧伝された。思考の迸りがそのまま凝固したかのような『恋愛創生』は、読者に対する恋愛論という名の挑戦状である。

（底本＝『高群逸枝全集7　評論集　恋愛創生』理論社、一九六七年）

雑誌『婦人戦線』（一九三〇―三一年）

蔭木達也＝選・解説

婦人戦線に立つ（一巻一号）

婦人が強権を排し、自治をもとめる自覚において起ち上つたこと、すなはち真の社会的自覚において起ち上つたことは、実に我々を以て嚆矢とする。かくて今や我々は始めて社会的に自覚せる婦人として茲に昂然と起ち、我々に襲ひかゝるあらゆる旧社会意識に対して、我々の婦人戦線を布設するのである。

農民が真に農民として自覚した時、また労働者が真に労働者として自覚した時、彼等は必然に、強権社会否定の意識をもつに至ると、私は前にいつたが、その如くに、婦人もまた真に婦人として自覚した時、彼女は彼女と強権社会との対立を意識するのである。

強権社会が婦人に対して為す第一の悪は、婦人の特殊的事実（月経、妊娠、出産、育児）に対する無価値視である。強権社会にあつては、これらの特殊的事実は私事と見做され、いはゆる公事によつてのみ各人の地位が評価される。故に強権社会にあつては、産院とか、育児所とかの設備の社会化されることによつて、婦人の特殊的負担の幾分かゞ軽減せられるにしても、なほ月経があり、妊娠があり、出産があることは、婦人の公事的生活を、それだけマイナスするものであり、従つて公事によつてのみ各人の地位の評価されることを原則とする強権社会にあつては、遂に、永久に、婦人の地位は、男子に比して劣るべきが、当然なのである。（略）

公事とは何か、それは支配階級を益するための労働であることを意味し、私事とは何か、それは一個人の食欲、性欲等の生活を意味する。支配者から見る時は、個人が食欲、性欲等を有してをり、それのために非能率的（支配者にとつて）で、非生産的な物質的、精神的生活を営むことは、少しも支配者を益しないのみならず、支配者への奉仕率を低減する。さてこそ強権社会にあつて、公事の尊いとせられ、私事の蔑視される所以である。（略）

強権社会と婦人との矛盾の第二は、母性本能に由因する。「二十世紀は婦人と児童の世紀である」などゝいはれるごとく、婦人の自覚は、常に母性本能の自覚、従つて子供の自由及び権利に対する自覚を伴ふて起つてくる。

実際、母性が虐げられてゐた強権社会では、子供もまた虐げられてゐた。子供の出産は奴隷増加の意味においてのみ迎へられ、従つて産児制限などをも、その意味から禁ずる。しかし乍ら、産児制限が、悪質の奴隷を除き、優良なそれを殖やすために力があるとされる場合においては、直ちに禁を解くこともする。第一歩においてかく奴隷視されながら生れた子供は、強権組織にもとづく変態社会の故に、自然の選んだ最も優良な育児の選手としての母性の手から、無惨にも引離される。これが即ちこの社会の理想なのだ。（略）

婦人が真に自覚した時、そして当然、母性的の自覚が呼び起された時、彼女が第一にしなければならないことは何であるか。それは強権社会に対して、決然と、手套を投げつけることだ。かくて母性の台頭は、強権への抗議となり、闘争となり、勝利となる。すべての母性がその本性において目ざめ、起き上るならば、そこには最早や従来の「飼はれためんどり」としての姿は掻き消え、母性本来の、強き女獅子としての勇気ある姿において、すべての強権に対立し、「母性甦へれり」の面目《めんもく》を躍如たらしめるのだ。母性といふことが弱いといふこと、優しいといふことをのみ意味した時代は過ぎ去らねばならない。今や母性こそは、最も果敢であり、勇強であらねばならない。（略）

無政府恋愛を描く（一巻七号）

二、婦人と恋愛と社会的自覚

婦人であるからとてことさらに恋愛問題を取り上げることはないといふものがある。また、恋愛問題から社会的自覚に到達するなどゝは考へられないといふものがある。間違つた認識不足のたわごとである。

わたしどもは「恋愛なんて」といふ。恋愛なんて問題にするに足らぬと。これはいかにも賢い云ひ方のやうであるが、その実これほどわたしどもの無智をあらはす言葉はない。なぜならこの言葉は、男子（従来の男子）的の考へ方であるばかりでなく、搾取者的の考へ方である。ごらんなさい、従来の男子専制の社会、搾取者の社会では、常にお題目のやうにこの言葉がいはれてきた。例へば、徳川時代を見よう。武士だの、道学者だのの考へ方—そこでは「国家」の大事業の前に、いかに「色恋」が、私事として卑しめられてきたか、このことは現在の資本主義政治家や、学者の考へ方とも一致してゐる。ではなぜ彼等はこんな考へ方をするか。これには二つの理由がある。

その一つは彼等が男子であることである。男子は恋愛問題に対して無責任的である。彼等は性行為を排泄的にのみ見る身軽な立場におかれてゐる。ところが婦人はさうではない。婦人にとつては、恋愛は直ちに妊娠となり出産となるところの甚だ現実的のものである。恋愛問題に対する男子的の考へと、婦人的の考へとは、ここを境にして食ひちがつてくる。

この理由の呑み込めない男子達や、自己の性からのみ決定されることの多い考へ方をしてゐる男子達は、婦人が「甘やかであるべき恋愛」の瞬間にすらも、「現実的なあまりに現実的な」考へ方をしてゐることを、うるさく思つたりする。

また、男子が要求する時には直ちに応ずるやうな婦人を、性的に新時代的であるなど丶考へてゐる。ロシヤの新しい小説にはそんなものが多い。そこでさうした男子的の考へ方に媚びる一部の女達は、男子と同様の考へ方をし、男子と共に「国家」の前には恋愛なんて小さいものだと云つたりする。かういふ女は生理的に「不妊」であつたり、妊娠の時期を過ぎた老女などであることが多い。だが、真に婦人大衆の立場にあり、もしくは婦人大衆に対して、切実な認識をもつものは、いかにしても恋愛問題を軽く見すごすことはできない。いかに恋愛すべきか、いかに妊娠及び出産を処理すべきか——等々の問題は、婦人自身が取り上げないで誰が取り上げるか。婦人がいたづらに男子的の偏見に付和雷同することは、独り婦人自身のためのみでなく、人類社会のために、大きな損失であるといふ外はない。

さて男子専制の社会が、恋愛問題を私事として軽視する理由の一つは、右にいつたやうに、男子の「性」からきてゐるものであるが、勿論決してそればかりではない。男子の「性」を利用することによつて、抜目のない支配階級が、一層それを助長したのである。なぜならば、支配階級は直接搾取の対象——すなはち物資の生産をのみ問題としてゐる。すべての被搾取者を、一個営々たる生産機械たらしめんことが、彼等の飽くなき希望である。その場合、性の問題等は寧ろ厄介な問題で、彼等支配階級にとつては、彼等以外のもののさうした「人間」的の要求や生活等は、無駄なことだとしか考へられないのである。（もつとも彼等は生産機械の卵としての赤ん坊の出産は希望する。それは飽までも拘束された環境における出産でなくてはならない。すなはち拘束された結婚制度の中に、生れながらにして鉄鎖につながつた赤ん坊のみが生れることが許される）かういふ事情のもとにあつて、人間的恋愛の極力卑しめられ、排斥され、否定されることは、あまりにも当然である。これが理由の第二である。

かう考へてくれば、「婦人が恋愛問題を取り上げる」ことをわらふ者こそ、いかに無智あはれむべきものであるかが知られる。婦人が立ち上り、これらの事実を、忌憚なく曝露、打倒せずして、誰がそれをするであらう。

●作品解説

一九二五年に男子普通選挙制度を定める改正衆議院選挙法が公布され、一九二八年に改正後初めての衆議院選挙が行われた。そこで選挙権を与えられなかった女性たちは、一九二四年に婦人参政権獲得期成同盟会（翌年、婦選獲得同盟と改称）などを結成し、運動を推進していた。そのような時代にあって、一九二九年二月三日、『婦女新聞』に次のような記事が載る。「婦選を目標に、全婦人団体が議会運動に熱中してゐる昨今、反議会主義を標榜してアナーキズム系の極左婦人団体が成立せんとしている」。

高群逸枝は、一九三〇年一月二六日に結盟したこの〝アナーキズム系の極左婦人団体〟、「無産婦人芸術連盟」の主宰となり、一九三〇年三月に『婦人戦線』を創刊した。平塚らいてうが参加したのをはじめ、住井すゑ、松本正枝、鑓田貞子など農民自治アナーキズムに近い立場にあった女性たちも多く参加した。

月刊で一六号にわたって続いたこの雑誌は、「家庭否定」「性の処理」「無政府恋愛」「都会否定」「性の経済」「男性物色」などを特集した。論者たちは、恋愛や結婚、性交渉、出産にいたるさまざまな場面における差別が、女性参政権の獲得や国家の社会主義化では解決されえないとした上で、その根源は資本主義と工業化による効率的な生産を重視する経済構造、都会と農村との間の格差拡大、より強大な帝国を目指す国家権力にあると指弾し、その転覆を目指した。特に高群は「性の自治」や「無政府恋愛」を打ち出し、いかなる既成観念にもとらわれない二者関係のあり方を追求した。

（漢字は新漢字に改めた）

『大日本女性人名辞書』（一九三六年）

山下悦子＝選・解説

凡例

一、本書は古事記、六國史以下、我國の歴史文獻に現はれたる一切の著明なる女性を網羅し、史實による正確なる事蹟を傳へんことを目的として編纂したものである。女性人名辭書は本書を以て嚆矢とする。

一、記述はすべて定説或は通説に從つてなした。定説、通説の外に、根據ある異説はこれを附記するに努めたが、著者の見解等は何れにおいても加へなかつた。而して各項末には、一々、その出典原據を明記した。

一、個々の事蹟に就ては、成るべくその前後關係、因果關係等をも明かにし、重要なるものにあつては、特にその史的關聯を重視したが、また全巻を通じて、俗説及び一部男性史家の偏見等を排して、正しき事實の上に、日本婦人の特性を認識せんことに努めた。

一、排列は、表音式五十音順によってなした。「見出し」は、本名の外、別名、通稱、號等に亙り、傳は本名の下に掲ぐるを原則としたが、本名以上に一般に慣用されてゐる稱呼（別名、通稱、號等）がある場合には、その下に掲げた。姓の不明なものは名のみを記し、名の不明なものは單に姓氏若しくはその父その夫その子等の姓名に附して、その女、その妻、その母等と記した。（略）

本稿

高貴な女性から犯罪人に至るまでの女性が分け隔てなく取り上げられている。ここでは、三人の女性を抜粋、掲載する。

天照大御神《あまてらすおほみかみ》　皇祖。御名義、『古事記』には天照大御神、『日本書紀』には天照大神とある。伊勢の皇大神宮に齋きまつる。『國史の研究』（黒板勝美）には、「天照大神は、御名を大日孁貴尊《おほひるめむちのみこと》と申して、皇祖として仰がれなされる御方であるが、また同時に太陽神話の中心となつて現はれてゐる。ここに、國常立尊、或は諾冉二尊が皇室の御祖先として祀られないのは、何故であらうか。それは、この神々の神格化せられた時代が非常に古代であつたか、または最初から神話の神であつて、人格を有する實在の御方と認められなかつたためではあるまいか。然るに、天照大神は、人格ある實在の御方といふ古傳が早くから存してゐたであらうと思はるゝのは、元來歷史なるものが直ちに神話に代はるものではなく、その境界が互に入り交つて明かに劃限することが難しいからで、大神は半ばは神話、半ばは實在の皇祖として古典に現はれなされるに至つたのであらう。たゞ大神に關する記事中、どれだけが神話であり、どれだけが史話であるかを區別するのは甚だ困難なことで、いはゞ神話が餘程よく史的現象を包んでをり、史的現象が餘程よく神話化せられてゐるが、これは月讀尊や素戔嗚尊に關することも同樣であるが、その間皇室の御基礎が大神の時に既に定まり、祭祀、政治、兵事等を掌る神々が一族を率ゐて奉仕したことが推定せられるのみならず、大嘗會の起りや三種の神器などみな大神と關係のある記事であるから、大神が皇祖として仰がれなされる所以をこゝに見るのである。」とある。『日本書紀』『古事記』『古語拾遺』等によると、天地の初めて發《ひら》けた時、高天原に天御中主神がましまし、次に高皇產靈神、神皇產靈神が現はれ、その後、國常立神など多くの神々の出現を經て、伊弉諾尊、伊弉冉尊の二柱の神が生れました。伊弉冉尊は女神である。（略）天照大御神が、人格的の實在神であるか、或はまた、神話的の所謂太陽の神格化であるかは、古來多くの問題があるところである。前記『國史の研究』に、「大神は半ばは神話、半ばは實在の皇祖として古典に現はれなされるに至つた」とするのは、今日最も妥當な見解であらう。森林助氏の「天照大神は現人神なり」（國學院雜誌）は、實在神を主張したものである。（日本書紀、古事記、古語拾遺、歷朝坤徳録、國史の研究、日本古代史）

八百屋お七《やほやおしち》　〔一六六六―一六八三〕　天和の火刑者。『我衣』その他によると、加賀前田家の足軽山瀬三郎兵衛が江戸に出て太郎兵衛といひ、本郷丸山の本妙寺前に青物店を開き、谷中感應寺の七面大明神へ祈願をこめて、寛文六年生んだのがお七で、高浦和尚について手を習ひ、十一歳の時七面明神へ御禮に自筆の額を奉納させたが、それには、延寶四年辰春二月七女十一歳とあつたといふ。その後、丸山に出火があつて、太郎兵衛の家も焼失し、弟の本郷淨仙寺坂圓乘寺の住職を頼つて立退き、一時寺内の寮に假住居した。圓乘寺の檀家に旗下の侍で二千五百石を食む山田重太夫といふものがあり、その嫡子の左兵衛が吉原通ひをして父の勘氣を受け、圓乘寺に寄食してゐたが、お七と互に相慕ふ仲となつた。然るに、焼跡の普請が出來て太郎兵衛一家が丸山に歸ってからは、お七は左兵衛と日々逢へぬやうになり、兩親の監視もきびしくなつた。その頃駒込吉祥寺の門番吉兵衛の子に吉三郎といふ二十一歳の放蕩青年がゐたが、時々太郎兵衛の店に來て手傳ふこともあり、お七はこれに小遣錢などを與へて圓乘寺の左兵衛と手紙を往復するやうになり、ある日吉三郎より又この家を焼けば一家は昨年の如く圓乘寺に立退くであらうと唆かされ、お七は一夜わが家の物干臺へ登り、敎へられたごとく、柴木に油を注ぎ火を放つて屋根へ押し込んだ。この時第一番に出馬した火附盗賊檢め役の中山勘解由が、與力同心大勢を引連れて太郎兵衛の家近く乘り附けると、街の露路から大風呂敷を背負つた男が逃げて行くので捕へると吉三郎であつた。火事は二三戸の類焼に止つたが、吉三郎を訊問すると、八百屋の衣類を盗んだのは事實であるが、火を放つたのはお七で、圓乘寺の左兵衛とのことをも申立てた。放火は重罪なるを以て、中山はこれを時の町奉行北條安房守（氏平）へ引渡した。お七は、「私こと火を放けることは存じ申さず、吉三郎が斯様々々に致せと敎へ候間其通りに仕り候」と申立てた。安房守より老中へ處分方を伺ひ出でたるに對し、大老堀田正俊は、お七放火罪の伺書を一見して、此の女定めて十五歳以下なるべし、十五歳以下の者は重罪を犯すとも死罪に及ばず、今一應年齢を取調べよといひ、安房守がお七年齢のことは親太郎兵衛申立の通りにて候といふや、正俊は更に、「左様かも知れざれど、人は覺え違ひと云ふ事もあるものなり、これは餘事ながらお話致すなり、十六七歳の少女が大罪犯して御處刑仰付けらるゝは昭代の瑕瑾、よく分別せられよ」といひ、安房守も悟り、父を呼び出して再訊問した。太郎兵衛は如何にも仰せの通りお七は十五歳に御座候、町内の者も皆存じ居り候と證人をたてゝいつた。これによりお七は遠島、吉三郎のみ死罪と定つたが、吉三郎は承服せず、谷中感應寺に延寶四年十一歳と自署した獻額があることを申立てゝその檢證を請ひ、遂にお七十七歳のことが立證せられて、安房守も詮方なく大老へ申立て、將軍伺ひの上で、天和二年三月二十九日、吉三郎とともに江戸市中引廻の上、千住において火刑に處した。『老のくり言』には、お七は至つて怜悧で、太り肉で、顔に疱瘡の痕があるが、色が白くて愛嬌があり、引廻の時は淺黄無垢を二枚襲ね、鹿子の帯をしめた容子が可愛らしく、見る人涙を流さぬはなかつたとある。（略）お七の遺骸は密に圓乘寺に葬られたが、後、お七役を當り藝とした四世岩井半四郎がその墓を再建した。お七の狂言は、山田左兵衞の父の重太夫が御目附を勤めてゐた故に、當時は遠慮して興行しなかつたといふが、お七死後二十三年、寶永元年大坂で『八百屋お七歌祭文』といふ淨瑠璃ができ、江戸では左兵衞の死後、享保十七年正月にはじめて『八百屋お七戀の緋櫻』といふ芝居が仕組まれて大入をとつた。お七の死後五十年目である。（我衣、近世著聞集、老のくり言）

●作品解説

四二歳の時に刊行。一九三一年七月から「森の家」に籠り、女性史の研究に着手した高群は、女性史より切り離した列伝部分を独立させて人名辞書の範疇に入れる実用的な作業を行った。つまり高群は、女性史を書くことと女性人名辞書を編むことを同時並行的に行っていたのだ。古今の女性一八五二名にのぼる女性を掲げ、皇祖、名流妻母、遊女、不祥事を起こした者、毒婦、社会運動家にいたるまで同列に配置した。一九三九年一〇月七日第二版で六五名追加、一九四二年九月一三日第三版で一六八名を加え、総勢二〇八五名の女性を取り上げた。総ページ数七〇〇を超える大著となった。この書の反響は大きく、「ほとんど予期しなかった好意的書評に恵まれた」（『火の国の女の日記』）と述べ、徳富蘇峰、窪川稲子、福島四郎、金子しげり等の書評についてふれている。平塚らいてう、市川房枝、竹中繁子等によって「高群逸枝著作後援会」（発起人六四名）が結成された。その後、女性史の大著『大日本女性史』第一巻『母系制の研究』刊行（一九三八年六月四日）となった。一九三〇年代半ば過ぎに女性史百科辞典編纂の動きが欧米中心に世界であったが、世界大戦勃発で頓挫した。この動きの前に高群の辞書は刊行されていたことを考慮すると、本書は世界初の女性人名辞書ということになる（この点については拙稿参照）。

（底本＝『大日本女性人名辭書』復刻、新人物往来社、一九八〇年）

『女性二千六百年史』（一九四〇年）

蔭木達也＝選・解説

第一　古代

建国と女性

建国には二つの型があるといふ。一は他族を征服してこれを奴隷とした上に建てるもの、もう一つは他族を包容して血縁的に建てるものである。この時、日本の建国はいふまでもなく後者であらう。

瓊々杵尊《ニニギノミコト》が高千穂から笠狭に移られたのは、御婚姻のためであつたと、推し奉る。彦火々出見尊《ヒコホホデミノミコト》も、海祇《ワタツミ》の宮へお出になつて婚姻遊ばされた。これによつて異族をも同族化したのであつて、大日本史に、「わが国は一姓の国である。」といふのは、天照大神の御一系のもとに異族を血の融合によつて解消した事実をいふ。

この血の融合に貢献し、国家の樹立統制に隠れた寄与をしてゐるのは女性である。

大国主命を国作りの神と申す。その御子凡そ一百八十一神は、各地方に勢力をもつてゐる女神を妻問ひして生んだ子達である。命の婚姻の記事は古文献に数多く出てゐるが、高志の沼河比売《ヌナカワヒメ》、因幡の八上比売《ヤカミヒメ》、筑紫の宗像女神など、いづれも土地の女君や女酋である。その子達は母と共に各地を領してゐて、大国主命の国作りを成就したのである。

後の国造制度は、各地の国土神が皇別神別氏を招婿して出自をかへ、その種族的氏族的紐帯観念の上に建てたもので、紀の景行天皇条に「男女前後幷八十子、然除二日本武尊・稚足彦天皇・五百城入彦皇子一之外、七十余子、皆封二国郡一、各如二其国一、故当二今時一、謂二諸国之別一者、即其別王之苗裔焉。」、紀の景行段に「御子等、所レ録廿一王、不レ入レ記五十九王、幷八十王之中、若帯日子命与二倭建命亦五百木之入日子命一、此三王、負二太子之名一、自余七十七王者、悉別二賜国国之国造亦和気及稲置縣主一也。」とあるのも、多くはその母がそれら各地の国造、縣主、稲置等の出であつて、諸王子はそれらの氏名財産勢力等を相続し給うて国家統制の支柱となられた意味であらう。（略）

第二　中代

過渡期の家族生活

大化の改新は、唐制の継受によつて律令の制定を将来し、こゝに国家の面目は一新したが、それはより多く形式であつて、裏面にはそれを妨げる多くのものがまだ残つてゐた。そして、その中の最も大きな一つとして、当時の家族生活を挙ぐべきであらう。

孝徳天皇大化二年の部曲《カキベ》〔私有民〕廃止の詔の中に、

「父と子の姓が違ひ、兄弟の先祖が異なり、夫婦が別の族である現状から、争ひが絶えないが、この原因は部曲制度であるから、よろしく廃棄すべし。」

とあるのは、当時の実状を語る。

当時はまだ嫁入りはなく、男が女のもとに通ひ、または住みつき、子供は母の処で育つた。そのため子供は境遇にしたがつて、父の姓を称したり、そのまゝ母の姓を唱へたりした。部曲制度の時代は、部民のところに貴族の子が生れた場合など、その子が何等かの方法で父の姓を名乗らうとして、その間に種々の紛乱を生ずることゝもなる。

大化の改新によつて、部曲制度が廃止されると、俄然此の種の子孫が改姓を願ひ出て、国史の上に賜姓のことが、夥しく出てゐる。また改姓しなかつたものも先祖のみを父の祖に変へたものが多い。

今日のやうな家族制度は、その頃まではまだ熟してゐなかつた。夫と妻は別々の氏族に属してゐた。正倉院に奈良朝戸籍が残つてゐるが、それを見ると、子供は母についたり、父についたりしてゐて、一定してゐない。

また、夫と妻が同じ籍についてゐないのが、私の調査では六割位ある。朝廷から朝臣とか宿禰とかのカバネを賜はることが、国史に数多く見えてゐるが、夫及びその一族の男女に賜はる場合に、妻はいつも除外されるやうである。（略）

寄生的生活

藤原氏は政権を専断してゐたが、その勢力維持の有力な方法として、競つて女子を宮中に入れた。藤原氏のみでなく、貴族の家ではこの望みをもち、女の美しからんことを求め、これを装飾するための教育は勿論、その周囲に当代の才媛をあつめた。

枕草子の中に、

「村上天皇の御時、宣耀殿の女御と聞えけるは、小一条の左大臣の御むすめにおはしましければ、たれかは聞えざらん。まだ姫君にておはしましける時、父おとどの聞えさせけるは、一つには御手ならひ給へ。次には琴《きん》のお琴《こと》を人よりことにひきまさむとおぼせ。さて古今の歌二十巻をみなうかべさせ給はんを御がくもんにはさせ給へとなむ聞えさせ給ふ。」

とあるのは、その頃の女性教養の一半を語つてゐる。容易に外出を許されなかつた女性が、外界との交通は手紙による外はないので、習字や和歌、文章を重んじたのである。

婚姻はまづ男から女に文使ひをおくり、次に女の家に通ひはじめる。結婚の第一夜には、女の家族は少しも関知しないが、その後数日を経て、婿と家族とが顔を合せることになつて、露顕《ところあらはし》の式を行ふ。

貴族の場合であれば、女はたいてい其のまゝ自分の家に住み、子供を育てる。男は女の家にゐつく場合もあれば、通ふ場合もある。後見者のない女や、地位の低い女などの場合には、男が女のために家を作つて与へ、そこへ通つたり、住みついたりすることがある。男の親のところに連れて行く場合は殆どない。

一例をいへば、源氏物語では、源氏の正妻葵の上は、ずつと自分の家に居り、嫡男夕霧はそこで育つ。成長して妻をもつても父の家には入らない。この家へ源氏は通つてくる。こんな状態であるから、もし例へば源氏に愛がなくなれば、通はないでそのまゝとなる。これを夜離《よが》れといふ。

妻と子供の生活費は、葵の上のやうなしつかりした実家のある処では、そこで賄ふことが普通で、夫には依存しない。この時代までは、まだ夫には妻を扶養する義務はない。

宇津保物語の兼雅は、一条殿に妻妾を住ませてゐるが、必ずしもその生活費を負担するのではない。寝殿にゐる正妻は母方の遺産で生活してをり、対の屋の妾達も、親類の仕送りや何かで細々と暮してゐる。

それで、後見者のない女の場合は、みじめである。その例は非常に多い。かつて氏族中心の社会では、女性はその氏族紐帯の中にあつて、自身また生産者として安息したのであるが、今やその転換期にのぞんで、すでに上流の女性は逸早く生産から遊離してゐる。

元慶三年藤原冬緒の奏状に、「京戸の女は事外国と異なり、蚕桑の労を知らず、全て杵臼の役なし。」とあつて、口分田の無用を説いてゐるほどで、この無力な女性達は、かつての氏族紐帯の名残りとしての恩恵的扶養や、まだ全的に扶養の義務をもたない夫からの任意的な贈り物等に依存せねばならなくなつた。

そのため、この時代の娘の親は、娘の行末に心を痛め、家を与へたり、財産を遺すことに腐心する。この時代から鎌倉初期にかけて、荘園の領主に女の名が多く見えるのは、かういふ原因にもよるのであらう。

三代実録には藤原良相が、藤原氏の中の暮しの立たない女達のため、崇親院といふのを建てたことが見えてゐる。この種の窮女がいかに多かつたかの一例であらう。

第三　近代

家族制度の成熟

大化の改新によつて、氏族制度は解体して、土地は国有となつたが、その後荘園が発達して土地私有が起り、その基礎の上に地方豪族の台頭となつた。これらの豪族は、家の子郎党を養つて、堅い主従関係を結んだ。

こゝに発達した道徳は、いはゆる武士道である。

奉公といふ言葉は、もと、至尊〔天皇〕に対してのみいはれたものであつたが、これ以来、主人に対して、家の子郎党や召使が用ひる言葉となつた。

その結果、主家、延いて家といふ観念が、極めて強くなり、家を統率する家長の権力が増大した。そして、その権力と財産を確保するためには、嫡長子相続と嫁迎への方法が絶対に必要となつた。

妻以下の家族は、意識的にこれに奉仕することゝなり、家の中では親子関係が重視され、特にその家を嗣ぐべき嫡子が重んぜられた。

男性の武士道に対して女性の婦道が要求せられ、こゝに家族制度が成熟した。

江戸時代概観

徳川氏の治政に入る。

「百姓は殺さぬやうに、また生かさぬやうに。」といふのがその方針であつた。

法度には、禁中、公家、武家、旗下等の法度から、寺院、修験道、奴婢、召抱に至るまで、すべて身分に関する規定を設け、武士を支配階級として、農工商の上に置いた。

殺さず生かさず、人間生活をおしなべて類型化し、個性の伸暢を抑圧したことは、女性の上にも考察されよう。

この時代の特徴は、町人階級の勃興であつた。嘗て貴族、僧侶、武士等に専有されてゐた文化はやうやく庶民の間にも浸潤した。

大創造、大野心が封ぜられ、一面家族制度が整備し、町人階級の富の蓄積の上に、売笑文化が栄えた。そして、階級制の崩壊となつて、明治維新に入るのであるが、史家はこの期を、女性の圧制時代とよぶ。

たしかに、女性無為の時代であつた。

久しく婚姻の俗であつた婿入りは、鎌倉期から嫁取りとなり、室町時代には嫁取りの儀式が制せられた。その頃から、妻が夫をよぶのに「のう、わがつま」から、「もし、旦那さま」といふやうになつた。

服装は、魏志に見える貫頭衣から、埴輪に見える袈裟衣、上下衣を経て、奈良朝の唐風となり、平安時代に十二一重《じふにひとへ》となつたが、この時にいたつて一般に小袖が中心となつた。初期には巾のせまい組帯が用ひられ、中期から振袖の盛行に伴ひその巾を広くし、結び方も初めは前にしたが、後には背に廻された。

髪は被髪《ひはつ》から、奈良朝には唐風の結髪となり、平安朝には下げ髪となり、この期になって専ら結髪の盛行となり、服装の奢侈に伴ってその形も複雑化し、唐人髷、丸髷、島田等が流行した。

第四　現代

法制上の女性

法典の編纂は、新政府の大事業の一つであつた。女性と関係ふかい民法は、明治八年に始められ、三十一年に公布せられた。

「家」にあつて家族としての女性は、その出生から直に戸主に対して、扶養を受くる権利をもつ。その養育から教育まで家長たる戸主の手でなされ得る。従つて戸主権には服従する義務がある。

戸主は、家族の居所を指定し、婚姻または養子縁組等には同意を与へ、家族を離籍し、禁治産、準禁治産の宣告または取消しを請求する権利などがあり、それに従はねばならない。

結婚は、男子は満十七歳、女子は満十五歳から許される。一夫一婦の結合で、一夫多妻を否定した。男女双方の承諾、また保護者の同意、例へば子の婚姻にはその親または後見人、親族会等の同意、家族が婚姻をする場合には戸主の同意を得なければならない。しかし、この同意は男子三十歳、女子二十五歳からは必要がない。妻は夫の家に入り同居する義務があり、またその姓を名乗る。そして能力の制限を受け、いはゆる限定無能力者となる。（略）

刑法では、夫の無夫の女との姦通は問題とならないが、妻の場合はその相手とともに二年以下の懲役に処せられる。一般の法律では、女性は兵役につく義務から除外され、また参政権がなく、殆ど文武官た〔る〕ことから遠ざけられてゐる。

教育においても、機会均等が許されず、現に文部省の直轄学校八十幾つの中、女子の入学が可能なのは、女高師のほかには、東京音楽学校があるだけで、その他に幾つかの大学のある学部が、少数の入学者を許してゐる程度である。

通観して、法制上における女性、特に母性の地位は、養老令や貞永式目などから、漸次低下してゐることが知られるであらう。


（底本＝厚生閣、一九四〇年）

（漢字は新漢字に改めた）

●作品解説
最初の「東京オリムピック」が計画されていた一九四〇年は、日本政府が国威発揚のために、神武天皇の即位から二六〇〇年、いわゆる皇紀二六〇〇年であるとして様々な企画を打ち出しており、出版の分野では、『〇〇二千六百年史』と題された本が次々に発行される。〇〇には「日本」「皇国」「大衆」などが入るが、「女性」のテーマで書いたのが高群であった。内容は、前半が列伝的な内容と婚姻史と社会史がおり混ざった女性史通史で、時代は古代、中代、近代、現代に分けられ、それぞれおよそ三〇頁ずつが割かれている。後半は、一九三一年一〇月から一九四〇年一月までに掲載された高群執筆の新聞雑誌記事から歴史にまつわるものを抜粋してまとめたもの。

この本は「建国二千六百年といふこの歴史的な挙国祝典の機に、女性史乃至女性の問題について識者の留意をこひ、また同性の自奮をうながす一助ともならばと祈念して筆をとつた」と高群が述べる通り、政府のプロパガンダに同調して書かれたものであるが、高群にとって初めての通史的な叙述となり、後年の女性史叙述のエッセンスが凝縮されている。

『大日本女性史　母系制の研究』（一九三八年）

蔭木達也＝選・解説

第三章　吾等の収穫

第一節　多祖説

多祖説

本論の第一章より第四章に至る研究は、もし一言に約すれば多祖説とすることができる。多祖の意義については、第一章第四節に述べたとほり、血族が一個の氏称のもとに複数の祖を擁してゐる事実をいふ。緒論第四章の四方法は、この多祖現象の説明の手段に外ならない。

第一章祖と母系においては多祖氏の諸相を研究した。第二章氏と母系においては氏称におけるその複合を見た。第三章姓と母系においては諸姓におけるその混淆を見、第四章賜氏姓において、単一祖への適帰を見たのである。これを要するに、邈古の母系々譜は正常なる祖氏関係にあつた。それは一の祖を奉じた氏々であつた。異系の氏より招婿して子孫を生んだが、そのために祖変する等のことは絶対になかつた。その婿の出自は、何等家系に影響を及ぼさなかつた。然るに、神代より系譜観念に異変を生じ、父系観念がめざめてきた。子等は、所属の母氏の祖を奉ぜずして、他氏より来つて胤を与へたところの父なる者の存在にめざめ、その父の血を追求し、その父の出自をもつて己の真の出自と考へるに至つた。けれども、氏組織は依然古制の儘であつて、生活の根基は母氏にあつた。ここに系譜は祖の単位と氏の単位との二単位を生じた。出自に父系を奉じながら、氏称には依然母系を保持した。父系と母系とは元来二個の系である。これが相交錯して一となつてより、すなはち凡ゆる多祖現象を生ずるに至つた。

上代族制とその発展

神代より大化に至る期間内の族制は、如上の祖（系。）の単位と、氏（族。）の単位との二単位の抱合より成るもので、当時の氏族は、息長氏（緒論第二章一節参照）の如く異系にて而も同族である者の集団である。少くとも二以上の異系を抱容してゐる共同体である（本論序章三節中の戸の内部事情参照）。ここで同族といふのはすなはち母系のそれであり、しかも、これが此の時代の族制の根基をなすものであつた。

欽明紀五年条に、「百済本記云、以㆓安羅㆒為㆑父、以㆓日本府㆒為㆑本也。」とあるが、これは任那のことを云つたもので、すなはち任那は安羅を父系とし、日本府を本系とするといふのである。後代の族制では一寸理解し能はない文であるが、当時としてはこれが通俗であつて、日本府を本系であるといふのは、即ち母系の謂である。任那は日本府を母系即ち本系として生れたもので、安羅は父系に過ぎない。それゆゑその系は韓土系であるが、同族的には日本府に属してゐるといふのである。かゝる族制にあつては、前述のやうに系と族とは二単位をなしてゐて一致してゐない。安羅と日本府とは別種のものである。したがつて同系は必ずしも同族ではなく、同族必ずしも同系ではない。これに就いては、本論第四章三節中の賜氏姓と族の条に触れてゐる。また、族制の発展に就いては、本書では主として氏と姓の発展を通じて、これを窺つてゐる。第三章一節に、氏族時代、姓族時代、家族時代とあるのは、概ね氏に就いてのその発展の諸段階を見たものであつて、これは第二章の一節、二節、三節中に窺ひ得るであらう。姓に就いての諸段階は、第三章一節中の古姓時代、氏姓時代、八姓時代に窺ふことができる。而して氏における氏族時代と姓における古姓時代、氏における姓族時代と姓における氏姓時代、氏における家族時代と姓における八姓時代とは各〻同時代である。

家族制度

家族制度のことは、主として本論序章三節中に触れてゐるが、その起原は、ある意味においては、本書中の全分野が、それではないかとも思はれる。本書では諸所に大家族と大氏族の両語を同義として用ゐてゐるが、この場合の氏族は第二章一節中の二種のウカラの段に述べてゐる父系氏族をいひ、家族或は家族観念の起原をここに見る。これを本書では同系または同祖の族ともいつてゐる。同じ章の三節及び四節に見える氏の発展の諸相もこれを物語つてゐるし、第四章四節の賜氏姓諸例も、その多くはそれらの氏族群、家族群の種々相であるといつてよい。結論第一章にも述べてゐる。また複氏表、賜氏姓表等にも窺ひ得るであらう。

これらは、前項に述べた系と族の二単位中の系に当るのであつて、族すなはち母系氏族が族制の根基をなしてゐるに対して、系はそれらの単位母族を経由しながら、空間的な雄大な広がりを取つて転移蔓延し、国作りをなし、氏作りをなし、また部作りをなすのである。阿倍氏、蘇我氏、物部氏、大伴氏、中臣氏、多氏等をはじめ諸貴族にして、その大氏族網または大家族網が、南九州より北奥羽に及ばないものは殆どないといつてよい。而して、それらが各地方にあつて細分割拠し、その族籍を夫婦と子の後代的家族へ改革した時、中央氏からの分離が成つて、ここに所謂家族制度の確立を見るのであらう。その一班は、序章三節中に掲げた戸籍・計帳の類に窺ひ得る。すなはち改新直後の未だ完全ならざる状態から、漸次に整理されて郷戸・房戸を分つことゝなる。かくて、婚姻制も漸く推移しつゝ、鎌倉時代前後に至つて完全に嫁娶婚（序章一節参照）となつた時、ここに徹頭徹尾なる近代家族制を見ることゝなるのであらう。

第二節　血の帰一

此世のこと皆正し。母系より父系への推移は、当然の発展である。母系は保守的排他的な血族団体であり、父系は進歩的抱容的な婚姻団体である。社会の推移はすべて此線に沿うて流れるであらう。

ここに吾等は、偉大なる日本父系の進取的な態度―凡ゆる異族、蛮民等と進んで婚姻し、彼等を完全に自系下に結合して、国作り、氏作り、部作りをなしたこと、或はまた、なさざるを得ない天与の事情にあつたことを限りなく喜ぶものである。なぜならそのことに依つて、一挙にして異族、蛮民等の系と血は文明種族のそれに帰一し、ために奴隷制を氏族制に代置したからである。奴隷虐使の意識的基礎の上に立つ外国文明は、氏族協和の意識的基礎の上に立つ日本文明に比すれば疑ひもなく劣質である。

かく思ふ時、吾等は更に古代母系の犠牲と支持を思はざるを得ない。すべての母系は此時下積の族をなして、父系の他より来るを受入れ、且つそれを奉じて、自系を滅するを常とした。もとより、ここにもまた、天与の必然があつた。然し、それゆゑに尚更闘争よりは支持による我国の発展の経路を祝福せざるを得ない。けれども、それは単なる無抵抗ではない。真の支持には力強い摩擦が伴はねばならない。屢述した母系氏称（氏称の根底に実生活的諸条件の付帯することは屢々これを述べた。一言にいへば母系制的婚姻及び相続制、延いてその氏族制の遺存である。）の頑強なる抵抗によつてのみ、氏姓の進化または血の純化は得られた。氏姓の進化は云ひかへれば系譜の一姓化である。我国ではいかなる異族も帰化人も、その母系の犠牲と支持によつて系譜的に、明文的に、相率ゐて皇別化し、神別化すを得た。すなはち一姓化への方向に促進せられた。次に血の純化は前に述べた血の帰一をいふ。

これを要するに、系譜においては一姓化、血においては帰一、著者は、これをもつて、吾等の収穫の最後のものとする。

●作品解説

一九世紀後半の欧米の人類学や歴史学においては、民族や文化にかかわらず世界のどの社会であっても、歴史を遠い過去にさかのぼれば母系制が見出される、という理論が広く知られていた。その理論を受容した日本の研究者たちも同様に、太古の日本に母系制があるのではないかと考えた。早くは一八八九年に歴史学者三宅米吉が、一九〇八年に社会主義者堺利彦がその存在を指摘しており、一九三〇年代に入ると山本琴子や渡部義通が『古事記』や『日本書紀』などの叙述から当時の系図を再現し、母系制の存在を証明しようとしたが、資料的制約や政治的弾圧により、その解明は断片的なものにとどまっていた。そこに現れたのが、膨大な資料分析と詳細な系譜解明によって上代日本に母系制の痕跡が見出されることを立証した高群の『母系制の研究』である。高群は、「森の家」と呼ばれる世田谷の一軒家に引きこもり、七年の歳月をこの研究に費し、それを解明した。冒頭に徳富蘇峰直筆の序文、末尾に三木清らの紹介辞が収録されていることは、この書が立場の左右や年齢の老若を超えて注目された大著であったことをありのままに示している。

高群は戦後、ここで抜粋した結論部分を丸々削除した改版『母系制の研究』（のち全集に収録）を出版した。削除された結論部分は「血の帰一」と題されており、それの持つ意味を巡っては、戦時下という同時代的、あるいは思想史的な観点から、いまなお関心が向けられている。

（底本＝『大日本女性史　母系制の研究』厚生閣、一九三八年）
（漢字は新漢字に改めた）

『日本婚姻史』（一九六三年）

服藤早苗＝選・解説

序説　日本婚姻史の体系

一　婚姻史研究と著者

人類の生活は原始社会から夫婦と子供のいわゆる夫婦制小家族にはじまってそのまま今日に持続しているという欧米流の宗教派的な考えや、または夫婦制ではなくて親子制であるところの家父長制家族によって開びゃく以来わが家族制は貫かれてきたとする日本流の道学者的な考えがあり、それが学問の世界にまで影響して、たえず、社会の現状維持的な潜勢力の基礎ともなっている事情がみられるが、この書はこれらの考えを否定するところから出発するものである。日本婚姻史の研究は、夫婦別居の妻問婚の状態にまでさかのぼることができるが、そこにみられるものは、欧米流の夫婦制でも、日本流の家父長制でもなく、それは論理的に原始の群婚制を逆推しえられる条件のものである。私の学説はこれによって決定されたのである。

著者はまず、はじめ男女は個別的でなく群（horde）にあって群居し（たとえば猿集団のように）、内婚によって子孫とともに混在し、それがしだいに分岐群や隣群とのあいだの外婚に発展し、子孫を母群に生み育てることから母系制が表面化したとする考えに立つ。直接的な文献史料を欠くこの間の事情については、考古学、言語学、民族学、その他の隣接諸学の最近の発達に依存するところが多い。以後のことは幸いにも日本に早くから集積された文献史料にもとづいてたどることができるのであるが、それは長い婿取式（男が女のところに妻問いして通ったり、婿取儀式にはじまる狭義の婿取婚をしたり）の期間をへて、三転して男方に妻を迎える嫁取式（英雄時代ごろの家父長制のギリシャやローマ、おなじく家父長制の古代印度や中国に早くからみられるこの嫁取婚）となり、ようやくにして日本にも親子制家父長家族や夫婦制小家族が継起的に出現してくるとするのである。

著者がこの確信をえたのは、一四世紀（南北朝）ごろまで支配的婚姻制として存続した招婿婚（前記の婿取式）を原始婚と規定し、この原始婚の存続中に文字による記録技術の輸入があり、それによって初発をのぞく婚姻の全経過が順序を追って文献的に証明されるという認識による。また近い時代までのこうした原始婚の存続は、わが民間に豊富な遺習をのこし、それが民俗学者の貴重な努力によって開拓されたことも、著者の確信をふかめることにあずかって力があったといえる。

近代的諸学の先進地帯である西洋では、原始婚が早く亡び、家父長婚たる嫁取婚を過渡期的に経過し、以後は教会儀式を伴う一夫一婦婚が長期間存続して今日にいたったため、原初的な文献や遺習に乏しく（わずかに神話伝説等に片影をのこすだけで）、ひいて婚姻史や家族史体系に疎い傾きがあったとされるが、近世からの太平洋方面への植民地的侵入によって、未開社会観察の契機による諸業績の輩出となった。しかし惜しいことにそれら未開社会では史的文献を欠くために、原始から今日への婚姻の過程を具体的に証明することができない。この点で日本は前記のように最もめぐまれた研究事情にあることは、もはやなにびとも否定しえないところであろうと思う。

日本の歴史家がこれに食指をうごかさなかったことはおどろくべきことであって、このことについて、「歴史家のみた日本文化」（家永三郎―昭和三六年）という論文の「古代人の結婚生活と性道徳」という章のなかに、「歴史が人間の歴史であるかぎり、そして人間が常に男と女と大体半数ずつから成り立ち、その男女の結びつきの上にのみ人類社会の継続が依存しているものである以上、結婚や性がどんなに重要なものであるかは、ことごとしく説明するまでもないところである。結婚や性の歴史が学問的研究に値しないかのように思われたのは、封建的家庭蔑視の観念や性の問題をふまじめなことがらであるかのように定めてかかる封建的偽善道徳が、頭の古いアカデミシャンばかりでなく、「進歩的な」歴史家の頭脳のうちにしらずしらずの間に浸み通っていたためとでも考えなければ、解釈できない。歴史学者の怠慢が、教育政策と相まって、現行家族制度が日本古来の一貫した伝統であるかのごとく思いこむ国民の誤った常識を、牢固としてぬきがたいものとしてしまったのである。モルガンの「古代社会」やエンゲルスの「家族、私有財産及び国家の起源」を必読書としているはずの進歩的歴史家さえが、現行結婚形態の普遍化が予想外に新しい近年の現象であることを看破できなかったのは、「進歩的な」歴史家もやはり男性であるかぎり、男性中心の先入見から脱却できなかった、という理由によるものだったかもしれない。日本の婚姻生活について、常識を打破する画期的な研究が、女性である高群逸枝女史の手により大成されたのは、その意味で特筆に値しよう」と述べられているることに、私は全く同感であるとともに、私のささいな仕事に言及されたことをふかく感謝し、自己の学者としての責任をさらに一段と痛感するものである。

日本婚姻史に学問的体系をあたえた最初のものとしては、「聟入考」(柳田国男—昭和四年)があげられる。これは豊富な民俗をふまえて組み立てられたもので、「これによって日本の婚姻史研究はその基礎をえたといってよい。…そして民俗学は史学に対立するとの印象を与えはすまいかと思わせるほど気を負った文章の調子であって、柳田先生の多くの著作の中でも、最も忘れがたいものの一つであった」(有賀喜左衛門「日本婚姻史論」—昭和二三年)といわれるとおり画期的なものであり、今日までこのようなみごとな方法論をもった業績はみあたらないが、ただそれらの民俗の側面に原始婚からの遺習をみるとする解釈を拒否し、家父長制下の嫁取婚の原理での解釈で一貫しているのみか、鎌倉、平安、奈良、おそらくそれ以前にも溯及して、日本の全婚姻史にその意味での体系を与え得たとしたらしいその自負には、大きな誤謬があったのである。つまり柳田説によれば、「聟入」とは家父長制的嫁取婚の一つの手つづきにすぎないとする。それは最初女家に婿が出向いて平安時代の婿取儀式にみられる「露顕」(ところあらわし)の祝儀をあげ、それから若干期間女家に通ったのち、妻子をつれて男家に帰るとするものであり、その次の段階(鎌倉ごろを想定)では、聟入式なしに当初から嫁を男家に呼ぶということになる。いずれにしても両段階とも男家に嫁が迎えとられる嫁取婚でしかなく、これを母系型の婿取婚とみたりするのは大きなまちがいだというのであるが、露顕をめぐる諸解説もまったく史実に反しているし、ことに若干期間後妻子をつれて男家に帰るということは、そのことの想定されている平安時代の婚姻事例を一つもあまさぬようにしてしらべてみても少数の例外―それも平安末の藤原兼実の子良通14歳が花山院兼雅女11歳と皇嘉門院第で婚姻居住中、火災にあい、父の家に寄居した例等―があるのみで、いかにしても柳田体系は成立しない。「聟入考」の業績が豊富な民俗の提供であり、史的体系への努力として称すべきであることにはかわりはないが、文献史料の軽視によるそのせっかくの史的体系の失敗と、さらに戦前の家父長制絶対視にたいして、期せずして迎合した結果になり、そのため学界の進歩を阻止したうらみがないとはいえなかった点に、大きなマイナスがあったと思う。この柳田婚姻史の誤謬については、はやく「招婿婚の研究」(昭和二八年)において詳細に批判しているので、それについてみられたい。

ついでに、著者自身のことをいえば、婚姻史関係の著作としては、右の「招婿婚の研究」と「母系制の研究」(昭和一三年)、また「女性の歴史」(四巻・昭和二九―三三年)および若干の論文があり、そして目下「続招婿婚の研究」を手がけている。さいわいにしてこれらの諸著をも参照していただければとねがう。

二　婚姻史体系

日本の婚姻史は、後出の表にみられるように、だいたい婿取式(母系型)と嫁取式(父系型)と寄合式(個人型)との三段階に大別され、その前提に群婚を想定する。

群婚は、族内婚と族外婚の二期に分かたれるとするが、この族内婚の初頭、つまり婚姻制の発芽期については、いまのところ不明であり、こんごの開拓が期待される。それ以後のことは族外婚期をも含めて、多少の諸徴証がみられる。

婿取式婚姻は、招婿婚ともいわれ、群婚につぐ対偶婚(一対一の結合であるが、この結合は弱く、離合不定である。この段階には、群婚の延長または遺習ともみなすべき多夫多妻的現象の併存をみることが多い)に比定され、群婚とともに原始婚の範ちゅうに入る。この婿取式婚姻は、わが古典での代表的婚姻語である「ツマドヒ」(奈良ごろまでに支配的にみられる)と「ムコトリ」(平安から鎌倉ごろまでに支配的にみられる)の二語によってあらわされる妻問婚(通い―夫婦別居のたてまえ。その背後にはヤカラと称する族的共同体が想定される)と婿取婚(狭義の婿取婚―妻方同居のたてまえ。その背後には両親世帯が成立する)の二期に分けられるが、さらにこの狭義の婿取婚は、「前婿取」(大化後平安初までの過渡期における母による婿取り)、「純婿取」(摂関政治の盛行時代で、婿取儀式が中央でも地方でもみられる段階である。妻方の父が婚主)、「経営所婿取」(院政期。自家以外のところに経営所と称する婚礼の揚所を設けて妻方の手で婿取婚がおこなわれる。その後新夫婦は新居に移って巣婚世帯をいとなむ)、「擬制婿取」(鎌倉から南北朝ごろまで。夫方の親が別宅へ避居したあとを、妻方の、または妻自身の家として擬制して婿取りをするたてまえの婚姻形態。この期間の各世帯は、前の経営所婚からひきつづいて単婚世帯が多い)の四つの継起的な種別に細分される。

嫁取式婚姻は、室町ごろに表面化して確立する。ヨメトリという婚姻語がこの期にあらわれる。この期で妻は完全に夫方同居となる。だから前代の単婚世帯をすてて、夫方の家父長の族中に同居する俗となる。この嫁取婚は夫方の家父長の手によって行なわれるもので、夫方が貰い手、妻方が呉れ手という取り引き観念のもとに、嫁は死装束を身につけ、一個の物件と化して略奪される形となる。また社会経済史的にいえば、わが家父長婚ないし家父長制は古代をとびこえて封建制において完現し、ここでア・ア等諸国の古代から封建へと持続する家父長婚ないし家父長制にたいしておくれて合致することになる。したがってわが封建家族は単婚型ではない。

寄合婚は、明治維新に萌芽し、昭和憲法後に表面化してくるとすべきであろう。寄合婚とは、近代社会の男女同権的単婚制のことであるが、それは完全には母子が社会から保障される将来をまってのみ結実するであろう。

著者の日本婚姻史体系は以上のとおりである。本来ならば大化前の氏族制末期に表面化されねばならない嫁取婚(家父長婚)が、日本では約一〇世紀もおくれて室町期に表面化した。その約一〇世紀間、太平洋諸島や東南アジア、台湾等にみられるような原始婚を日本も保持し、しかもそれを実験室的に徐々に終局へと経過させた。その経過はひじょうに規則ただしいものがあったが、それは本文についてみられたい。この間、女性の地位は原始的な高さ(財産、祭祀、恋愛等の諸権利において)をもち、また女性をとりまく社会環境も、原始的な諸関係を示していた。たとえば、氏族制は崩壊していたが、原理はのこっていて、それが嫁取婚や家父長制の顕現をおさえており、だから夫婦は別産で別墓だった。同氏でさえあれば離別した夫婦でも同じ墓地に葬られ、同じ氏寺のある隠居地に余生を送り得たが、形影相伴う相愛の夫婦でも異氏のばあいは隠居地を異にし、墓地を異にした。

最も不思議なのは、系は父系であるのに、婚姻や家族は母系型である点で、なにかの故障で成員の分家がちょっと妨げられると、たちどころに母系型の大家族が顕現した。これに反して父系型大家族はその期間中は一例もないといいきってよい。父系系譜と母系型家族の複合―これはまったく一応不思議であるが、しかしこのことについては、かつて加藤常賢「支那古代家族制度研究」（昭和一五年）にも、これを父系母所型とし、「母系制に於て男子の継承（。すなわち父系）を辿るといふことは、端的に謂へば、純母系制ではないことになるのであるが、母系制を遵奉する現存民族の間に於ては此特異な継承が実際行はれて居る」とみえている。母系型族制の上に父系系譜がたどられているというのである。私自身も「母系制の研究」（昭和一三年）で、古代の氏姓関係を観察し、系と族とのくいちがいを指摘している。

このように、日本の婚姻史体系を一考しただけでも、それは種々の意味できわめて興味ふかいものであり、なお深く立ち入ってみるなら、そこにはモルガンの発展的婚姻史にも欠けているとされる母系婚（いわゆる対偶婚）から父系婚（いわゆる一夫一婦婚）への空白を埋めるにたる実証性の存在が理解されるであろう。

三　婚姻史表

著者の日本婚姻史体系を表化したものをつぎにかかげる。この表は「招婿婚の研究」にかかげたものをもとにして、その後の若干の知見を加えて取捨し簡略化したものである。もちろん複雑な内容をこのような表に適確に盛りこむということは困難であり、ひじょうな危険をおかすことにもなりかねない。ことに時代区分には割り切れないものが多い。たとえば表では妻問婚は古墳時代にあてであるが、厳密には前後にわたるというように。だからこの表はだいたいの目安であって、正確には本文についてたしかめられたい。

表中の「時代」は一般にひろく通用している呼称にしたがい、婚姻の種別に照応してその時期を示したもの、なお参考のために最下段にＡＢＣの時代区分を併載した。Ａは著者が女性史に用いた時代区分、Ｂは日本の歴史学界に用いられている最大公約数的な時代区分。Ｃは外国、とくに最近ソ連等で日本史研究に用いている時代区分で、原始から奴隷制を飛びこえて封建に直結させているのと、近代の画期を明治維新においたのが特徴であるが、継起的経済制が表面化されずに内在したままで遅延し、しかも社会構成的には飛びこえ式で

日本婚姻史表

時代	原　始〔無土器 縄文 弥生〕	大　和〔古墳〕	飛鳥奈良平安(初)	平安(中)	平安(末)	鎌倉南北	室町安土桃山江戸	明治大正昭和
種別	族内婚　族外婚	妻問婚〈通い〉	前婿取婚	純婿取婚　婿取婚〈住み〉	経営所婿取婚	擬制婿取婚	嫁取婚	寄合婚
種別	群　婚	対偶婚〈群婚的多妻多夫遺存〉					一夫一婦(蓄妾)婚	純一夫一婦婚
族制	群　母系氏族	父系母所〈過渡的父系氏族＝氏族崩壊〉					父　系〈家父長〉	双　系
型式		婿取式〔母系型〕					嫁取式〔父系型〕	寄合式〔個人型〕
婚主	神(集団)　妻方の族長		妻方の母	妻方の父			夫方の家父長	相　互
夫婦	共 居　別　居		過渡期〈子は妻方〉	同　居			〈子は夫方〉	
財産	共同所有	族長所有〈亜共同所有〉	長者所有（律令制）〈男女分割私占〉				家父長所有	個人所有
時代区分 A	原　始〈部族連合〉		古　代				封　建	近・現代
時代区分 B	原　始	古　代〈奴隷制〉				封　建　中　世	近　世	近・現代
時代区分 C	原　始	封　建（奴隷制とびこえ）						近・現代

転移していくという解釈には一応学ぶべきものが多いように思う。

念のためにいえば、これらの時代区分は、そのいずれもが決して確定しているわけではなく、つねに検討が加えられつつあることはいうまでもない。

「財産」は、大まかには共有、私有に分かたれるが、この表では婚姻の直接的保障を意味するもので、その説明は他の各項のそれとともに本文にゆずる。

●作品解説

一九五三年一月、十三年余を費やした『招婿婚の研究』が大日本雄弁会講談社から刊行された。「例言」には、「研究は前記の諸家日乗（平安から六百年間一貫した数十にのぼる膨大な諸家の日記―服藤注）を主資料とし、文学物その他を副とし、あわせて遺制についての諸報告等をも利用し」、数万枚のカード、約一千の採集婚姻例八百枚、約五百の家族調査等を用意し、「実証的帰納的に考察」した、とある。高群の大日本女性史全五巻の第一巻の『母系制の研究』が系譜編で、第二巻婚姻編にあたる。

戦前の皇国史観的歴史学を反省・批判し、マルクス主義歴史学がスタートした戦後のこの時期、貴族層の日記史料を丹念に分析する研究は衰退していた。しかし、平安時代を対象とする歴史学、日本文学等の研究者には、「婿取婚」は高く評価された。そのためもあり翌年の三月には誤記誤植類を訂正した第二版が出されている。

もっとも、千二百頁以上もある大著は、研究者も含めなかなか読了し理解することは困難であった。たびたびコンパクトな日本婚姻史の執筆をすすめられ、自身も必要性と義務を痛感していたものの、『続招婿婚の研究』に没頭せざるを得なかった。その目鼻もついたので、至文堂の『日本歴史新書』の一冊として引き受ける。一九六三年一月一日に「日本婚姻史の原稿すこしかく」が、二月二日には「『日本婚姻史』午後七時五十分脱稿。四一八枚」とある（『共用日記』）。なんと一カ月で書き上げ、しかも五月三十日には刊行されている。二月十三日に倒れ、翌年六月七日には癌性腹膜炎で死亡するから、最後の著書となる。女性史分野では遺稿といえよう。

『日本婚姻史』は、家永三郎氏等の『招婿婚の研究』への批判を受け止め、たとえば平安時代の庶民の婚姻形態を考察するために平安末成立の『今昔物語集』を「婚姻開始のありかた」

「婚姻世帯のありかた」等に分類して統計処理をするなど、新しい知見も加えている。「序説　日本婚姻史の体系」には、高群婚姻家族史研究の目的や課題・理論が凝縮され叙述されているので、そのまま掲載した。

（底本＝『日本婚姻史』（日本歴史新書）至文堂、一九六三年）

『女性の歴史』（一九五四―五八年）

山下悦子＝選・解説

日本では、大化以後南北朝頃までの時期が、氏族崩壊期であって、ギリシャや中国の例でいうと、崩壊氏族のなかに家父長家族が独立する時期にあたっているけれども、前の章でもくわしくみてきたように、日本のこの期間は単純な父系氏族の崩壊期間ではなく、「父母両系の併存」のような形態をもった氏族制の崩壊期間なのである。（略）

女性史を「学問」的に研究――しかも公式的でない女性史、自分の国の真実の女性史を研究しようとすると、自分の国の『家族制度の研究』が、必至のテーマとなってくる。私の立場がこれである。（略）

日本の氏族崩壊期は、前にいったように父母両系の併存のそれなので（原則的にいうと、時代の発展過程は、母系―父系氏族、古代、封建、近代となるのが普通である。そして父系氏族時代には嫁取婚が伴い、そこに家父長家族を育成して、氏族崩壊期となり、古代につづく。あるいは氏族崩壊期をも含めて古代を形成する。これにたいしてわが国では、招婿婚という母系婚がいつまでも長びき、割り切れた父系氏族制をもちえない。系譜的には父系的であって、家族態に母系を遺存するという父母両系の併存の状態のままで、氏族崩壊期を形づくる）、したがって、この期間に家父長専制の大家族形態などのなりたつわけがなく、そのかわりに半壊れの氏族共同体があり（奈良戸籍の郷戸）、こうした共同体の集落をふまえて律令機構とは別個に、従来からの村とかクニとかいう祭治区域が遺存し、延喜の式内・式外の大・小の神社やホコラが共同祭祀されていたのである。そこには従来の村長（ムラオサ）や、国造（クニツコ）にあたるひとびとが、いまは律令機構の郷長や郡司等をつとめ、または荘園体制の諸役をになったりして、長者（族長）といわれて君臨し、村やクニの成員を下人と称して駆使していた。だから専制者は、ここでは長者だった。そして、こういう長者制（族長的奴隷制）に対応する権力組織として、大化以後のわが天皇制があった。大化以後の天皇制は、隋や唐の皇帝制を学んでできたものではあるが、第二章でみたように、それらとは歴史的段階を異にしており、君主としての実力や規模などの強烈さにおいて、とうてい比較にはならなかった。（上、二九六―二九八頁）

家父長奴隷制は、家族と家内奴隷とを生殺与奪の権力でカバーするが、族長奴隷制は、族員と族内奴隷（個人所有の、または共有の）を、大づかみに奴隷化し、各種の貢納形態を通じて収奪する。

（略）族長奴隷制では、男女を問わない個人が土地や奴隷占有の単位で、そういう個人たちを族長層およびその帰一的なシンボルである唯一者が大づかみに総体的に奴隷化しており、これに対して家父長奴隷制では、すでに女には土地や奴隷を私有する権利がなく、男の家父長のみが女や女の生んだ子供をも一括して、土地や家内奴隷と併せて、一団の総奴隷として掌握し、生殺与奪しており、さらにその頂上に、二重三重の東方的、あるいはアジア的権力組織がみられるのである。（上、三〇六―三〇七頁）

●作品解説

生殺与奪の権力を持つ強大な家父長制は、日本では西欧のローマ帝国、中国のようには育たず、家父長制の成立は遅かったというのが、高群の見解である。「元始、女性は太陽であった」という平塚らいてうの『青鞜』創刊の辞ではないが、過去にさかのぼればさかのぼるほど女性の地位が高いというのが、日本の女性史の特徴であり、近代的に再編成された家父長的な明治国家の方が女性にとって抑圧的だったというのである。

父母両系的な併存の時代が続き、父系へ移行するのだが、家父長制ならぬ族長制が存在し、家族と家内奴隷とを生殺与奪の権力で支配し、女には土地や家内奴隷を私有する権利はないような家父長的奴隷制とは相違する母系的要素を残した社会であった。南北朝・室町まで婚姻形態は招婿婚が行われていたとする。

が、この点については、双系制論者により修正を余儀なくされている。現在の歴史学では、夫が妻方に通い、妻方で同居し、夫の両親と同居することはない状態が一二世紀頃まで続いていたことは、承認されている。高群は日本の社会や文化、生活様式における母系的な要素を見いだそうとしたのであり、「母系の遺存」の追究にこだわった。高群の「母系」「父母両系」という言葉を双系制という言葉とてらしあわせて検証する必要がある。

高群は四〇〇冊の古代、中世の文献を読破し、「ツマドヒ」、「ムコトリ」という婚姻語が日本古代の婚姻語の代表語であること、この婚姻語の推移が、大まかには婚姻形態の推移を物語っていること、それゆえこの二語がそのまま古代婚姻史の時代区分を反映するといったことを、資料検証の段階で把握した。次に「ヨメトリ」という婚姻語の追究が行われ、『招婿婚の研究』にまとめた。『招婿婚の研究』で言葉の意味の変容に言及し、独自の時代区分を作成したことにより、マルクス主義的な唯物史観とは相違する歴史観を築いた点が評価に値する。(が、むしろ戦後の作品は唯物史観の影響が見え隠れする。たとえば『日本婚姻史』の時代区分は、モルガン、エンゲルスの図式で日本をみようとしている。)

その後、『続招婿婚の研究』を構想、招婿婚の社会的基礎の研究に着手しようとした。「長者制の研究を中心にすえること、けっして死んではならないと考えた」(『火の国の女の日記』)高群は、長者に原始共同体の族長の再編された状態をみたのであり、それゆえ家父長制が中世においても西欧に比して、弱く、招婿婚が存続する根拠となるとみなしたのではないか。執筆直前までこぎつけたものの、高群の死去により、幻の研究となってしまった。

『続招婿婚の研究』の資料とカードは、高良留美子によると研究者の間にはどこにも存在せず、遺言にもとづきおそらく橋本憲三によって焼却されたらしいとのことで、「二人の約束があったとはいえ、残念である」と高良は結んでいる(『浜田糸衛――生と著作』)。

(『女性の歴史』講談社、上=一九五四年、中=一九五五年、下=一九五八年。『女性の歴史』一・二、理論社、一九六六年)

(底本=講談社文庫、一九七二年)

『火の国の女の日記』（一九六五年）

山下悦子＝選・解説

第二部　恋愛と結婚の苦悩

40　震災日記

九月一日（大正十二年）

この日、私の夫は気分がわるいといって社を休んだ。ちょうど正午どき、お八重さんが部屋に運んできた昼のご飯をたべていると、急にめりめりと音がしはじめた。

「そら地震だ！」

という声があちこちの部屋で起こった。私と夫とは、いつもの地震だとたかをくくっていたが、そうでなく、おどろくべき強震で、逃げ出すのさえあぶないほどの揺れかたであった。軽部婦人も、おばさん（養蚕の加勢人）も、お八重さん（女中）も、竹藪に逃げ込んだ。夫は私のあとから転びそうな様子をして。―私たちは大きな孟宗竹につかまって、しばらくのあいだはぼんやりしていた。

家の屋根は揺れに揺れて、まるで今にも落っこちそう。私たちはけんめいに両手で竹をつかみ、息をつめる。そして約一時間余、たえず強く弱く揺れ返す地震の波の上に乗っていた。

陸軍自動車隊（○いま東京農大）の方からは、物凄い音が、がらがらと聞えてきた。まもなく一人の兵士が二階の窓から飛んで死にかかっているという知らせがきた。知らせはつぎつぎにきた。軽部仙太郎さんは消防団長だから。

朝から東京へ野菜をもって行って、夕方帰ってきた金ちゃん（男衆）の知らせは、せんりつすべきものであった。新宿から神田、浅草の方は一面に火の海だということであった。

座敷の東の縁側に出てみると、あたりはまるで真っ赤。空には雲が火のようになってはしゃぎかえっている。

私たちが部落の消防小屋の方へ見に行った。こんな光景ははじめてみた。──なんといって形容したらいいか。すばらしいみごとな火事である。遠く東京市の涯へまでも行っているかと思われる火量。奥ふかい光。

人びとは行き合うごとに近親の人にでもあったような親しみをもって驚異を語った。消防団は村を警戒して廻っている。知らせは東京の空からひんぴんとくる。浅草十二階は二つになって落っこちた。砲兵工廠もあぶなくなっている。神田神保町は全滅だ。芝も焼けた。電車は燃え飛び、火薬庫は爆発し、水道は破裂し、消防のつくしようもない…。

誰も彼も仕事も手につかず、ただもう戦々兢々としていた。なぜなら、今夜がまだ危い。えらい余震がきそうだという警告が伝わったから。日が暮れると、私たちは雨戸を開けひろげ、いざといえばすぐに駈け出すばかりにしておき、塩をつけた握り飯を食べた。隣家の人たちもきて、いっしょに夜を明かすことになった。

ほとんど眠られなかった。経堂で泥棒が一人逃げたという知らせが飛んだ。消防団は手に手に棍棒をもって巡回している。東京の空はなお火雲炎々としている。横浜の空も異様に赤い。

月が出た。神秘な不思議なきもち。人間のつくった文明が、いかにもろいものかという実験はみごとなものだ。もはやじゅうぶんに行なわれた。上結果だ。神保町の本屋はまる焼けだろう。これで日本の書物の心臓が破裂したというものだ。

二日（朝）

朝になると、またつぎつぎにニュースがはいってくる。麹町三丁目までいま燃えひろがった。銀座も全焼、京橋も、東京駅も、三越も焼けてしまった、などと。──火は浜離宮に向かおうとしている。本所も、深川も、火の海だ。日比谷には死人が山のように積んである。新聞社も焼け失せたろう…。

軽部家では、湯殿の柱がゆがみ、煙突が割れ、煉瓦が崩れ、味噌部屋が傾いて味噌がめがころがり、門の土塀がこわれた。しかし母屋では壁がいたみ、簞笥がひっくりかえったぐらいで、大した被害はなかった。代官屋敷付近の三、四軒の貸家は軒並みに傾いて、そのままでは使用にたえなくなったらしいと。お巡りさんの話では駐在所もえらい目にあったと。

ここの東京の親類はたぶんみんな焼け出されたので、いずれここに逃げてくるだろうと。出版社もほとんど全滅だろう。私の原稿は××社に行っているが、灰にならなかったか知ら。

朝からどんよりとした底意地のわるいくもりかたをした天気で、暗い暗い空だ。横浜は全滅とのこと。東京はなおさかんに黒煙を上げている。昨夜の空にみた異様な焼け雲については、あれは瓦斯タンクの破裂したのが上がったのだなどと人びとはうわさしている。

ここで人びとの眼ははじめて地上の火事から空の雲へ、宇宙へと移ったらしい。宇宙は一種の異様な、たぶん原始人にあたえたのと同じ圧力を、文明社会の人民たちにあたえているようだ。あなかしこ。たんららら。

さて私たちの前途はどうなるか。夫の社は神保町にあるから、もう十分に破裂したろう。夫も私もかぜをひいて、熱をだしてきょうは気分がわるくてたまらない。

二日（夜）

夕方、警察が廻ってきた。横浜を焼け出された数万の朝鮮人が暴徒化し、こちらへも約二百名のものが襲来しつつあると（もちろんデマ）。火の手はまだ止みそうにない。避難民はぞくぞく「一夜の宿」に乞いにくる。その乞いにくるものにたいしてはかならず許諾せよという布告が三軒茶屋あたりには出されているとのこと。ここらにも明日あたりに出されるだろうと。

きょうは妙に蒸し暑くて、それに余震も時折りひどくやってくる。私たちは心臓をどきつかせどおしだ。夫は熱が高くて、風邪がよほどわるいようにみえるが、それでも自分では元気のつもりらしい。私は死ねば夫のそばでという観念から放たれることができない。こういうときはつくづくそう思う。

地震はまだひっきりなし。中天は桃色。藪の先に行ってみたらさぞ燃えに燃えていることだろう。

村の若い衆や亭主たちは朝鮮人のことで神経を極度に尖らせている。これはちょうどわが軍閥の盲動に似ている。もどかしい、いまわしいことどもだ。三軒茶屋では三人の朝鮮人が斬られたというはなし。私はもうつくづく日本人がいやになる。先方では「たすき掛け」できたというが、それがもし真実としても、「食う道」が絶えては、それになんらかの弾圧（ありそうなことだ）が加えられたとすれば、仕方のないことであろう。

ああ仕方のないことだ。こういう私たちも、ほとんど寸前暗黒である。夫の仕事もどうなるかわからない。まあ運命がうまく片づけてくれるであろう。ただわが夫よ。どうかわが夫が病気にならないよう。私をあとに置いてお死にになられないよう。

（ものすごいエゴイズムのKはここでもノイローゼぎみだった。ロマンチシズムの私のほうが愛のゆえに強かったのだった）

隣の植六さんらが、朝鮮人があぶないから、いっしょに集まって、戸外に蚊帳を釣って寝《やす》めといいにきた。朝鮮人よりも地震がおそろしいと家人がいうと、六さんは私の夫に、

「ねえだんな。地震はもう大丈夫ですね。それより朝鮮人がなんぼか恐ろしいですね」

という。

なみ夫人は、

「朝鮮人がきたら柿の木にのぼろう。私は木登りはうまいから」

と真剣な顔でいう。

それにしてもこの朝鮮人一件はじつにひどいことだ。たとえ二百名の者がかたまってこようとも、それに同情するという態度は日本人にはないものか。第一、村の取りしまりたちの狭小な排他主義者であることにはおどろく。長槍などをかついだり騒ぎまわったりしないで、万一のときは代表者となって先方の人たちと談じ合いでもするというぐらいの態度ならたのもしいが、頭から「戦争」腰になっているのだからあいそがつきる。自動車隊には用賀あたりの女や子どもたちが詰め寄せているらしい。〇〇たちは手ぐすね引いているらしい。××人が来たら一なぐりとでも思っているのかしら。じつに非国民だ。いわゆる「朝鮮人」をこうまで差別視しているようでは、「独立運動」はむしろ大いにすすめてもいい。その煽動者にわたしがなってもいい。

「軍国的」狭量。軍国的非行、不正。

どうか天よ。かれら二百名の上に「けが」のないように。聡明な人間が一人ぐらいは村にいてよいではないか。私は心からそれを思う。そして私は心から二百名の無事をいのる。どうか食糧と天の祝福とに彼らがありつけるように。本所、深川も全滅と。ああ労働者たちを思う。政府の救助がどうか洩れなく、緻密に、豊かに。そして朝鮮人にも同様に。

また地震だ。

日本の蒙った打撃。利己国家主義者や排他的不正階層。汝らに加えられた天罰と思わないか、これは。

半鐘は各所で鳴りわたる。消防団は引っきりなしに徘徊する。

●作品解説

第一部—第三部までが高群逸枝執筆による自叙伝。一九六三年九月五日に本格的に筆を起こした。がすぐに疲れて一行にとどめたのだが、その一行がまさに冒頭の有名な始まり「私はこの世に歓迎せられて生まれてきた」だった。第一部「しらたま乙女」（一八八四—一九一七、〇—三三歳）は一一月二八日に終わり、第二部「恋愛と結婚の苦悩」（一九一七—三一、三三—三七歳）は一九六四年一月一八日、七〇歳の誕生日に仕上げ、第三部「与えられた道」（一九三一—四一、三七—四七歳）へと進み、第三部完成寸前に倒れ、六月七日長逝した。後は、夫橋本憲三にゆだねた。したがって第四部「光にむかって」（一九四一—四九、四八—五五歳）、第五部「実り」（一九五〇—六二、五六—六八歳）第六部「翼うばわれし天使」（一九六三—六四、六九—七〇歳）は、橋本憲三が執筆した。もう少し早く自叙伝に着手していれば、晩年の高群自身が語る自分史を読むことができたのにと悔やまれる。

橋本憲三との「曲従と思慕」の関係、「瞬間恋愛」と「霊の恋」の二人のズレに深く悩む第二部は、高群逸枝の詩人の感性がにじみ出ていて感動的である。

（『高群逸枝全集10　火の国の女の日記』理論社、一九六五年六月）

（底本＝講談社文庫、一九七四年四月（上巻）、五月（下巻））

高群逸枝　関連年表（一八九四〜一九八〇）

西暦	和暦	年齢	高群逸枝の動向	世界、社会の動向
一八九四	明治27	0	1月18日（初観音の縁日）　熊本県下益城郡豊川村南豊崎で生まれる。父高群勝太郎（磯田尋常小学校校長）、母登代子（熊本延寿寺の学僧大津山自蹊（励秀）と熊本藩武道師範限部官兵衛の姉はるの娘）の長女、本名イツエ。3人の息子を死産や乳児で失い、観音様に願をかけて誕生したのが逸枝だった。「観音の子」として大切に育てられた。 父親の転任にともない、5月、豊川村豊川尋常小学校校内へ、12月、白石野に引っ越す。	5月16日　北村透谷自殺 8月1日　日清戦争開始
一八九五	明治28	1	7月　「外祖父（母の父親）大津山自蹊が亡くなり、父母と赤ん坊の私とが糸山の葬儀につらなった」（『火の国の女の日記』、以下『日記』と記す）	1月　樋口一葉、『文学界』で「たけくらべ」の連載開始 4月17日　日清講和条約（下関条約）調印
一八九七	明治30	3	1月26日　弟清人誕生。「自然のなりゆきで父の子にされ、晩も父のふところで寝るようになった」（『日記』） 1月10日　将来の伴侶橋本憲三、熊本県球磨郡大村で誕生。本名憲蔵。	3月29日　貨幣法交付（金本位制の確立） 8月2日　日本勧業銀行創立
一八九八	明治31	4	7月　父の転任にともない寄田に引っ越す。「私の一家はここに5年住むことになり、私はここで学齢にたっし、尋常4年の初めまで、この学校と村とに親しんだ」（『日記』）	7月16日、明治民法家族法施行
一八九九	明治32	5	3月29日〜4月3日　願解《がんげ》旅行。「かねて懸案となっていた筑後清水観音への感謝と願解の旅をすることにした」。父母、逸枝、清人との家族旅行。	2月　東京―大阪間、電話開通

西暦	和暦	年齢	高群逸枝の動向	世界、社会の動向
一九〇〇	明治33	6	1月1日　弟元男誕生。 4月2日　寄田にある久具尋常小学校に入学。父勝太郎はこの学校の校長。 12月　祖母ツイ死去。「この祖母の死で、私は生後はじめて身近に人間の死を知り、のちに一生を支配した生死問題に入り込んだと思う。（略）処女詩集『放浪者の詩』の巻頭に「死の愛」の一篇をのせているが、その思想もいわばこの祖母の死に起源したろう」（『日記』）	5月　パリ五輪（第2回近代オリンピック） 9月　女子英学塾開校 12月　東京女医学校創設
一九〇一	明治34	7	4月　一番で2年に進級。首席を通す。 11月　秋季連合運動会の徒歩競争で一等賞をとる。芝居、幻灯、軍談（浪花節）などの興行があると一人で見に行った。	4月　日本女子大学校設立 10月　日英同盟交渉開始
一九〇二	明治35	8	4月23日　この地方で流行していた麻疹にかかる。清人、元男も感染。逸枝は肺炎に移行し、重篤となった。元男はジフテリアにもなる。一カ月ほどでみな完治した。 11月12日　妹栞誕生。松橋に天皇迎える。	1月　第一次日英同盟調印 10月　早稲田大学開校
一九〇三	明治36	9	6月　父が守富尋常小学校校長となり、守富村新村に引っ越す。逸枝、同校4年生に転校。 「守富村は夕陽のうつくしいところだった。西の方があいて海につづいており、雲仙岳がじゃまにならない高さで紫紺色にそまり、その上空がひろびろと思い切り赤く焼けていた」（『日記』）	1月23日　夏目漱石、英国留学から帰国 2月1日　中央本線笹子トンネル開通 11月15日　幸徳秋水らが平民社を設立、『平民新聞』創刊 12月17日　ライト兄弟が人類初の動力飛行に成功

一九〇四	明治37	10	3月26日　守富校尋常科4年を卒業。「小学にきみとあらそえる思い出恋し守富の里」(『日記』) 4月　守富村北部高等小学校に入学 『大日本歴史』を読み村の妻問婚を知り驚く。将来の日本婚姻史研究につながる記憶となった。	2月10日　日露戦争開戦 9月1日　与謝野晶子「君死に給ふこと勿れ」掲載(『明星』)
一九〇五	明治38	11	日露戦争に勝利し、戦勝祝賀会が部落で催された。「みんなは、体を曲げ、手足をぴょんぴょん振り上げながら、ニッポン勝った、ニッポン勝った　ロシャ負けた　ロシャはかぜひいて鼻垂れたと歌って乱舞するのだった」(『日記』)	8月10日　日露講和会議開催 9月5日　ポーツマス条約締結
一九〇六	明治39	12	小冊子『十三才集』を作成する。	4月　夏目漱石『坊ちゃん』 9月　同『草枕』 11月　日本鉄道国有化
一九〇八	明治41	14	3月　守富村北部高等小学校卒業。 8月　熊本市の母方大叔父隈部家に寄宿。相当な武家屋敷に暮らす。「隈部家での生活は、私の生涯のうちでも、暖かい、楽しい一時期だった」(『日記』) 9月　壺東女学校入学。漢学塾の女子部。好成績をおさめる。	3月　ニューヨークで女性労働者がパンと婦人参政権を要求するデモ(国際女性デーの由来) 4月　第4回オリンピックがロンドンで開幕
一九〇九	明治42	15	1月　師範学校予備試験を受験するため、隈部家から守富の家へ戻る。 4月　県立熊本師範学校女子部入学。ほどなく重い脚気症にかかる。	
一九一〇	明治43	16	11月〜12月　父勝太郎、東京学事視察旅行。 12月28日　脚気のため師範学校退学処分通知を受け取る。 「このころのノート(明治43、44年)「十六歳集」「少女集」「落莫日誌」「四角集」等がのこっている」(『日記』)	6月1日　大逆事件で幸徳秋水・管野スガら検挙 6月14日　柳田國男『遠野物語』 8月22日　韓国併合に調印

西暦	和暦	年齢	高群逸枝の動向	世界、社会の動向
一九一一	明治44	17	療養と学習につとめ、進学をはかる。	1月24日　大逆事件の幸徳秋水ら11人の死刑執行、25日管野スガ死刑執行 9月1日　平塚らいてう、文芸誌『青鞜』創刊 10月10日　清で辛亥革命始まる
一九一二	明治45／大正元	18	4月　熊本女学校4年に編入学、父佐俣校長に転任。一家も転居。逸枝は熊本市京町一丁目中坂の専念寺に寄宿。弟清人と暮らす。ダンテの『神曲』が修身のテキストだったため、『神曲』を読む。ダンテに影響を与えた女性ベアトリーチェについて論じる。	1月1日　夏目漱石「彼岸過迄」『朝日新聞』にて連載開始（4月29日まで） 4月15日　タイタニック号が沈没 5月5日　第5回ストックホルムオリンピック、日本初めて参加
一九一三	大正2	19	3月　熊本女学校4年修了し、代用教員の受験資格を得る。 11月　二人の弟の学費のために鐘淵紡績の女工となる。	8月16日　東北帝国大学に3名の女性が入学。初の帝国大学の女子学生となる
一九一四	大正3	20	4月　西砥用尋常小学校代用教員となる。 6月　父が校長をしている佐俣校へ転勤。	6月12日　平凡社設立 6月28日　オーストリアでサラエボ事件（オーストリア皇位継承者フランツ・フェルディナンド夫妻がセルビアの青年によって暗殺） 7月28日　オーストリアがセルビアに宣戦布告、第一次世界大戦勃発 8月1日　ドイツがロシアに宣戦布告、8月3日ドイツがフランスに宣戦布告、8月4日ドイツ軍が

				中立国ベルギーに侵入、イギリスがドイツに宣戦布告。8月23日大日本帝国ドイツに宣戦布告 12月20日　東京駅開業、12月25日第一次世界大戦クリスマス休戦
一九一五	大正4	21	4月12日　父の最後の任地払川に一家とともに移り、逸枝の両親の終のすみかとなった。	5月9日　袁世凱が日本の対華21ヵ条の要求を受諾 5月23日　イタリアが連合国側で第一次世界大戦に参戦
一九一六	大正5	22	9月　逸枝も父の払川校へ転勤。 12月　橋本憲三からはがきがきて、文通を開始する。	2月11日　エマ・ゴールドマンが産児制限運動により逮捕される 10月16日　マーガレット・サンガーが産児制限と家族計画のための診療所を開設 第一次世界大戦続く
一九一七	大正6	23	8月23日　橋本憲三と初めて会う。 8月末　「永遠の誓い」を送るが恋愛の価値観の相違から長く悩む。 10月　代用教員を辞め、熊本専念寺に寄宿。新聞記者をめざすが、かなわず。	4月6日　アメリカがドイツに宣戦布告、第一次世界大戦続く 4月17日　ロシア革命 9月10日　中華民国で孫文が広東軍政府を樹立 11月2日　日米間で石井・ランシング協定締結。満洲における日本の権益を米国が承認する

西暦	和暦	年齢	高群逸枝の動向	世界、社会の動向
一九一八	大正7	24	6月4日　四国巡礼に出発。「九州日日新聞」に『**娘巡礼記**』105回を連載。 11月22日　巡礼の旅から戻る。 高群は、巡礼の帰路、大分にてインフルエンザにかかり、11月12日巡礼をともにしたお爺さんの家で「病臥で過した」。「流行感冒」「風邪の神様」の項で当時流行していたスペイン・インフルエンザについて書いている。大分では一時大流行していたが、11月には鎮静に向かっていた。巡礼の疲れかと思っていたが医師の診察を受け「流行のインフルエンザ」と診断された。「肺炎を併発しそうですよ」と注意されたが、全快を待たずして熊本に旅立った。「感冒が大変だそうで驚いている」と11月に知ったことを考えると、情報がなかったと思われる。多数の死者が出た病気にもかかわらず、彼女自身に危機感がなかったようだ。	3月4日　アメリカのカンザス州の軍事基地で「スペインかぜ」（正式にはスペイン・インフルエンザ）の症例が見られる。「スペインかぜ」の大流行。世界で5000万人が犠牲となる。若い人に死者が多かった。日本では当時5500万人の人口に対し39万人が亡くなったと明治政府が発表している。最新の研究では48万人が亡くなったといわれている 7月22日　富山県で米騒動 11月11日　ドイツが休戦協定に調印、第一次世界大戦終結
一九一九	大正8	25	4月14日　橋本憲三と婚約。逸枝、この日を結婚記念日とする。 7月末　人吉郊外城内校勤務の橋本憲三を訪ね、そのまま同居。 11月　憲三の暴言暴力に耐えられず、実家払川に戻る。その後、別居婚を続ける。	1月18日　第一次世界大戦終結によるパリ講和会議開催 4月12日　関東軍司令部条例公布（関東軍の設置） 4月30日　パリ講和会議で山東省のドイツ利権に関する日本の要求を承認

西暦	和暦	年齢	事項	社会
一九二〇	大正9	26	実家にて日々勉強をし、詩歌の作品を書く。「感情革命」をとげ、『放浪者の詩』を仕上げる。 8月29日　東京へ出発。熊本滞在後、9月3日渋谷駅着。翌日キリスト教矯風会に出向き、守屋東に出会う。彼女に寄宿先軽部家を紹介され、また『放浪者の詩』の出版を導かれた。運のいい出会いを果たす。 12月11日　母登代子数え57歳、死去。大変なショックを受けるが帰省せず。	3月28日　新婦人協会結成
一九二一	大正10	27	生田長江に認められ、4月『新小説』に長編詩『日月の上に』を掲載。文壇デビューとなる。 6月　**『日月の上に』**（業文閣）**『放浪者の詩』**（新潮社）刊行。 6月末　橋本憲三のエゴイズムに引きずられ、仕事関係の人々の反対を押し切って都落ちし、熊本八代郡弥次海岸で暮らす。妊娠する。勉強、執筆は続ける。	11月4日　原敬首相が東京駅で刺殺
一九二二	大正11	28	2月　詩集**『美想曲』**（金星堂）刊行。 3月　臨月近くになって東京に戻る。これも夫の提案。軽部家に寄宿。 4月　無理がたたったのか、憲平を死産。 6月　歌集**『妾薄命』**（金尾文淵堂）刊行。 7月　橋本憲三との共著**『山の郁子と公作』**（金尾文淵堂） 10月　**『私の生活と芸術』**（京文社） **『胸を痛めて』**（京文社）	3月　サンガー夫人来日 9月14日　メアリ・ビーアド、歴史家の夫チャールズ・ビーアドとともに来日（翌年3月帰国）
一九二三	大正12	29	4月　橋本憲三『恋するもの〻道』（耕文堂）刊行。（高群逸枝の書簡からなるもので、逸枝の著作といってよい内容） 6月　橋本憲三、高群逸枝の師範時代友人美多子の夫志垣寛の世話で平凡社（編集部）に入社。 9月　関東大震災にあい、「震災日記」を書く。	9月1日　関東大震災 9月16日　大杉栄、伊藤野枝ら軍部に虐殺される 10月6日～11月5日　メアリ・ビーアド夫妻再来日

西暦	和暦	年齢	高群逸枝の動向	世界、社会の動向
一九二四	大正13	30	2月 軽部家を出て上落合に新所帯を持つ。 8月 『路地裏日記』を書き始める。	婦人参政権期成同盟結成
一九二五	大正14	31	1月 東中野へ転居。 9月19日 橋本憲三のエゴイズムや暴言暴力に耐えられず家出。橋本が迎えに来て帰京。下落合に転居。 11月 長編詩『**東京は熱病にかかっている**』（萬生閣）刊行。	1月3日 イタリア、ムッソリーニが独裁宣言 4月22日 治安維持法公布 11月9日 ヒトラーを保護する組織としてナチス親衛隊設立 細井和喜蔵『女工哀史』
一九二六	大正15／昭和元	32	4月 『**恋愛創生**』（平凡社）刊行。 10月10日 橋本憲三、相馬健作のペンネーム（橋本憲三、木田開、大導寺浩一の三者による架空のペンネーム）で『文壇太平記』（萬生閣）刊行。 高群逸枝の妹栞《しおり》が出家。	サラリーマンの初任給一流大卒80円、高商、高工70円、専門学校55円、中卒35円 12月25日 大正天皇崩御
一九二七	昭和2	33	4月 橋本憲三、平凡社を退社。 8月 高群逸枝の父勝太郎死去。41巻の日記『嵓泉日記』を残す。数え65歳。	1月 寒波のため東京で流感が流行。患者37万人、10日間で690人死亡。マスク、吸入器が売れる 5月30日 女工が外出の自由を初めて獲得。東洋モスリン亀戸工場の争議妥結で 8月 岡山市内で児童が一人15～20円で満洲、朝鮮へ続々売られていることがわかる。児童人身売買の実態 産児制限の流行。不況で出生人口が大幅に減少

一九二八	昭和3	34	アナキストの立場から女性論、恋愛論などについてアナ・ボル論争を行う。	職業婦人の平均月収30円前後
一九二九	昭和4	35	2月4日　上荻窪に転居。	10月24日　世界恐慌はじまる。ニューヨーク市場大暴落 日本就職難深刻。大卒の就職率12%、東大卒でも30%
一九三〇	昭和5	36	1月1日　短編小説集『**黒い女**』（解放社）刊行。婦人論三部作（婦人論、恋愛論、日本女性史）の計画を発表。 1月26日　平塚らいてうらと無産婦人芸術連盟を結成。 3月1日　機関誌『婦人戦線』を発刊。編集企画、レイアウト等々はすべて橋本憲三主導。 5月28日　読売新聞講堂での無産婦人芸術連盟と全国農民芸術連盟合同後援会に出演、弁士中止を受ける。 12月暮れ　熊本へ帰省。	8月　失業者増大。12月20日、32万2000人。東海道を徒歩で帰京するものが増加。一日に30～60人 10月1日　奥むめお、婦人セツルメントを開設
一九三一	昭和6	37	4月30日『**女教員解放論**』（自由社）刊行。 6月『**婦人戦線**』廃刊。 7月1日　東京世田谷の「森の家」へ転居する。（東京府世田谷町満中在家562番地）女性史研究を開始する。『婦人生活戦線』刊行。 12月　橋本憲三、再び平凡社（百科事典編集部）に勤務する。	9月19日　満洲事変始まる
一九三二	昭和7	38	10月1日　東京市世田谷区世田谷四丁目562番と改称。門外不出、面会謝絶で女性史研究に専念する日々が続く。おびただしい資料を読破、カード作りに励む。	6月　新潟県内の農村で上半期に売られた子女4962人。芸妓、娼妓、酌婦等にされた
一九三三	昭和8	39	秋、栄養失調気味で研究の疲れがでて倒れる。	国際女性会議（アメリカ）
一九三四	昭和9	40	4月10日　健康回復を期し、四国巡礼旅行を企図するが実行せず。「一氏多祖現象」を発見、『母系制の研究』研究に邁進するエネルギーがわいた。	3月　加藤シヅエ産児調節相談所開設

西暦	和暦	年齢	高群逸枝の動向	世界、社会の動向
一九三五	昭和10	41	10月28日　橋本憲三、平凡社解散により失職。 これ以降、高群の専属編集者となる。	6月　世界女性アーカイブセンター設立。メアリ・ビーアドがセンター長就任 12月　加藤シヅエ、女性史エンサイクロペディア編纂日本委員会設立
一九三六	昭和11	42	10月16日　**『大日本女性人名辞書』**（厚生閣）刊行。 これが機縁となり平塚らいてう発議で先輩友人らによる高群逸枝著作後援会が発足。	2月26日　皇道派青年将校らが国家改造を要求して斎藤実内相、高橋是清蔵相らを暗殺。2・26事件。（7月12日主謀者15人の死刑執行） 6月　加藤シヅエ、日本女性史エンサイクロペディア編纂会設立
一九三七	昭和12	43	10月5日　『母系制の研究』の稿を起こした。	7月7日　日中戦争始まる 9月　相次ぐ女性の従軍志願に関係当局は許可せずと発表 10月　東京市社会局の調査で母子世帯の貧困が明らかになった
一九三八	昭和13	44	4月10日　**『母系制の研究』**（厚生閣）刊行。 『招婿婚の研究』に着手。 9月29日　**『お遍路』**（厚生閣）刊行。	2月　日本女性史エンサイクロペディア編纂会解散、産児調節相談所閉鎖を命じられる。解散と同時に女性史研究所を設立 7月　東京市の女工数が16万人を突破。重工業への進出が顕著

				10月　愛国婦人会、銃後後援会の強化徹底標語を発表。「兵隊さんは命がけ、私たちはタスキがけ」という標語
一九三九	昭和14	45	4月　財団法人服部報公会の研究資金を受ける。以後合わせて3回受けた。 5月28日　**『遍路と人生』**（厚生閣）刊行。	1月　日本勧業銀行、女性職員1200人に結婚を奨励し、28歳定年制を実施 2月　加藤シヅエ、日本の原稿をメアリ・ビーアドへ送る 2月15日　早大本科に女子学生の入学を許可 7月　東京逓信局、女性の郵便配達人を採用
一九四〇	昭和15	46	2月11日　**『女性二千六百年史』**（厚生閣）刊行。 3月27日　『招婿婚の研究』の核心をつかむ。これまでの調査カードを破棄して再出発。 8月2日〜23日　熊本へ帰省。	1月6日　拓務省が満洲開拓団員のために花嫁1万人を募集
一九四一	昭和16	47	3月　財団法人啓明会の研究資金受ける。 3月10日　義父橋本辰次死亡。	12月8日　連合艦隊、ハワイ真珠湾を奇襲。太平洋戦争勃発
一九四二	昭和17	48	1月　随筆集**『私の報告』**（高山書院）刊行。 8月23日　大日本婦人会機関誌『日本婦人』（11月創刊）特別寄稿を承諾、終戦直前（1945・1月）までつづけ「経済的にうるおう」（『日記』橋本憲三執筆）	6月1日　秋田県旭村で農村の農繁期共同託児所、共同炊事場が開設。以降、農村の生活共同化運動が始まる 12月23日　市川房枝、大日本言論報国会会員となる

西暦	和暦	年齢	高群逸枝の動向	世界、社会の動向
一九四三	昭和18	49	2月17日～24日　「留守日記」（橋本憲三が郷里墓参のため不在の間）	1月15日　文部省、英語の追放を主眼とした学制改革案を発表 1月18日　軍事保護院、「未亡人の女医」を養成すると発表。34人の未亡人が4月から女子医専に就学 2月～9月　大日本婦人会、竹ヤリ訓練などの国防修練を全国27支部で展開 7月　東京都と改称
一九四四	昭和19	50	3月23日　戦時下の食糧難のため家庭菜園を始めた。 7月　**『日本女性伝』**（文松堂書店）刊行。 11月3日　戦禍にそなえ夫婦の遺書を書いた。	1月19日　14歳～25歳までの未婚女性が軍需工場に動員された 4月14日　日本女子鉄道学校が開校（東京、本郷） 11月15日　主要都市で老幼者妊婦の疎開実施 12月7日　東海地方にM8・0の大地震、津波襲来。死者998人、全半壊・流失家屋7万6139戸
一九四五	昭和20	51	1月『共用日記』開始。 3月18日　郷里疎開を考えるが断念。 8月15日　書斎を階下に移す。天皇の終戦放送を聞いた。戦争に負けたことに打撃を受ける。	2月　女子航空整備員が初採用となる 3月3日　東京で妊婦、幼児の集団疎開が始まる 3月10日　東京大空襲 6月　大日本婦人会解散 8月6日　広島に原爆が落とされる 8月9日　長崎に原爆が落とされる

				8月15日　敗戦。敗戦時における女子挺身隊員47万2000人、女性労働者313万人。満洲開拓民27万人のうち引揚げまでに7万8500人が死亡。集団自決、銃撃などで。
一九四六	昭和21	52	11月　「書斎日記」を発表。	1月1日　天皇の人間宣言 1月6日　大阪に発疹チフスが発生。天然痘、コレラなど伝染病が全国的に流行し、死者6880人 4月10日　戦後初の衆院議員選挙、39名の女性議員当選 11月3日　日本国憲法公布
一九四七	昭和22	53	5月3日　女性史学研究所と呼称。 10月20日　**『日本女性社会史』**（真日本社）刊行。 11月10日　**『女性史学に立つ』**（鹿水館）刊行。	平均寿命男性50歳、女性54歳。23歳で見合い結婚し、4～5人の子供を持つのが平均的な家族像だった 3月24日　市川房枝公職追放 5月3日　日本国憲法施行
一九四八	昭和23	54	3月　婦人問題研究所から土曜会その他の寄付研究資金をおくられた。（十数年継続） 10月10日　**『恋愛論』**（沙羅書房）刊行。	3月31日　児童福祉法施行令で保母という言葉が初めて用いられる（現在は保育士という名称） 7月13日　優生保護法が公布、9月11日施行。1996年母体保護法と改正される 9月15日　主婦連合会結成

西暦	和暦	年齢	高群逸枝の動向	世界、社会の動向
一九四九	昭和24	55	3月30日　次弟元男死去 10月26日　義母みき子死去。 10月13日　稿本『**平安鎌倉室町家族の研究**』	5月17日　東京地裁に初の女性判事補が誕生、11月2日東京地検に初の女性検事も誕生 10月1日　中華人民共和国成立。主席毛沢東
一九五〇	昭和25	56	4月10日「婦人の日」に生田長江の最後の弟子浜田糸衛らが高群逸枝の女性史研究に対し表彰した。２０００人の女性が日比谷公会堂に集まった。浜田は高群の「森の家」を訪ねた。浜田の姉、浜田槙尾は「あなたのお姉さんと同じ時代にこの地上で生きていることは私の幸福です」と高群がいうほどの存在であった。また生田長江の最後の弟子ということもあり、高群と浜田糸衛の交流が始まった。	6月25日　朝鮮戦争始まる。軍需ブームで株価があがる。動乱特需 女性の平均寿命が初めて60歳を超える。男性58歳、女性61・4歳
一九五一	昭和26	57	5月31日　稿本『**日本古代婚姻例集**』 11月3日　熊本県教育委員会から近代文化功労者に推される。 12月13日『招婿婚の研究』脱稿。	5月　子供の人身売買６４４人。厚生省の推定によると一年間に売られた児童は約５０００人。ほとんどが特殊飲食店へ売られた 6月25日　婦人少年局長山川菊栄辞任。後任に藤田たき就任
一九五二	昭和27	58	1月『続招婿婚の研究』に着手する。 5月31日　講談社会議室で高群逸枝著作刊行後援会発起人会（約二〇〇名）	2月13日　第二次世界大戦中の沖縄を含む南方諸地域での日本軍将兵戦死者１２３万９７０９人と公表。（引揚援護庁） 7月1日　児童福祉法改正。児童の街頭労働禁止

西暦	和暦	年齢	事項	社会
一九五三	昭和28	59	1月10日　『**招婿婚の研究**』（講談社）刊行。 11月　『**望郷子守唄**』を作成。	メアリ・ビーアド『日本女性史』（河出書房）刊行。加藤シヅエ訳。 4月5日　日本婦人団体連合会（会長平塚らいてう）結成 11月5日　東京保母の会が発足。戦後初の保母組織
一九五四	昭和29	60	1月18日　還暦を迎える。 2月24日　『**母系制の研究**』**新版**、講談社から刊行。 4月15日　『**女性の歴史**』（**上**、講談社）刊行（1958年7月25日、全四冊で完結）。	2月8日　全国23の婦人団体、売春禁止法を成立させるための全国婦人大会を開催 4月15日　産児制限の第一人者サンガー女史、日本の参議院厚生委員会で受胎調節について発言 4月18日　サンガー女史指導で日本家族計画連盟が発足 ベビーブームで小学校の新入生が前年より100万人増加した
一九五五	昭和30	61	5月30日　『**女性の歴史**』（**中**）刊行（講談社）。 7月30日　軽部なみ夫人から望まれて森の家200坪を高群逸枝の印税と橋本の水俣の実家の援助で購入した。故郷から世田谷区に戸籍を移し、改めて東京の住人となった。 8月　橋本憲三の名義で森の家の土地200坪を登記した。	6月7日　東京・豊島公会堂で初の「日本母親大会」が開幕。参加2000人余り 7月7日　第一回世界母親大会がスイスで開催。日本の母親12人が代表で参加 10月　加藤シヅエ、国際家族計画大会を東京で主催 女性労働者数1700万人、サービス業239万人。30代女性の結婚難が深刻化

西暦	和暦	年齢	高群逸枝の動向	世界、社会の動向
一九五六	昭和31	62	『女性の歴史』続編、追加研究一巻のために研究に励む。	5月1日　水俣病発生を新日本窒素が初めて確認 7月17日　『経済白書』が「もはや戦後ではない」と宣言、流行語に
一九五七	昭和32	63	3月19日　アジア財団から研究費を受ける。（翌年と２回）	10月　東京八重洲の大丸でパートタイムを募集。主婦のパートタイムのはしり 働く女性の数が全労働者の３分の１を突破。全国で５６０万人に
一九五八	昭和33	64	6月25日　**『女性の歴史』下巻**（講談社）。 7月11日　作家松本清張が高群を書きたいので訪問したいとの連絡があったが、断る。 7月25日　**『女性の歴史』続刊**（講談社）全四巻完結。 9月10日　随筆集**『愛と孤独と――学びの細道』**（理論社）刊行。 10月23日　三井礼子ら女性史グループの訪問を受け、「自主的基礎的研究の必要性について談話した」と『火の国の女の日記』にあるが、橋本憲三執筆部分のため内容が書かれていない。（メアリ・ビーアドの話はでたのか、１９３０年代の世界女性史エンサイクロペディア編纂計画の話はでたのかどうかなどはわからずじまいなのが残念だ。）	6月9日　厚生省、人口動態によると出生率人口１０００人に対し18・0で世界でも最低水準 8月14日　メアリ・ビーアド死去 12月23日　東京タワー完成。高さ３３３メートル。塔では世界最高

一九五九	昭和34	65	1月4日～4月13日 『**今昔の歌**』を『熊本日日新聞』に書く。（100回） 7月20日 同書を講談社から出版。 5月24日 『火の国の女の日記』で「夜、『続 招婿婚の研究』の目的が確立した」とし、長者制の研究を中心にすえることを明記し、「決して死んではならないと考えた」としている。	4月 東京丸の内のオフィス街で高卒女子の臨時採用が急増。皇太子の結婚（4月10日）にあおられた職業婦人が結婚予定もないのに退職していったというのが理由（ミッチーブーム） 皇太子結婚のテレビ中継をきっかけに白黒テレビが普及。14型テーブルタイプも発売。価格約7万円 11月1日 国民年金制度が発足
一九六〇	昭和35	66	7月15日 「**九年間記**」（日本談議） 11月24日 愛甥高群昭三死亡。	7月19日 女性初の大臣が誕生した。中山マサ厚生大臣 女子の初婚年齢24・4歳、平均寿命男性65・32歳、女性70・19歳
一九六一	昭和36	67	10月3日 「望郷子守唄の碑」の碑面文字を書いた。高群は「10月3日、碑面の字を書き、きょう5日づけで松橋へ送りました。これでようやく一つのつとめをはたした気持ちになり、らいてうさんとあなたがたへこのおたよりをしたためる気持ちになりました」と浜田糸衛、高良真木へ10月5日に手紙を書いている。	11月 「女子大生亡国論」論争が巻き起こる。私立大学の文学部が女子でしめられ、花嫁学校化していることから論争が起きた 11・29 児童扶養手当法が公布、貧困母子家庭の子供に毎月800円支給が決定。この年のサラリーマン平均月収4万5000円 核家族化が進み、全世帯の68%を占めた。税制では配偶者控除制度が発足した

西暦	和暦	年齢	高群逸枝の動向	世界、社会の動向
一九六二	昭和37	68	1月13日　熊本県松崎名誉町民に推される。 1月18日　「望郷子守唄の碑」除幕式、浜田糸衛が動き、らいてうを責任者に40人の呼びかけ連盟で建設費が集められた。らいてうが「ごあいさつ」を寄せ、夫の奥村博史が代読した。浜田糸衛、高良真木も出席した。建碑の準備が一段落した1961年12月、高群は浜田、高良に「らいてうさんとあなたがたには大変言葉で申しきれないほどのご恩になりました」とお礼の手紙を送った。 8月30日　高群記念文庫の松崎町設置が決定された。	1月　東京から広まったA2型流感が全国で猛威を振るう。6000人が死亡 2月20日　アメリカ最初の宇宙船フレンドシップ7号を打ち上げ成功 5月17日　サリドマイド児が問題となる。大日本製薬は薬の出荷停止 10月19日　新日本婦人の会結成 11月29日　医学が胎児性水俣病を認める
一九六三	昭和38	69	2月2日『日本婚姻史』脱稿、13日あやまって廊下に倒れた。 5月30日『**日本婚姻史**』（至文堂。日本歴史新書）刊行。 7月18日　最後の愛鶏タロコ死亡。高群は浜田と高良に「タロコが死にました」と手紙を書いて知らせている。 9月5日　自叙伝『火の国の女の日記』書き始める。浜田糸衛、高良真木「栄養補給の会」を作る。森の家の台所には、炊事の痕跡はなかったという。	夫婦共働きが目立ち始め、団地族の問題にかぎっ子が浮上する 東京オリンピックをひかえ英会話学校がブームに。英会話関連の本やグッズが爆発的に売れる 白黒テレビ1600万台、カラーテレビ5万台が普及 東京近郊の地価が上がる

一九六四	昭和39	70	1月18日　古稀を祝う。 4月2日　婦人週間のために『西日本新聞』のインタビューを受け写真を撮る。 4月8日　『火の国の女の日記』第3部をもって絶筆。 4月13日　発病受診。 5月12日　市川房枝らの配慮で国立東京第二病院に入院。 6月7日　がん性腹膜炎、栄養失調にて永眠。霊安室で遅くまで高群に寄りそうらいてう、市川房枝、浜田糸衛の姿があったと高良真木が述べている。「お別れをする——まだほの紅さの残る静かなお顔。苦しみのあとなし。亡くなられる前に、もういちどお会いしたかった」（高良真木『浜田糸衛　生と著作』より）	7月1日　母子福祉法公布 10月1日　東海道新幹線開業。最高時速210km。東京—新大阪間「ひかり」4時間、「こだま」5時間で結ぶ 10月10日　東京オリンピックが開催される
一九六五	昭和40	没後 1	**『火の国の女の日記』**第3部（1940（昭和15）年8月2日から23日まで）の「56帰省」を書いた高群の後を引き継いだ橋本憲三が第4部以降を執筆して出版。 秋、橋本憲三、妹の橋本静子と水俣で近所だった石牟礼道子を訪ね、「彼女の勉強した跡をぜひ見ておいてほしい」と述べる。	1月20日　日航ジャルパックを発売。海外旅行の大衆化時代開始 6月12日　家永三郎教科書検定を違憲として訴訟、その後1986年3月19日東京高裁、請求を棄却 8月　母子保健法公布 10月1日　一世帯数当たりの平均人員4・05人に減少。核家族化が進行 この年の平均寿命男性67・74歳、女性72・92歳

西暦	和暦	年齢	高群逸枝の動向	世界、社会の動向
一九六六	昭和41	没後 2	2月から翌年2月、『**高群逸枝全集**』**全十巻**刊行。 石牟礼道子、6月29日〜11月24日「森の家」に滞在。橋本憲三と生活を共にする。ここで『苦海浄土』（連載名「海と空のあいだに」）を書いていた。 11月14日　世田谷区と「森の家」譲渡仮契約に調印。児童遊園地になるという話。二千万円で売却。12月15日までに引き上げるという契約だった。 12月　橋本憲三、姉妹のいる水俣へ転居する。	1月　日本の電話台数739・5万台でアメリカについで世界第2位 厚生省かぎっ子対策として児童館、児童家庭相談室の増設、強化を発表 この年、恋愛結婚が見合い結婚を上回る
一九六八	昭和43	没後 4	10月『高群逸枝雑誌』を発刊。「同人は先生と弟子の私のふたりであった」（石牟礼道子『最後の人　詩人　高群逸枝』）。1976年4月、31号まで橋本の手によって刊行される。	3月9日　富山の神通川流域のイタイイタイ病患者ら28人、三井金属鉱業に損害賠償請求訴訟。27日厚生省委託研究班が三井金属排出のカドミウムが原因と発表 5月8日　厚生省が公害病に認定 5月1日　電電公社（現NTT）が技術をもつ女性の引き留め策として育児休業制度（3年まで）を実施 5月1日　高校進学率が76・7％。男女肩を並べる。東京は91・6％と全国トップ 12月29日　学園紛争が続く東大入試中止と決定

一九六九	昭和44	没後 5	「森の家」跡地（世田谷区立児童公園）に「高群逸枝住居跡の碑」を建てるために、平塚らいてうは建碑世話人の一人として尽力し、6月7日に除幕式が行われた。橋本憲三は「道子さん僕らが去った後は、森もこの家も跡形もなくなりますからね、絶対に見に来てはいけません。結局幻ですからね」（石牟礼道子『葭の渚』）と述べた。が幻ではなく、実際に存在し、数多くの作品が残った。森の家の跡地に碑を残したのは、橋本ではなく、平塚らいてうであった。	1月6日 東京羽田税関に日本の空港発の女性検査官登場 1月 石牟礼道子『苦海浄土』出版（講談社） 9月 高校進学率女子79・5%で初めて男子を上回り女性上位時代となる この年、小学校の女性教員が50%を超す
一九七二	昭和47	没後 8	6月15日 『女性の歴史（上）』（講談社文庫）刊行。 8月15日 『女性の歴史（下）』（講談社文庫）刊行。 10月31日 高群の妹妙有尼死去。	6月14日 榎本美沙子代表の中ピ連（中絶禁止法に反対しピル解禁を要求する女性解放連合）が結成される 6月15日 新潟家庭裁判所に女性初の裁判所長が誕生
一九七六	昭和51	没後 12	4月19日 高群の弟清人死去。 5月23日 橋本憲三死去。	6月15日 民法および戸籍法が改正され、離婚女性の「姓」の選択が自由になる。戸籍の閲覧制は廃止 11月5日 「男は仕事、女は家庭」に同感しない者40%、女性が仕事をもつことが地位向上につながるという意見に59%の人が肯定 結婚率1000人当たり7・7人で戦後最高、離婚率も1000組当たり1・11組で過去50年で最高

西暦	和暦	年齢	高群逸枝の動向	世界、社会の動向
一九七九	昭和54	没後15	1月『娘巡礼記』(朝日選書)刊行。	4月　東京都、婦人情報センターを設置 8月　海上保安学校入学試験で初めて11人の女性が合格。12種の国家公務員採用試験が女性に開放される 東南アジアから日本へ出稼ぎに来る外国人女性をじゃぱゆきさんと呼び始める
一九八〇	昭和55	没後16	3月20日『大日本女性人名辞書』(新人物往来社、復刻)刊行。 12月『高群逸枝雑誌』終刊号刊行。編者は義妹の橋本静子。	2月20日　三重・津地裁が賃金の女性差別は憲法違反と判決 日本の車の生産台数が1000万台を超え、世界第一となった 出産の高齢化が進む。第一子出産平均年齢は1950年24・4歳だったのに対し、30年後には26・4歳となった

(山下悦子作成)

●参考文献
『昭和家庭史年表』(家庭総合研究会編　河出書房新社)
高群逸枝『火の国の女の日記』
橋本憲三、堀場清子『わが高群逸枝』上下
高良真木、高良留美子、吉良森子『浜田糸衛　生と著作』(ドメス出版)
石牟礼道子『最後の人　詩人　高群逸枝』(藤原書店)
上村千賀子『メアリ・ビーアドと女性史』(藤原書店)

関連文献一覧

（編集部作成）

一　高群逸枝の著作

＊新漢字に改めて表記した

■高群逸枝全集　全十巻　理論社

1　**母系制の研究**　一九六六

第一篇　緒論

第一章　女性史の目的／第二章　母系制研究の意義／第三章　本書の材料／第四章　本書の方法

第二篇　本論

序章　本論理解に必要なる若干の基礎的考察／第一章　祖と母系／第二章　氏と母系／第三章　姓と母系／第四章　賜氏姓と母系

第三篇　結論

第一章　国作り氏作り部作り／第二章　母系氏姓より父系氏姓への変化過程

2　**招婿婚の研究一**　一九六六

第一章　研究の輪郭／第二章　研究の材料／第三章　招婿婚とは何か／第四章　その発現／第五章　その経過（一）―妻問婚／第六章　その経過（二）―前婿取婚／第七章　その経過（三）―純婿取婚

3　**招婿婚の研究二**　一九六六

第七章　その経過（三）―純婿取婚／第八章　その経過（四）―経営所婿取婚／第九章　その経過（五）―擬制婿取婚／第一〇章　その終焉／第一一章　結語

4　**女性の歴史一**　一九六六

第一章　女性が中心となっていた時代／第二章　女性の地歩はどんなぐあいに後退したか／第三章　女性の屈辱時代

5　**女性の歴史二**　一九六六

第四章　女性はいま立ちあがりつつある（一）／第五章　女性はいま立ちあがりつつある（二）／第六章　女性はいま立ちあがりつつある（三）／第七章　女性はいま立ちあがりつつある（四）／第八章　平和と愛の世紀へ

6　**日本婚姻史／恋愛論**　一九六七

日本婚姻史（序説　日本婚姻史の体系／第一章　原始時代　他）

恋愛論（第一章　恋愛の起原／第二章　恋愛と生殖／第三章　両性／第四章　貞操とその死　他）

7　**評論集　恋愛創生**　一九六七

恋愛創生／女性史研究の立場から／婦人戦線抄・ほか／児童と道徳　国定修身教科書批判

8　**全詩集　日月の上に**　一九六六

定本日月の上に〈長篇詩〉／放浪者の詩／美想曲／月漸く昇れり〈長篇詩〉／東京は熱病にかかっている〈長篇詩〉／家出の詩／妾薄命〈歌集〉

9　**小説／随筆／日記**　一九六六

黒い女〈作品集〉／巡礼行／郁子より／随筆Ⅰ・Ⅱ／路次裏

の記Ⅰ・Ⅱ／森の家日記Ⅰ～Ⅶ

10　**火の国の女の日記**　一九六五

第一部　しらたま乙女　一八九四年（0歳）―一九一七年（23歳）
第二部　恋愛と結婚の苦悩
　　一九一七年（23歳）―一九三一年（37歳）
第三部　与えられた道　一九三一年（37歳）―一九四一年（47歳）
第四部　光にむかって　一九四二年（48歳）―一九四九年（55歳）
第五部　実り　一九五〇年（56歳）―一九六二年（68歳）
第六部　翼うばわれし天使
　　一九六三年（69歳）―一九六四年（70歳）
三つの言葉―後記にかえて／高群逸枝年譜

■単行本

『日本婚姻史』（日本歴史新書）至文堂　一九六三
『女性の歴史』上下　講談社文庫　一九七二
『火の国の女の日記』上下　講談社文庫　一九七四
『恋愛論』講談社文庫　一九七五
『母系制の研究』上下　講談社文庫　一九七九
『「火の国の女の日記」抄』（人間の記録）日本図書センター　一九九九
『高群逸枝語録』鹿野政直、堀場清子編　岩波現代文庫　二〇〇一

■全集未収録

『私の生活と芸術』京文堂　一九二二（「民衆哲学」「歌壇を革命す」「出発の生活」「解放へ」「近代思想の缺陥」「詩と社会」等々の哲学的エッセイを収録）
「愛する祖国に」『婦人と労働』一九二五
『婦人運動の実践題目』『婦人戦線に立つ』　女性史研究会編集、一九七三（一九二〇～三〇年代前半の全集未収録評論をまとめた書）
『婦人生活戦線』（新女性叢書）宝文館　一九三一
『女教員解放論』自由社　一九三一
無産婦人芸術連盟『婦人戦線』復製版　緑蔭書房　一九八三
『大日本女性人名辞書』厚生閣　一九三六（『増補大日本女性人名辞書』新人物往来社　一九八〇）
『大日本女性史』第一巻『母系制の研究』厚生閣　一九三八
『女性二千六百年史』厚生閣　一九四〇
『日本女性伝』文松堂書店　一九四四
『日本婦人』大日本婦人會、一九四二～四五（「万葉婦人」「軍事と女性」「神国護持」「かげ膳」「神ごころ」「たをやめ」等の論文を収録）
『日本女性社会史』新日本社　一九四七
『高群逸枝論集』ＪＣＡ出版　一九七九（十五年戦争下の高群の『婦女新聞』『女性展望』『日本婦人』等に発表された文献を収録）
『平安鎌倉室町家族の研究』（一九四九執筆完了）国書刊行会　一九八五
『日本古代婚姻例集』（一九五〇執筆完了）高群逸枝編、栗原葉子・栗原弘校訂　高科書店　一九九一
『わが道はつねに吹雪けり』永畑道子編著　藤原書店　一九九五
『娘巡礼記』堀場清子校訂　朝日選書　一九七九（堀場清子校注　岩波文庫　二〇〇四）（『九州日日新聞』連載）

二　高群逸枝に関する著作

■高群逸枝雑誌

第一号　一九六八年十月
「火の国の女の日記」の後（橋本憲三）／《拾遺》額田王（高群逸枝）／最後の人㈠（石牟礼道子）他
第二号　一九六九年一月

最後の人㈡（石牟礼道子）／《拾遺》母系制（高群逸枝）／手紙と書き入れ（橋本憲三）／母への手紙（石牟礼道生）他

第三号　一九六九年四月

高群逸枝と柳田国男（村上信彦）／《拾遺》招婿婚（高群逸枝）／「日本婚姻史」とのであい（河野信子）／桃源郷（高群清人）／最後の人㈢（石牟礼道子）他

第四号　一九六九年七月

高群逸枝と柳田国男2（村上信彦）／最後の人㈣（石牟礼道子）／高群さんの思い出（種元勝弘）他

第五号　一九六九年十月

告白　死（高群逸枝）／高群逸枝記念碑建立の経過（渋谷定輔）／高群逸枝さんのこと（田中寿美子）／六月七日（築添曙生）／高群逸枝記念碑に寄せて（山崎朋子）／高群逸枝記念碑を訪ねて（中西悟堂）／高群逸枝全集総目録1（橋本憲三）／最後の人㈤（石牟礼道子）他

第六号　一九七〇年一月

高群逸枝と柳田国男3（村上信彦）／高群逸枝全集総目録2（橋本憲三）／高群さんとの出合い（小山啓吾）／十三才集その他（高群清人）／最後の人 高群逸枝伝㈥（石牟礼道子）他

第七号　一九七〇年四月

高群逸枝と柳田国男4（村上信彦）／現代の喪失『女性の歴史』覚書1（河野信子）／高群逸枝全集総目録3（橋本憲三）／最後の人 高群逸枝伝㈦（石牟礼道子）他

第八号　一九七〇年七月

高群逸枝と柳田国男5（村上信彦）／現代の喪失『女性の歴史』覚書2（河野信子）／高群逸枝全集総目録4（編集室）／ばっすい／わが終末記㈠（橋本憲三）他

第九号　一九七〇年十月

銘（高群逸枝）／高群逸枝と柳田国男6（村上信彦）／現代の喪失・女性の歴史覚書3（河野信子）／高群逸枝全集総目録4（編集室）／再び水俣をたずねて（山田美津子）／『高群逸枝』の星にめぐりあって（小山篤子）／わが終末記㈡（橋本憲三）他

第十号　一九七一年一月

高群逸枝と柳田国男7（村上信彦）／現代の喪失・女性の歴史覚書4（河野信子）／いのちの座標と高群逸枝（中野賀美）／根源的なものへの回帰（豊田春江）／むすめ巡礼記（猿渡裕子）／ある負債（吉良至誠）／高群さんと世田谷（伊藤禱一）／わが終末記㈢（橋本憲三）他

第十一号　一九七一年四月

高群逸枝と柳田国男8（村上信彦）／現代の喪失・女性の歴史覚書5（河野信子）／招婿婚の研究によせて（山口康子）／闇の中の血の器㈠（寺田操）／「招婿婚の研究」をよみおえて（小山篤子）／日本女性史論（金谷明子）／高群逸枝の〝エロス論〟についてのスケッチ風メモ（日比としみ）／テーブルスピーチ（坂本良高）／女性を考えなおす（関口敦子）／わが終末記㈣（橋本憲三）他

第十二号　一九七一年七月

高群逸枝と柳田国男9（村上信彦）／現代の喪失・女性の歴史覚書6（河野信子）／闇の中の血の器㈡（寺田操）／未完の放浪者（ばっすい）（野本三吉）／出発にあたり（田中由里子）／その足跡をたずねて（小宮敦子）／自叙伝メモより（高群逸枝）／似たもの夫婦・わが終末記㈤（橋本憲三）他

第十三号　一九七一年十月

高群逸枝と柳田国男10（村上信彦）／現代の喪失・女性の歴史覚書7（河野信子）／原像　闇の中の血の器㈢（寺田操）／逸枝の〈エ

ロス論〉についてのスケッチ風メモ2（日比としみ）／結婚愛とエロス1（山田美津子）／未完の放浪者（ばっすい）2（野本三吉）／共同性—思想的素質・わが終末記㈥（橋本憲三）他

第十四号　一九七二年一月

高群逸枝と柳田国男（村上信彦）／始源の時—『恋愛論』『恋愛創生』覚書（河野信子）／闇の中の血の器（寺田操）／エロス論メモ（日比としみ）／結婚愛とエロス（山田美津子）／高群逸枝全集総目録⑹／最後の人（高群逸枝伝）（石牟礼道子）／民衆哲学・高群逸枝——（わが終末記・憲三）他

第十五号　一九七二年四月

始源の時—恋愛論覚書（河野信子）／高群逸枝論（石川純子）／闇の中の血の器（寺田操）／エロス論メモ（日比としみ）／結婚愛とエロス（山田美津子）／回想の森の家（藤井良）／わが終末記（橋本憲三）他

第十六号　一九七二年七月

始源の時—「恋愛論」「恋愛創生」覚書（河野信子）／闇の中の血の器（寺田操）／エロス論メモ（日比としみ）／結婚愛とエロス（山田美津子）／はかなさの美学（野本三吉）／自己許容との対決（八幡紀恵子）／わが祈り（高群逸枝）／わが終末記（橋本憲三）他

第十七号　一九七二年十月

始源の時　「恋愛論」「恋愛創生」覚書（河野信子）／高群逸枝論（石川純子）／闇の中の血の器（寺田操）／私のなかの高群逸枝（村上信彦）／高群逸枝全集目録（編集室）他

第十八号　一九七三年一月

始源の時　恋愛論覚書（河野信子）／高群逸枝論（石川純子）／血の器（寺田操）／私のなかの高群逸枝（村上信彦）／最後の人高群逸枝伝（石牟礼道子）他

第十九号　一九七三年四月

始源の時　恋愛論覚書（河野信子）／高群逸枝論（石川純子）／血の器（寺田操）／私のなかの高群逸枝（村上信彦）他

第二十号　一九七三年七月

始源の時　恋愛論覚書（河野信子）／高群逸枝論（石川純子）／血の器（寺田操）／私のなかの高群逸枝（村上信彦）／逸枝さんへ（柴田道子）他

第二一号　一九七三年十月

女性史の方法覚書（河野信子）／高群逸枝論（石川純子）／母系制の研究との出合い（寺田操）／私のなかの高群逸枝（村上信彦）／逸枝さんへ（柴田道子）他

第二二号　一九七四年一月

女性史の方法覚書（河野信子）／高群逸枝論（石川純子）／私のなかの高群逸枝（村上信彦）／最後の人（石牟礼道子）他

第二三号　一九七四年四月

女性史の方法覚書（河野信子）／高群逸枝論（石川純子）／母系制の研究との出合い（寺田操）／逸枝さんへ（柴田道子）／最後の人〈高群逸枝伝〉（石牟礼道子）他

第二四号　一九七四年七月

女性史の方法覚書(河野信子)／高群逸枝論(石川純子)／坂崎カオル聞き書き(佐藤千里)／私のなかの高群逸枝(村上信彦)／逸枝さんへ(柴田道子)／最後の人〈高群逸枝伝〉(石牟礼道子)他

第二五号　一九七四年十月

女性史の方法覚書（河野信子）／高群逸枝論（石川純子）／母系制の研究との出合い（寺田操）／私のなかの高群逸枝（村上信彦）／最後の人〈高群逸枝伝〉（石牟礼道子）他

第二六号　一九七五年一月
少女集〈付、らくがき日記〉（高群逸枝）／高群逸枝論（石川純子）／最後の人〈高群逸枝伝〉（石牟礼道子）他

第二七号　一九七五年四月
道畔さち子様に御返事（高群逸枝）／女性史の方法覚書（河野信子）／対なるエロス（寺田操）／高群逸枝の奥つ城に献ずる歌（村上昌美）／最後の人〈高群逸枝伝〉（石牟礼道子）他

第二八号　一九七五年七月
四角集（高群逸枝）／女性史の方法覚書（河野信子）／高群逸枝論（石川純子）／出会い——わたしのなかの高群逸枝（西川祐子）／最後の人〈高群逸枝伝〉（石牟礼道子）他

第二九号　一九七五年十月
四角集（高群逸枝）／女性史の方法覚書（河野信子）／高群逸枝と柳沢健（西川祐子）／墓参り（佐藤千里）／最後の人〈高群逸枝伝〉（石牟礼道子）他

第三〇号　一九七六年一月
女性史の方法覚書（河野信子）／高群逸枝論（石川純子）／『恋愛論』を読んで（西川祐子）／柳田国男の婚姻史像（栗原弘）／高群逸枝のまなざし（石牟礼道子）他

第三一号　一九七六年四月
女性史の方法覚書（河野信子）／反近代の思想の検討（西川祐子）／柳田国男の婚姻史像（栗原弘）／最後の人〈高群逸枝伝〉（石牟礼道子）他

第三二号　一九八〇年十二月（終刊号）
もろさわよう子様へ（橋本静子）／高群逸枝の入院臨終前後の一記録（橋本憲三）／終焉記（橋本憲三）／高群さんと橋本君（志垣寛）／瀬戸内晴美氏への手紙（橋本憲三）／橋本憲三氏の生涯（鹿野政直）／高群逸枝の女性史学（村上信彦）／朱をつける人（石牟礼道子）他

■単行本

秋山清『自由おんな論争——高群逸枝のアナキズム』思想の科学社　一九七三

高良留美子『高群逸枝とボーヴォワール』亜紀書房　一九七六

鹿野政直、堀場清子『高群逸枝』朝日評伝選　一九七七

河野信子『火の国の女　高群逸枝』新評論　一九七七

村上信彦『高群逸枝と柳田国男——婚制の問題を中心に』大和書房　一九七七

石川純子『両の乳房を目にして——高群逸枝ノート』青磁社　一九七九

堀場清子、橋本憲三『わが高群逸枝』上下　朝日新聞社　一九八一

西川祐子『森の家の巫女　高群逸枝』新潮社　一九八二《『高群逸枝　森の家の巫女』第三文明社レグルス文庫　一九九〇》

寺田操『対なるエロス・高群逸枝』砂子屋書房　一九八三

山下悦子『高群逸枝——「母」のアルケオロジー』河出書房新社　一九八八

河野信子『高群逸枝　霊能の女性史』（シリーズ民間日本学者）リブロポート　一九九〇

『炎のように　高群逸枝生誕一〇〇年記念誌　記念祭報告書』熊本日日新聞社事務局編　一九九五

堀場清子『高群逸枝の生涯』ドメス出版　二〇〇九

丹野さきら『高群逸枝の夢』藤原書店　二〇〇九

石牟礼道子『最後の人　詩人　高群逸枝』藤原書店　二〇一二

〔編集後記〕

▼万感の思いだ。半世紀前に、秋山清氏の『自由おんな論争　高群逸枝のアナーキズム』という一書に出会い、取り憑かれたように、高群逸枝という存在に引き込まれていった。これは、日本女性史に金字塔を在野でこの時期に樹立したことはいうまでもなく、アナーキズムという原点をもって作り上げたという意味でもすごいと思う。後に、『全集』には収録されていない彼女のアナ時代の論文を全て収録し『わが道はつねに吹雪けり』(永畑道子編・解説)を出版した。

▼高群は、アナーキズム（＝自治主義）と規定する。この自治主義でなければ、これからの未来は切り拓けないと感じたのだろう。すると、女性史家、高群逸枝というより、"詩人"高群逸枝という存在が大きくクローズアップされてくるのではないか。自由奔放に詩《うた》った初期の詩作品が、高群逸枝という一個の女性を真に認識する時に非常に重要であることがわかる。

▼詩とは何か。石牟礼道子は、
「詩とはもともと、神の言葉を伝えることから始まったもの」

と云う。神から遠ざかった近代詩とは違うと。高群の生まれ変わりと自他共に認めた石牟礼道子が最晩年、「逸枝さんのことをこれからやりたい」と言っておられたことを今、本書を作りながら思う次第である。　（亮）

別冊『環』㉖

高群逸枝 1894-1964

女性史の開拓者のコスモロジー

2022年 2月28日発行

編集兼発行人　藤　原　良　雄

発　行　所　株式会社　藤原書店

〒162-0041　東京都新宿区早稲田鶴巻町523
電　話　03-5272-0301(代表)
ＦＡＸ　03-5272-0450
ＵＲＬ　http://www.fujiwara-shoten.co.jp/
振　替　00160-4-17013

印刷・製本　中央精版印刷株式会社

ISBN 978-4-86578-317-9

〈表紙写真〉熊本日日新聞社提供
〈本文写真〉63 頁：熊本日日新聞社提供